푸코와 장애의 통치

Foucault and the Government of Disability
by Shelley Lynn Tremain

Copyright © 2005 Shelley Lynn Tremain
Korean Translation Copyright © 2020 by Greenbee Publishing Co.
All rights reserved.
Authorised translation from the English language edition published by The University of Michigan Press
through Shinwon Agency.

푸코와 장애의 통치

초판1쇄 펴냄 2020년 12월 21일
초판2쇄 펴냄 2023년 06월 20일

지은이 셸리 트레마인
옮긴이 박정수, 임송이
펴낸이 유재건
펴낸곳 (주)그린비출판사
주소 서울시 마포구 와우산로 180, 4층
대표전화 02-702-2717 | **팩스** 02-703-0272
홈페이지 www.greenbee.co.kr
원고투고 및 문의 editor@greenbee.co.kr

편집 이진희, 구세주, 송예진, 김아영 | **디자인** 권희원, 이은솔
마케팅 육소연 | **물류유통** 유재영, 류경희 | **경영관리** 유수진

이 책의 한국어판 저작권은 신원에이전시를 통해 저작권자와의 독점 계약한 (주)그린비출판사에 있습니다.
저작권법에 의하여 한국 내에서 보호를 받는 저작물이므로 무단전재와 무단복제를 금합니다.
책값은 뒤표지에 있습니다. 잘못 만들어진 책은 구입처에서 바꿔 드립니다.
ISBN 978-89-7682-639-8 93300

독자의 학문사변행學問思辨行을 돕는 든든한 가이드 _(주)그린비출판사

그린비 장애학 컬렉션 • 11

푸코와 장애의 통치

셸리 트레마인 엮음
박정수, 임송이 옮김

그린비

감사의 말

이 책을 엮는 동안 내게 우정과 동료애, 지적·정서적 지원과 충고 등으로 다양한 도움을 준 레슬리 그린, 론 아문슨, 캐스린 폴리 모건, 에이미 멀린, 배리 앨런, 에바 페더 키타이, 크리스틴 오버롤, 르네 워너, 피오나 쿠마리 캠벨에게 감사한 마음을 전한다.

　풍부한 생각을 담은 서문을 써 준 라델 맥워터에게 감사의 말을 전하고 싶다. 그리고 미시간대학출판부 사람들, 실천적 지혜와 끈기, 인내심을 발휘해 준 원고편집자 리앤 필즈, 자상한 격려와 감탄의 말, 그리고 열정을 가진 책임 교열편집자 마시아 라브렌즈, 이 기획에 세심한 행정적 관심과 세부적인 도움을 준 필즈의 어시스턴트 앨리슨 리퍼, 외교 방면의 레베카 모스토프에게도 감사의 마음을 전한다.

　특히, 이 책의 저자들에게 나는 큰 은혜를 입었다. 그들의 글과 친교는 내 삶을 풍요롭게 했다.

—셸리 트레마인

| 차례 |

II부 _ 역사들

III부 _ 통치성

IV부_ 윤리학과 정치학

서문

라델 맥워터

서문의 기능은 잠재적 독자에게 그들이 펼친 책이 얼마만큼의 시간과 노력을 들이든 그럴 만한 가치가 있음을 알려 주는 데 있다. 또한 그 과정에서 서문은 책이 담고 있는 이 세상의 또 다른 중요한 것들에 대해 설명해 주어야 한다.

서문의 그 임무로 들어가면, 이 책은 독자 여러분들의 관점과 관련하여 여러 가지 이유로 중요하다. 서문은 또한 짧아야 하므로 세 가지 이유만 들겠다. 첫째, 푸코 연구자들에게 이 책은 중요한 의미가 있다. 이 책은 지금 우리 사회에서 '정신지체', '정신질환', '손상', '결함' 등을 갖고 있다고 간주된 사람들에 관련된 과학들, 정치학, 법률들, 제도들, 담론들을 이해하고 그에 대응하려는 엄청난 노력 속에서 매우 진지하게 미셸 푸코Michel Foucault의 작업을 취하고 있기 때문이다. 그 제도들과 담론들의 집합은 자원을 배분하는 권력, 인간의 정상성과 비정상성을 지각하는 방식을 생산하고 유지하는 권력, 그리고 삶을 틀 짓고 거기 포획된 자들의 자아 자체를 주조하는 권력의 실행

장소를 — 복수의 장소라 말해야 할 텐데 — 형성한다. 장애가 있는 사람들, 그들의 비장애 친구와 연인들, 활동보조 노동자들, 옹호자들의 삶 말이다. 그런 권력과 지식의 네트워크 안에 있는 사람들이 자기가 지각하는 세계를 기술하기 시작할 때 그들 주변에서, 그들에게, 어느 정도 그들 안에서 일어나는 일들을 묘사할 때 그들이 푸코의 작업에 기대어 그의 개념들과 어휘들과 해석 틀을 사용한다는 사실을 푸코 연구자들은 중요하게 평가해야 한다. 장애 활동가들, 커뮤니티 활동가들, 장애 연구자들은 그들을 구속하는 권력과 지식의 네트워크를 분석하고, 비판하고, 저항할 때 푸코의 사유와 분석들이 매우 유용하다는 것을 발견했으며, 푸코의 저작이 지닌 풍부함과 적용의 광범위함, 사유를 자극하고 변화시키는 힘을 증명했다.

　또한 이 책의 글들은 임상의학, 광기, 정신분열증, 교육학, 감옥에 대한 푸코의 역사적 연구와 지금 우리 사회에서 일어나는 배제와 통합의 실천들, 교육학, 건강 담론들을 서로 관련지음으로써 푸코의 텍스트와 사유가 지닌 현재적 가치를 조명할 수 있게 해준다. 푸코의 저작에 익숙한 사람들은 푸코가 연구한 역사적 권력 형성과 20세기 후반의 권력 사이에 직접적인 연관관계가 있을 것이라고 추정한다. 하지만 푸코는 사실 그런 연관성을 명시적으로 밝힌 적이 거의 없다. 1984년에 에이즈(AIDS)로 죽을 당시 그는 당연하게도 오늘날의 우리 상황에 대해 아무것도 몰랐다. 그럼에도 푸코는 때때로 그 연관성을 암시했다. 그는 정상화하고 훈육하는 권력에 대한 자신의 연구를 "현재의 역사"[1]라고 언급했다. 그리고 여러 인터뷰를 통해서 자신의 책이 동시대 우리 사회의 권력이 작동하는 방식에 대해 더 많은 말을 해

왔음을 믿는다고 했다. 다시 말하지만, 그럼에도 푸코는 결코 현재의 정상화 권력 네트워크에 대해 쓴 적이 없다. 그 작업은 오늘날 우리에게 남겨져 있으며, 이 책의 저자들은 그 임무를 떠맡는 데 주저하지 않았다. 그들은 권력과 주체성에 대한 푸코의 때로는 추상적인 주장들을 시험대에 올려놓음으로써 그의 작업에 살을 입히는 데 기여할 것이다.

이 책은 푸코의 권력 분석과 담론적 지식의 계보학이 어떻게 오늘날 수많은 사람들이 불가피하게 맞닥뜨리는 문제들에 대해 비판적으로 사유하고 저항할 수 있는 새로운 길을 열어 줄 수 있을지, 또한 우리의 삶을 틀 짓는 힘들의 방향을 어떻게 바꿀 수 있을지 탐색한다. 푸코에 관심 있는 사람들, 넓게는 정치 이론에 관심 있는 사람들에게 이 책을 꼭 권한다.

하지만 푸코 연구자가 아닌 독자들로서는 푸코의 작업이 지적, 정치적 전유를 통해 누군가에게 인정을 받았는지 어쨌는지 여부에 별 관심이 없을 것이다. 또한 정치 이론가가 아닌 독자들로서는 지배 시스템이나 저항의 네트워크에 대해 이해하는 데 흥미가 없을 것이다. 더군다나 장애학에 대해 거의, 혹은 전혀 관심이 없을 독자들은 이 책이 그저 눈에 띄어서 뽑아 들었을지 모른다. 그런 독자들에게도 이 책은 읽을 가치가 있다. 이 책의 각 장에서 분석된 권력과 지식 네트워크는 여러분의 삶의 거의 모든 부분과 관련되어 있기 때문이다. 정신질환 약을 복용하거나 휠체어를 타지 않더라도 말이다. 그 권력과 지식 네트워크는 거대하고 확고하며 엄청난 비용으로 확장된다. 여러분이 어떤 사람이라도 이 책이 해명하고 비판하는 제도들에 결부된 정치,

경제 시스템에 참여하고 있다는 것은 부정할 수 없다. 병원, 학교, 정신의학 진료소, 연기금 재단, 제약회사, 보험, 재보험 회사, 정부 기관들 말이다. 이것은 여러분이 사회복지, 근로복지, 공공 교육, 건강관리 비용 규정에 대해 진지하게, 합리적으로, 창조적으로 사고하고자 한다면 저자들의 목소리에 귀를 기울여야 한다는 걸 의미한다. 그들은 여러분이 알고자 하는 것에 대해 알고 있다.

두번째, 명확하지만 훨씬 덜 알려진 이유가 있다. '비정상적' 혹은 '장애를 가진' 사람들에 부여된 표식들은 심혈관 질환이나 기차 사고 등 평범한 사람들에게도 언젠가 일어날 수 있는 일을 겪을 때 똑같이 적용될 수 있다. 오래 살 경우, 확실히 그런 표식들 중 하나 혹은 그 이상 여러분 자신이나 여러분이 매우 마음 쓰는 사람에게 적용될 수 있다. 나는 평범한 사람과 정신박약imbecile 간의 차이는 종이 한 장 차이라고 말한 데일 카네기Dale Carnegie(그 유명한 『인간관계론』How to Win Friends and Influence People의 저자)에 동의한다.[2] 나는 그의 생화학이 맞는지 어떤지 모르고, 또 그의 심리학적 분류에 대해 말하려는 것도 아니지만, 인간 존재는 상처받을 수 있는 존재라는 그 요점은 인정한다. 이 책에서 분석된 병원, 재활 제도, 훈련 프로그램 등은 현재의 여러분과는 무관해 보일지라도 분명 여러분의 미래가 될 수 있다. 그것들이 인간의 정체성을 형성하고 건강과 가치를 심사하고 일상생활을 구성하는 방식은 분명 여러분에게 영향을 줄 것이다.

하지만 이 책의 메시지는 이미 **영향을 받고 있다**는 것이다. 만약 당신이 정신질환 약물을 복용하거나 휠체어를 사용하고 있다면 당신은 즉각 이걸 알아챌 것이다. 만약 당신이 다운증후군 아이를 기르고 있거나 당신의 반려자가 다발성 경화증을 앓고 있거나 당신의 형제가 교통사고로 뇌손상을 입었다면, 당신은 당신이 누구이며 당신이 할 수 있는 것과 할 수 없는 것에 대한 지각, 즉 당신의 삶이 어떻게 이미 임상 체제와 의학 이론, 교육학적 전략과 민법에 의해 틀 지어져 있는지 알고 있다. 그렇지 않고 당신이 '정상'이라면, 멀쩡한 정신과 건강한 심장으로 두 발로 서서 맨눈으로 이 책을 읽고 있다면, 뼈와 살과 피부를 자율적으로 통제할 수 있다면, 당신의 삶에서 중요한 모든 것이 정상적이라면 어떻게 될까? 이 책이 제시하는 답은 장애를 생산하고 규제하는 권력-지식 네트워크는 또한 비장애, 건강, 정상성을 생산하고 규제한다는 것이다. 가령 '비장애 신체', '제정신', '온전함' 등과 '손상', '정신질환', '결함'을 나누는 제도와 실천들은 또한 우리 모두의 생활 조건을 창조한다. 그것들은 우리들이 자기 자신과 맺는 관계를 구조화하고 삶의 방식을 창조한다. 정상성은 그것을 발생시키고 지속시키며 상황에 따라 바꾸기도 한 역사와 투자의 집합, 그리고 일련의 지지와 가정들을 갖고 있다. 이 세계를 장애 활동가들과 장애 연구자들의 눈으로 보는 것, 그들의 관점에서 세계를 해석하고 비난하고 한탄하고 평가하는 것은 대다수의 사람들이 통상적으로 갖고 있는 가정들 중 어떤 것은 빼고, 반대로 그들이 미처 생각하지 못한 질문들은 더하면서 이 세계를 보는 것이다. 그리고 그것은 어떤 새로운 것을 상상할 가능성으로 우리를 개방하는 것이다.

셸리 트레마인Shelley Tremain이 내게 서문을 부탁했을 때 나는 꽤 흥분하면서도 당혹스러웠다. 나는 푸코에 관한 글도 좀 썼고, 최근에는 시설생활과 동성애자로 '취급된' 경험을 토대로 푸코의 작업에 관한 책도 출판했지만[3] 장애학 분야에서는 작업한 적이 없다. 이 분야가 나를 매혹시키기는 하지만 전문가다운 논평을 할 준비는 되어 있지 않다. 또한 나는 책의 서문이라는 것을 써 본 적이 없다. 최근에는 책에 서문을 붙이지 않는 경향이 있어서 참조할 만한 모델도 없다. 그래서 푸코가 들뢰즈와 가타리의 『안티 오이디푸스』*Anti-Oedipus* (1976)에 썼던 서문을 찾아봤다. 거기서 푸코는 『안티 오이디푸스』의 저자들이 세 개의 타깃 내지 "적들"을 겨냥한다고, (내 생각에 가장 중요한 적으로) 세번째 적은 "파시즘"이라고 했다. 그가 말한 "파시즘"은 히틀러와 무솔리니의 "역사적 파시즘뿐만 아니라 우리 안에, 우리의 사유와 일상의 습관에 내재하는 파시즘, 우리로 하여금 권력을 사랑하게 만들고, 우리를 지배하고 착취하는 것을 욕망하게 하는 파시즘"이다.[4] 푸코는 또 자기가 『안티 오이디푸스』에서 본 것은 일종의 윤리학, 파시즘에 대항하는 삶의 방식, 우리의 삶에 들러붙어 있는 파시즘을 제거하는 삶의 방식으로서의 윤리학이라고 말했다. 푸코는 그 책이 제시하는 일종의 삶의 가이드북이라 할 일곱 가지 명령을 제시했다. 여기서 그것들을 전부 인용하지는 않을 것이다. 대신 나는 푸코가 말한 안티-파시즘적 윤리학은 우리로 하여금 우리 안에 뿌리박힌 선입관과 이론적 총체성으로부터 자유로워지기를, 이론들과 그 인식론적 토대가 약속하는 확실성을 거부함으로써 자기 자신을 무한히 열려 있는 지적, 정치적 미래로 개방하기를, 답을 찾기보다는 더 많이 질문하기를, 통제를 열망하기보다는 더 많은 가능성과 실험을 욕망하기를 명령한다고 지적한다. 완결성과 결론에 대한 압박, 절대적 확실성에 대한 강박은 또한 활력의 종말, 일종의 죽음을 향한 강박이다. 결정된 선택, 고정된 카테고리, 질문되지 않은 절차와 규약들은 비판을 초월한 이론과 전통 속에 뿌리박고 있으며, 그것은 파시즘적인 삶의 방식, 즉 삶을 경멸하는 방식을 구성한다. 그것들을 의심하지 않고 수락하는 만큼 우리는 우리 자신의 삶과 우리를 둘러싼 삶을 약화시킨다는 걸 깨달아야 한다.

이 책의 저자들은 우리의 사유를 지배하고 우리의 일상에 스며 있는 그와 같은 파시즘적 양상에 대해 구체적으로 말하고 있다. 그들은 의심 불가능한 진리로 간주된 것, 비난 불가능한 도덕으로 보이는 것, 필연적이고 불가피한 것으로 여겨진 것들이 다르게 지각되고 체험될 수 있다고 말한다. 우리가 누구든 어떤 상황에 있든 우리는 이 지구 위에 동거하며 정치, 경제 시스템을 공유하고 있는 수백만 명의 사람들을 희생시킬 뿐 아니라, 우리 자신의 위험을 무릅쓰고라도 이 '다르게'를 무시한다.

이 책은 단지 이 세상의 부정의와 고통을 욕하려는 게 아니다. 또한 이 책을 읽고 무엇을 바꿀 것인지 아는 것도 요점은 아니다. 이 책의 요점은 당신이 진리로 여기는 것이 진리가 아닐 수도 있다는 것, 당신이 정상적이고 당연하다고 믿는 것이 정치적 투쟁의 산물일 수 있다는 것, 그럴 가능성 속에서 기존의 사고를 멈추고, 질문하고, 비판하고, 실험하고, 궁금해하고, 상상하고, 그리고 시도하기를 시작하라는 것이다.

이 책은 당신이 그렇게 하도록 도와줄 것이다. 그러니 이 책을 사서 읽고, 친구들에게도 사서 읽으라고 권하기 바란다.

이제 내가 서문이라고 생각한 이 글을 마쳐야겠다. 이제 독자 여러분이 페이지를 넘겨 이 책의 연구자들과 활동가들의 작업에 참여할 때다. 그리고 푸코가 '사유한다'는 말로 염두에 둔 자기 변화의 과정에 돌입할 때다. 이것이 독자 여러분의 목전에 와 있는 것이다.

"나의 요지는 모든 것이 나쁘다는 게 아니라, 나쁜 것과는 정확히 같지 않다는 의미에서, 모든 게 위험하다는 것이다. 모든 것이 위험하다면, 그럼, 우리에게는 항상 뭔가 할 일이 있다. 그래서 나의 입장은 방관을 향한 게 아니라, 초超,hyper- 행동주의 내지 비관적 행동주의를 향한다. 나는 우리가 날마다 해야 하는 윤리-정치적 선택은 어떤 것이 핵심적인 위험인지를 결정하는 일이라고 생각한다."

— 푸코, 『윤리학의 계보학에 관하여』

| 일러두기 |

1 이 책은 Shelley Tremain(ed.), *Foucault and the Government of Disability*(The University of Michigan Press, 2005)를 완역한 것이다.
2 원주는 모두 본문 뒤에 후주로 두었으며, 옮긴이 주는 각주로 두고 '—옮긴이'라고 표시했다. 본문 중에 옮긴이가 첨가한 내용은 대괄호로 표시하였다.
3 단행본·정기간행물의 제목에는 겹낫표(『 』)를, 논문·기사·단편의 제목과 음악·영화 등의 작품명에는 낫표(「 」)를 사용했다.
4 외국어 고유명사는 2002년에 국립국어원에서 펴낸 외래어표기법을 따르는 것을 원칙으로 하되, 관례가 굳어서 쓰이는 것은 관례를 따랐다.

서론_ 푸코, 통치성, 그리고 비판적 장애 이론

셸리 트레마인

미셸 푸코가 에이즈 합병증으로 사망한 지 20년이 지난 지금 비로소 그의 방대한 지적 노력과 저작들이 사회 변화에 미친 영향이 정당하게 평가되기 시작했다. 역사, 철학, 사회과학, 의학, 기호학, 심리학 등 여러 분야를 넘나드는 푸코의 작업은 이전까지 자명하고 영원하며 필연적인 것으로만 여겨져 온 것들에 대해 연구자들이 의문을 품게 만들었다. 다양한 저작과 강의, 연설을 통해 푸코는 현재의 상황과 이런 구성으로 귀결된 역사적 조건에 대해 비판적으로 성찰하면서 어떻게 그것들이 달리 지각될 수 있을지 물어 왔다. 그의 고고학과 계보학이라는 분석 도구는 스스로와의 관계, 타인들과의 상호 관계, 권력관계로의 편입을 새로운 방식으로 인식하려는 사람들에게 도움을 주었다. 처벌, 정신의학, 섹슈얼리티에 대한 그의 획기적인 분석들은 고고학과 계보학이라는 분석 도구들이 어떻게 사용될 수 있는지 보여 준다.

이 책에 수록된 논문들은 푸코의 접근법이 '장애'disability라고 불리는 현상에 대해 보다 확장되고 풍부한 이해를 가져다줄 가능성을 다양하게 입증해 보인다. 이 책은 비판적 장애 이론가들과 푸코의 독자들, 그리고 이 둘에 생소한 사람들에게도 장애에 대해 다르게 사유하도록 하는 안내장 같은 것이다. 따라서 이 서론의 목적은 푸코의 작업과 장애 이론이라는 서로 다른 비판 작업 사이에 대화를 이끌 수 있는 개념, 테마, 주장을 부각시키는 데 있다.

대공황 초기부터 지난 30년 동안 '핸디캡을 지닌'handicapped 사람, 혹은 장애인disabled people으로 분류된 이들은 의료적 장애 개념을 바꾸기 위해 사회-정치적 장애 개념을 발전시켜 왔다. 장애에 대한 이런 정치적인 관념과 그것을 배태한 사회운동이 점차 통합되고 가시화되면서 요양원이나 병원에 강제 수용된 전 세계 수천여 명의 사람들이 시설에서 해방되는 등 의미 있는 사회적 변화가 일어났다. 1990년에는 역사적인 '미국 장애인법'Americans with Disabilities Act이 통과되었으며, 관공서와 공공기관의 장애인 접근성이 개선되었고, 도시 조경이 재설계되었고, 텔레비전 프로그램에 농인을 위한 자막 서비스가 시행되었으며, 장애인들의 선거권 제한에 대한 인식이 확산되었다.

장애인 운동은 학술 분야에도 영향을 미쳐 학제 횡단적(혹은 반-학제적) 장애학 분야가 출현했다. 현재 장애학 교육과정(관련 연구 영역까지 포함하여)은 북미, 호주, 뉴질랜드, 유럽뿐 아니라 남미, 중미, 아프리카, 중동, 아시아 일부 지역에 널리 개설되고 있다.

장애학disability studies의 틀 안에서 작업하는 학술 연구자들은 그들이 사용하는 방법론과 요구되는 평가 기준, 연구자에게 부여된 인식론적, 사회적 위치뿐만 아니라 연구 규범과 영역에 함축된 근본가

정들에 대해 문제제기해 왔다. 장애 이론가들과 연구자들은 자체 프로그램과 내부 규율 양편으로부터 벗어나 학제 간 경계를 넘나드는 다양한 연구와 비판적 태도에 입각한 연구에 참여하기 시작했다. 가령, 그들은 육체의 아름다움에 대한 영미의 지배적 관념이 지닌 역사적, 문화적 특수성을 드러내고, 근대 국민국가 형성 과정에서 장애 개념이 어떻게 인종 개념과 교묘하게 섞이게 되었는지 분석하고, 장애를 가진 사람들의 저항의 역사를 발굴하고, 오늘날의 인공 생식 테크놀로지로 발전해 온 유전학적 통치의 계보를 추적하고, 대중매체와 문학에서 장애인들이 재현되는 방식을 비판하고, 장애와 퀴어 섹슈얼리티 간의 횡단을 모색해 왔다.

　장애학 이론에서 푸코의 사유를 사용한 흥미롭고 창의적인 작업이 없었던 것은 아니지만, 푸코적 관점으로 장애 현상을 규명하는 시도들은 전반적으로 아직 초보적인 단계이다. 『푸코와 장애의 통치』는 장애 연구에서 푸코적 관점의 타당성과 적용 가능성을 심화시키고자 한다. 여기 수록된 글들은 자연적인 것, 불가피한 것, 윤리적인 것, 그리고 자유로운 것으로 간주되어 온 사항들에 대한 푸코의 의문에 응답한다. 그것들은 장애를 둘러싼 관념과 실천들 전반에 걸친 사항들, 즉 사회복귀, 커뮤니티 케어, 손상, 정상과 비정상에 관하여, 그리고 포함, 예방, 유전학적 상담, 편의제공, 특수교육 등에 관련된 사항들을 고찰하기 위해 푸코를 끌어들인다. 어떤 푸코 비평가들은 영미 저자들이 푸코 텍스트들을 '천편일률적'으로 재생산하는 경향이 있다고 주장하지만, 여기 수록된 글들을 그렇게 볼 수는 없을 것이다. 오히려 이 책의 작업들(그중 다수가 영미 쪽 컨텍스트 안에서 작업했다)은 푸코의 분석에 대한 기존의 이해 방식과 사용 방식이 비판적 장애 연구가 전복시키려 한 몇몇 가정들에 따라 제약받아 왔다고 주장한다.

*   *   *

1971년부터 1984년 사망 전까지 푸코는 '콜레주 드 프랑스'에서 '사유 체계의 역사' 교수 자리에서 강의했다. 매해 1월에서 6월까지 그는 강의와 세미나를 통해 그가 찾아낸 1차 문헌에 대한 연구 보고를 했다.[1] 푸코의 저작들을 세 권으로 묶은 폴 라비노Paul Rabinow는 1권 서문에서 1975년과 76년 강의를 시작하며 푸코가 "자신의 사유가 게처럼 옆걸음질 치는 것에 양해를 구했다"고 전한다.[2] 라비노가 설명한 것처럼 푸코는 강의를 통해 몇 년간의 작업을 완성시키려 했지만 중간에 길을 잃고 말았다. 첫번째 강의에서 푸코는 이렇게 말한다. "지난 해와 올해 강의는 매우 긴밀하게 연관됩니다. 하지만 저는 이런 연속성과 전체적인 일관성을 발전시키는 데 실패하고 말았습니다. 강의들은 조각난 단편들처럼 되어 버려서, 지난 강의는 올해 강의에 대해 어떤 규정적 개념이나 연구방향도 알려 주지 못합니다."[3] 라비노는 푸코의 이런 자책이 지나치다고 말했다. 그도 그럴 것이 푸코는 1975년에 『감시와 처벌』을 출간했으며 1976년에는 『성의 역사』 1권을 출간했다. 또한 강의 말미에 푸코는 기존의 정치철학에서 간과된 권력 개념을 제시했다. 『성의 역사』 1권 마지막 장에 응축된 이 권력 형식을 푸코는 '생명-권력'bio-power 혹은 '생명-정치'bio-politics라고 불렀다. 더 나아가기 전에 우선 이 권력 형태, 생명권력을 정확히 규정하려 한다. 왜냐하면 장애에 관한 푸코적 분석에 있어 매우 중요한 개념이기 때문이다.

아리스토텔레스부터 로크와 루소, 그리고 존 롤스에 이르기까지 정치철학은 합법성과 주권에 관한 문제제기에 초점을 맞춰 왔다. 정당한 지배의 기초는 무엇인가? 주권의 본질은 무엇인가? 가장 정당한 정부 형태는 무엇인가? 권리의 기초는 무엇인가? 푸코는 이런 질문들이 정치적 사유에서 갖는 의미를 완전히 부정하지는 않지만 이런 질문들이 제기하는 정치권력에 대한 법률적 관점과 그것이 가정하는 원시적이고 자연적인 권리 개념을 거부한다. 법률적 개념에 따르면, 개인은 고유하고 양도 불가능한 권리의 형태로 (재화를 소유하듯이) 저마다 권력을 소유하고 있으며, 그것의 포기와 양도에 의해 (법적인 조약이나 계약에 의해) 주권이 형성된다. 1976년 1월 7일 강의에서 푸코는 권력이란 소유되고, 교환되고, 회수되는 어떤 것이란 생각에 반대하면서 권력이란 오직 실행되는 것, 오직 행위 안에서 존재하는 것이라고 주장한다. 또한 푸코는 권력을 근본적으로 억압적인 것으로 설정하는 사법적 개념의 가정들을 반박한다. 합의와 폭력이 권력의 수단과 결과일지라도 그것들은 권력의 본질적 본성에서 발로된 게 아니라고 푸코는 주장한다.[4] 푸코에 따르면 "권력의 실행은 그것을 원하는 것만큼이나 동의를 생산할 수 있다. 그것은 죽음을 쌓아 올릴 수도 있고 상상할 수 있는 모든 위협 뒤에 자신을 숨길 수도 있다. 하지만 권력의 실행은 그 자체로 폭력적이거나 합의되는 게 아니다. 그것은 정확히 매 순간 갱신되는 어떤 것이다".[5] 푸코에게 정치 철학이 권력에 대해 물어야 하는 것은 **어떻게, 어떤 수단과 방식으로** 그것이 실행되는가? 하는 것이다.[6] 푸코의 분석에서 가장 특이한 점은 권력이 가장 잘 작동하는 것은 그것이 생산적인 제약을 통해 실행될 때, 즉 주체들로 하여금 자신을 **제약하도록** 행동하게 만들 수 있을 때라는 점이다.[7] 또한 푸코는 근대 정치 철학이 권력에 대한 법률적 관점에 매몰됨으로써 18세기 후반에 응결되기 시작한 권력 형식, 즉 생명-권력의 생산적 역능과 미시적인 작동을 보지 못하는 점을 비판한다.[8]

18세기 중후반에 출현한 이 새로운 권력 기술, 즉 생명-권력은 생명 자체, 인간의 생명활동 자체를 대상으로 삼는다. 1976년 3월 17일 강의에서 푸코는 18세기 후반에 출현한 이 새로운 권력 장치, 즉 생명-권력, 생명-정치가 사망 대 출생 비율, 출산율, 인구증가율과 같은 수치 계산을 포함한다고 지적한다. 이 수치화는 일련의 정치·경제적 문제들과 함께 생명-정치의 첫번째 인식 대상이자 통제 대상이 된다. 이 역사적 기점에서 푸코는 최초의 인구통계학자들이 통계학적 관점에서 이 현상들을 측정하기 시작했다고 지적한다.[9]

이런 통계학적 현상들의 포착과 함께 공중보건을 담당하는 새로운 유형의 의사들이 출현했다. 그 의사 단체는 새로운 중앙 집중적 의료권력으로 자신의 지식을 표준화했으며, 산발적으로 흩어진 돌봄 기능을 자신의 통제 아래 총괄했다. 그와 함께 공중 보건 교육과 인구의 의료화를 위한 캠페인이 대대적으로 시행되었다. 질병과 사고, 다양한 비정상적 현상들을 관리하기 위한 생명-정치는 자선 단체뿐만 아니라 보험, 개인연금과 집단연금, 안전수칙 같은 경제적 메커니즘들을 수립했다. 이 생명-정치(생명권력)는 무리 차원의 현상에 관여하기 때문에 집단의 속성에 관한 상수가 확립되어야 한다. 이 때문에 생명정치는 일반적인 차원의 현상을 포착하는 통계적 관측과 예측, 총괄적인 수치화를 위한 메커니즘을 도입했다. 그런 조절 메커니즘은 표준을 수립하고 균형을 맞추고 평균을 유지하며, 변이들을 보완하여 '일반적인 인구' 안으로 편입시킨다. ('인구'population[10]로 구성되는 인간 생명체들은 전반적으로 이런 권력 형식, 특히 그것이 요구하는 '성'에 대한 감시의 산물이다.) 이에 더해 안전security 메커니즘은 생명활동에 유익한 조건들을 극대화하기 위해 평균적인 인구에서 벗어난 변칙적인 요인들을 분리시킨다.[11]

『성의 역사』 1권에서 푸코는 생명-권력의 표준화 전략 뒤에 있는 합리화를 이렇게 설명한다.

생명을 책임지는 것이 임무인 이 권력은 지속적인 조절과 교정 기제들을 필요로 한다. (⋯) 그런 권력은 살육의 광채 속에서 모습을 드러내기보다는 자격을 정하고 헤아려 보고 평가하고 등급을 매겨야 한다. 그것은 군주의 적과 복종하는 신민 사이에 구분선을 그을 필요가 없다. (⋯) 그것은 표준을 둘러싸고 배분을 수행한다. (⋯) 법은 점점 더 규범norm으로 기능하게 되고 사법제도는 무엇보다도 조절 기능을 하는 기관들(의료기관, 행정기관 등)의 연속체에 점차 통합되어 간다. 정상화normalizing 사회는 삶을 중심으로 한 권력 기술체계의 역사적 결과이다.[12]

생명-권력(생명정치)에 관한 비판 작업을 장애 분석에 적용하는 것은 매우 중요한 함의를 지닌다. 지난 2세기 동안 특히 평균적인 인구의 생명을 진작시키기 위해 발전해 온 거대한 기구들은 장애화된 주체들이 사회적 실존과 담론 속에 출현하게 한 요인이 되어 왔다. 보호시설, 소득지원 프로그램, 생활수준 사정, 산재 보상 수당, 특수교육 프로그램, 사회복귀 체제, 장애인 교통수단, 인공보철, 가정 돌봄 서비스, TV 자막 ARS 후원, 장애인고용센터, 장애아동 포스터 캠페인, 산전검사 등이 이 확장된 제도 속에 포함될 수 있다. 이런(이와 관련된 여타) 실천들과 제도들, 정책들이 사회적으로 비정상적인 사람들을 창조하고, 분류하고, 항목화하고, 관리해 왔으며 이를 통해 어떤 사람들은 다른 사람들과 분리되어 이를 테면 신체적으로 손상되었다고, 정신이상이라고, 결함이 있다고, 정신질환이 있다고, 지체되었다고, 말을 못 듣는다고 객체화되어 왔다. 푸코는 오늘날 표준norm을 중심으로 한 구분, 분류, 질서가 사람들을 개별화하는 일차적인 수단이라고 말하면서 그런 수단을 통해 사람들을 과학적으로 이해하고 스스로도 그렇게 이해하게 된다고 주장한다. 사실, 끊임없이 확장되고 통합되는 사회적 통제망을 생산하기 위한 근대 국가의 권력 기제들은 개인들을 종별화specification하는 역량의 증대와 밀접하게 연관되어 있다. 존 라이크만John Rajchman은 "정상성의 거대하고 복잡한 관념"은 주체들을 통치하기 위해 주체들을 특성화하고 주체들 스스로 그 특성들을 내면화하도록 하는 수단이 된다고 설명한다.[13]

이런 식으로 사람들을 객체화하는 생명-권력의 역량을 이해하는 것은 장애화된 주체를 둘러싼 환경과 관련하여 푸코가 '주체'subject라는 단어에 부여한 이중적 의미를 이해하게 해준다. 푸코에게 주체가 된다는 것은 한편으로는 타인의 통제에 예속되는 것을 의미하며, 다른 한편으로는 도덕의식이나 자기-지식을 통해 스스로 자기 정체성을 갖게 되는 것을 의미한다. 주체의 두 가지 의미는 예속시키면서 주체로 만드는 권력의 형태를 함축한다.[14] 푸코는 권력관계를 협소하게 법률적 관점으로만 이해하는 것을 거부한다. 그는 권력 분석은 위에서 내리누르는 지배 권력에 대한 규명이라기보다는 "주체 형성의 물질적 계기 안에 있는 예속을 파악해야 한다"고 주장한다. 그래서 생명-권력과 주체의 이중성에 대한 푸코의 작업은 장애화된 주체가 "어떤 방식으로" "유기체, 힘들, 에너지, 욕망, 사유의 복합체를 통해서 점차 현실적이고 물질적으로 구성되는지"[15] 발견하게 도와준다.

1982년 푸코는 20년 동안 자신의 연구 목표가 권력을 분석하는 게 아니라 인간 존재가 주체들로 변형되는 각기 다른 양태의 역사를 기술하는 것이라고 말한다.[16] 그 이전 조금 다른 맥락에서 푸코는 자신의 작업이 "권력이 지식 위에서 분절되고, 지식이 권력 위에서 분절되는" 것을 특히 주체와 관련하여 파악하는 것이라고 말한 바 있다. 권력의 실행은 항상 지식을 창조하고, 지식은 끊임없이 권력 효과를 야기한다.[17] 특히, 푸코는 '인간 과학'이라 불려 온 지식 분야, 가령 범죄학, 사회학, 정신의학, 심리학이 주체 형성에 관여해 온 역사에 관심을 가진다. 그는 지난 두 세기 동안 출현해 온 이런 지식들이 어떻게 (생명-)권력의 실행과 개인들의 관리에 작용해 왔는지 세심하게 밝혀낸다.[18] 또한 푸코의 권력 분석은 이런 지식들이 예기치 않게 양산한 새로운 종류의 대항정치(그가 '전략적 가역성reversibility'이라 부른)를 자신의 출발점으로 삼아야 한다고 주장한다. 왜냐하면 개인들과 함께 **법률적으로** 구성된 집합체는 내밀하고 직접적으로 '삶'에 가해지는 예속적 실천들에 대응해서 바로 그 '삶'을 정치적 대항의 요구 조건으로 삼음으로써, 즉 그것을 저항의 초점으로 되돌리는 방식으로 권력 실천들에 대항해 왔기 때문이다.[19] 푸코의 정치적 행동과 학문적 관심이 재소자 권리 단체나 정신의학 시설 수용 경력자, 난민, 게이 동맹이 제기한 사회적 이슈에 연동되어 있다는 사실은 잘 알려져 있다.

철학자이자 과학사가인 이언 해킹Ian Hacking은 푸코의 권력/지식 연관성에 관한 작업을 주체화와 관련하여 확장시켰다. 그는 의료적·사법적·정신의학적 분류들, 통계학들, 그리고 다른 사회과학적 정보들이 어떻게 새로운 인간 '종'kinds을 창조하고 사람들을 그 안에 분류해 넣는지 설득력 있게 논의해 왔다. 해킹은 인간과학이 발전시킨 지식들 덕분에 구성된 사회집단을 지칭하기 위해 '인간 종'human kinds이라는 단어를 사용했다. 그의 논의에 따르면 심리학, 정신의학, 사회학 같은 '인간과학'에 의해 제공된 '인간 종'들은 물리학, 천문학, 그리고 다른 '자연' 과학이 발견했다고 주장한 '자연 종'natural kinds과는 전혀 다르다. 왜냐하면 인간과학에 의해 특정한 종류의 인간으로 분류된 사람들은 그런 종류에 대한 지식을 갖게 되며 그것은 그들의 자기-인식과 행동거지에 변화를 가져오고 자신의 집단 정체성을 형성하도록 유도하고 때로는 그들에 대한 분류와 지식을 바꾸도록 강요하기 때문이다. (그는 이런 현상을 인간 종의 '고리 효과'looping effect라고 부른다.) 해킹은 이런 논의를 발전시켜 자폐, 광기, 그리고 다양한 인격 장애 범주를 비판적으로 검토한다.[20]

생명-권력이란 개념과 함께 장애에 관한 푸코적 분석에 꼭 필요한 요소가 '주체'라는 개념이다. 생명-권력과 주체라는 이 두 요소는 통치와 자유주의에 대한 푸코의 사유에서 뗄 수 없는 요소이다.

1978~79년 강의에서 푸코는 생명-권력에 대한 논의를 통치의 테마와 연결한다. 그에 따르면 권력은 적대하는 두 세력 간의 대립이라기보다는 **통치**, 즉 품행 지도의 문제이다. 1982년에 푸코는 16세기이래 통치government란 어떤 사람, 혹은 사람들의 품행을 틀 짓고, 인도하고, 영향을 주는 행위 형식을 지칭한다고 했다. 또한 푸코는 통치란 단어를 일반적으로 '품행 지도'the conduct of conduct를 뜻하는 단어로 사용한다. 그래서 활동으로서의 통치는 자기와의 관계에 적용될수도 있고, 정치적 주권의 실행에 적용될 수도 있고, 사회 제도나 커뮤니티 내부에서의 지도 혹은 통제 형식을 포함하는 인간관계에 적용될수도 있다.[21] 사실, 푸코는 이런 넓은 의미의 통치 관념을 취하고 있다. 왜냐하면 그것은 법적으로 구성된 정치적, 경제적 주체화의 형식뿐만 아니라 일정하게 계산되고 조직화된 행위 양식, 즉 자기에게나 타인에게 가능한 행위의 장을 체계화하는 행위 양태를 포함하기 때문이다.[22] 달리 말해서 권력관계가 통치, 즉 품행 지도로 구성될 때 통치행위는 비단 국가 권력의 금지나 처벌, 그리고 (장애화하고, 인종화하고, 젠더화하는 가운데 그 불평등 효과를 유발하는) 사회적, 경제적, 정치적계층화뿐 아니라 주체들을 농인으로, 범죄자로, 광인으로 객체화하는 체계적인 정상화 기법들, 그리고 체중감량 프로그램이나 다이어트, 자기극복 훈련, 보톡스 주사, 가슴 성형, 정신건강요법, 재활 같은 자기-증진, 자기-변형 테크닉으로 이해되어야 한다. 푸코에 따르면, 권력은 단지 억압적인 것처럼 보일 때조차도 품행의 가능성을 지도하여가능한 질서 있는 결과들을 도출할 때 가장 효과적으로 작동한다. 이런 은밀한 실천들과 품행의 한계설정은 그것을 자연화하고 정당화하

는 담론 형성을 허용한다. 다시 말해서, 주체의 일상생활 차원에서 이뤄지는 이런 외관상의 선택 행위(가능한 품행의 한계들)는 보다 주도적인 체계들의 통합을 가능케 한다. 권력을 통치로 이해하는 가장 분명한 진술 속에서 푸코는 이렇게 말한다.

> 권력관계를 정의하는 것은 그것이 직접적이고 즉각적으로 타인에게 작용하는 것이 아닌 행위의 양식이라는 점이다. 대신 그것은 그들의 행위에 대해 작용한다. 그것은 행위에 가해진 행위, 현재 일어나고 있는 행위나 미래에 일어날 수도 있는 행위에 가해진 행위이다. (…) 권력의 실행은 (…) 가능한 행위들을 겨냥한 행위의 총체적인 체계이다. 그것은 자극하고, 유도하고, 유혹한다. 그것은 좀 더 쉽게 하거나 어렵게 한다. 극단적으로 그것은 제약하거나 금지한다. 그럼에도 불구하고 그것은 언제나 주체의 행위나 행위 능력과 관련하여 행위 주체에게 작용하는 방식이다.[23]

통치(품행 지도)로서의 이런 권력 개념은 장애 이론이 상당 부분 의지해 온 (푸코의 용어로) '사법-담론'과 엄격히 대비된다. 사법적 관점에서 권력은 근본적으로 억압적인 것으로 인식되며, 특정한 사회 집단, 계급, 기관, 혹은 국가와 같은 중앙집중적인 외부 권위에 의해 소유되며, 위에서 내리누르는 방식으로 타인을 지배한다. 1970년대 후반부터 영국에서, 최근에는 국제적으로 널리 주목받고 있는 장애인 운동의 지배적 사고인 '사회적 장애 모델'은 장애학을 주도해 온 사법적 권력 개념의 전형적인 사례이다.

'사회적 모델'은 장애에 대한 '개인적' '의학적' 관념에 맞서기 위해 1976년부터 영국의 활동가들에 의해 발전된 개념이다.[24] 사회적 모델의 주창자들은 장애의 의학적 규정이 장애라는 사태를 본래적 결손이나 개인적 결함의 불리한 결과로 표현하기 때문에 손상impairment과 장애disability를 구분하지 못한다고 주장한다.[25] 사실, 손상과 장애의 구분이 사회적 장애 모델을 촉발시켰다고 할 수 있다. 사회적 모델은 **손상**을 사지나 그 일부의 결함으로, 지체, 기관, 혹은 신체기능의 결함으로 정의하고, 이에 반해 **장애**는 당사자의 손상 위에 **강제적으로 부가된** 불리함의 형식으로, 즉 현대 사회 조직에 의해 야기된 활동 제약이나 불이익으로 정의한다. 그런 사회 조직은 손상을 가진 사람들을 거의 혹은 전혀 고려하지 않으며 그 결과 그들을 사회적 활동의 주류에서 배제시킨다.[26] 사회적 모델에 따르면 손상과 장애는 개념적으로 구분되는 범주로, 둘 사이에는 인과적인 연관이 없다.[27] 손상은 장애와 같지도 않고 장애의 원인도 아니다. 사회적 모델의 주창자 중 한 명인 마이클 올리버Michael Oliver의 논의를 요약하면, 장애는 신체와 아무 관계가 없으며, 손상은 신체에 대한 단순한 묘사에 다름 아니다.[28] 달리 말해서, 사회적 모델의 주창자들은 (1) 장애는 손상의 필연적 결과가 아니며, (2) 손상은 장애를 규정하기 위한 충분조건도 아니다. 그럼에도 이 모델에 함축된 전제는 (3) 손상이 장애의 필요조건이라는 것이다. 왜냐하면 사회적 모델의 주창자들은 (이를테면) 피부색에 따라 구별되고 배제되는 사람들은 그 때문에 장애를 겪는다고 주장하지 않기 때문이다. 즉 그들은 인종주의가 장애의 한 형태라고 주장하지 않는다. 또한 유아기나 아동기에 외과수술로 '교정된', 사회적으로 낙인찍힌 간성을 가진intersexed 사람들도 장애인으로 간주하지 않는다. 사회적 모델에 따르면 신체적인 '손상'을 가지거나 가진 걸로 여겨진 사람들만 '장애인'으로 정의된다. 그래서 사회적 모델이 도입한다고 주장하는 손상과 장애의 엄격한 구분선은 허상chimera처럼 보인다.[29]

생명권력, 주체, 그리고 통치라는 미완의 개념들을 결합함으로써 우리는 장애화하는disabling 권력에 대한 푸코적 분석이 사회적 모델(그리고 다른 무수한 장애 이론)에서 공통적으로 사용하는 사법적 장애 개념과 어떻게 다른지 규명할 수 있다.

먼저, 사람들을 구분하거나 그 외의 수단들을 통해 인간을 주체로 주조하는 생명-권력의 생산적 역량에 대해 생각해 보자. 나아가, 근대 권력이 금지와 통제를 통해 순전히 부정적으로(억압적으로) 정치적 삶을 규제하는 것처럼 보일지라도 실제로는 사람들을 인도하고, 감화시키고, 자유를 실행하는 데 조응해서 그들의 품행을 제한함으로써 통치한다는 점을 상기하자. 이런 품행의 제한에 예속됨으로써 주체들은 그 제한들의 요구에 조응하여 형성되고, 규정되고, 재생산된다. 만약 사회적 모델의 근본(필수) 전제인 손상 개념이 근대적 통치 실천들이 주체들을 양산함 — 형성시키고 정의함 — 에 있어 요구한 요건들과 연관된 것이라면, 그리고 그 주체가 가능한 품행의 한계 설정에 의해 표상되는 것이 사실이라면, 손상을 '가진' 주체는 그런 정체성이 동시대의 특정한 사회적, 정치적 배치의 요구사항에 따른 것이라는 점에서 생산된 주체라는 사실이 분명해진다. 사회적 모델의 주체가 지닌 정체성('손상을 가진 사람들')은 사실 그 모델이 맞서고 있는 정치적 배치에 의해 형성된 것으로 볼 수 있다. 이렇게 사회적 모델의 주체가 지닌 정체성('손상을 가진 사람들')이 정치적 배치에 따라 구성되다면, 그 정체성에 입각해서 자신의 주장을 펼친 사회 운동은 의도치 않게 그런 배치들을 **확장**시키게 될 것이다.[30]

장애에 대한 푸코적 분석은 대부분의 장애 이론과 사회적 모델이 전제하고 있는 사법적 장애 개념이 근대 (생명)권력의 생산적 제약들을 명확히 인식하지 못하게 한다는 것을 보여 준다. 장애에 대한 푸코적 접근은 타인과 분리시켜 주체를 포섭하는 통치 실천들이 어떤 **환영**illusion을 양산한다고, 즉 그들은 담론 이전에 자연적인 속성(손상)을 갖고 있으며, 그 속성에 기반한 통치 실천들의 규제 효과가 확산되는 것도 정당하다는 환영을 양산한다고 폭로한다. '손상'이라는 담론적 객체가 자연적 결손이나 결함을 구현한다는 이런 환영은 '손상'을 정의하는 구성적 권력관계 자체가 그 담론적 객체의 물질적 구현 형식을 폭넓게 규정하고 있다는 사실을 은폐한다.[31] 다시 말해, 장애에 대한 푸코적 접근은 손상과 장애 사이에 인과적 관계가 있음을 규명하는 데 관심을 가질 것이다. 정확히, 손상이라는 범주는 그것을 발생시킨 통치 실천들을 여러 측면에서 정당화하기 위해 양산되고 지속된다.

푸코는 통치의 합리성들을 둘러싼 철학적 물음들, 다시 말해서 통치행위의 본성에 관한 사고 시스템에 관심을 가진다. 푸코의 설명에 따르면, 통치의 합리성은 통치행위에 대한 사유 체계라고 할 수 있는데, 그것은 통치 실행자들이나 통치받는 자들에게 어떤 행위 형식이 **합리화**될 수 있게 만드는 역량, 즉 그것을 사고 가능한 동시에 적용할 만하고 수용할 만한 것으로 생각하게 만드는 역량이다. 푸코는 통치성governmentalities이란 개념을 이런 통치 합리성을 가리키는 단어로 사용하며, 통치기술이라는 단어와 교환 가능한 것으로 사용한다. 1979년 강의 '생명정치의 탄생'에서 푸코는 18세기부터 관리되어야 하는 문제 현상으로 출현한 것들은 자유주의적 통치성의 틀과 분리 불가능하게 연관되어 있는데, 그 안에서 그 현상들은 문제들로 출현하고 긴급성을 발전시켰다고 지적한다.

자유주의적 통치성의 출현은 관방학파와 중상주의적 합리성을 조건 짓던 정치 경제학적 사고의 변화를 드러낼 뿐만 아니라 지식과 통치의 관계 양상에서도 변화를 보여 준다. 이전의 통치 합리성이 국가의 존재와 힘 자체로부터 자신의 통치와 규제를 정당화하려 했던 것과 달리 자유주의는 "통치가 너무 많다"는 의구심에 기반한 통치 원칙을 수립했다.[32] 확실히 어떤 국가 통치의 합리성이라도 되도록 적은 정치 경제적 비용으로 최대의 효과를 얻으려고 노력한다. 하지만 자유주의적 합리화는 통치 자체가 목적이 될 수 없다는 전제에서 출현했다고 푸코는 말한다.[33] 이런 점에서 자유주의에 관한 푸코의 관점은 독특하다. 그는 자유주의를 하나의 독트린이나 정치 경제 이론들의 묶음으로 보지 않고, 본질적으로 통치 기술에 관한 사유 형식으로 본다.[34]

푸코는 물론 자유주의자libertarian는 아니지만 자유주의에 관심이 많다. 특히 자유주의의 '다형성'polymorphism이라 부른 것, 즉 끊임없는 자기비판 속에서 모습을 바꿀 수 있는 역량에 푸코는 흥미를 느낀다. 그는 자유주의를 통치행위 자체에 대한 비판적 성찰의 한 형식으로 본다. 푸코에 따르면, 우리는 통치행위의 규제적 형식에서도, 동시에 (가끔씩) 그에 대한 '급진적' 반대에서도 자유주의적 사유형식을 발견할 수 있다. 그의 설명에 따르면, 자유주의는 현실 비판의 도구를 형성한다. 즉 그것은 (1) 벗어나고자 하는 이전의 통치성에 대한 비판, (2) 합리적으로 개혁하려고 노력하는 현재 통치성에 대한 비판, (3) 반대하거나 그 남용을 제한하고자 하는 통치성에 대한 비판의 도구이다.[35] 덧붙여, 푸코는 생명-권력이 의도치 않게 야기한 대항담론이 자유주의 통치성 안에서 출현한 것처럼 이 대항담론에서 비롯한 대항요구들 역시 자유주의의 다형성에서 비롯된 역사적 산물이라고 주장한다. 사실, 장애 이론가들과 장애인 운동이 개진한 주장과 권리가 생명-권력의 통치실천에 대한 반응인 한, 장애 정치학의 현재 상태에 대한 푸코적 관점은 이런 정치적 요구 자체가 자유주의의 현저한 효과라는 것이다.

＊　　＊　　＊

『푸코와 장애의 통치』는 푸코의 작업이 다룬 광범위한 사유 영역을 네 파트의 주제로 나누어 글들을 배열한다. 모두 16개의 장은 독립된 글이지만, 푸코의 관점에 따라 장애 분석에 도움이 되는 개념, 주장, 논쟁을 최대한 반복은 피하면서 배열, 편집, 집필되었다. 그래서 푸코의 저작이나 장애 이론에 익숙하지 않은 독자들은 이 책을 순서대로 읽을 때 많은 도움을 받게 될 것이다.

이 책의 목적은 장애에 관한 사회정치적 분석을 제공하는 것이지만, 어떤 단일한 모델이나 원리, 혹은 어휘로 여기 수록된 글들을 통합하는 것은 불가능하다. 사실, 지금의 역사적 시점에서 다양한 문화적, 지리적, 민족적 맥락과 전통을 가진 저자들의 글 모음집은 절충적일 수밖에 없다. 장애에 관한 이해와 반응들은 특히 서로 다른 지방, 지역, 민족 운동의 역사들에 기반해 있기 때문이다. 또한 법률, 행정 정책들도 제각기 다르다. 또한 장애에 관한 국제적인 논의의 지정학적 위상에 따른 이론적, 정치적, 전문적 충실도 역시 제각기 다르다.

흑인 레즈비언-페미니스트이자 시인인 디오네 브랜드Dionne Brand가 말했듯이 어떤 언어도 중립적이지 않다. 특정 담론 행위에는 특정한 철학적 전통이 내포되어 있다. 즉, 누군가 말을 하거나 글을 쓸 때 그는 언제나 특정 장소에서, 특정한 사회적 위치에서, 특정한 정치, 사회, 윤리적 가치와 신념에 입각해서 말하고 쓴다. 언어는 대상과 담론과 묘사의 영역을 구축하며 인간은 그 안에서 행동하고, 그 영역은 일련의 정치적, 사회적, 존재론적, 인식론적, 윤리적 참여, 가정, 기술에 조응해서 구성된다. 그래서 이 책에 포함된 글들에 장애 대상에 관한 특정한 용어법을 강제하는 것도 실은 문화적이고 역사적인 장애 이해를 보편화(내지 비역사화)하는 것이라 할 수 있다.

이 책의 1부 '인식론과 존재론' 부분은 권력과 지식 간의 상호 구성적, 상호 강화적 관계에 관한 푸코의 관점을 다양한 측면에서 다룬다. 즉 여기서는 인간과학에서 다뤄지는 대상의 존재론적 위상에 대해, 특정한 권력/지식에 문제 현상으로 출현한 특정한 인간들에 대해, 그리고 의학적, 사법적, 행정적 실천들에 의해 이뤄진 특정한 주체 형성에 대해 논의한다.

마틴 설리번Martin Sullivan의 글은 주로 주체화의 실천을 다룬다. 설리번은 (뉴질랜드의 마오리 부족 내의) 오타라 척추센터Otara Spinal Unit에 있는 척수 손상 환자들의 재활 문제를 민족지학적으로 검토한다. 그는 푸코의 생명-권력, 정상화, 감금 네트워크에 대한 관점을 가지고 의료 센터의 자활, 의료 기술이 어떻게 환자들을 '마비된 신체-주체들'로 구성하는지 보여 준다. 센터 거주자들은 그들을 주체화하는 정상화 테크놀로지가 어떻게 의사, 간호사, 물리치료사, 그 외 그들을 의학적 진단 대상으로만 보는 의료 스태프들에 의해 촉진되고 제도화되는지 보여 준다. 또한 설리번은 푸코의 후기 저작들에 나오는 개념들을 적용하여 센터 거주자들이 이런 대상화에 어떤 방식으로 저항하는지 인상적으로 묘사한다.

니르말라 에르벨스Nirmala Erevelles의 글은 19세기 피에르 리비에르Pierre Rivière의 존속살해에 관한 푸코의 분석을 이용하여 리비에르 재판에서 보여지는 휴머니즘적 주체의 위기에 대해, 그리고 오늘날 자폐증으로 규정된 사람들을 위해 고안된 보조facilitated 커뮤니케이션 내지 확장augmentative 커뮤니케이션 기술에 관한 논쟁을 다룬다. 에르벨스가 설명하듯 리비에르 재판과 보조 커뮤니케이션 논쟁은 모두 이성의 일관성과 주체의 통일성에 관해 의문을 제기한다. 리비에르의 경우, 어떻게 '동네 바보'가 그렇게 명철한 회고록을 쓸 수 있단 말인가? 보조 커뮤니케이션 이용자의 경우, 이용자는 어느 만큼 그들이 생산한 텍스트의 '저자'일 수 있을까? 에르벨스는 리비에르 재판의 19세기적 맥락과 보조 커뮤니케이션 논쟁의 최근 맥락 모두에서 '글쓴이의 저자성'에 관한 이런 질문이 계급의 정치학을 동반한다고 주장한다. 에르벨스에게 두 역사적 맥락에서 계급의 정치학이 연루되는 방식은 저자의 '정체성'에 대한 푸코의 입장을 재고할 필요를 제기한다.

스콧 예이츠Scott Yates는 특정한 행동과 실천이 어떻게 '학습 장애'learning difficulties로 문제화되는지 설명하면서 주체화에 대해 논한다. 푸코에 따르면, 어떤 행동, 습관, 실천들이 특정한 지식 네트워크 안에서 '문제 있는' 것으로 출현할 때 그것은 개인들에게 정체성을 부여하여 주체로 형성하는 권력 구성체와 역동적으로 결부되어 있다. 예이츠는 '진리 게임'에 관한 푸코의 이런 주장이 지적 장애를 새롭게 사유하는 방식을 시사한다고 한다. 예이츠는 푸코가 이런 탐구에 요청되는 세 영역, '우리 자신에 대한 비판적 존재론'이 다뤄야 할 세 영역으로 제시한 것을 활용한다. (1)특정한 형식의 앎의 주체로 구성되는 **진실의 차원**. (2)일정하게 규제된 방식으로 타인에게 행하거나 타인이 그에게 행하는 행동방식의 주체로 구성되는 **권력의 차원**. (3)자기 자신을 도덕적 행위자로 구성하는 **윤리의 차원**. '비판적 존재론'의 이 세 차원을 통해 예이츠는 어떻게 지역사회 돌봄 서비스 안에서 작동하는 권력관계가 특정한 진리 체계를 함축하는지, 어떻게 그 권력관계가 특정한 개인들을 포획하여 '지능이 미달된 사람들'로 주체화하는지, 어떻게 이 주체들이 그런 권력에 저항하는지 기술한다.

빌 휴스Bill Hughes는 「푸코적 분석은 장애 이론에 어떤 기여를 할 수 있나?」에서 장애학에 대한 푸코적 관점의 유효성이 제한적이라고 주장한다. 휴스는 영국의 장애 연구가 문화 연구와 신체의 사회학에서 나온 분석틀을 포괄하려고 노력해 왔기 때문에 (현상학 같은 탈-데카르트적 전통에 있는) 푸코의 저작이 장애 이론가들과 연구자들에게 매력적으로 받아들여졌다고 주장한다. 그는 또 푸코의 분석틀을 장애 연구에 적용하는 것은 '지적 무기' 차원이나 이론의 다양성 측면에서 유용하긴 하지만 긴 안목으로 보면 장애를 가진 사람들의 삶을 개선하는 데 별로 기여하지 못할 거라고 주장한다. 나아가, 푸코가 장애 연구에 줄 수 있는 통찰은 푸코가 아니어도 얻을 수 있는 것이라고 한다. 휴스의 이런 주장은 중요하다. 왜냐하면 푸코의 가정들은 실제로 장애 이론가들에게 역효과를 불러일으키기 때문이다. 특히 휴스는 푸코의 행위주체agency 및 신체 개념에 대한 약점을 비판한다. 이런 주장을 위해 휴스는 메를로-퐁티와 여타 현상학자들의 저작을 따라간다.

어떤 점에서 베리 앨런Barry Allen의 글은 휴스의 의견에 대한 반박처럼 보인다. 앨런은 푸코를 겨냥한 비판들 중 상당수는 받아들이기 힘들다고 주장한다. 앨런의 글은 푸코의 유명론nominalism에 집중한다. 앨런에 의하면, 푸코의 '도착증의 주입'에 대한 유명론적 접근은 '손상의 주입'에 대한 유명론적 분석으로 확장될 수 있다. 손상이란 주입된implanted 것이라는 주장은 손상이 장애와 달리 생리학적 조건이라는 가정을 무너뜨린다. 손상(도착증과 마찬가지로)은 뭔가를 결여한 게 아니라 규율 권력과 지식에 의해 보충된 어떤 것이기 때문이다. 달리 말해서, 손상 주입 이론은 이와 같은 권력/지식의 '보충'supplement을 탈-자연화한다. 앨런이 보여 주듯이 푸코에 대한 비판은 주로 그의 인식론적 가정을 겨냥한다. 그래서 앨런은 주변화되고 시민권이 박탈된 장소의 주체들은 자신의 경험에 관련된 요청들claims을 '예속된 지식'에 대한 요청들로 규정해서는 안 된다고 주장한다.

피오나 쿠마리 캠벨Fiona Kumari Cambell은 장애 '문제'를 단지 문화적 편견과 차별적인 태도 차원에서만 다루는 사회학적, 법률적인 장애 주체화 이론에서 존재론적 문제가 거의 다뤄지지 않은 점을 지적한다. 「장애 입법: 부정적 존재론과 법적 정체성의 통치」에서 캠벨은 이런 불균형을 개선하기 위해 '부정적 존재'로서의 장애가 어떻게 법의 적용과 효과에 영향을 받는지 보여 주려 한다. 캠벨의 관찰에 따르면, 장애 활동가들은 법률 시스템의 개선이 장애인에게 평등한 권리로서의 자유를 가져다주고 차별을 방지해 줄 것이라는 믿음을 가져왔다. 그는 이런 평등화 운동이 장애인들이 겪는 불합리한 차별을 법적으로 개선해 왔음을 인정함에도 불구하고, 이런 제도 개선에 깔려 있는 전제, 즉 장애를 부정적인 것으로 보는 인식이 도전받지 않고 오히려 강화된다고 주장한다. 캠벨은 자신의 주장을 뒷받침하기 위해 몇몇 페미니스트 법률·정치 이론가들의 작업을 비판적으로 검토한다. 캠벨은 주변화된 집단이 국가를 향한 자신의 요구를 정당화하기 위해 '훼손된 정체성'에 호소할 때 그들은 그 정체성을 열등한 위치로 던져 놓았던 바로 그 가치와 신념을 반복하는 경향이 있다고 주장한 웬디 브라운Wendy Brown에 동의한다. 캠벨은 자신의 주장을 뒷받침하기 위해 호주와 미국의 장애 관련 판결 사례와 공공정책을 끌어온다.

푸코는 '현재적인 것의 역사'가 인간 주체의 현재 상황에 대한 이해, 즉 그것의 현재적 조건에 대한 역사적 인식을 촉진시킨다고 한다. 푸코에게 현재의 주체가 처한 환경에 대한 역사적 인식은 이 시대 사람들의 정체성이나 관념체계 같은 초역사적인 특질을 해명할 증거를 과거 속에서 '발견'하는 것이 아니다. 현재에 대한 역사적 인식은 과거의 조건들 속에서 만들어진 주체가 현재의 누구이며 어떻게 만들어졌는지에 대한 고고학적이고 계보학적인 분석을 요구한다. 이 책의 두번째 '역사' 파트는 비판적 장애 이론을 위한 역사적 분석의 중요성을 다룬다.

리시아 칼슨Licia Carlson의 에세이 「유순한 신체, 유순한 정신: 정신지체에 관한 푸코적 성찰」에 따르면, 정신지체에 관한 철학적 담론은 일련의 도덕적 물음, (가령) '정신지체'로 낙인찍힌 이들에 대한 적절한 조치는 무엇인가? 혹은 강제적인 단종시술과 산전 검사에 관한 생명윤리학의 물음, 그런 사람들을 포괄할 수 있는 인간의 정의는 어떤 것인가 하는 물음에 초점이 맞춰져 있다. 칼슨은 이런 물음들이 철학적으로나 정치적으로 매우 중요하다는 점을 인정한다. 그러면서도 그녀는 철학자들이 정신지체라는 하나의 **분류방식**classification의 역사성과 위상에 대해서는 거의 묻지 않았다고 말한다. 칼슨의 설명에 의하면, 최근의 철학적 담론조차 정신지체라는 카테고리를 자명한 것처럼 받아들이는데, 그녀가 보기에 그 범주는 '복잡하고 문제적'이다. 칼슨은 '정신지체' 범주가 제도적, 학적 담론에 의해 구성된 방식을 고고학적으로 분석함으로써 그 범주의 복합적이고 문제적인 성격을 밝혀내려 한다. 그녀에 의하면 '정신적으로 지체된' 개인들이 새로운 인간종kind으로서 역사 속에 출현할 수 있는 것은 이런 담론들 때문이다. 칼슨은 이 새로운 인간 종의 출현이 정신지체 범주의 정의와 그에 대한 조치에 영향을 준 것이라고 말한다.

제인 버거Jane Berger는 「비범한 학교: 19세기 초반 미국, 농의 제도화」에서 19세기 농인 제도에 의해 형성된 농과 농인에게 부여된 의미를 역사적으로 연구한다. 특히 버거는 그런 제도를 만든 이들과 교육자들, 그리고 학교 설립자들이 농인을 정의함에 있어서 어떻게 당시에 유행한 지적, 문화적, 종교적 사고방식에 영향을 받았는지, 그것과 자본주의의 확산, 국가 주권 담론, 자유주의적 개인주의의 출현이 어떻게 연관되어 있는지 밝힌다. 푸코는 공간 구획과 분할이 훈육권력의 장치라고 주장한 바 있다. 푸코를 따라 버거는 제도적 조직화가 농인 학생들에게 농의 의미를 심어주는 훈육적 효과를 가져왔음을 보여 준다. 확실히, 버거는 수많은 학자들과 농인 집단의 구성원들이 농인 교육의 역사에서 남북전쟁 시기를 '황금기'로 본다는 사실을 인정한다. 하지만 리글리Owen Wrigley와 밸런타인Phyllis Valentine과 함께 버거는 이와 같은 과거의 '이상화'는 '부정확한 역사'를 낳으며 제도 내의 (일부는 아직도 영향을 미치는) 권력관계를 모호하게 만들 수 있다고 주장한다.

다이애나 스니구로비치Diana Snigurowicz는 19세기 후반과 20세기 초반 파리의 여러 지방 지역 법규들이 어떻게 비정상적 외양을 한 개인들을 전시할 수 있고, 본인들도 스스로를 전시할 수 있게 했는지, 그런 법규의 시행이 어떻게, 어느 지점에서 그것을 가능하게 만들었는지 역사적 자료를 통해 보여 준다. 스니구로비치는 19세기 내내 거인, 난쟁이, 수염 달린 여자, 팔다리 없는 사람, '반인반수' 무리들이 파리 시내 곳곳에서, 대중 연회에서 전시되었다고 한다. 새로운 기형학이 이런 개인들을 생물학적 변종으로, 즉 (신의 전조, 악마의 종자, 자연의 농담, 혹은 야수성의 산물로 여기는 게 아니라) '전혀 다른 인간 유형'으로 간주하는 동안 인체 측정, 유전학, 사회진화론 같은 새로운 지식의 출현이 육체적 비정상과 사회적·범죄적 일탈을 연관지었으며, 그런 연관성은 개인에 대한 감시와 통제의 증가를 가져왔다. 스니구로

비치가 설명하듯이 기형학적 반증에도 불구하고 '선천적 기형'의 인간들은 '인간 이하'의 존재로 간주되었는데, 그런 인식은 그들을 '일탈'deviant 내지 '비정상'으로 규정하면서 그들의 일상을 제약하고 심지어 제거하려고까지 하는 감시와 통제에 의해 정당화되었다. 스니구로비치의 글은 로즈마리 갈런드-톰슨Rosemarie Garland-Thomson 같은 장애 이론가들의 '기형'에 관한 획기적인 연구를 보다 확장시켰다.

이 책의 세번째 파트 '통치성'에 수록된 글들은 장애 통치의 구체적인 면모들을 연구하기 위해 푸코의 분석 기법을 사용한다. 다시 말하지만, 푸코에게 통치는 스스로의 품행 지도나 타인의 품행 지도를 이끄는 일련의 실천을 의미한다. 통치 합리성 ──통치(-)정신 govern(-)mentality ──은 어떤 통치행위를 통치받는 사람들과 통치하는 사람들이 이해하고 적용할 수 있도록 만든다.

앞서 지적한 것처럼, 푸코는 근대의 통치형식, 특히 '생명-권력'에 있어서 '표준'norm의 중요성을 강조했다. 아네 발트슈미트Anne Waldschmidt는 유전자 검사와 유전 상담 사례를 통해 어떻게 정상화 전략이 새로운 자기-통제 형식으로 자리 잡게 되는지 보여 준다. 발트슈미트는 정상화 전략들이 현대의 여러 인간과학 영역에서 작동하고 있지만, 특히 인간 유전자 진단 및 상담의 정상화 기제는 우리의 일상생활에 매우 특별한 '정상성'의 충격을 가한다고 주장한다. 푸코는 통치성과 생명과학에서 **통계적 정상성** 개념이 지닌 중요성을 특히 강조했다. 발트슈미트는 (푸코를 따르는) 독일 문학 연구자 위르겐 링크 Jürgen Link의 작업을 참조하면서 정상성normality, 규범normativity, 정상화normalism의 개념을 구분하면서 오늘날의 신자유주의 체제에서 어떤 정상화 전략이, 특히 통계적 정상성normality 개념이 어떻게 작동하는지 보여 준다. 발트슈미트는 신자유주의에 대한 이런 통찰을 유전 진단 및 상담 담론과 연관된 임신 지도와 출산 제한에서 작동하는 정상화 기능을 규명한다.

「배제된 학생을 위한 포함 교육: 예외적인 자들의 통치에 대한 비판적 분석」에서 마르텐 시몬스Maarten Simons와 얀 마스켈라인Jan Masschelein은 일반적으로는 사회에서, 특수하게는 교육에서 포함 담론이 통치성의 차원에서 이해되어야 함을 역설한다. 시몬스와 마스켈라인은 포함 교육에 관한 담론이 통치성의 근대적 형식에서 매우 중요한 요소라고 본다. 푸코는 서구 사회에서 통치행위가 발전되어 온 문제적인 특성이 "모두에 대한, 그러면서도 개별적인" 통치, 즉 통치의 관심이 총체적인 동시에 개별적인 정치적 주권의 형식에 있다고 본다.[36] 시몬스와 마스켈라인은 포함 교육과 포함 사회에 대한 담론이 현대 국민국가를 특징짓는 '이중 구속'의 역사에 함축되어 있다고 한다. 그렇다고 저자들이 배제 관념을 옹호하는 건 아니다. 대신 그들은 (특별히) 교육과 (일반적으로) 사회에 대해 배제와 포함이라는 개념을 넘어서 생각하기를, 이 개념들이 함축한 '커뮤니티'라는 개념을 넘어서 사고하기를 원한다. 그들은 포함 담론을 이끄는 추동력이 **동일성에 대한 강박***impulse for homogeneity*이라고 보기 때문이다.

시몬스와 마스켈라인과 마찬가지로, 크리스 드링크워터Chris Drinkwater는 포함의 실천을 조건 짓는 권력관계에 대해 보다 비판적인 연구가 필요하다고 생각한다. 「지원받는 삶과 개인의 생산」에서 드링크워터는 학습 장애를 가진 이에 대해 사회적으로 배제하는 데서 포함하는 방향으로 변화한 것은 휴머니즘적 개혁의 산물이라기보다는 오히려 (제도적, 규율적, 기타) '새로운 권력 망'의 영향력을 확대하려는 노력의 산물로 본다. 가령, 지역 내 공동생활은 시설 생활보다 '더 인간적'이라고 추앙받지만 거기에는 고유한 규율적 테크닉들이 작동하고 있다. 푸코는 근대 유럽 사회가 제러미 벤담Jeremy Bentham 의 판옵티콘panopticon(최소한의 비용으로 최대한의 감시 효과를 창출하도록 고안된 감옥 기구)을 발생시킨 통치성을 확산시켜 왔다고 말한다. 드링크워터는 판옵티콘 모티프를 사용하여 지역 공동 생활을 통치하는 '항구적인 가시성'과 여타 기제들이 어떻게 공동체 거주자들을 '유순한 주체들'로 바꾸는지 보여 준다.

캐럴린 앤 앤더슨Carolyn Anne Anderson의 글은 공간의 통치와 그런 권력 양태에 각인된 의미들을 탐구한다. 미국의 스타디움이나 경기장 건설과 디자인의 역사, 그리고 그 공간을 상대로 한 소송을 조사하면서 이런 시설들의 공간 설계가 장애를 가진 몸에 대한 규율과 통치 효과를 야기하는 방식을 고찰한다. 스포츠 경기장 좌석을 층계로 설계한 것은 카메라 감시와 출입구의 전략적 배치로 군중들을 효과적으로 통제하는 한편, 층계식 좌석 디자인은 장애를 가진 이들을 그 공간에서 배제하거나 그들의 육체적 현존 안에서 꼭 굴욕적이지는 않더라도 예속적인 경험이 일어나도록 한다. 앤더슨은 장애 활동가나 연구자들이 소송이나 압력을 통해 이런 배제적인 환경을 개선하려 한다면 반드시 그 환경과 담론에 각인된 의미까지 해체해야 한다고 주장한다. 왜냐하면 그런 환경을 유지시키는 것은 그 의미이기 때문이다. 앤더슨의 설명에 따르면, 정상적인 것과 일탈적인 것의 분류법이 공간 설계 '안에 구축된다'. 푸코는 '방', '자리', '등급'의 조직화는 건축학적인 동시에 기능적이고, 동시에 위계적인 복합적 공간을 창조한다고 했다. 앤더슨은 미국에서의 스포츠 경기장 구조와 같은 환경의 건축이 정상과 일탈의 경계를 짓는 표식이자 '장애화된' 주체들이 담론적으로 표현되는 장소라고 주장한다.

공간의 통치는 또한 제라드 고긴Gerard Goggin과 크리스토퍼 뉴얼Christopher Newell의 「푸코와의 통화: 장애와 통치의 이동성」에서도 다뤄진다. 고긴과 뉴얼은 푸코의 통치에 관한 작업이 어떻게 원격통신의 출현과 장애, 그리고 통치 사이의 밀접한 연관을 연구하는 데 도움이 되는지 보여 준다. 특히 이들은 현대사회의 통치성에 대한 푸코의 통찰이 새로운 원격통신의 발전이 장애를 양산하는 방식을 파악하는 데 중요한 시야를 제공한다고 한다. 또한 이들은 푸코의 작업을 통해 그런 첨단 기술이 재구성되거나 도전받게 되는 경로와 방식을 성찰할 수 있다고 본다. 이를 위해 고긴과 뉴얼은 호주 정부나 사법기구가 휴대전화 공장과 협력하여 보청기 사용자들을 배제하는 디자인에 항의하는 소비자들을 달래는 방식에 주목한다. 저자들은 보청기 사용자들이 이런 테크놀로지에 접근할 수 없음을 지적하면서 발전하는 기술 세계에서 소통 기회를 제약하는 지점들을 철저하게 규명한다.

푸코는 학술적인 담론이 직접적인 실천의 수단으로 사용되어야 한다는 생각을 거부한다. 또한 그는 실천적인 정치적 선택이 이론적 텍스트의 공간에서 결정되어야 한다는 생각은 도덕적 결정 행위를 심미적 선호로 평탄화하는 생각이라고 주장했다.[37] '윤리학과 정치학'이란 제목의 4부에서는 윤리학과 정치학의 불가분한 관계에 대한 두 편의 글을 모았다.

줄리 앨런Julie Allen은 장애 이론이 윤리학에 대한 푸코의 후기 작업을 소홀히 해왔음을 지적하면서 푸코의 후기 저작은 포함inclusion 교육 프로젝트에 많은 시사점을 준다고 주장한다. 앨런에 따르면 포함의 작업은 여러 측면에서 푸코의 윤리학에서 핵심적인 '자기'에 대한 작업을 요구한다. 앨런이 지적하듯이 어떤 저자들은 (주로 고고학과 계보학적 국면에 초점을 맞춰) 푸코의 작업이 사회 변혁에 대해 회의적이거나 별다른 전망을 제시하지 못한다고 비난해 왔다. 하지만 앨런이 보기에 포함에 관한 푸코의 윤리학은 이런 비난에 대해 거리를 두게 한다. 왜냐하면 그의 윤리학은 배제의 압력을 제거함에 있어 개인의 책임성이라는 측면을 부각시키기 때문이다. 푸코의 윤리학이 어떻게 포함 교육 프로젝트에 도움이 되는지 입증하기 위해 앨런은 푸코가 제시한 윤리적 실천의 네 가지 차원을 도입한다. (1) 윤리적 실체의 결정, (2) 주체화의 양태, (3) 자기-실천이나 윤리적 작업, (4) 목적 설정. 그녀는 윤리적 실천의 이 영역들이 어떻게 포함 교육 프로젝트에 적용될 수 있는지 검토한다.

캐스린 폴리 모건Kathryn Pauly Morgan은 「젠더 경찰」에서 푸코의 이론 틀을 사용하여 정상적인 이형-젠더 사회의 젠더 체제에 대항한 정치적, 윤리적 기획을 인식할 수 있게 한다. 이런 사회에서 정상적 젠더가 작동하게 만드는 다양한 형식을 규명하기 위해 모건은 젠더-이형 유토피아Gender DiMorph Utopia(GDU) ――지극히 현실적으로 보이는 '유토피아' ―― 를 묘사한다. 거기서는 이형 젠더를 형성하는 실천들이 사회적, 개인적 삶의 모든 태도들을 지배한다. 모건은 젠더-

이형 유토피아와 그외 세속적인 혼합 사회들에서 작동하는 '젠더-장치apparatus'를 검토한다. 푸코는 어떤 "장치의 요소들을 담론, 제도, 건축형태, 규칙, 법률, 행정적 조치, 과학적 진술, 철학적·도덕적·인도적 제안 등 완전히 이질적인 요소들의 총체"[38]로 정의한다. 모건은 GDU와 여타 혼합적인 문화 안에서 어떻게 이런 '젠더 장치'가 이형-젠더를 **자연화**naturalize하는지 검토한다. 또한 모건은 이형 젠더 유토피아 사회 안에서 '젠더 장치'의 작동 메커니즘이 이형-젠더의 자연성을 훼손하는 여러 정체성, 육체적 표현, 해부학적 구조를 가진 주체에 대해 사회 담론적·행정적·정신의학적·약학적·문화적·의학적·외과적 **젠더 경찰**gender policing의 배치로 훈육과 징벌을 가하게 되는지 살펴본다.

『푸코와 장애의 통치』에 수록된 글들을 장애와 푸코에 관한 이론적 작업의 최종판으로 봐서는 안 된다. 오히려 그것들은 일련의 도전을 제기하는 것으로 여겨야 한다. 여기에 수록된 글들은 독자들에게 푸코의 통찰을 새로운 방식으로 이해하도록 독려한다. 또한 푸코 전공자들에게 푸코의 작업을 활용하는 용법을 확장하도록, 특히 장애에 대한 이해와 관련한 용법을 제안한다. 장애 연구자와 이론가들에게는 기존의 관점이나 분석 틀을 넘어서도록 독려한다. 또한 장애 활동가들에게 반란은 다양한 모습으로, 다양한 강도로 일어난다는 점, 또한 사회적·정치적·문화적·경제적·교육적·개인적 맥락 등 다양한 스펙트럼을 가로지르며 일어나고, 또 일어나야 한다는 점을 깨닫게 한다.

I부

인식론과 존재론

주체화된 신체
: 마비, 재활, 그리고 운동의 정치학

마틴 설리번

신체가 마비되면 그로 인해 자신의 신체를 경험하는 방식, 자기 신체로 할 수 있는 것, 자기 신체가 사회적으로 해석되고, 의미가 부여되고, 거처가 정해지는 방식에 급격한 변화가 발생한다. 푸코의 생명-권력, 정상화, 감금 체계에 대한 개념은 마비환자가 사고 이후 새로운 주체로 구성되는 방식을 이해하는 데 도움을 준다. 또한 그의 관점은 마비환자들이 이런 주체화에 저항하는 다양한 방식을 사유할 수 있게 한다. 이 글에서 나는 푸코의 훈육 기관(특히 의료 기관)에 대한 분석을 따라 척수 손상자 재활을 위한 특수기관에서 작용하는 의료권력이 어떻게 **특정한 유형의 신체를**— 통치할 수 있는 신체, 그래서 생산적인 몸을 ─ 생산하는지, **특정한 유형의 주체** ─ 마비된 몸을 지닌 주체 ─를 형성하는 방식을 살펴볼 것이다. 나는 뉴질랜드의 아오테아로아Aotearoa에 있는 오타라 척추 기관Otara Spinal Unit(OSU)[1]에서 10년 동안(1978~86) 재활치료를 한(혹은 아직 과정 중에 있는) 90명의 척수 환자들의 체험사례를 통해 이런 훈육 테크닉이 어떻게 기능하는지 살펴볼 것이다. 특히, 나는 사고가 난 지 얼마 안 된 환자들의 사례를 통해 그들의 운동장애를 총체적으로 취급하는 측면과 신체관리 시스템을 살펴볼 것이다. 이를 통해 마비된 신체라는 특수한 전쟁의 무대에서 의료권력과 주체의 저항이 투쟁하는 방식을 살펴볼 것이다.

푸코의 유산

푸코는 후기 저작에서 사회 기관들이 신체에 작용하는 방식과 그것이 주체 형성에 미치는 영향에 관한 물음을 제기한다. 그는 근대 국가에서 발전해 온 훈육 테크닉들, 정상성 판정, 생명–권력, 감금 네트워크에 초점을 맞춘 '권력관계 분석'을 통해 그런 물음에 접근한다.[2] 푸코의 목표는 인간 존재가 객체화되면서 주체로 변형되는 방식의 역사를 그리는 것이다.[3] 이 역사의 중심에 다양한 훈육 기술과 테크놀로지, 감시와 처벌에 관련된 권력관계와 그 작용에 대한 분석이 있다. 이 테크닉들은 18세기 후반과 19세기 초반에 출현했으며, 이 시기에 처벌의 타깃은 신체로부터 심리적인 것으로 이동했다. 이 역사적 시기 (이전에는 고문과 죽음의 스펙터클에 예속된) 신체는 감금과 감시와 훈육의 대상이 되었다. 처벌의 목적은 수감자의 교정으로, 언젠가 반성의 독방으로부터 새로운 주체가 탄생하게 될 것이다.[4] 감옥에 갇힌 범죄자들은 감시자의 항구적인 시선을 피할 수 없을 거라 여기는데, 그 감시의 시선은 "스스로 자기 자신에 대한 감시의 시선이 될 때까지"[5] 내면화된다.

  감옥 수감자는 근대에 출현한 규제와 훈육 네트워크의 한 (아마 첫번째) 매듭점일 뿐이다. 푸코가 '생명권력'[6]이라 부른 거대한 권력의 격자는 교육·산업·군사·의료·정신의학 기관, 경찰 및 각종 국가 기관 등 여러 장치들로 이뤄져 있다. 그것들은 일련의 '감옥 군도'[7]를 형성하여 형벌 기구의 훈육 실천들을 사회체 전체로 전송시켰다. 이 감금 장치들은 '정상성 판정'의 공통 기준을 가지고 사회의 전 층위를 조사하고 검사하여 비정상성을 제거하는 한편, 적절한 수단을 처방하여 정상에서 벗어난 개인들을 재활시켜 정상성을 회복케 함에 있어 마치 단일한 장치처럼 움직인다. 그래서 규율 권력의 촘촘한 네트워크는 삶의 점점 더 넓은 영역으로 확장되어 다음과 같은 것들까지 강제한다.

> 일련의 사소한 시간 위반(지각, 결석, 업무중단) 처벌, 품행(부주의, 태만, 불성실)의 처벌, 말투(쓸데없는 수다, 무례함)의 처벌, 신체('똑바르지 않은' 태도, 불안정한 몸짓, 청결의 결핍)에 대한 처벌, 섹슈얼리티(부정함, 외설)의 처벌.[8]

이렇게 해서 일상생활의 모든 측면이 정상성을 강제하도록 고안된 절차들에 예속된다. "미세하게 부적절한 행동도 징벌이 부과된다. (…) 개별 주체들은 처벌 가능성, 처벌의 보편성 안에 던져져 있음을 깨닫는다."[9]

즉, 생명-권력은 오직, 직접적으로 '신체', 그 역량, 그 요구조건, 그 잠재력을 겨냥한다. 생명-권력은 인구 관리의 형식으로 사회적 신체를 둘러싸고 응결된다. 또한 그것은 병원, 감옥, 학교 같은 다양한 배치 속에서 개별 신체를 포획한다. 그 권력의 목표는 신체가 "유순해"지는 것, 즉 "순종적이고, 유용하고, 발전적으로 변형되는 것"[10]이다. 이 '유순한 신체 만들기'는 신체를 가능한 작은 단위로 분할해 정확하고 계산 가능하게 움직이도록 훈육함으로써 달성된다. 위계적인 관찰(감시), 정상성 판정, 시험(병원에서, 감옥에서, 학교에서)은 "교정훈련"의 테크닉들이다.[11] 이 절차의 최종 결과는 유능하고 생산적으로 훈육된 주체이다. 신체 감시의 효과로 신체가 특정한 '진리'를 생산하는 지식의 객체가 되기 때문에 이 주체는 생산적이다. 이 주체는 또 유능하다. 왜냐하면 신체에 기입된 '진리'가 그 유용성을 증강시키고 계산 가능하게, 이해 가능하게, 유순하게 만들기 때문이다.

감금제도의 다양한 기관들, 조직들, 연합회들은 신체가 비교되고, 구별되고, 서열화되고, 진단되는 장소이다. 그곳에서 정상/비정상 판정이 이뤄지며, 정상에서 이탈한 몸을 교정하는 적절한 교정 및 재활 방법이 확정된다. 개인들 간의 간극을 측정하기 위해, 그리고 이런 차이에 함축된 구별 사항들을 명료하게 만들기 위해 정상화 판정은 사회 집단에 동질성을 부과하는 동시에 주체들을 개별화한다. 즉, 감금을 통한 훈육 권력은 억압적이기보다는 생산적이다. 훈육 권력은 개인을 '제작'fabricate할 뿐만 아니라 "현실을 창조한다. 즉 그것은 진리의 객체와 형식을 생산한다. 개인과 그에 대한 지식이 바로 이 생산에 해당한다".[12] 이 새로운 개인화 과정과 인간 주체에 관한 지식의 생산은 감금 네트워크를 확고한 토대 위에 자리 잡게 만듦으로써 인간과학(정신의학, 형벌학, 심리학 등)의 역사적 출현을 위한 조건이 되었다.[13]

의료화된 신체, 의료화된 주체

현대 사회에서 병원은 감금 네트워크의 주요 고리로서 주체를 아프거나 건강한, 치료할 수 있거나 없는, 온전하거나 온전하지 못한, 정상적이거나 비정상적인 사람으로 나누는 '분리 실천'[14]의 장소이다. 의료적 판정은 (세속화된 사회의 사제처럼) 마치 징벌과 용서의 권한을 가진 듯이 사람들의 신체, 건강, 생명에 대해 엄청난 권력을 행사한다. 누군가의 신체가 마비되었을 때 그 개인의 신체는 곧바로 의료권력의 객체가 된다. 마비된 신체의 여러 부분들은 병원이나 척추센터에 격리되어 집중적인 진단, 분류화, 자료화, 모니터링에 예속되어 인지 가능하고 생산적인 유용한 신체가 되기 위한 훈육 절차에 넘겨진다.

마비된 신체를 진단하고 검사하는 것이 그 자체로 나쁜 건 아니다. 만약 마비된 몸에 대한 특별한 기술과 지식이 없다면 그 몸은 빠르게 악화되어 죽을지도 모른다. 하지만 분류학적 실천에 대한 푸코의 말이 맞다면, 재활 과정에서 척수 손상자들은 **신체마비**로 객체화되고 그 개인들은 **마비환자**로 주체화되어 자기 자신을 그 관점에서만 정의하게 된다. 타인들 역시 척수가 손상된 개인을 이런 의료적 용어와 관점으로만 '인식하게' 된다. 이런 '진리의 형식화'에 의해 마비된 몸은 의료 담론 속으로 들어가, 그 일부가 되어, 그를 특정한 주체, 즉 자신의 몸을 의료적 방식으로 경험하고 의료 지식이 부과하는 훈육 테크닉에 예속된 주체로 만든다. 재활이 "개인을 범주화하고 그에게 정체성을 주고 그에 관한 진실의 법칙을 부과하여 그 안에서 자기를 인식하고 타인들 역시 그 방식으로 그를 인식케 하는 권력 형식"[15]이라면,

재활 의학은 푸코가 말한 주체화 권력에 꼭 들어맞는다.

앞서 언급했듯이 푸코에게 권력은 "획득되고 소유되고 분배되는" 것, 위에서 아래로, 제한된 집단에 이형적 형태로 작용하는 어떤 것이 아니다. 오히려 권력은 어디에나 있으며 "셀 수 없는 지점에서" 여러 방향으로, 아래로부터, 옆에서, 위로부터 작용하는 불평등하고 유동적인 역관계의 일반적 매트릭스이다. 또한 푸코가 지적하듯이 "권력이 있는 곳에 저항이 있다. 그 저항은 유동적이고 (일시적이고, 틈을 내고, 쪼개면서) 개인들 자신을 관통하여 흐르면서 그들을 절단하고 개조한다".[16]

이런 관점에서 우리는 주체를 "자기 안에서 분열되어"[17] 총체적인 동일성에 저항하는 존재라고 생각할 수 있다. 푸코에게 이 저항의 형식은 '탈출과 같은 불복종의 지점'이나 대항의 가능성을 제공하는 '전략'[18] 개념이나 '해법'의 선택을 함축하고 있다.

이런 통찰에 의거하여 하버Honi Fern Haber는 "주체 자신은 권력에 적대적인 자리들로 분열된다"[19]고 한다. 주체는 한 곳에서 다른 위치로 미끄러지면서 총체적인 주체의 위치로부터 탈출할 수 있다. 간략히 말해서 푸코적 접근은 어떤 개인 주체도 완전히 통합된 자기동일성을 갖고 있지 않다고 가정한다. 주체는 수많은 주체적 위치를 점유할 수 있으며[20] "유동적이고 변동하는" 정체성 위치로부터 정상화에 저항할 수 있다. 비록 그 다양한 위치가 정상화된 주체의 위치라고 할지라도 말이다. 그래서 우리는 마비된 개인들에게 마비환자라는 총체적인 정체성을 부과하는 척추센터의 정상화 권력에 대항하는 주체를 예상할 수 있다. 사실 마비된 개인들은 불복종의 위치로서 다양한 주체 위치를 갖고 있는데, 사고 전 마비되지 않은 몸의 위치도 그중 하나이다.

입원: 의료권력에의 예속

오타라 척추센터에 입원한다는 것은 제도적인 재활 과정에 들어가는 것을 의미한다. 그 센터의 대다수 환자들은 자신이 더 이상 사지에 대한 감각도 없고 움직일 수도 없다는 사실에 당황해하며 외상 후 심리 상태로 입원 수속을 밟는다. 의료권력은 이렇게 새로 입원한 사람, 특히 급성기 상태의 환자에게 민감하게 작용한다. 입원한 지 얼마 안 된 그들은 자신이 운동 능력과 감각 능력을 상실했다는 사실을 매우 빨리 배우게 된다. 이에 대해 그들은 자신의 몸에 대한 소유, 즉 자기 몸에 대한 지식과 통제권을 잃게 되었다는 사실을 깨닫는다. 반면에, 센터의 의료 전문가들은 교과서에 입각해서 환자들이 스스로를 어떻게 지각해야 하는지, 그들에게 필요한 것이 무엇인지 안다. 의료 스태프들은 그들의 지식을 환자들에게 강요할 위치를 점하고 있다. 마비된 개인은 짧은 시간에 자신이 의료 지식과 의료권력의 지배하에 맡겨져 있다는 사실을 깨닫는다. 내 연구에 참여한 한 사람은 내게 이렇게 말했다.

내가 첫날 척추센터에 도착하자 그 사람들은 나를 베개 위에 눕혔어요. 거기에는 여분의 베개도 있었는데, 나는 다른 사람들에 비해 키가 작거든요. 그래서 그들은 몇 번이나 나를 들었다 다시 눕혔는데, 그러고도 내 몸은 두 베개 사이에 놓여 정작 골절 부분은 베개로 받쳐지지 않은 상태가 됐어요. 그래서 너무 아팠어요. 내가 "제대로 안 눕혀진 것 같은데요"라고 하자, 그들은 "어떻게 아시죠? 방금 오셨잖아요"라고 했어요. 내가 "저기 작업 도면을 보고 알았죠. 저 그림에 따르면 저는 똑바로 눕혀지지 않았어요"라고 했어요. 그러자 그들은 "그렇게 됐네요. 원래는 여러 사람이 팀을 이뤄 눕혀야 하는데, 지금은 팀이 다른 데 가서 어쩔 수 없어요." 나는 정말이지 너무 아팠어요. 그래서 말했죠. "그럼 여기서 통증 완화하는 당신들 역할은 뭐예요?" 그녀가 말했어요. "아프세요?" 내가 말했죠. "네." 그녀가 말했어요. "그건 좋은 거예요. 아직 감각이 있다는 거잖아요. 안 그래요?" 그러고는 나가 버렸어요. 나는 고통 속에서 그 상태로 눕혀 있었어요. 오후에 여기로 옮겨지기 전까지 말이에요.

또 다른 참여자는 택시 운전사인데, 그의 차 안에서 어떤 사람이 살해되었고 그래서 기소된 상태에서 OSU에 입원했다. 그는 2주 전 교통사고로 목에 심한 통증을 느끼고 있었다. 여러 번의 X레이 촬영에도 통증의 원인은 밝혀지지 않았다. 그 사람에 관한 사건 정황이 그 통증을 상상에 의한 것으로 규정지었다. 즉, 정상 참작을 노린 상상 통증이라는 것이다. 그 사람이 척추센터에 도착하기 전 그 사건에 대한 세부 정보가 센터에 전달된 것이 상황을 악화시켰다. 그 사람의 진술에 따르면 "거기 도착한 날 나는 목 보호대를 하고 있었어요. 목에 통증이 있었거든요. 그들은 그걸 잡아 빼더니 '안 돼요. 당신은 그걸 하면 안 돼요. 그럴 필요가 없어요'라고 했어요". 거친 판정이 이어졌다.

내가 일어났을 때 나는 제대로 머리를 가눌 수 없었어요. 그 사람들이 나를 거칠게 들어 올릴 때마다 나는 그들에게 제발 목 좀 받쳐 달라고 애원했어요. 하지만 그 사람들은 "아뇨. 당신은 당신 스스로 목을 가눠야 해요"라고 했어요. 하지만 나는 결단코 스스로 목을 가눌 수 없었어요. 그들은 제 목 부위에 상처가 있다는 사실도 인정하려 하지 않았어요. 나는 정말 여러 번 고통을 호소했어요. 그러자 그들은 말했죠. "아, 당신, 참 애 많이 쓰네요."

센터 전문가들은 그 사람의 오른팔 감각과 근력이 약화된 걸 관찰하고도 그 사람의 통증 호소에 무관심했다. 도덕적 판단이 직접적이고 객관적인 증상 파악을 방해한 듯하다. 부상당한 지 10주 만에 목 C3[21] 경추에 손상이 있다는 사실이 확인되었고, 그제서야 그에 대한 치료가 이뤄졌다.

이에 덧붙여 두 개의 사례가 이 센터의 의료권력이 개인을 예속하고 소외시키는 결과를 보여 준다. 첫째 에피소드는 한 여성의 사례로, 그녀는 자신의 진단, 치료, 재활 프로그램에 대한 대화를 거부당했다.

나는 정형외과 의사에게 문의하려 했어요. 하지만 그는 나를 쳐다보지도 않고 가 버렸어요. 나는 재차 질문을 시도했어요. 그러자 그가 말했어요. "가만히 좀 계세요. 어떻게 감히 내 진단에 의문을 가질 수 있죠?" 나는 생각했어요. "당신은 당신이 누구라고 생각하나요? 신이라도 된다는 건가요?"

사실, 의료권력은 곳곳에 산재한다. 환자들은 자신의 재활 프로그램에 거의 개입하지 못한다. 그들은 이미 정해진 프로그램에 끼워 넣어진다. 프로그램 일정과 시간표는 입원자들의 개별적인 차이를 완전히 무시한다. 이런 좌절에 더해서 대부분의 입원자들은 "의사가 가장 잘 알고 있다"는 태도와 자신의 마비 상태에 관한 정보, 가령 마비로 인한 직접적인, 혹은 장기적인 결과가 어떤 것이고, 현재 이뤄지는 치료, 재활 프로그램의 구체적인 진행 방식에 관한 정보를 듣지 못하는데 화가 난다. 일반적으로 이들 마비환자들은 의료 전문가들이 자신의 의문에 관한 답을 알지 못하거나 아니면(그들로서는 짐작할 수 없는 어떤 다른 이유로) 자신의 마비된 신체와 미래의 삶에 대한 정보를 숨기고 있는 건 아닐까 의심한다. 어쩌다가 의료진들 중 한 명에게서 얻어 낸 정보는 다른 스태프에게서 들은 정보와 어긋나는 경우도 많다. 한마디로, 센터 입원자들은 자신의 의문에 대한 대답 없는 세계에 내던져진다. 한 연구 참여자는 이렇게 말했다.

나는 너무나 짙은 어둠 속에 던져졌습니다. 나는 어떤 일이 일어날지 알고 싶었습니다. 나는 환자의 권리가 산산이 부서진 걸 느꼈습니다. 나는 센터의 스태프들이 보여 준 태도에 분개했습니다. 나는 건강해지도록 간호받기는커녕 감옥에 갇혀 있는 것처럼만 느껴졌어요.

혹자는 이런 환경 속에서 의료권력이 약화된다고, 즉 자신의 정당성을 잃게 된다고 주장할 수 있다. 반대로 누군가는 이런 환경 속에서 마비된 몸이 점점 신비스럽고 낯설게 된다고, 그 삶과 자아가 점점 보잘것없고 불명확해진다고 예상할 수 있다. 방향을 잃은 신체-주체는 그 몸에 가해지는 일상적인 규칙 속에서 점점 의료권력에 적응하게 되고, 권력은 신체를 생산적인, 마비된 몸으로 창조한다.

거동 장애 다루기: 총체화 국면

우리 연구에 참여한 많은 사람들이 오타라 척추센터의 총체적 totalizing 접근법을 강조했다. 많은 입원자들이 자신은 마비된 몸의 견지에서만 규정되었다고, 즉 그 센터의 프로그램은 마비된 몸의 기능을 보완하기 위해 마비되지 않은 부분을 강화시키는 식으로 짜여졌다고 생각했다. 전적으로 몸에 대한 물리적인 접근법 속에서 개인의 정서와 심리는 전혀 고려되지 않았다. 센터에서 치료를 받았던 한 사람의 말에 따르면,

> 그들은 앉지도 않고 선 채로 말을 건네죠. 그들은 우리 생각을 다 아는 것처럼 말해요. 나는 물리치료에 저항하곤 했어요. 그럴 때면 그들은 내게 이렇게 말하죠. "당신은 물리치료를 즐겨야 해요. 물리치료를 좋아하도록 해보세요." 나는 나 자신을 위한 시간이 필요하다고 말했어요. 하지만 그들은 정신 건강을 위한 시간을 허락하지 않았어요. 이런 식이죠. 당신 앞에 무엇이 있든 마음의 준비를 하세요. 당신은 사람이 아니에요. 당신은 그저 숫자에 불과해요.

또 다른 참여자도 비슷한 고민을 토로했다. "나는 반복되는 일상

은 개의치 않아요. 문제는 태도예요. 그들은 개개 인간의 몸 상태를 참아 주지 않아요."

이런 총체적 접근법에 많은 참여자들이 분개한 점은 자신의 마비된 몸을 의학 교과서에 끼워 맞춰서 그들의 실제 몸에 대해 그들이 무얼 할 수 있고 그들의 개별적인 특성이 무엇인지를 교과서에 나온 기준으로만 판별한다는 점이다. 의료 요원은 엄격히 표준화된 절차와 목적에 따라 '신체 마비환자'에 대한 교과서적 규정에서 벗어난 어떤 것도 허용하지 않는다. 놀랄 것도 없이, 몇몇 마비환자는 자신이 성취될지 어떨지 모를 회복의 기준 아래 평가절하되는 것처럼, 교과서에 기술된 최적의 목표치에 도달하지 못해 '가망-없음'으로 낙인찍히는 것처럼 느낀다.

개성을 지닌 성인으로 취급받는 대신 우리는 단지 10번 방의 6번 환자가 됩니다. 좋아요. 대변 볼 시간이에요. 오줌 눌 시간이에요. 하면서 의자에 앉히고, 밥을 먹이고, 빌어먹을 여기서 데리고 가죠. (하지만) 모든 사람이 다 달라요. 모든 사람의 인격이 다른 것처럼요. 저마다 겪는 사고도 다 다르죠. 두 가지만 놓고 봐도 각각의 사례는 달라요. 하지만 당신이 L3 마비환자라면, 그걸로 끝이에요. 당신은 그 케이스인 거고, 다른 L3 마비환자는 모두 이걸 할 수 있죠. 그걸로 끝이에요. 만약 당신이 그걸 할 수 없다면, 빌어먹을, 그건 당신 잘못이죠.

마비된 몸에 대한 센터의 총체적 접근법 중 일괄적인 대소변 프로그램은 입소자들의 인격에 가장 깊이 상처를 입혔다. 일괄적으로 모든 이들이 이틀에 한 번씩 아침에 다른 무엇보다 우선해서 대장을 비우도록 요구받았다. 마비되기 전 그들의 생활습관이 어떤지는 전혀 고려하지 않은 채 말이다. 대변 보기의 표준화는 척추센터의 행정적 편의를 위한 것일지 모른다. 하지만 그것은 또한 센터 입소자들에게 그들은 모두 똑같은 마비환자 중 하나일 뿐이라는 무의식적인 메시지를 전한다.

동일한 메시지가 환자들의 프라이버시에 대한 무시에도 나타난다. 특히 여성 환자들에 대한 소변 훈련에서 이런 프라이버시의 결핍이 두드러진다. 한 여성 환자의 진술에 따르면 "그건 그저 또 하나의 몸뚱이에 불과해요. 그들은 그것에 너무나 익숙해졌어요. 그들은 우리도 그것에 익숙해지길 바라죠".

이런 조건에서 센터 입소자들이 자신을 개별 주체가 아니라, 단순한 숫자로, '불구'로, '마비환자'로 취급된다고 느끼는 건 전혀 놀랍지 않다. 확실히 거동 손상, 특히 마비환자들의 재활 프로그램에 근력 강화를 위한 물리치료가 포함되는 건 당연하다. 하지만 전적으로 운동기능 회복에 집중된 재활 치료는 내가 만난 대다수 입소자들을 분노케 했다. 그들 대다수는 재활 가능성에 고정된 치료 목표는 그들을 **특수한 종류**의 주체로 만든다고 믿었다. 어떤 젊은 남성의 말은 이런 공포를 드러냈다.

그들이 하는 것이라고는 물리치료밖에 없어요. 우리에게 옷 입는 방법, 이동하는 방법을 가르치는 거죠. 마치 우리를 불구로 만들려는 것 같아요.

유순한 신체 생산: 신체관리의 테크닉

특정 신체에서 특정 주체를 양산하는 절차의 첫 단계는 그 신체가 "유용하게 변형, 향상되도록"[22] 유순하게 만드는 것이다. 척추센터의 의료권력은 마비된 신체를 부분들로 나누고 각각을 정확하게 계산 가능한 훈련 프로그램에 집어넣는 방식으로 이 과제를 달성한다. 마비된 몸을 유순하게 만드는 것은 그래서 신체 조절 기술의 주입, 특히 반복적인 실금 처리 기술과 피부병 관리를 통해 이뤄진다.

1) 요실금

생리적 배설에 대한 규율이 확립되기 전까지 마비된 신체는 유순하다고 간주될 수 없다. 이 지점에서 의료권력, 신체, 마비된 주체 사이에 규율 시스템을 둘러싼 투쟁이 벌어진다.

해부학의 이론과 기술은 방광 관리에 있어서 남성이 여성보다 문제를 적게 일으킨다고 설명한다. 그럼에도, 내 연구에 참여한 남성 입소자들 몇 명은 실금 방지를 위한 (심각한 건강 문제를 초래할 수 있는) 외과 시술을 폭력으로 느꼈다. 외과 시술을 할 당시 젊은이였던 이 남자들은 지금 그 시술의 심각성, 가령 방광에서 지속적으로 조금씩 오줌이 유출되는 부작용에 대해 충분한 상담을 받지 못한 것에 비통해했다. 한 남성 입소자에 따르면

나도 그중 하나였어요. 그들은 그저 나도 그게 필요하다고만 했어요. 나는 실제로 그게 무엇이고, 무엇을 의미하는 건지 듣지 못했어요. 거

만한 의사 같으니. 나쁜 놈. 그들은 내게 그걸 했어요. 그럴 필요가 없었는데 말이죠.

방광 관리와 관련해서는 여성 마비환자가 경험하는 문제가 훨씬 심각하다. 여성 마비환자에게 요구되는 방광 훈련은 방광을 규칙적으로 비우게 하는 것이다. 하지만 항상 요실금 사고가 일어난다. 그 때문에 여성 마비환자들에게 이 방광 훈련 기간은 더없이 수치스럽고 우울한 시간으로 경험된다. 그래서 척추센터가 여성들의 방광 훈련에 있어서 안전하고 호의적인 환경을 마련하리라 기대하지만 조사 결과 기대한 환경이 아닌 경우도 많다. 가령 내가 상담한 한 여성은 센터의 의료 스태프들이 방광 관리 프로그램을 경직되게 시행하느라 전체 재활 프로그램이 지연되었다고 믿었다.

나에게 그것(방광 훈련)은 정말 끔찍하고 치욕스러웠어요. (…) 나는 그렇게 오랫동안 참도록 강요한 그들에게 화가 났어요. 항상 젖어 있었어요. 그 때문에 한시도 편안하지 못했어요. 유치도뇨관indwelling catheter을 달라고 했지만 그들은 주지 않았어요. 외출할 일이 있어서 유치도뇨관을 달라고 했지만 그들은 "안 돼"라고만 했어요. 그래서 나갈 수가 없었죠. 내가 센터에 그토록 오래 있었던 건 그 때문이에요. 왜냐하면 젖어 버릴까 봐 밖에 나가 물리치료를 받지 못했거든요.

또 다른 여성은 스태프들이 그녀에게 한 혼란스러운 충고에 대해, 간호사들의 비인격적이고 프라이버시를 무시하는 태도에 대해,

이런 충고와 태도가 그녀의 몸에 관해 전해 주는 메시지에 대해 이야 기했다. "한 간호사가 들어와서 얘기하고, 다음에 또 다른 간호사가 와서 다른 말을 하죠. 그러면 당신은 생각하겠죠. '젠장, 나는 그저 또 다른 몸에 불과하군!'"

나와 상담한 대부분의 (여성, 남성) 마비환자들이 척수마비의 가 장 끔찍한 증상으로 요실금을 꼽았다. 요실금은 피부 감각의 상실과 함께 초입자로서는 이해할 수 없는 정신/신체 이분법을 수립한다. 요 실금은 도저히 생산적이고 유순하다고 할 수 없는, 과잉과 통제 불가 능성의 신체를 폭로한다. 마비된 신체에 유순함과 생산성을 회복시키 기 위한 관리 테크닉은 마비된 주체가 자기 신체와 기계적이고, 불연 속적이며, 탈-신체적disembodied인 관계를 형성하기를 요구한다. 일단 이런 관계가 형성되면, 신체는 어떤 의미에서 낯선 존재처럼 소외된 다. 이런 소외의 감각은 주체의 개인적 욕구, 느낌, 신체 리듬 따위는 전혀 고려하지 않는 총괄적인 대변 관리에서 느낄 수밖에 없는 신체 탈구의 감각을 더욱 강화한다. 이와 함께 요실금 관리 기술은 오타라 척추센터의 의료권력이 지닌 예속화 효과뿐 아니라 환자의 심리는 고 려치 않고 육체만 강조하는 태도를 반영한다.

2) 피부병 관리

운동, 감각 손상의 가장 끔찍한 불편은 욕창이다. 욕창은 침대에 앉 을 때(혹은 누워 있을 때)뿐 아니라 의자에 앉아 있을 때도 고통을 준 다.─질 크리크Gill Creek 외, 『척추 질환의 개인적·사회적 의미』 *Personal and Social Implications of Spinal Cord Injury*

욕창은 신체의 무게로 인해 관절 아래 세포조직의 혈액 공급이 차단되어 조직이 괴사하는 증상으로, 몇 주, 몇 달 혹은 몇 년의 치료를 요한다. 욕창은 세포가 썩는 것이기 때문에 적절한 치료 시기를 놓치면 폐혈증으로 목숨까지 잃을 수 있다. 그래서 재활 치료 초기에 욕창이란 무엇이고 어떻게 예방하는지에 대한 교육이 이뤄진다. 완전히 짓무른 욕창 사진을 보여 주기도 한다. 잔뜩 고름이 끼고 여기 저기 구멍이 난 엉덩이 사진, 천골과 뒤꿈치까지 썩어 문드러져 흡사 살아 있는 시체 같은 모습, 이것은 마비된 신체의 응급상황을 환기시키는 충격요법이다. 센터에 있는 동안 마비된 신체-주체는 결코 그것을 잊어선 안 된다. 생존 테크닉에 의해 끊임없이 그 충격적 이미지가 주입된다. 몸을 움직일 때, 가령 의자에서 샤워실로, 화장실로, 숙소에서 물리치료실로 이동할 때 극도의 주의가 요구된다. 둔부, 허벅지, 발뒤꿈치를 매일 밤 세심히 살펴야 한다. 피부의 혈액순환과 영양보충을 위해 붉은 부위에 비타민A 연고를 발라준다. 만약 피부 한 부분이 최근에 붉어지다가 검어지면 긴급 상황이다. 즉각 엉덩이를 떼고 정상적인 색깔로 되돌아올 때까지 장기간의 요양을 해야 한다. 이런 일련의 '신체훈련'body practices(거기서 '신체 관리'는 임상적 의미에서의 신체 관리와 밀접히 연관된다)은 마비환자 자신에 대한 새로운 앎의 방식을 함축한다. 푸코에 따르면 "자기를 돌보는 것", "자기 자신을 관리하는 것"[23]은 자기에 관한 지식을 획득하는 방식, 자기를 아는 방식이 된다.

오타라 척추센터에서 욕창은 도덕의 차원으로 제시된다. 욕창은 그 자체로 주체의 자기 인식을 결정하며, 타인들이 그를 어떻게 인식하는지, 자신의 성격이 어떻게 인식되는지 말해 준다. 척추센터에서 의료전문가들은 욕창에 대해 기술할 때 '신체적 부주의'라는 단어보다 '자기-부주의'라는 단어를 사용한다. '자기-부주의'라는 단어는 욕창을 가진 그 혹은 그녀가 자기 자신에 대해 부정적인 태도를 가져야함을 의미한다. 즉 그 혹은 그녀는 명백히 게으르고 태만하며 대책 없고 가망 없는 사람이라는 것이다. 그는 자기 자신을 의심해야 한다. 그 자신의 자기돌봄 기준은 의학적 '자기-부주의' 시나리오에 투입된 다른 마비환자들에 의해 의문에 부쳐진다. 이런 '받아들임'은 의료권력의 식민화 효과, 즉 현실 창조 역량, 특정 종류의 주체 창조 역량을 증명한다.

이 장에서 나는 총괄적인 신체관리 테크닉이 어떻게 유순한 신체, 즉 변형 가능하고 유용한 신체를 양산하는지 설명했다. 이런 테크닉들은 마비된 주체를 '마비증'이라는 진리 게임 안으로 집어넣으며 그 진리 게임은 신체 관리의 용어법과 기술들 안에서 자기와 신체를 경험하고 이해하게 만드는 의료권력에 의해 정의된다. 그 테크닉들은 주체를 신체로 환원시키는데, 그런 환원을 통해 주체는 자신의 신체에 대해 거리를 두는 방식으로, 탈구되고disembodied 기계적인 방식으로만 관계 맺는다. 유순한 신체와 통치할 만한 주체를 생산하기 위해, 즉 유순한 마비증 신체-주체를 생산하기 위해 그 테크닉들은 마비된 몸 위에 기입된다.

의료권력과 저항

푸코에게 권력관계는 항상 "유동적이고 역전 가능하고 불안정하다".

나아가 저항 없는 권력은 없다. 권력관계는 "주체가 자유로운 한에서만 가능하기 때문이다".[24] 따라서 앞의 논의를 보고, 오타라 척추센터에 들어가기만 하면 환자들은 얌전하게 의료적 정상화에 굴복한다고 결론 내려서는 안 된다. 오히려 관료적 규칙은 여러 측면에서 도전받고, 무시되고, 해체되며 그런 맹렬한 저항 속에서 신체 통제를 둘러싼 투쟁이 발생한다. 이런 신체 통제의 맥락 안에서 개인마다 특유한 이전의 마비되지 않은 신체가 저항의 참조점으로 제시되며, 그 지점에서 주체의 위치는 다른 위치로 미끄러지고, 그런 미끄러짐이 총체화되고 총체화하는 주체의 위치를 무너뜨린다. 한 남성 마비환자는 비인격적인 대장 방광 훈련 프로그램에 다음과 같이 저항했다.

우리는 사흘에 한 번씩 화장실에 가게 되어 있어요. (…) 그것이 책에 쓰여 있는 것이고, 우리가 해야 할 일이죠. 나는 말했죠. "끔찍하군. 나는 하루에 한 번씩 화장실에 가요. 그게 사고 전부터 나의 습관입니다. 왜 그걸 바꿔야 하죠?" (…) 또 우리는 인공 도뇨관을 사용해야 해요. 오줌을 누려면 그걸 사용해야 하죠. 외출할 때는 그게 부담스럽죠. 그래서 나는 항상 그걸 던져 버리고 외출했어요.

또 다른 여성 참여자는 척추센터에 있을 때 그녀가 한 처절한 저항에 대해 이야기했다.

나는 간헐적 도뇨관intermittent catheter을 했어요. (하지만) 너무 심해서 유치도뇨관을 해야 했어요. 나는 이미 심각한 요관 염증이 있었어요. 요관 염증을 제거하려면 오줌으로 밀어내야 하는데, 간헐적 도뇨관으로는 그럴 수가 없어요. 그래서 "염증을 제거하기까지 유치 도뇨관을 하게 해주세요"라고 요청했죠. 하지만 그들은 "안 돼요"라고 했어요. 나는 하나를 훔쳐서 스스로 넣었죠. 그들은 화를 냈고 내가 잠자는 동안 제거해 버렸어요. 그들은 내게 생활 전체를 오줌 누고 샤워하고 옷 갈아입는 데 쓰는 게 좋다고 가르쳤어요. 그렇게 하느라 나는 시간을 몽땅 써 버렸어요. 나는 거의 자포자기 상태에 빠졌어요. 나는 비참한 상태로 전락했지만 (…) 결코 다시는 그들에게 굴복하지 않겠어요.

이런 저항은 권위에 도전하는 저항인 동시에 신체 소유권을 주장하는 주체, 즉 자신의 신체임을 주장하는 주체, 자신의 신체성을 인정하는 주체, 자기 몸에 대한 자기 결정권을 확인하는 주체의 저항이다. 그렇다고 내가 상담한 사람들이 모든 의료적 전문성을 거부했다는 건 아니다. 오직 총체화하는totalizing 측면들이 강력한 저항을 초래했다. 긍정적이고 생산적인 측면은 필요한 것으로, 삶을 향상시키는 기술로 받아들였다. 우리는 모두 몸 안에 자기를 구현하고 있으며 우리 몸은 자기 구현체이기 때문에 우리 몸에 대해 행해진 것들은 모두 흔적을 남긴다. 특히 우리 자신에 의해 행해진 것들, 그것이 우리를 주체로 주조하는 것이다.

유순한 신체-주체: 신체 관리의 진행 중인 효과들

나와 대화한 대다수 마비환자들에게 그들의 마비증, 그들의 자기 인식, 그들의 삶은 차이의 견지에서 '다른 것'으로 인식될지언정 좋고 나쁨의 척도로 평가되지 않는다. 만약 이렇게 안 됐으면 얼마나 좋을까? 라고 곱씹는 것은 그들에게 바보 같은 짓이다. 그들은 지금 현재의 조건, 즉 마비된 몸을 매 순간 살아가야 한다. 궁극적으로 이것은 자신의 삶을 신체 관리 주변으로 배치해야 함을 의미한다. 다음의 두 연구 참여자의 말은 마비된 몸으로 살아가는 것이 자신의 생활 방식을 바꾸는 문제일 뿐 아니라 자기 인식의 방식까지 바꾸는 문제임을 보여 준다.

> 당신은 당신 자신을 유심히 살펴야 해요. 난, 항상 그걸 생각하지는 않아요. 하지만 당신은 욕창이 생길 수 있는 부위와 조짐을 항상 염두에 두고 있어야 합니다. 좀 더 주의를 기울이기를 바랍니다. 네, 알고 있어요. 의자에서 생활하면서부터 나는 전보다 훨씬 더 내 몸에 대해, 내 몸이 던지는 메시지에 대해 생각하게 됐습니다. 나는 그걸 당연하다고 여기지 않을 거예요. 만약 이상이 생기면, 아마 (당신은) 경련이 일어날 수도 있는데, 그때 그것은 당신에게 말을 건네는 거예요.

마비증이 마비환자의 존재 의식을 지배하지는 않지만, 그는 항상 자신의 몸에 대해, 몸의 특별한 요구를 인식하고 그에 따라 자신의 행동을 조절해 간다. 유사하게 다음 참여환자가 보여 주는 자신감과 조절은 몸에 대한 훈육과 의식적인 모니터링에 의해 지탱되는 것이다.

나는 내 몸을 아기처럼 생각해요. 그런 점에서 나는 아기 엄마죠. 나의 두뇌는 항상 내 몸에 대해 생각하고 염려하고 있어요. 어떤 자세로 앉아야 하나⋯ 나는 항상 내 몸의 신체기능에 대해 생각하고 있어야 해요. 화장실에 언제 갈지, 몇 시에 볼일을 볼지, 얼마나 자주 갈지, 어떤 물체 위에 앉을 때 통증을 받을지 아닐지 등에 대해 생각해야 해요. 나는 내 신장에 대해서도 염려하죠. 알다시피 그래서 수분 섭취가 중요해요. 나는 항상 내 몸을 조율하고 있죠.

이 주체는 자기 몸에 대해 잘 알아야 한다. 정확히 그것이 잘 작동하지 않기 때문에. 그가 자기 정체성을 형성하는 것은 바로 이 지점에서다. 그는 다음과 같이 말했다.

사실 그건 좀 지겨워요. 끔찍하죠. 그런 것들이 매 순간 내 몸이 성치 않다는 사실을 상기시키죠. 그건 내가 마비환자라는 걸 깨닫게 해요. 아침에 내 뜻대로 일어나서 휠체어에 뛰어 올라갈 수 있다면 그런 생각이 들지 않겠죠. 휠체어에 앉아 있는 게 그렇게 대수로운 건 아니지만 말예요. 또 이를테면, 호프집에서 소변이 마려워서 소변줄을 착용해야 할 때, 어떤 식으로든 해야 하거든요. 그때 새삼 깨닫게 되죠. 항상 소독을 해야 하고, 청결을 유지해야 하죠. 그런 것들이 내 삶을 통제하기 시작합니다. 내 몸이 나를 지시하고, 내가 타인과 다르다는 걸 매번 환기시켜요. 그런 것들이 내가 타인과 다르다는 걸 항상 생각하게 해요. 만약에 신체 기능이 멀쩡하다면, 오줌을 누고 대변을 보고 동작도 원활하다면 그러지 않겠죠. 그리고, 또 휠체어에 타고 있다면, 결국에는, 그건 걷지 못한다는 것과 차이가 없는 거예요.

결론

이 장에서 나는 푸코의 접근법을 통해 오타라 척추센터의 마비환자 재활 치료를 고찰했다. 나는 주체와 진리게임의 관계, 그리고 권력 실천들에 관한 푸코의 저작[25]에 사용된 생명-권력, 정상화, 감금 개념을 통해 재활 센터에서의 의료권력이 특정한 유형의 신체와 주체, 즉 유순한 신체와 통치되면서governed 통치하는governing 주체, 한마디로 유순한 마비된 신체-주체를 생산한다고 주장했다. 주체가 신체관리 기술들을 통제하는 한에서 그 몸은 "유용하며, 변형되고, 개선되는" 몸이 된다. 동시에, 이 몸은 체현된 주체를 통제한다. 유순한 몸 없이는 마비된 신체-주체의 일관된 생활은 중지되어 버리기 때문이다.

  척추센터에서의 신체 변형은 비인격적이고 자의적으로 보이는 신체훈육 테크닉을 통해 시작된다. 그것은 운동, 감각 손상의 효과 안에 자기-인식의 중요한 변화를 결합시킨다. 푸코가 권력/지식 연합이라 부른 것[26]과 마비증의 권리박탈disempowering 효과가 이런 변형을 촉진한다. 척추센터 스태프들은 마비증에 대한 지식을 소유하고 있으며 마비된 몸, 바로 나의 몸에 대해, 나의 자기self에 대해 개입할 위치를 점한다. 앞서 본 것처럼, 환자의 개성과 개별적 욕구에 대해서는 전혀 고려하지 않는 치료 체제는 마비환자의 '자기' 인식을 오직 그들의 마비된 몸에 입각해서만 규정하고, '마비환자'라는 개념 속에서만 사회화한다. 내 연구에 참여한 대다수 사람들은 자신의 몸이 '재활된 마비환자'를 대량생산하는 공장 시스템의 원재료로 취급받는 걸 느꼈다. 마비된 신체가 요구하고 센터의 생산 라인식 절차가 주입하는 메뉴얼화된 자기-관리 기술은 신체의 '객체화'를 가져온다. 주체와 신체 간의 관계에서 일어난 자기-인식의 이 두번째 변형 속에서 주체는 객체화된 몸의 지속적 관리 기술에 묶인다. 그런 관리 기술에 따라 마비된 주체는 자기 삶에서 무엇을, 언제, 어떻게 해야 하는지 결정해야 한다.

이와 같은 의료권력의 변형 효과에 대해 센터 입소자들은 다양한 방식으로 저항한다. 그럼에도 불구하고 그 어떤 주체도 자기 몸의 현실성, 즉 마비된 몸과 센터에서 학습한 마비증의 진리 게임에서(비록 그 진리 게임의 규칙이 센터에 의해 자주 변경되더라도) 벗어날 수는 없다. 이들 주체는 생존을 위해 끊임없이 자기 몸을 유순하게 관리하는 방법을 인식해야 한다. 그렇게 해서 그들은 마비된 신체-주체가 되어가는 것이다.[27]

이성의 기호들
: 리비에르, 조력 커뮤니케이션, 그리고 주체의 위기

니르말라 에르벨스

다만 내가 궁금한 것은 내 의도가 이해될 수 있을까 하는 것이다.

―피에르 리비에르

1835년 6월 3일 라 폭트리라는 마을에서 피에르 리비에르라는 젊은 남자가 자기 가족 세 명을 잔혹하게 살해했다. 그는 자신의 범행을 합리화하는 회고록을 썼는데, 그것은 그의 이성을 입증하는 증거로 이용되었다. 이것이 푸코가 『내 어머니와 누이와 남동생을 죽인… 나, 피에르 리비에르』라는 책을 쓰게 된 계기이다. 이 텍스트에서 푸코는 재판에 제시된 증거와 리비에르의 회고록을 병치시키면서 어떻게 19세기 유럽의 권력 구조와 사회 제도가 "사법의 정신의학화, 범죄의 의학화, 정의의 치료화"를 발생시키는 데 협력했는지 탐색한다.[1] 리비에르 사건에 대한 미시적인 분석을 통해 푸코는 어떻게 이 '광기 어린' 범죄를 저지를 자가 명징하고 일관성 있는 회고록의 저자일 수 있는지를 두고 의료 전문가들과 사법부 간에 벌어진 논쟁 속에서 드러난 "가치와 믿음, 지식과 권력의 혼란"[2]을 폭로한다. 한마디로, 어떻게 '시골의 백치'라고 여겨진 사람이 글쓰기와 이성의 능력을 보일 수 있는가?

한 세기가 지나 비슷한 "가치와 믿음의 혼란"이 자폐와 정신지체의 정의와 관련된 특수교육 분야에서 제기되었다. 1990년 학자이면서 장애인권 변호사인 더글러스 바이클렌Douglas Biklen이 『하버드 교육 리뷰』에 발표한 「해방된 커뮤니케이션: 자폐증과 실행」Communication Unbound: Autism and Praxis에서 자폐와 발달장애로 규정된 학생들이 '조력 커뮤니케이션'facilitated communication이라 불린 보완 커뮤니케이션의 도움을 받아 예기치 않은 문자사용 능력을 보였다고 보고했다. 조력 커뮤니케이션은 '심각한' 의사소통 장애를 가진 이들이 다른 이의 도움을 받아 커뮤니케이션 보드에 그림을 그리거나, 글자를 지시하거나 타이핑할 수 있도록 신체적, 정서적 지원을 하는 것이다. 바이클렌과 동료 연구원들에 따르면 조력 커뮤니케이션을 통한 신체적 지원은 그런 장애를 가진 이들이 특정 동작을 할 수 있게 개입함으로써 신체적 장벽을 극복할 수 있게 한다.[3] 중증 발달장애를 가진 사람이 조력 커뮤니케이션 기술을 이용할 때, 즉 조력자가 그들에게 다양한 정도로 육체적 지원을 할 때, 그들은 굉장히 복잡한 사유도 표현해 냈다는 것이다. 바이클렌의 보고는 곧 많은 이들에게 비판의 표적이 되었다. 비판자들은 바이클렌의 추론에 모순이 있으며, 그가 의도적으로 과학적인 증거를 무시했다고 주장했다.[4] 그들은 자폐아와 발달장애 아동이 의학적, 과학적 증거에 따라 적절한 의사소통 능력이 없다고 규정된 존재이기 때문에 단순하든 복잡하든 모든 의

사소통을 수행하지 못한다고 판단하는 것이 논리적이라고 주장했다.[5] 그들은 바이클렌과 동료들이 주장하는 조력 커뮤니케이션의 효과는 질적이고, 주관적인 접근법에 따라 추론한 것이기에 엄밀하게 통제된 검증 절차와 객관적 기준에 따른 타당성(이 커뮤니케이션의 실제 주체는 누구인가?), 신뢰성(이 커뮤니케이션의 효과는 얼마나 지속적인가?) 일반성(다른 상황에서도 이들의 수행 능력은 입증될 수 있는가?)을 충족하지 못한다고 주장했다. 조력 커뮤니케이션에 관련된 법적인 논란도 발생했다. 조력 커뮤니케이션을 이용해 온 몇몇 청년이 성적 학대에 대한 의혹을 제기했는데, 재판부는 소통 보조인이 개입된 그 진술의 저자성과 신빙성에 대해 추가 조사가 필요하다고 판정했다. 이런 논란 속에서 바이클렌과 그의 동료들은 자폐증과 정신지체로 명명된 학생들에게 부적절한 의학-교육적 조치가 이뤄지도록 선동했으며 윤리적 기준도 무시했다는 비난을 받았다.

이 장에서 나는 이 두 논쟁이 모두 인간 주체의 위기crisis를 드러낸다고 주장할 것이다. 즉, 이 두 논쟁에 함축된 물음은 인간 주체에 대한 "가치와 믿음의 혼란"을 드러낸다. 인지 장애인으로 분류된 사람은 스스로를 대변할 권한이 있는가(혹은 없는가)? 생리적·인지적 행동 장애를 가진 이들이 어느 순간 '정상적인', 즉 이성적인 사고와 행동을 하는 게 가능한가? 좀 더 철학적으로, 인간은 자율적이고 합리적이며 안정되고 일관성 있는 주체성을 갖고 있다는 휴머니즘의 전제와 배치되는 이런 모순을 어떻게 설명할 수 있는가?

나는 최근 후기구조주의적 맥락에서 휴머니즘적 주체의 위기에 관한 논의로 이 장을 시작하려 한다. 특히, 나는 휴머니즘적 주체를 일종의 '허구'로 보는 후기구조주의에 초점을 맞춰, 리비에르의 사건과 조력 커뮤니케이션 논쟁에서 장애를 가진 사람의 저자성과 자격을 둘러싼 논란에서 공히 이런 허구성이 드러난다고 생각한다. 또한, 나는 리비에르 사건과 조력 커뮤니케이션 논쟁의 공통된 논점은 저자성과 자격의 차원을 넘어 어떻게, 그리고 왜 특정한 종류의 지식들이 형성되는지, 그리고 그 지식들이 특정한 제도(법이나 교육 같은)와 그에 부과된 역할(적격과 부적격의 판정 역할)과 어떻게 상호작용하는지를 묻는 것으로까지 확장된다고 생각한다.

이성의 시대 안에 있는 비일관성: 주체성의 위기

합리적이고 일관되며 통합된 인간 주체라는 계몽주의적 이상이 후기구조주의poststructuralism적 맥락에서 심각한 비판을 받고 있다는 사실은 오늘날 상식이 되었다. 후기구조주의자들은 주체를 일종의 언어적 효과로 간주한다. 이런 관점은 주체가 언어라는 투명한 매체를 통해 자신을 온전히 표현할 수 있다는 휴머니즘적 주체 이론과는 상반된 것이다. 차이의 놀이play 외부에 자기Self, 진리Truth, 이성Reason과 같은 초월적 기표가 있다는 휴머니즘적 가정을 거부하는 후기구조주의는 언어가 다양한 기표 놀이에 의해 구성된다고 주장해 왔다. 그에 따르면, 주체는 언어 속에서, 언어를 통해 구성되는 것으로, 부분적이고 다면적이며 불안정한 의미체계의 산물에 불과하다. 가령 자크 데리다Jacques Derrida는 "주체는 언어 안에 등록된 언어적 '기능'으로, 자신의 발화를 차이의 체계로서 언어 규칙의 체계에 일치시킴으로써만 말하는 주체가 된다"[6]고 주장했다.

푸코 자신은 동의하지 않았지만 푸코의 작업은 분명 후기구조주의라는 철학 전통 안에 있다. 푸코에게 철학적 탐구의 일차적인 관심은 관념의 역사가 아니라 인간 존재가 어떤 방식으로 주체로 구성되어 왔는가 하는 점이다.[7] 푸코에 따르면 "개인은 권력 작용에 포획된 채 미리 주어진 실체가 아니다. 오히려 개인과 개인의 정체성은 신체들에, 다양성에, 운동과 욕망과 힘에 가해진 권력관계의 생산물에 불과하다.[8] 주체성은 어떤 근원적 힘도, 발화행위와 관념의 기원도 아니라, 단지 어떤 지식 체제(담론)의 구성적 효과일 뿐이다. 그래서 푸코는 주체의 구성적 통일성(가령, 이성이나 의식)을 떠받치는 것은 어떤 근원적 지점이 아니라, "분산, 불일치, 차이, 그리고 지배의 놀이"임을 폭로하는 계보학적 분석을 수행한다.[9] 그래서 우리에게 남겨진 것은 합리적이고 안정되고 통일된 계몽주의적 사유주체가 아니다. 우리에게 다가와 말을 거는 것은 비일관성의 배회하는 유령이다.

이런 비일관적인 주체의 유령이 (푸코의 저작 중에서 좀처럼 인용되지 않는 작품인) 『나, 피에르 리비에르』에서 이성의 일관성과 대립해서 모습을 드러낸다. 피에르 리비에르는 이런 비일관성을 극단적으로 체현하고 있다. 일군의 사람들은 그를 "통상적인 공감 능력과 사회성의 법칙을 무시하는 야만인"으로 보았다.[10] 또 다른 사람들은 리비에르를 "과학에 탁월한 소질이 있고, 상상력도 활발하며 배움과 성취에 대단한 열정을 갖고 있는"[11] 사람으로 보았다. 푸코가 『광기와 문명』[한국어판 제목은 『광기의 역사』]에서 지적하듯이, 이성과 광기는 "서로 상대편의 부재 속에서만 존재하는 듯이"[12] 서로 양립 불가능하다는 점에서, 리비에르에 대한 이런 평가는 확실히 '비일관적'이다. 푸코는 광기와 이성의 이항 대립구도의 역사를 계몽주의적 사회·경제·정치적 조건 속에서 출현한 새로운 배제와 제약의 제도적, 인식론적 테크닉과의 연관성 속에서 탐구했다. 바로 이런 역사적 배경 속에서 리비에르의 기묘한 삶의 드라마가 전개된 것이다.

그 드라마는 오네이Aunay 지방의 스무 살 먹은 농부 리비에르가 어머니, 누이, 그리고 남동생을 잔혹하게 살해한 후 체포된 데서 시작한다. 그는 1주일 전부터 살해 계획을 세웠는데, 그 이유는 "신이 내게 그렇게 하라고 명령했기 때문이다".[13] "어머니는 아버지와 결혼한 후 끊임없이 아버지를 괴롭혀 왔으며, 그 악마 같은 여자로부터 (아버지를) 구원하기"[14] 위해 살인을 계획했다는 거다. 이 광폭한 범죄와 마주한 법원, 의사, 그리고 대중은 리비에르를 '우리 시대의 괴물'[15]로 볼 것인지 아니면 일종의 '정신착란'에서 비롯된 행동으로 볼 것인지를 두고 갈등했다. 1836년의 『공중보건 및 법의학 연감』은 이 사건에 대해서로 모순되는 의학보고서와 증거자료를 모아 놓고 있는데, 그것들은 의도치 않게 리비에르가 미쳤다는 것과 온전히 이성적이라는 모순된 결론을 포괄하고 있다.

형법 기관은 리비에르를 기소하기 위해 그의 범죄가 일관된 이성적 주체의 행위라고 주장했다. 검사 측은 리비에르가 이성적인 '범죄자'라는 인상을 심어주기 위해 노력했지만 이제 막 영향력을 키워가고 있던 정신의학 쪽의 소견서들은 검찰이 제시한 '증거자료'를 가지고 반대 결론을 도출함으로써 배심원들을 혼란에 빠뜨렸다. 한편에서, 리비에르를 면담한 유일한 의사인 일반의―般醫 부샤르Donald F.

Bouchard는 "그에게서 극도로 성마르고 우울한 기질을 발견할 수 있지만" "그의 분명한 답변에서는 어떤 정신이상의 징후도 찾을 수 없었다"[16]고 기록했다. 다른 한편, 캉에 있는 봉 사뵈르Bon Saveur 정신병원의 부소장 카스텔과 변호인 측의 전문가 증언은 "전적으로 특수한 광기의 기호학"[17]에 의거할 때 부샤르의 진단은 불충분하며, 리비에르의 혼란스런 행동들은 사실 유년시절부터 지속된 정신적 결함의 징표라고 주장했다.

지역 사회의 구성원들 역시 리비에르가 저지른 극악한 범죄에 적합한 리비에르의 광기 어린 성격에 대해 자기 나름의 독해를 제시했다. 몇몇 증인들은 평상시 리비에르가 보인 기이한 습관에 대해 기억했다. 집요함, 고독에 대한 취미, 혼잣말하는 '요상한' 습관, 이상한 몸짓, 돌발적인 웃음, 동물과 어린아이에 대한 잔혹함, 여성에 대한 혐오 등이 광기의 '징표'로 해석된다는 것이다. 반면에 오네이 교구의 사제 장 수이 뤼레이Jean-Suis Ruiray는 리비에르의 광기에 대해 회의적이었다. 뤼레이는 리비에르가 "유별난 상상력을 갖고 있긴 했지만, 그런 끔찍한 살인이 아니었다면 아무도 리비에르가 그런 일을 저지를 사람이라고 생각하지 않았다"[18]라고 말했다.

배심원들이 이처럼 상반된 증언에 직면해 있는 동안 의사와 변호사들은 리비에르의 회고록을 면밀히 조사했다. 왜냐하면 그의 말 속에서 광기의 진실이 드러날 것이라고 믿었기 때문이다. 그들은 리비에르의 주체성을 투명하게(실제로) 보여 주는 회고록이 광기와 이성에 관한 논쟁을 종식시킬 것이라 여겼다. 하지만 리비에르의 회고록에서도 "이성과 광기의 경계선을 발견하기 어렵다"는 것이 확인되자 이런 기대는 무너져 버렸다. 게다가 그 회고록은 "광기와 이성의 공존이라는 위험한 문제, 즉 부분적인 착란과 간헐적인 명징함이라는 새로운 문제를 제기하는 것처럼"[19] 보였다.

리비에르가 회고록에서 "나는 다른 사람들처럼 되어야 한다고 생각했다"라고 쓸 때, 그는 자신이 합리적이고 이성적인 주체임을 주장한 것이다. 하지만 "다른 사람들처럼 되기" 위해서 리비에르는 프랑스 혁명 이후 급변하는 농촌 사회에서 농민들이 직면한 일상의 모순을 받아들여야 했다. 혁명 이후 봉건 질서는 붕괴했다. 그러나 농민들은 자유 사회의 새로운 질서에서도 지속된 낡은 위계와 불평등에 의해 여전히 착취를 당해야 했다. 비록 이 새로운 사회적 관계는 모든 사회 구성원들이 자발적으로 수락한 것이라는 거짓된 허울을 쓰고 있지만 말이다. 리비에르의 회고록에서 자유 사회 안에서 자유인이 당하는 착취는 리비에르의 아버지가 자기 아내의 손아귀에서 벗어나지 못하고 받는 고난으로 묘사된다. 그의 아버지는 사회 구성원들의 안정적인 지위를 보장하기 위해 만들어진 결혼, 재산, 상속에 관한 법률을 둘러싼 법적 분쟁 때문에 고통을 받았다. 아버지는 이 계약들의 부당함을 공적인 방법으로 호소했지만 그에게 돌아온 것은 조롱뿐이었다. 장-피에르 페테르Jean-Pierre Peter와 잔 파브레Jeanne Favret가 설명한 것처럼 "돈의 추상적 폭력이 지배하는 새로운 세계에서 농부나 원주민 같은 이들은 열등한 존재로 취급된다."[20] 아버지의 고통을 지켜보며 리비에르는 아버지에게 강요된, 주체성을 약화시키는 형식에 저항했다. 리비에르는 회고록에서 이렇게 쓴다.

나는 나 자신을 다른 이들보다 높게 평가했다. (…) 나는 내가 처한 조
건보다 더 높아지리라 생각했다. (…) 나는 인간사의 규칙과 사회적
규범을 잘 알지만 그들보다 내가 더 지혜롭다고 생각했다. (…) 내 생
각을 모든 이의 판단에 대립시키는 일, 세계 전체를 반박하는 판단을
갖는 것은 참으로 영광스러운 것이라고 나는 생각했다.[21]

그래서 리비에르는 아버지를 속박하는 억압적인 계약의 사슬을
끊기 위해 어머니, 누이, 그리고 남동생을 살해하기로 계획한다. 또한
그는 이런 살해 행위가 "자기 자신을 고양시키는" 기회가 되리라 믿
으면서 "나의 이름은 이 세상에 떠들썩하게 알려질 것이고, 내가 죽음
으로써 나는 영광을 받을 것이며 조만간 이 세상은 나의 사상을 인정
하여 높이 평가할 것이라고 생각했다".[22]

하지만 이런 불멸과 영광의 꿈은 실현되지 않았다. 그의 명징하
고 이성적이고 일관성 있는 회고록에도 불구하고, 그는 농민에게 요
구된 정체성을 극복할 수 없었다. 새로운 사회 질서 안에서 농민은 형
식적으로는 평등한 권리를 갖고 있지만 여전히 짐승이나 사물로서,
"거의 아무것도 아닌 존재, 뭔가 말할 게 있다고 진지하게 여겨지지
않는 존재였다".[23] 살인 사건이 알려지면서(리비에르는 비로소 자신의
'목소리'를 갖게 되었지만 그 때문에 그는 시민사회에서 완전히 추방되었
다) 변호사와 의사들은 리비에르의 회고록이 이성의 일관된 반영인
지 광기의 소산인지 합의하지 못했다. 그 회고록은 단지 사회적, 정치
적, 경제적, 개인적 압박에 의해 일관성을 상실한 주체의 불안한 심경
을 드러낼 뿐이었다. 명확한 "진실과 거짓의 증거"[24]에 입각한 대답을

요구하는 이성의 시대에 이런 비일관성은 용납되지 않았다. 그래서 리비에르의 회고록은 갈등적 주체의 모습으로 인정되지도 않고, 일관된 착란과 허위로 해석되지도 않았다. 대신 그의 회고록은 서로 상반되면서도 그것을 이성이라는 초월적 기표로부터 멀리 떼어 놓는 데서는 놀랍도록 일치하는 해석의 장 속에 던져졌다.

"저자란 무엇인가?": 조력 커뮤니케이션과 행위주체의 문제

이 장에서 나는 리비에르 사건에 대한 푸코의 휴머니즘적 주체 비판과 자폐인들을 위한 조력 커뮤니케이션을 둘러싼 논쟁의 연관성을 탐색할 것이다. 서론에서 언급했듯이, 조력 커뮤니케이션 논쟁은 자폐증에 대한 공식적인 정의에 비일관성이 있음을 드러내면서 실증과학의 진실-주장을 위태롭게 만든다. 자폐증 연구자들은 자폐를 이렇게 정의한다. "발화, 언어, 의사소통의 어려움, 실어증, 반향어, 집착적 언어, 상호작용의 어려움, 스테레오타입 행동, 항상 똑같은 질서의 고집, 외부 상황이나 자극에 대한 반응의 결핍."[25] 자폐증의 전형적인 이런 행위 목록에도 불구하고, 그 행위의 '진정한' 본질과 자폐인들로 분류된 이들에게 갖는 의미에 대해서는 거의 합의된 바가 없다. 게다가 자폐를 일관되게 무능함으로 정의하는 것도 문제가 있다. 왜냐하면 '자폐'를 가진 이들 중에는 아주 똑똑하다고 인정받는 사람도 있고('정신지체'를 보이면서도 한 가지, 혹은 그 이상으로 비장애인보다 뛰어난 능력을 보이는 사람들), 반대로 '심각한 발달 장애'를 가진 사람도 있기 때문이다. 사실, 자폐라는 혼란스러운 범주를 한데 묶어 주는 끈은 정상이 아니거나 정상에서 벗어난 차이밖에 없다. 조력 커뮤니케이션 문제를 복잡하게 만드는 것이 바로 이 지점이다.

조력 커뮤니케이션은 보조인이 장애를 가진 사람의 손이나 손목, 팔꿈치나 어깨를 잡고 그 혹은 그녀가 키보드를 치거나 알파벳 보드의 문자를 지시하여 메시지를 구성하도록 도와주는 기술이다. 이 방법은 로즈메리 크로슬리Rosemary Crossley라는 호주 교사와 아세토시스 형 뇌성마비 진단을 받은 애니 맥도널드Anne McDonald라는 젊은 여성이 함께 쓴 책 『애니의 외출』Annies's Coming Out[26]에서 처음으로 소개되었다. 오랜 시설생활을 거부하고 크로슬리와 함께 생활하기로 한 맥도널드는 뜨거운 논쟁과 소송 속에 던져졌다. 호주의 빅토리아 대법원이 조력 커뮤니케이션에 도움을 받은 맥도널드의 의사소통 능력은 '진정한' 것이며 그녀가 '정상적인' 지능을 가졌을 가능성이 충분히 있다고 판결했다. 그 판결에 대해 많은 반대 의견이 제기되었다. 크로슬리와 맥도널드가 소송에서 이기고 많은 장애인들이 조력 커뮤니케이션을 이용했지만 논쟁은 잦아들지 않았다. 과학자들은 조력인facilitator의 개입 가능성 때문에 이 의사소통의 진정성이 의심된다고 주장했다. 1980년대 후반 바이클렌이 조력 커뮤니케이션을 소개하면서 논쟁의 장소는 미국으로 옮겨졌다. 조력 커뮤니케이션에 관한 뉴스가 들불처럼 퍼져 나갔다. 특히 예전에는 혼자 고립된 채 누구와도 의사소통을 하지 못하던 자폐 아동들이 고차원적인 언어 능력을 보이자 이 기술은 빠른 속도로 확산되었다. 에반Evan이라는 열네 살의 자폐증 학생은 조력 커뮤니케이션을 사용하여 의사소통을 할 수 있다는 게 자기한테 어떤 것인지 기술했다.

그것(조력 커뮤니케이션)은 우리에게 세상의 존중과 온정 (…) 자유, 우정, 자신감을 주었고, 두려움과 좌절과 실패라는 끔찍한 굴레로부터 우리를 해방시켰어요. 나는 자폐를 가진 사람들이 모든 곳에서 삶의 이유와 자유를 발견하도록 도와주고 싶어요. 긍정적인 확신과 반응들은 캄캄한 폭력의 조수에서 흰 파도와 같은 것이었어요.[27]

바이클렌은 조력 커뮤니케이션을 통해 나온 이런 말을 근거로 장애는 사회적 구성물에 불과하다고 주장했으며, 반대론자들은 조력 커뮤니케이션이 '장애인 권리 운동의 정당화' 수단으로 이용되었다며 비난했다.[28] 반대론자들은 조력 커뮤니케이션이 '영리한 한스' 신드롬, 점괘 보드, 마녀 지팡이와 같은 역사적 운명에 처할 것이라고, 즉 이들처럼 어떤 이념이나 소망이나 내적 갈등을 표현하는 부주의한 도구에 다름 아님이 폭로될 것이라고 주장했다. 이런 논박은 조력 커뮤니케이션을 사용한 학생들이 자신의 파트너, 교사, 자원봉사자가 자기를 성추행했다고 진술했을 때 최고조에 달했다. 기소 내용을 입증할 다른 의학적 증거가 나오지 않자 법원은 조력 커뮤니케이션을 통한 진술의 진정성을 입증할 수 있는 실험을 명령했다. 그래서 이뤄진 통제된 실험, 즉 일종의 '이중 맹검법'double blind 실험에서는 이용자와 조력인에게 같거나 다른 그림을 보여 주면서 이용자가 조력인 없이도 단어를 인지할 수 있는지 확인했다. 물론 대다수 이용자들은 이 테스트를 통과하지 못했다. 이전에 조력 커뮤니케이션을 '기적'이라고 보도했던 몇몇 뉴스 쇼에서 이 실험 결과가 대대적으로 보도되었다. 바이클렌과 조력 커뮤니케이션 지지자들은 이 실험의 절차를 비판하면서 보다 자연스런(질적인) 조사 방법을 주장했다. 자폐 분야의 또 다른 전문가들은 이 실험 결과는 단지 조력 커뮤니케이션이 자폐증의 심각성, 만성, 총체적 증상에 관한 관습적인 지식을 파괴했다는 걸 입증할 뿐이라고 했다.

리비에르 사건과 조력 커뮤니케이션 논쟁은 시기도 다르고 사회적 맥락도 상이하지만, 두 경우 모두 실증적인 규칙과 휴머니즘적 합리성에 따라 '비정상적'인 주체의 일관성을 정의하려고 할 때 일어나는 혼란을 보여 준다. 또한, 두 경우 모두 일관성 없이 파편화된 주체에게 일관성을 부여하기 위해 이성과 비이성을 확연히 구분된 두 범주로 나누는 문제를 둘러싸고 논쟁이 벌어졌다. 또한, 리비에르 사건과 유사하게 조력 커뮤니케이션 논쟁은 푸코가 던진 "저자란 무엇인가?"[29]라는 질문에 대한 확정적인 대답을 둘러싼 논쟁을 야기했다. 리비에르 사건과 조력 커뮤니케이션 논쟁에서 서로 상반된 입장에 놓인 사람들 모두 (서로 대립적인 입장에도 불구하고) 휴머니즘적 주체로서의 '저자'를 구성하는 데 몰두했다.

「저자란 무엇인가?」라는 에세이에서 푸코는 '저자'의 구성은 단순히 어떤 담론을 한 개인에게 귀속시키는 게 아니라 "우리가 저자라고 부르는 합리적 총체를 구성하기 위한 복잡한 조작의 산물"이라고 주장한다.[30] '저자'는 그 혹은 그녀의 글에 내적 통일성을 부여하는 기본 원리로 간주되며, 이를 통해 "불가해한 모순은 해소된다. 거기서 양립 불가능한 것처럼 보였던 요소들은 저자라는 근원적인 기원의 모순을 중심으로 서로 간에 연관성을 형성하게 된다"[31] 토릴 모이Toril Moi가 지적하듯이 "텍스트는 저자라는 이 고유한 개인의 '표현물'에 다름 아닌 것으로 (…) 텍스트 자체의 현실성은 사라지고 자기와 세계를 투명하게 비추는 창문처럼 간주된다”.[32]

내 생각에 리비에르 사건과 조력 커뮤니케이션 논쟁에서 휴머니즘적 저자 확정 욕망은 법적 진실과 과학적 지식의 결론을 도출하려는 노력에서 결정적인 의미를 지닌다. 리비에르 사건에서 그의 회고록이 세계에 대한 리비에르 자신의 생각을 투명하게 보여 주는 창문이라는 가정은 의사와 변호사들로 하여금 그 회고록을 살해 동기의 열쇠로 간주하게 했다. 하지만 리비에르의 회고록은 전통적으로 합리적 인간으로서의 저자에 귀속된 통일성의 원리를 보여 주지 않는다. 폰타나Alessandro Fontana는 “이성적 담론에 대한 서구 형이상학이 리비에르의 담론에서는 나타나지 않는다. 대신 거기서는 이쪽과 저쪽, 정반대 방향으로 계속해서 움직임으로써 아무런 일관된 의미도 형성하지 않고, 그렇다고 그것을 부정하는 이미지도 확립하지 않는다”[33]라고 말한다. 피에르 리비에르를 ‘저자’로 인정하는 것이 문제가 되는 것은 바로 이처럼 끊임없이 반대방향으로 움직이는 불확정성 때문이다.

조력 커뮤니케이션에 제기된 문제도 본질적으로 이와 같지만 다른 점도 있다. 여기서 문제가 되는 ‘저자’(이 경우는 자폐를 가진 사람)는 이미 비이성(장애)의 공간에 귀속된 자로서, 저자로서의 인격적 자립성을 입증할 때만 비로소 이성적 주체의 역할을 인정받을 수 있다. 사실 조력 커뮤니케이션을 이용하는 자폐인들은 스스로 독립적이고 이성적인 주체로 인정받지 못하기 때문에 지불해야 하는 비용을 통렬하게 보여 준다. 가령, 바이클렌은 마크Mark라는 일곱 살 먹은 아이가 조력 커뮤니케이션을 통해 표현한 심리를 다음과 같이 인용한다.

나는 평벼ㅁ한 아얘들처럼 되고 시어요. ㅁ말을 할수 있는 그런…

나는 자폐증 환자가 되고 싶지 않아요. 아무도 자폐증 환자가 되는 ㄱ게

어떻ㄴ 기분인지 이해하지 못해요. 그건 대단히 외로운 거예요.

그리고 나는 자주 쓰래기가 된 거 같아ㅇ요. 기분이 나쁠 때가 마나요.

나는 다른 애들하고 함께 있을 때 덜 외로워요.

나는 조력 커뮤니케이션이 필요해요. 그래서 화가 나요.

나는 사람들한테 의존하기 싫어요.[34]

이 발췌한 인용문은 일곱 살밖에 안 된 마크도 자신의 자립을 입증하는 것의 의미를 알고 있음을 보여 준다. 조력 커뮤니케이션 비판론자들은 이런 메시지에 대해 그것이 진짜 그의 메시지인지 의심해 왔다. 그들은 자폐증에 대한 기존의 임상 지식을 근거로 마크가 그 진술의 진짜 저자가 아니라고, 마크에게 무의식적으로 영향을 미친 조력자가 그 진술의 진짜 저자일 수 있다고 주장할 것이다. 그들은 어떤 신체적 장애를 가진 사람도 커뮤니케이션을 전혀 할 수 없는 경우가 없고, 또 무수한 언어 장애인조차 다른 기술적 도움 없이 자기 생각을 표현할 수 있고, 또 그래 왔다면서 왜 자폐를 가진 사람만 다른 사람의 도움을 받아 의사소통을 해야 하는지 물었다. 가령 공중파 뉴스 프로그램 '프론트라인'Frontline의 인터뷰에서 보스턴 아동병원의 커뮤니케이션증진센터 소장인 하워드 셰인Howard Shane은 조력 커뮤니케이션 이용자들이 쓴 글에 대해 다음과 같이 주장했다.

지금 보고된 것들은 이전에 발견된 것과는 완전히 어긋난 결과를 보여 준다. 그들은 문법적으로 완벽한 구문으로 의사를 표현했다. 그들이 쓴 문장은 시제도 정확하고 철자법도 완벽하다. 또한 그들은 또래에 비해 훨씬 높은 수준의 통찰력까지 보여 주었다.

이런 식의 주장에서 조력 커뮤니케이션 비판론자들은 휴머니즘적 주체의 이상적 속성인 합리성, 일관성, 자율성을 거론하면서 그런 것들, 특히 저자성authorship에 관한 자질이 자폐증으로 규정된 사람들에게는 불가능한 게 아닌지 의심한다. 1989년 무렵 이에 관한 몇 가지 테스트 방법이 고안되었다. 그중에는 일상적인 사물의 그림에 이름 붙이기, 형태와 색깔에 따라 그림들을 짝짓기, 사전 질문과 사후 질문으로 자폐증을 가진 사람에 대한 개인적인 의견까지 묻는 것도 있다. 이런 테스트에서 이용자에게 준 정보와 동일한 정보를 조력자에게 주지 않을 때마다 이용자의 응답은 틀렸다. 이런 압도적인 과학적 증거 속에서 와치먼-컬런Diane Twachtman-Cullen 같은 또 다른 비판론자는 조력 커뮤니케이션을 당사자에 대한 모욕이라고까지 비난했다. 그의 주장에 따르면,

자신의 사유와 관념과 의도를 전달하는 능력은 인류가 가진 가장 복잡하고 다면적인, 진실로 감탄할 만한 성취이다. 커뮤니케이션 역량을 조력자의 손에 맡기는 것은 저자성에 대한 의문이 남아 있는 한 결코 받아들일 수 없다. 특히 당사자가 그 자신의 것이 아닐 수 있는 말과 사유에 항의하기 위해 조력 커뮤니케이션 말고 다른 어떤 소통 수

단도 갖지 못할 때는 더 그렇다.[35]

아이러니하게도 바이클렌과 그의 동료들은 비판론자들의 주장에 동의하지 않으면서도 똑같은 휴머니즘적 논리를 사용하여 조력 커뮤니케이션를 옹호했다. 바이클렌은 조력 커뮤니케이션에 관한 그의 첫번째 저서 『해방된 커뮤니케이션』Communication Unbound에서 자율성autonomy 개념에 의문을 제기하면서 비판론자들과는 다른 방식으로 자율성을 정의한다. 바이클렌과 동료들의 공저 『도전받은 말들, 도전받은 과학』Contested Words, Contested Sciences[36]에서 그와 동료들은 자율성에 관한 전통적인 정의의 타당성을 인정하면서도 저자의 자율성을 입증하는 다른 방식이 모색되어야 한다고 주장한다. 가령 바이클렌은 절대적 자율성이나 독립성 같은 개념은 논박될 수 있다고 주장하는데, 왜냐하면 거의 모든 사람들이 일상생활에서 타인에게 의존할 수밖에 없는데도 특정한 유형의(가령 식사, 위생, 거동, 그리고 물론 조력 커뮤니케이션) 상호의존성interdependency만 의존성dependency의 증거로 거론되기 때문이다. 이런 지적을 통해 바이클렌은 휴머니즘적 주체 형성을 일종의 허구로 폭로하는 대신 단지 휴머니즘적 주체에 대한 대안적인 정의를 개진하는 데 만족한다. 그래서 그는 "장애를 가진 사람들이 커뮤니케이션의 자립에 대해 이야기할 때 그것은 꼭 조력자나 활동보조인의 도움 없이 소통한다는 의미가 아니라, 다른 사람들은 당연시하는 것들, 가령 일상적인 사안에 대해 스스로 선택하고, 자기를 표현할 기회를 갖고, 사회의 주변부가 아니라 중심부에 참여할 기회를 갖는 걸 향유한다는 의미이다"[37]라고 주장한다. 이런 전통의 계승 속에서 『도전받은 말들, 도전받은 과학』의 바이클렌은 휴머니즘적 주체를 담론의 중심에 놓으면서 자율성, 특히 저자성에 대한 전통적 관념의 압박에 굴복한다. 그래서 그는 실증주의적이고 자연주의적인 방법으로 커뮤니케이션의 자립에 관한 테스트를 반복하려고 시도한다.

후기구조주의가 주체를 휴머니즘적 허구라고 주장하는 상황에서 휴머니즘적 주체/진정한 저자를 조력 커뮤니케이션 논쟁의 핵심으로 도입하는 것은 문제가 있다. 푸코와 같은 맥락에서 후기구조주의자들은 저자의 죽음을 주장해 왔다. 롤랑 바르트Roland Barthes는 전통적인 문학비평이 "작품의 해석을 항상 작품을 생산한 그 혹은 그녀 안에서 찾은" 점을 비판해 마지않았다. 그런 전통적 비평은 "작품이 그 허구의 투명한 알레고리를 통해 한 사람의 목소리, 즉 우리가 '인정한' 저자의 목소리로 귀속된다"[38]고 가정하는데, 바르트는 그런 가정을 비판했다. 만약, 리비에르 사건이 보여 주듯이 주체가 언제나 서로 경쟁하는 이질적 담론의 배치에 의해 (재)구성된 허구라면, 우리로 하여금 '저자'를 담론 이전에 존재하는 본질의 소유자로 여기게끔 하는 것은 무엇인가? 브론윈 데이비스Bronwyn Davies가 미하일 바흐친Mikhail Bakhtin을 따라 주장하듯이 다음과 같은 이유 때문이다.

언어는 **마치 누군가의 것인 양** 말해질 뿐만 아니라, 발화 속에서 항상 어떤 사람의 소유물로 간주된다. 하지만 말을 한다는 것은 과거의 다른 이의 말에 용법을 추가하는 축적행위이다. 그것은 인용이 아니라, 다양한 집단에 속하는 언어 사용자들이 저마다 독특한 방식으로 활

용하는 직물fabric 같은 것이다.[39]

데이비스의 주장은 저자성에 내포된 자율성 개념에 정면으로 반하는 것이지만, 바르트는 이런 주장을 더 확장시켜 저자/주체 자체가 글쓰기 속에서 재구성되는 요소에 불과하다고 본다. "저자는 마치 '나'I가 말하는 '나'의 한 표현에 다름 아닌 것처럼, 글쓰기의 한 심급instance에 다름 아니다. 언어는 한 '사람'person이 아니라, 한 '주어'subject만을 알 뿐이고, 이 주어는 그것을 가리키는 발화행위로부터 텅 비워진 채 단지 언어에 통합성을 부여할 뿐이다. 다시 말해서 언어를 소진시킬 뿐이다."[40] 바르트의 이런 생각은 주체가 지식의 대상인 동시에 지식 자체를 (재)구성한다는 푸코의 생각과 비슷하다.

후기구조주의자들의 '과정 속에 있는 주체'subject in process라는 개념은 휴머니즘적 저자 개념을 전복하며, 이런 전복은 조력 커뮤니케이션 논쟁에 매우 의미 있는 시사점을 준다. 이런 전복 속에서 주체는 "서사시의 저자가 지닌 초월적인 고독을 벗어 던지고, 자유로운 변화 속에서 텍스트성 안에 스스로를 기입한다. (그렇게 함으로써) 주체는 그 유동성 때문에, 새롭고 위반적인 주체 위치를 점할 그 역량 때문에 담론 속에서 혁명적인 잠재력을 갖게 된다"(크리스테바Julia Kristeva).[41] 가령, 활동보조인이나 조력 커뮤니케이션을 이용하는 자폐인이나 캐논 커뮤니케이터 단말기, 컴퓨터, 이동 타자기, 그 외 정교한 커뮤니케이션 기계 장치에 의존하는 사람들의 사례들에서 휴머니즘적 주체성과 자율성을 정의하는 표준적 담론 체계는 무너진다. 왜냐하면 그런 테크놀로지와 결합된 자폐인의 모습이 인간 존재와 기계

사이의 경계를 모호하게 만들면서 신성모독적이고 위반적인 사이보그의 이미지로 주체를 재정의하도록 만들기 때문이다. "기계와 유기체의 하이브리드는 허구적인 창조물이 아니라 현실적인 존재이다."[42] 이와 같은 맥락에서 자율성의 문제는 조력 커뮤니케이션 논쟁의 핵심이 아니다. 사이보그 정치학에서 커뮤니케이션 보조장치(기계든 인간 보조자든)는 "보철 장치, 내부 구성요소, 다중적 자기selves"로 인식되며, 그런 하이브리드 주체-과정은 휴머니즘적 주체성을 해체하는 효과를 발생시킨다. 자율적이고 합리적이고 통합된 주체를 휴머니즘의 허구로 보는 이런 후기구조주의적 관점에서 보았을 때 "누가 말하는지 무슨 상관인가?"[43]

결론: 침묵 너머를 보기

지금까지 나는 휴머니즘적 주체에 대한 후기구조주의적 비판을 지지해 왔다. 그럼에도 나는 푸코의 "누가 말하는지 무슨 상관인가?"라는 냉담한 중얼거림으로 이 글을 마치고 싶지는 않다. 우리에게는 누가 말하는지가 중요한 문제이다. 그 문제를 회피한다면 그것은 행위주체agency에 관한 비판적 물음에, 그것과 사회 변혁의 관계에 대해 답하지 않고 넘어가는 것이기 때문이다. 사실 사례 연구에서 행위주체의 문제가 해소되는 방식은 두 사례의 당사자들에게 끔찍한 결과를 초래했다. 리비에르 사건에서 법원은 저자성의 문제에 관해 결론을 내릴 수 없어서 리비에르에게 사형이 아니라 종신형을 선고했다. 그런 결정에 만족할 수 없었던 리비에르는 결국 감옥에서 자살했다. 조력 커뮤니케이션 논쟁의 경우, 법원의 결정에 따라 조력 커뮤니케이션을 박탈당한 자폐인들은 그들이 속한 집단의 일상생활에 더 이상 참여할 수 없게 되어 예전의 고립된 처지로 되돌아가게 되었다. 요컨대, 휴머니즘에 대한 후기구조주의적 비판을 견지하면서, 우리가 당면한 과제는 전통적인 본질주의적 주체성의 관념을 재생산하지 않으면서 어떻게 행위주체를 재이론화할 수 있을까 하는 것이다.

이 과제는 특히 장애를 가진 사람들에게 중요한데, 장애인 권리 운동의 역사 속에서 그들은 자기 결정권과 자립생활을 위해, 즉 주체성 회복을 위해 투쟁해 왔다. 가령, 에반과 마크는 모두 자폐인으로서, 앞서 인용한 그들의 말이 보여 주듯이 휴머니즘적 관점에서 자신의 행위 주체성을 주장한다. 자폐를 가진 이들이 이렇게 자신의 주체성을 주장할 때 그들은 주체의 존재론적 위상을 전복하고 주체성이 허구라고 주장하는 후기구조주의적 이론에 대해 (예전에 많은 페미니스트들이 그랬던 것처럼) 의구심을 가질 게 뻔하다.[44] 가령, 바이클렌의 동료 중 한 명으로 그 자신 자폐인인 유진 마커스Eugene Marcus는 조력 커뮤니케이션이 진정한 의사소통이 아니라는 비판에 짜증이 나면서도 그에 대한 지원의 수준을 결정하기 위해 친구이자 조력자인 메이어 셰빈Mayer Shevin에게서 받는 무의식적 힌트를 사전에 방지할 필요가 있다.[45] 성공적으로 테스트를 통과한 후 그는 실제로 그 자신이 글을 작성했는지 물어보는 사람들에게 이렇게 대답했다. "나는 그걸 할 수 없다. 하지만 자기 초고를 편집자에게 넘기는 다른 저자들 역시 못하는 건 마찬가지 아닌가."[46] 어떤 차원에서 마커스의 대답은 주체성과 저자성에 대한 후기구조주의적 이론을 반향하는 것처럼 보인다.

하지만 마커스가 기대고 있는 것은 결국 주체의 허구성이라는 후기구조주의적인 개념이 아니라, 합리적이고 자율적인 주체성이라 할 수 있다.

이런 관찰에도 불구하고 나는 후기구조주의의 도발적인 비판 이후 휴머니즘적 행위주체 개념으로 되돌아가는 것은 이론적으로 가능하지 않다고 생각한다. 그럼에도 나는 후기구조주의가 단지 담론 차원에서 주체성을 해체함으로써 사회 구조와는 상관없이 유동적이고 위반적인 탈-휴머니즘적 주체가 텍스트 안에 나타날 수 있는 것처럼 말하는 데는 동의하지 않는다.[47] 나는 이 두 사례에서 행위주체에 대한 비판적 물음이 각각의 역사적 맥락 속에서 계급의 정치에 연루되어 있음을 증명할 것이다. 바로 이런 이유로 나는 이 두 사례에 대한 또 다른 분석 방법을 제안하는데, 그것은 각 사건이 일어난 역사적 조건 속에서 주체와 사회 구조 간의 비판적, 변증법적 관계에 초점을 맞추는 것이다. 다른 곳에서 주장한 것처럼,[48] 이 분석 방법은 사회적 변혁을 위한 대안적인 방식들을 지지할 것이다.

리비에르 사건은 중세 사회에서 자본주의 사회로 이행하는 역사적 상황에서 발생했다. 그 이행 과정에서 '자유로운 주체'와 '자유 시장'이라는 개념의 정당화를 위한 투쟁이 발생했다. 이런 역사적 조건 속에서 리비에르의 회고록은 '자유로운' 주체가 '새로운' 이데올로기에 호명되는 과정에서 그것이 어떻게 농민계급의 가혹한 물질적 현실에 의해 도전받게 되었는지 신랄하게 보여 준다. 그때 농민의 가혹한 삶은 자본주의가 지지하는 이데올로기화된 자유의 비전을 붕괴시키는 수단으로 기능했다. 이것이 자신의 살해 이유를 세세하게 기록한 리비에르의 회고록이 이성적 인간에 의해 생산된 텍스트로 독해될 수 없었던 이유이다. 만약 그의 회고록이 (짧은 순간) 뭔가를 폭로했다면, 그것은 '새로운' 자본주의 질서가 지닌 야만성일 것이다.

조력 커뮤니케이션 논쟁을 후기 자본주의적 맥락 속에서 이해할 때 우리는 유사한 주장을 할 수 있다. 프레드릭 제임슨Fredric Jameson 이 말한 "후기 자본주의의 문화 논리"는 19세기 자본주의 착취 논리가 거의 바뀌지 않은 채 대신 시장 관계가 모든 일상생활로 확장된 사회를 만들었다. 후기 자본주의는 '자유로운' 시장과 '자유로운' 주체라는 관념을 소비문화 안에 성공적으로 안착시켜서 생산관계에서의 착취를 모호하게 만들었다. 사실, 모든 사람들이 '자유롭게' 시장에 참여하는 건 아니다. 내가 다른 곳에서 주장했듯이, 자본주의 이데올로기는 특정 인구를 노동세계에서 배제한다. 그들이 경제에 유익한 사회적·기술적 자질을 결여하고 있다는 이유로 말이다. 이렇게 배제된 사람들이 일종의 잉여인구를 구성한다.[49] 역사적으로 장애를 가진 이들이 이 잉여인구에 포함되고, 그 밖에 문맹자, 최하층 인종집단 등이 여기에 속한다. 조력 커뮤니케이션 이용자들 중 상당수가 이 잉여인구에 속하며, 그들은 시장에 참여할 수 없다는 이유로 비생산적인 존재로 낙인찍혀 복지국가의 '특별 서비스' 소비자로 분류된다. 이런 이데올로기는 '비정상'deviance이라는 생의학적 병인론에 입각하여 '비정상적' 인구군을 분류하고, 그들의 각기 다른 특성 속에 내재하는 '본성적' 열등함을 입증하는 노력을 통해 합리화된다.[50] 이런 사회적 조건 속에서 장애는 시장사회의 불평등한 노동 분배를 정당화하는 자본주의 이데올로기 구성에서 비정상성의 형성이라는 중요한 기능을 수행해 왔다.

　피에르 리비에르와 달리 조력 커뮤니케이션 이용자들은 대부분 빈곤 장애인들과는 분리된 계급 특권을 향유한다. 그들이 자폐 인구에 속하면서도 첨단 기술과 보조인을 이용할 수 있는 것은 이런 계급 조건 때문이다. 하지만 이런 계급 차이에도 불구하고 리비에르와 조력 커뮤니케이션 이용자들은 공히 자율적이고 이성적인 저자로 인정받음으로써 부르주아적 주체성을 지탱하는 이데올로기적 담론에 호명받고자 몸부림친다. 이런 몸짓이 아이러니한 것은 그들을 구원할 것 같던 그 이데올로기가 바로 그들이 벗어나려고 열망한 사회 주변부로 그들을 밀어내는 장치라는 점이다. 물론 이것이 장애를 가진 이들이 이데올로기 체계의 볼모라는 의미는 아니다. 이런 이데올로기 체계를 비판함으로써 그것의 억압적 기능을 폭로하고, 그렇게 함으로써 그 체계를 변혁하는 집단적 노력도 가능하기 때문이다.

　리비에르 사건의 반향이 한 세기나 지나서 조력 커뮤니케이션 논쟁에서 다시 나타난 것은 이 때문이다. 리비에르와 조력 커뮤니케이션 이용자들이 보여 준 놀라운 문장력은 그들과 같은 잉여인구를 생산 경제에서 배제시킨 '객관적' 기준에 도전한다고 주장할 수 있다. 리비에르 사건과 조력 커뮤니케이션 논쟁은 여러 측면에서 자본주의 사회의 사회, 정치, 경제 질서에 의문을 제기함으로써 지배적인 사물의 질서에 균열을 일으킨다고 할 수 있다. '자유롭고' '독립적인' 주체라는 관념 없이는 자본주의는 자신이 지탱하는 사회 경제적 질서를 정당화할 수 없다. 리비에르와 조력 커뮤니케이션 이용자는 이성과 비이성의 경계를 모호하게 함으로써 '일탈된'deviant 주체로의 호명에 저항하고, 그들에 대한 착취와 배제를 폭로함으로써 '자유로운 주체'의 신성함에 도전한다. 그들의 저항적인 목소리를 침묵시키려 한 것은 바로 이 때문이다.

조력 커뮤니케이션 논쟁은 장애를 어떻게 볼 것인가 하는 철학적 논쟁을 제기하는 한편 교육학적 이슈, 특히 자폐나 정신지체로 분류된 학생들, 즉 학교 제도에서 '주변화된 주체들'[51]에 관한 교육 문제를 제기한다. 바이클렌과 재닛 두컨Janet Duchan은 조력 커뮤니케이션을 이용하는 자폐 학생과 정신지체 학생들이 자신의 기능 장애(반향언어cholalia, 강박 행동 등)가 지능의 결핍을 뜻하는 건 아니라고 주장하면서 "지체라는 낙인을 떼고 싶은 욕망"을 표명했다고 보고했다.[52] '과학적' 반증에도 불구하고 이런 능력을 인정하는 것은 우리가 "유능한 사람을 무능하게 취급했으며 (따라서) 그들의 능력 저변에 있는 기술에 대해 작업"[53]해야 하고, 자폐에 관한 관습적인 지식을 해체하면서[54] 그렇게 분류된 학생들을 위한 (부)적절한 교육 프로그램을 구성해야 한다는 것을 의미한다. 이 장에서 나는 리비에르 사건과 마찬가지로 조력 커뮤니케이션 논쟁과 그것이 장애 학생들의 교육에 대해 갖는 의미가 사실의 진리, 의견의 진리, 과학의 진리라는 것이 자본주의라는 역사적 조건에 의해 구성된 것이라고 주장했다. 리비에르에 대한 논쟁이 150년도 더 지나 또 다른 침묵의 목소리 속에서 반향되게 만든 것은 바로 자본주의 사회를 정당화하는 담론, 바로 장애에 대한 이데올로기적 담론이다.

학습 장애를 가진 사람들을 위한
돌봄 서비스의 진실, 권력, 그리고 윤리학

스콧 예이츠

푸코는 특정한 지식 체계 안에서 특정한 행위, 실천, 몸짓, 혹은 특성들이 특수한 문제현상으로 출현하게 되는 과정에 관심을 가졌다. 푸코가 말한 이런 "문제화"problematization[1]는 권력과 역동적으로 결합되어 있으며, 동시에 사람들에게 특정한 정체성을 부여하는 주체 형성 과정과도 긴밀하게 연관된다. 그래서 그의 작업은 근대 서구 사회에서 '학습 장애learning difficulties를 가진 사람들'로 분류된 개인이 처한 상황을 이해하는 데 많은 도움을 준다.

　이 장에서 나는 푸코의 접근법이 오늘날 학습 장애를 가진 사람들을 위한 지역사회 돌봄 안에서 작동하는 권력과 통치기제를 이해하는 데 도움을 준다는 걸 입증하려 한다. 특히 푸코의 작업은 돌봄 서비스를 이용하는 사람들이 이 서비스에 대해 표명한 진술을 분석하는 틀을 제공한다. 그런 분석을 통해 우리는 그들을 포획하고 주체화하는 권력 형태의 윤곽을 그릴 수 있으며, 아울러 그들이 이 권력과 상호작용하는 방식을 포착할 수 있다. 이런 유형의 분석은 지역사회 돌봄 서비스를 평가하는 새로운 기준을 제공해 준다. 그 기준은 돌봄 서비스를 받는 사람들이 그들의 품행과 주체 위치를 지도하는 특정한 권력의 역학과 협상하는 방식에 대한 이해에 기반한다. 나아가, 이 분석은 돌봄 서비스가 이용자들에게 제기하는 문제들을 해결해 가는 새로운 방식과 관점을 모색하도록 한다. 우선 '지역사회 돌봄'community care의 개념을 간략히 살펴본 후 푸코의 작업이 어떻게 학습 장애에 관한 새로운 사유를 촉발하는지 검토할 것이다. 마지막으로 나는 이 새로운 접근법이 갖는 강점을 짤막한 사례를 통해 제시할 것이다.

지역사회 돌봄

영국에는 학습 장애를 가진 사람들과 관련해서 분리정책보다는 '지역사회 돌봄'이라는 이념에 지도받아야 한다는 생각이 있다. 돌봄 제도의 개혁에 대한 압력(가장 주목할 만한 것으로, 1980년 왕립센터King's Fund Centre는 정상화normalization 원칙을 변화의 모토로 채택했다)은 로이 그리피스 경Sir Roy Griffiths이 가능한 대안을 조사할 책임자로 임명되면서 절정에 이르렀다. 그리피스는 돌봄이 필요한 사람들이 "가능한 정상적인 생활"을 할 수 있도록[2] 돌봄 서비스를 설계해야 한다는 원칙을 제시했다. 이 원칙은 정책 백서에 구현되어 돌봄 서비스 이용자들이 보다 넓은 커뮤니티의 구성원이 되게 하고, 돌봄 서비스에 대한 그들의 발언권을 보장하며, 서비스 평가 기준을 이용자들의 독립성과 삶의 질 향상에 두게 했다.[3]

이렇게 설계된 '지역사회 돌봄'이 과연 그 목적을 달성했는지에 대한 비판이 있어 왔다.[4] 가령 웜슬리Jan Walmsley는 돌봄 서비스의 평가 방식과 조직화 방식이 전반적으로 정상화 원칙에 맞춰 이뤄졌다고 주장했다.[5] 정상화란 개인들을 보다 넓은 커뮤니티에 통합시켜 그들의 능력과 자기-인식을 고양시키고 그들의 외양을 변모시켜 사회적으로 수용되도록 하는 것이다. 또한, 개인들에게 사회적으로 가치 있는 역할을 부여하고 인격적 소양을 향상시켜 긍정적인 사회적 이미지를 갖게 하는 것이다.[6] 웜슬리가 지적하듯이 정상화 원칙에 관한 개념들이 '평가 척도'로 자주 사용되는데, 그에 따라 개인의 선택권, 품위dignity, '정상적' 인간관계를 기준으로 서비스의 질을 평가하게 된다.

최근 몇 년 동안 '정상화'의 견지에서 제기된 것보다 더 폭넓은 문제에 관심을 기울여야 한다는 목소리가 나오고 있다. 가령 구들리Dan Goodley는 어떤 인식론적 근거가 학습 장애를 개인적인 병리현상으로 이해하게 하고, 그에 따라 일련의 진단 체계가 가동되어 사람들의 삶을 간섭하게 하는지 주목해야 한다고 주장한다.[7] 또한 길먼Maureen Gillman과 헤이먼Bob Heyman은 어떻게 진단학적 명칭이 특수한 병리현상을 창조하여 개인 정체성의 핵심 요소가 되는지, 그 결과 개인들을 전문가적 개입의 예속 주체로 구성함으로써 전문가 권력을 유지시키는지 보여 준다.[8]

이 저자들의 작업은 학습 장애에 관한 연구에서 후기구조주의적, 특히 푸코적 논의의 출현을 알려 준다. 이들의 연구는 학습 장애라는 범주와 그에 관련된 돌봄 서비스에 대한 이해를 재평가한다. 가령 앨런Julie Allan은 푸코의 개념 틀이 '특별한 교육 욕구'special educational needs(SEN)를 하나의 특수 범주로 구성하는 담론을 분석하는 데 유용하다고 주장한다.[9] 앨런은 "특수교육 담론 내부의 모순과 대립"에 대한 연구를 제안했는데, 그것은 최근의 통합주의적 입장으로 이어진다. 또한 앨런은 특별한 교육 욕구(SEN)를 지닌 학생들의 상황을 더 잘 이해하려면 그들에게 가해지는 "권력의 미시물리학"과 그에 대한 저항의 지점을 탐사해야 한다고 주장한다. 이 장의 논의는 이들이 시작한 연구를 좀 더 진전시키는 것을 목표로 한다.

푸코의 영향력

푸코는 우리가 주체로서 말하고, 자기를 구성하고, 지식 체계를 구성하고, 사유할 문제들을 정식화하는 "진리 게임"[10]에 대해 비판적인 태도를 취하도록 했다. 가령, 그는 특정한 행동이나 고통(착란이나 박해망상 같은)이 특정 기관에서 치료되어야 할 "질병으로 문제화"[11]되어 그런 개인들이 건강과 질병에 관한 담론 속에서 주체화되는 조건과 상황이 어떤 것인지를 문제 삼았다. 푸코는 이와 같은 문제로 이끄는 세 가지 차원, 즉 우리 자신에 대한 비판적 존재론의 세 가지 영역을 구분했다. 첫째, 우리를 특정한 형식의 지적 주체로 구성하는 진리의 영역. 둘째, 일정하게 규제된 방식 속에서 타인의 행동에 영향을 미치거나 타인에게 영향을 받는 권력의 차원. 셋째, "자기 스스로를 도덕적 행위주체로 구성하는"[12] 윤리의 차원. 푸코의 작업은 시기마다 강조점을 달리하면서 이 세 영역을 다뤄 왔다.

첫째, 진리에 대한 역사적 존재론은 어떻게 특정 대상이 특정한 지식 체계나 진리 담론 속에서 구성되는지에 초점을 맞춘다. 그에 따라 일련의 대상들이 "병치되고 연속적으로 출현하면서"[13] 특정한 지적 영역을 구성하게 되는 규칙을 발견하는 것을 목표로 한다. 푸코에게 대상은 담론 외부에 있다가 특정 학문 분야에 의해 발견되기를 기다리는 것이 아니다. 오히려 담론들이 "그것에 의해 다뤄지는 대상들을 체계적으로 구성한다."[14]

학습 장애와 관련하여 그것은 담론 외부에 있다가 의학적·심리학적 지식에 의해 발견되는 병리적 현상이 아니다. 또한 학습 장애는 그에 관한 객관적 지식을 차곡차곡 쌓아 갈 수 있는 '조건'도 아니다. 오히려 그것은 담론적으로 구성된 대상이다. 즉 '지능'이라는 개념이 구성되고 그것이 특정한 지적 영역에서 특정한 문제 유형으로 출현하는 방식 자체가 '학습 장애'learning difficulties라 불리는 것을 생산한다. 이런 담론적 구성에 의해 비로소 특정 인간 주체가 학습 장애인이라는 지적 대상으로 인식되는 것이다.

푸코가 권력을 존재론의 영역에 위치시킨 이유는 두 가지이다. 첫째는 권력을 생산적인 것(단지 억압적인 것이 아니라)으로 다루기 위해서이고, 둘째는 권력을 지식의 형식과 역학적으로 결합시키기 위해서이다. 그래서 특정한 지식 형태가 출현하는 방식이 그에 관련된 사람들을 인식 가능하게 만들며, 권력은 그렇게 인식된 측면을 포획하게 된다. 이런 지식과 권력의 결합 형식이 사람들을 대하는 방식, 그들에 대한 이해 방식, 진술 방식, 조직 방식을 결정한다. 예를 들어 푸코는 범죄에 대한 새로운 사유 대상으로서 개인들 내부의 본질처럼 이해된 범죄 속성이 대두되면서 그에 대한 권력의 처벌 방식에 어떤 변화가 일어났는지 규명한다. 새로운 지식과 (충동, 열정, 부적응에 관한)

법적 판단이 대두되고, 처벌은 그런 위험 인자를 중화시키고 범죄 성향을 바꾸는 데 초점을 맞춘다.[15] 이처럼 권력은 지식과 결합하여 생산적으로 우리에게 말을 걸고 우리의 삶에 개입하고 우리의 품행에 능동적으로 작용한다. 권력은 주권과 그 억압 대상인 선험적 주체를 변증법적으로 대립시키지 않는다.[16] 오히려 주체는 권력과 지식의 이런 결합 과정에서 구성된다. 권력은 개인들을 범주화하고, 고유의 개별성 내지 정체성을 표지하고, 그 자신과 타인이 자기 안에서 발견해야 할 진실의 법칙을 부여한다.[17]

이런 비판적 존재론의 영역은 돌봄 서비스와 그 환경에 대해 새로운 질문을 던지게 한다. 푸코의 작업은 단지 돌봄 서비스를 평가하는 척도를 제공하는 것이 아니라, 사람들에게 작용하면서 권력을 형성하는 일련의 개입 방식에 주목하게 한다. 즉, 권력에 대한 푸코의 접근법은 특정 사람들을 인식 가능하고 생존 가능하게 하는 방식, 그 안에서 자신을 주체로 인식하게 하는 판정, 결정, 명령, 금지의 형식, 타인과의 관계 형식을 세밀히 조사하게끔 한다.

푸코의 비판적 윤리학의 영역[18]은 개인들의 자기에 대한 행위 양식을 다룬다. 푸코는 사람들이 권력과 주체화의 힘에 의해 수동적인 위치에 놓이는 게 아니라고, 오히려 사람들은 그 안에서 자기 자신과 능동적인 형태로 관계 맺는다고 단언한다. 이 존재론의 영역은 사람들이 특정한 유형의 주체로 자기를 인식하고 구성하게 되는 방식, 특정한 이상 속에서 자기 자신의 행동에 의미와 가치를 부여하는 방식, 그에 따라 자기를 형성하는 방식에 대한 물음을 포함한다.[19] 자기와의 관계를 형성하고 그에 따라 자신의 품행을 통치하는 이상들ideals은 개인에 의해 발명되지 않는다. 그런 이상들은 어떻게 행동하는 것이 '적절'한지에 관한 규칙, 의견, 충고를 제공하는 문화적 모델이다. 이런 이상들을 통해 개인은 자기 자신의 품행을 형성하고 관찰하며 질문한다.

이 윤리적 차원은 학습 장애를 가진 사람들의 상황을 이해하는 데 많은 도움을 준다. 푸코의 윤리적 관심은 권리, 책임, 욕구를 가진 존재로서 자기를 형성하게끔 촉발하는 방식을 조사하게 한다. 푸코의 윤리학은 어떻게 사람들이 스스로 특정 금지나 규제에 복종하거나 저항하는지, 어떻게 스스로를 '학습 장애를 가진 사람'으로 정의하면서 특정한 '삶의 방식'에 적응하는지, 어떻게 이런 요인들 전체와 자신을 결부시키면서 그것과 상호작용하는지 성찰할 수 있게 한다. 이제 푸코의 문제의식이 실제로 돌봄 서비스를 평가하고 새로운 변화를 제시하는 데 얼마나 유용한지 살펴보자.

돌봄 서비스에 대한 '푸코적' 분석

앞서 소개한 논의와 개념들로 돌봄 서비스에 대해 다양한 연구를 모색할 수 있다. 하지만 푸코가 지적하듯이[20] 특수한 상황에 처한 사람들의 문제를 해결하려면 그들과 함께 작업해야 한다. 맥네이Lois McNay[21]와 앨런[22] 역시 권력관계에 대한 연구에서 그 권력에 종속된 사람들의 관점이 중요하다고 강조했다. 나는 돌봄 서비스를 받고 있는 학습 장애인들의 상황을 연구함에 있어서 이런 접근법을 견지할 것이다.

우선 푸코가 제시한 비판적 존재론의 세 영역에 입각해서 돌봄 서비스 경험에 대한 분석을 진행할 필요가 있다. 하지만 우리의 연구가 단지 '푸코적 방법'을 적용하는 것은 아님을 지적해야겠다. 우리의 연구는 푸코가 다룬 것과 같은 종류의 텍스트를 분석하는 것도 아니고, 푸코의 분석 방법을 똑같이 적용하는 것도 아니다. 푸코 스스로 언급했듯이, 푸코가 참여한 연구는 국지적이고 특이하다.[23] 따라서 푸코가 찾아낸 것이 모든 상황에서 권력의 특징을 대변한다고 생각하는 것은 잘못이다. 이 연구의 목적은 푸코가 제시한 비판적 존재론의 세 영역을 통해 어떻게 문제 당사자들이 권력의 작용에 의해 규정되며, 그 권력에 상호작용하는지 파악함으로써 그들이 자신의 상황에 대한 생각과 말에 귀를 기울이는 방법을 찾는 것이다. 즉, 우리의 목적은 특정한 권력과 주체성에 대해 그와 대면하고 있는 사람들이 느끼고 말하는 문제들을 정식화하는 것이다.

푸코의 담론 분석[24]에 의하면, 사람들이 자신의 상황에 대해 말하는 것은 그들이 속한 사회에 대한 특정한 세계상을 함축한다. 나도 이런 입장을 견지한다. 푸코는 **담론**을 "어떤 때는 모든 진술들의 일반적 영역으로, 어떤 때는 개별화된 진술들의 집합으로, 어떤 때는 일정한 수의 진술에 관한 규정된 실천으로"[25] 취급했다. 또 푸코는 이렇게 주장했다.

담론은 최종적으로 권력에 굴복하거나 저항했다가 침묵 속에 던져지는 게 아니다. (…) 담론은 하나의 장치나 권력 효과일 수도 있지만 동시에 권력의 장벽이나 장애물, 저항 지점, 대항 전략의 출발지점일 수도 있다. 담론은 권력을 강화하기도 하지만 동시에 권력을 폭로하면

서 권력을 약화시켜 작동을 멈추게 하기도 한다.[26]

　　나의 분석 방법은 권력과 주체성에 관련된 사회 세계의 특질들을 폭로하기 위해 푸코가 도입한 세 가지 차원의 비판적 존재론에서 도출된 것이다. 이런 분석의 목표는 사람들을 대상화하는 지식의 형식들, 사람들의 행동에 작용하는 개입의 형식들, 사람들을 주체화하는 판정, 결정, 권한의 형식들, 그리고 그들이 처해 있는 타인과의 관계 유형들을 드러내는 것이다. 또한 사람들이 이런 문제들과 어떻게 상호작용하는지, 어떻게 자기 자신을 특정 유형의 도덕적 명령에 묶여 있는 존재로 파악하면서 그 도덕적 감각에 따라 품행을 조절하는지, 그러면서도 그런 권력과 주체화에 맞서 저항하고 투쟁할 가능성이 어떻게 발생하는지 설명하는 것이다.

　　나는 이런 분석틀을 적용하여 돌봄 주거residential care에 거주하는 사람들의 진술을 분석하고, 지역사회 돌봄 주거 안에서 그들에게 작용하는 권력의 형식을 조사하려 한다. 구체적으로 돌봄 주거의 거주자들이 이 권력관계 안에서 어떻게 스스로를 주체로 인식하게 되는지, 그것이 그들의 생활상의 문제들을 어떻게 구성하는지 살펴보려 한다. 이런 조사는 이와 같은 환경을 이해하는 데 반드시 고려해야 할 새로운 이슈들에 대한 분석을 양산한다.

　　앤Anne : 난 내 생각대로 해. 나는 싫을 때는 "싫어"라고 말해.… 그
　　　래. 난 솔직하게 말해.… 주말에 어떤 사람 생일이었는데… 밖에 나
　　　가서 뭔가 사 주고 싶었어. 하지만 여러분you은 그럴 수 없어. 여긴

여러분 게 아니니까. 나가서 물건을 살 수 있는 건 스태프들뿐이잖아.… 자기 집이라면 다르지. 내 말은 집에서라면 하고 싶은 걸 할 수 있지만, 이 집에서는 마음대로 할 수 없다는 거야. 허용된 것만 할 수 있어. 뭘 하고 싶으면 꼭 물어봐야 하잖아. 어디 나가고 싶으면 허락을 받아야 하지.… 이런 종류의 집에서는 이런 걸 하려면 허락을 받아야 한다고.

폴Paul : 솔직히 말해서. 어쩔 수 없잖아.… 매니저들은 여러분you이 속엣말을 하는 걸 좋아하지 않아. 그들이 우리 말에 귀 기울이는 걸 본 적이 없어.… 여러분이 믿는 것, 옳다고 믿는 걸 위해선 싸워야 해. 하지만 그러면 나쁜 놈이 되고 말지. 안 그래? 잠자코 있지 않으니까 말이야.

스콧 예이츠 : 그렇군요. 그래서 여러분은 항상 착한 사람이어야 한다고 생각하는 건가요?

폴 : 착한 사람이 되려면, 가만히 있어야 해요. 아닌가요?

스콧 : 음, 그게 어떤 걸까요? 착하다는 거 말이에요. 이를테면…

폴 : 우리는 그들이 주는 것만 가져야 해요. "아니"라고 해서도 안 되고. 하지만 나는 그렇게는 못 하겠어. 앞으로는 안 그럴 거야. 왜냐하면 내 의견도 있는 거니까. 우리에게도 목소리가 있어. 그걸 사용해야 해.

스콧 : 그렇게 했을 때, 사람들이 그걸 잘 들어 줄 거라고 생각하나요?

폴 : 아니, 그들은 듣지 않아.

앤과 폴의 진술에서 첫번째 주목할 점은 할 수 있는 것과 할 수 없는 것, 그들에게 요구되는 행동에 관해 말하는 방식이다. 그들에게 요구되는 제약에 대해 그들은 대명사 '여러분'you을 사용한다("여러분you은 외출하려면 허락을 받아야 해", "여러분you은 착한 사람이 되어야 해"). 그들은 자기 자신을 지칭하는 것도 아니고, 일반적인 사람을 가리키는 것도 아닌, 특정한 상황에 던져진 어떤 사람, 즉 돌봄 공간에 거주하는 어떤 이를 가리키기 위해 '여러분'you이라는 대명사를 사용한다. 즉, 그들은 자신들이 놓인 주체 위치, 특정한 의무와 금지와 관계를 내포하는 주체 위치를 인식하고 있다. 어떤 이들을 돌봄이 필요한 학습 장애인으로 규정하는 것은 그들의 삶에 특수한 개입이 가능하게 만든다. 다시 말해서, 그런 종류의 사람들에 대한 특수한 사고방식은 그들을 특정한 타인들(그룹홈의 스태프들)의 관리 감독하에 놓이게 만든다. 그래서 '여러분'you이 돌봄의 예속 주체인 한 '여러분'은 착하기를, 잠자코 있기를, 외출 허락을 받으며, 그룹홈 안에서 '여러분'의 위치를 깨닫기를 요구받는다.

이 인터뷰는 '학습 장애를 가진 사람'으로의 주체화가 '정상적인' 다른 사람과 그들을 구분하고 그들의 삶에 특수한 제도적 개입을 하게 하는 방식을 단적으로 보여 준다. 또한 이 인터뷰는 돌봄 주거 거주자들이 그들을 관리하는 스태프들과 본질적으로 분리되어 있음을 보여 준다. 돌봄 서비스의 주체로 규정된다는 것은 일련의 행위 규제와 금지사항 속에서 정해진 (스태프들과는 분리된) '자리'place에 놓여진다는 것을 의미한다. 이 '자리'가 거주자들이 할 수 있는 행위의 한계를 결정하며, 스태프들이 거주자들에게 부과하는 규제를 정당화한다. 그래서 앤은 다른 거주자에게 줄 선물을 사기 위해 외출하는 것은 '여러분'의 자리가 아니라고 말하며, 폴은 '여러분'이 '착하게' 굴기를, 잠자코 있기를 요구받는다고 말한다. 내 조사에 참여한 다른 거주자들도 그룹홈 거주자로서 '여러분'이 할 수 있거나 할 수 없는 것, '여러분'에 대해, '여러분'을 위해 해야 하는 것들, '여러분'이 받아들여야 할 일, '여러분'이 감내해야 할 일에 대해 비슷한 이야기를 쏟아냈다. (가령) 어떤 사람들은 쓰레기를 내다 버리거나 자기 방을 꾸미는 일도 허락을 받아야 하는 것에 대해, 간단한 음식 조리조차도 '자기 몫place'이 아닌 데 대해, 세탁이나 설거지 같은 가사노동과 소소한 행위에 있어서도 스스로 책임지고 할 수 없는 것에 대해 불만을 토로했다. 그룹홈에서 그들에게 할당된 이 '자리'에 관한 요인들이 그들의 생활환경 및 그들의 행동을 관리, 관찰, 감독하는 스태프들과 맺어야 하는 관계를 결정한다. 이런 관계가 돌봄 공간의 거주자들을 지배하는 권력 시스템을 구성한다.

돌봄 거주인들의 인터뷰는 그들의 생활이 항상 감시·감독받고 '착한' 품행과 '나쁜' 품행으로 판정될 뿐 아니라, 그들이 언제든 처벌받을 수 있는 존재가 된다는 것을 보여 준다. 품행에 대한 관찰과 판단은 그에 따른 처벌이나 제재와 연결되기 때문이다. 조사 참여자들이 진술한 처벌에는 꾸짖음, 외출 금지, 가족들의 주말 방문 불허, 자기 방이나 침대에서 나오지 못하게 함, 일정 기간 특정 돌봄의 중단, 심지어 약물주사까지 포함한다. 간단히 말해서, 조사 참여자들의 진술에서 드러난 권력관계는 거주자들이 정해진 대로 행동하지 않을 때 스태프들이 제재를 가할 수 있는 권위의 형태로 드러난다.

이런 점들은 진실과 권력에 대한 푸코의 생각과 연결된다. 어떤 이들이 '지적 장애를 가진' 사람의 범주에 속한다고 여겨질 때 그들의 일상생활과 품행에 대해 얼마든지 제도적 간섭, 판정, 결정, 금지, 명령, 제재가 가해질 수 있는 것이다. 이들의 인터뷰는 그들이 어떻게 돌봄의 예속주체가 되는지, 어떻게 자기 자신을 **특수한 종류의 주체**로 보고 이해하게 되는지 가르쳐 준다.

돌봄 주거 거주자들은 자기 자신을 특정한 '자리' 내지 주체 위치에 놓인 존재로 인식한다. 그 결과 그들은 자신들에 대한 명령과 금지를 그 '자리'에 합당한 것으로 받아들이고, 그 자리(주체 위치)에 걸맞는 품행 속에서 자기와의 관계를 형성한다. 앤과 폴은 자신들이 관리 감독의 이상적 기준에 따라 자신의 품행conduct을 통치하도록govern 요구받고 있다는 걸 잘 안다.[27] 그들은 자신의 품행을 이런 통치government와 연관해서 사고하고 있다. 가령 앤은 동료 거주자에게 줄 선물을 사러 외출하고 싶지만 그것은 그녀의 자리에 있는 사람이 '할 수 없는' 행동이라고 생각한다. 비슷하게, 폴은 마음속에 있는 말을 하기는 하지만 그건 자기 같은 처지에 있는 사람이 하지 말아야 할 행동이라고, 돌봄 주거 거주자인 '여러분'의 자기 관리 방식과 충돌하는 것이라고 말한다.

하지만 그들의 주체 위치에 따라 그에 상응하는 이상적 기준 속에서 품행을 통치하는 개인들의 태도에는 차이가 있음을 눈여겨봐야 한다. 폴과 앤은 그들의 품행을 감독하고 금지의 명령을 부과하는 권력의 형식과 스태프들과의 관계 속에서 자기 자신을 돌봄의 주체로 구성한다. 또한 그 둘의 진술에서 그들이 이런 관리 방식에 대해 자기

의견을 피력할 권리와 능력이 있는 개인임을 인정하는 윤리적 테크놀로지도 발견할 수 있다. 왜냐하면 그들은 남의 눈치 안 보고 "자신의 속엣말"을 하려고 하기 때문이다. 이 두 주체 위치 사이에는 긴장이 있으며, 폴과 앤은 사뭇 다른 방식으로 이 긴장을 관리한다. 앤은 기본적으로 돌봄 주거를 긍정하면서, 자기 자신을 정당한 제약 속의 자기 표현적 주체로 인식하고 있다. 즉, 그녀는 마음속에 있는 말을 표현하는 게 중요하다고 보면서도 여전히 '여러분'은 '할 수 없는' 것이 있다는 점을 받아들인다. 이에 반해 폴은 돌봄을 받아야 하는 자기 상황을 받아들이지 않고, '여러분'은 착하게 가만히 있어야 한다는 생각에 맞서 자기 마음속의 말을 적극적으로 피력함으로써 자기 표현적 개인 담론을 구성한다. 이 점은 푸코의 비판적 존재론 중 세번째 윤리적 차원, 즉 자신의 품행에 의미와 가치를 부여하는 방식과 연관된다.

돌봄 주거 거주자들의 진술 분석은 그들이 자신에게 가해지는 권력과 그 권력을 형성하는 인간관계에 대해 명확히 인지하고 있음을 보여 준다. 이런 권력은 돌봄의 주체 형성을 둘러싸고 전개되는데, 그 속에서 그들의 일상생활은 특정한 타인에 의해 관리·감독·훈육되며, 그들은 자신의 품행이 일련의 명령과 금지에 의해 인도되고 있음을 인식한다. 또한 우리는 그들의 진술을 통해 이런 권력의 주체로 위치 지어지는 방식에 대해 그들이 문제의식을 갖고 있으며, 자신과 돌봄 환경의 관계에 대해 몸에 각인된 긴장을 느끼고 있음을 볼 수 있다. 즉, 그들은 권력의 역학과 주체화에 대해 아무런 문제의식 없이 수동적으로 받아들이지 않는다. 그들은 이런 권력 작용을 문제적인 것으로 체험하며, 그에 대해 능동적인 위치를 점하려고 하며 그와 다른 형태의 자기-관계를 형성하려고 애쓴다.

　이런 권력 형태와 주체화에 참여하는 이상 그 효과로부터 완전히 **탈출하는** 것은 불가능하다. 오히려 그런 참여는 특정한 방식으로 자기를 형성하려는 지속적인 투쟁이며, 특정한 권력관계와의 대결 속에서 자기 나름의 삶을 가져가려는 지속적인 과정이다. 앞에서 관찰한 상황에 비추어 이런 권력 형태를 '나쁜' 것으로 판정하고, 그와는 다른 행위 형식을 모색하기 위해 또 다른 정상 기준을 설정하고픈 유혹이 생기는 건 사실이다. 하지만 푸코가 지적하듯, 그들을 대변하는 것처럼 말하고 그들을 **위한** 저항 프로그램을 제시하는 건 위험하다. 여기서 고찰된 문제들은 (학자나 활동가들이 아니라) 돌봄 시스템 안에 생활하는 사람들 자신이 해결해야 한다. 어쨌든 권력 자체를 없애는 것은 불가능하다. 권력은 인간관계라면 어디든 나타나는 것이기 때문이다.

　하지만 특정한 권력 형태의 존재와 작동 양상을 폭로하고 그에 결부된 사람들이 경험하는 희생과 문제들을 부각시키는 것은 항상 가능하다. 내가 하고자 한 것도 자신의 처지에 대한 사람들의 진술을 푸코의 세 가지 비판적 존재론에 따라 분석함으로써 그 전에는 보이지 않던 권력관계를 폭로하고 그 대가를 부각시키는 것이다. 이 경우에는 사람들을 돌봄 시스템 내의 관리 감독에 예속시킬 때 발생하는 희생을 폭로하고, 자기 자신, 자신의 품행, 자신의 환경에 대해 평가하는 주체화 과정에서 그들이 제기하는 문제들을 부각시키는 것이다. '좋은' 돌봄의 기준 속에서 서비스를 평가하는 방식은 그 안에 살아가는 사람들이 이 서비스에 대해 문제적으로 느끼는 여러 이슈들을 놓치게 할 수 있다. 사람들이 권력을 경험하고 그와 상호작용하는 방식에서 발생하는 위험 인자들에 주의를 기울이는 것이 중요하다.

이런 방식으로 권력을 문제화할 때 돌봄 상황에 대한 성찰에도 변화가 뒤따른다. 돌봄 서비스를 평가하고 바람직한 상을 모색함에 있어서 당사자들이 권력과 주체화를 어떻게 체험하는가를 고려해야 한다. 물론, 돌봄 상황 전체가 '나쁘다'는 얘기가 아니다. 앞에서 지적했듯이, 모든 돌봄 상황에서 동일한 방식으로 권력이 작동한다고 상상하는 건 문제가 있다. 요점은 이런 돌봄 상황의 사람들이 거기서 작동하는 권력을 문제가 있는 것으로 체험할 가능성이 있음을 알아야 한다는 것이다. 이런 문제들의 '해법'은 당사자들 대신 학자들이 어떤 해결 프로그램을 제시하는 식으로는 찾을 수 없다. 연구자들의 역할은 돌봄 공간의 거주자들과 함께 그들이 체험하는 권력 작용과 주체화의 방식을 드러내고 문제화하는 것이다. 이런 문제화problematization는 그 사람들을 위해 상황을 바꾸기 위한 것이라기보다는 그들을 관리하는 사람들이 더 이상 그 관리 방식을 '자연스럽다'거나 문제될 게 없다고 보지 않게 하는 것, 그래서 제도 안에서 작동하는 권력관계들이 은폐되고 당연하게 여겨지지 않게 하는 것이다.

푸코적 분석은 장애 이론에 어떤 기여를 할 수 있나?

빌 휴스

영국의 장애 연구는 1990년대 초중반 무렵 그동안 발전을 제약해 온 협소한 이론적 접근에서 벗어나기 시작했다. 1990년대 중반까지 영국의 장애 이론은 역사적 유물론에 입각해 있었다. 영국의 장애 연구를 주도한 유물론인 '사회적 장애 모델'이 가져온 이득은 대부분 정치적인 것이었다. 특히 사회적 모델은 장애를 신체적 손상에서 비롯된 불가피한 결과로 해석하는 의료적 관념에서 벗어날 수 있게 했다.[1]

영국의 장애학에서 사회적 모델이 가져온 개념적 혁명과 유사한 것은 확실히 1970년대 페미니즘의 '두번째 물결'에서 찾을 수 있다. 그 변화의 물결 속에서 페미니스트들의 지적·정치적 지향을 이끈 것은 섹스와 젠더를 명확히 구분하는 것이었다. 즉, '섹스'는 생물학적인 신체적 특질을 가리키는 용어이고, '젠더'는 그에 대한 문화적으로 특수한 해석들을 가리키는 개념이다. 하지만 최근의 대다수 페미니스트들은 섹스와 젠더의 명확한 구분이 이론적으로나 정치적으로 문제가 많은 것으로 간주한다.

탈-데카르트적 철학(특히 후기구조주의와 현상학)이 지배하는 세계에서 자연과 문화, 생물학적인 것과 사회적인 것이 명확히 구분된 두 공간을 점유하고 있다는 생각은 설득력을 잃게 되었다. 1990년대 들어와 신체, 자연, 시간, 정서의 연구에 집중된 새로운 이론 영역이 특히 사회학 분야에서 출현했는데, 이 사회학의 '하위분야'에 속한 사람들은 자연과 문화 간의 명확한 구분에 의문을 제기해 왔다.

이런 이론적 풍토 속에서 장애 이론가들은 장애와 손상의 구분은 더 이상 지속되기 힘들다는 것을 깨닫기 시작했다.[2] 이렇게 손상과 장애의 구분이 의심되고, 그러면서도 장애 분석의 이론적 지침을 수립하려는 열망 속에서 푸코의 작업이 중요한 자원으로 떠올랐다. 한편으로 푸코는 (다른 탈-계몽주의 사상가들과 마찬가지로) 신체를 사회적 분석이 필요한 대상으로 부각시켰다.[3] 장애 연구들은 (특히 영국에서) 문화 연구와 신체-사회학에서 비롯된 분석 틀을 포괄하려고 노력했기 때문에 푸코나 다른 탈-데카르트적 전통(몸에 각인된 일상생활의 경험에 대한 현상학적 분석 등)이 특히나 매력적인 성찰로 여겨졌다. 분명, 새로운 사회운동의 이론적 무기를 갖추는 데 있어서 이론적 다채로움과 '인식론적 실용주의'는 소중하다. 그러나 장애 이론가들은 이런 이론적 성과의 가치를 평가함에 있어서 그것이 장애인의 생활환경을 개선하는 데 얼마나 기여할 수 있는지 따져 봐야 한다. 결국 장애 연구는 장애를 가진 사람들의 해방을 향한 운동에 (도움을 주거나 아니면 약화시키거나) 기여해야 하기 때문이다.

많은 비평가들은 푸코가 담론에 앞서 실재하는 신체를 부정했기 때문에 그의 작업에는 육체성에 대한 고려가 없다고 주장해 왔다.[4] 그와 같은 육체성에 대한 (무)관념이 장애인들이 경험하는 억압의 신체성을 폭로하는 데 얼마만큼 도움을 줄지 의심하는 건 당연하다. 사실 나는 푸코의 작업이 손상을 사회적으로 구성된 것으로 볼 수 있게 하는 데 도움이 되지만, 푸코의 도움 없이도 그런 논증은 가능하다고 생각한다. 또한 나는 장애인들의 목소리와 신체적 경험, 그리고 차별철폐와 권리쟁취를 위한 집단적 투쟁을 가치평가하는 이론적 논의가 장애인들에게 얼마나 도움이 될지 의심스럽다. 푸코에게 이런 식의 논의는 "인간의 죽음"[5] 이후에는 '쓸모없어진' 휴머니즘의 영역에 속하는 것으로 보일 것이다. 푸코가 의미란 "표면효과 내지 환영이나 거품"[6]이라면서 의미를 부여하는 주체의 '죽음'을 선포한 이상 그는 클로드 레비-스트로스, 자크 라캉 등 그가 넘어섰다고 주장하는 구조주의의 전철을 밟게 될 것이다.

의미는 효과일 뿐이라는 푸코의 주장은 확실히 해석학을 넘어선다. 나와 내 동료들이 주장한 것처럼 해석학 전통, 특히 현상학적 사회학은 장애 이론가들이 장애인에게 가해진 차별을 폭로하는 데 많은 도움을 주었다.[7] 다른 맥락에서, 나는 장-폴 사르트르와 푸코 간의 (위태로운) 연대가 장애를 가진 사람들의 대의를 일보 전진시킬 수 있다고 생각한다.[8] 누군가는 사르트르가 대변하는 휴머니즘의 기치를 회피하고 싶겠지만, 우리는 그것이 육화된 행위주체embodied agency가 철학의 제일 원리라는 관념과 연결된 것임을 놓쳐서는 안 된다. 이것은 푸코가 받아들일 수 없는 가치이다. (구조주의자로서?) 푸코의 탈-휴머니즘적 입각점은 그로 하여금 '유순한 신체'를 제안하면서 행위주체agency의 대체물을 만들 수밖에 없게 했다.

이 장에서 나는 손상과 장애 이론에 대해 푸코의 작업이 지닌 한계를 밝히려 한다. 특히 푸코의 신체 개념과 행위주체에 대한 입장에서 그 한계는 두드러진다. 물론, 푸코의 작업이 인간의 행위, 특히 장애인의 행동을 제한하는 일련의 실천들이 역사적 산물임을 밝히는 데 기여했다는 걸 부정할 순 없다. 하지만 권력의 "유순한" 타깃으로서의 신체에 대한 푸코의 생각은 신체의 주체적 역할, 즉 자기 변혁과 사회 변혁의 행위주체를 과소평가하게 만든다. 푸코는 담론이 주체성과 독립해서 작동한다고 주장한다. 푸코는 주체–로서의–신체,[9] 혹은 자기와 문화의 물질적 원천으로서의 신체[10]라는 현상학적 관점 외부에 있기 때문에 사회적 삶을 구성하는 실천적이고 감성적인 활동을 이론화하지도, 제대로 평가하지도 못한다.

손상에 대한 근대화의 역사는 병리화와 감시의 역사였다. 19세기 장애인은 특히 유순한 인구 집단으로 형성되었다. 푸코의 작업은 그렇게 만든 의학적, 행정적, 법적 실천들을 밝히는 데 이용될 수 있다. 또한 그 역사 속에는 감시로부터의 해방과 시민권 획득을 향한 장애인들의 자의식적인 투쟁이 있었다. 최근까지도 장애인들은 동정과 연민의 수혜자라는 수동적 위치를 거부하며 싸워 왔다. 다양한 형태의 육체적 실천을 통해 그들은 행위주체로서의 지위를 주장한 것이다. 무능한 존재에서 행위주체로의 이런 변화는 푸코적 관점으로는 설명되지 않는다. 푸코는 자기역량강화self-empowerment가 허구라고 주장할 것이기 때문이다. 또한 장애인들 가운데 새로 등장한 운동 역량에 대해 푸코는 그것이 새로운 권력 기술의 담론적 산물이라고 주장할 것이다.[11] 장애 운동disability activism을 개별 장애인들의 의도 차원으로 축소시켜서도 안 되지만, 그에 못지않게 장애운동을 탈육체적 disembodied 담론의 유희로 축소하는 것도 잘못이다.

푸코의 연구 영역: 감시받는 신체들

영국의 장애학을 주도해 온 맑스주의적 전통은 권력을 중앙집중적이고 단일하며 무엇보다 억압적인 것으로 보는 관점을 취해 왔다.[12] 푸코는 권력을 이렇게 '억압적'인 것으로 보는 관점을 더 이상 받아들이기 힘든 낡은 관념으로 본다.[13] 그에게 권력은 조직적이고 생산적이며 가시적인 지적 활동과 분리될 수 없는 것으로 파악된다.[14] 시선voir, 앎savoir, 역능pouvoir이 권력의 발생요인들로, '시선'gaze은 권력의 본질적인 테크놀로지 중 하나이다. 시선(권력의 테크놀로지)은 정보와 지식을 생산한다. 가령, 정상적인 태아와 병리적인 태아를 감별하기 위한 양수검사 같은 관찰 기술은 자궁 내 장애 정보와 지식을 생산한다.[15] 정보와 지식은 주체성의 근간을 이루는 (의미론적) 재료이기 때문에 태아에 관한 이런 장애 담론은 장애를 가진 자궁 내 주체를 형성한다고 할 수 있다.

　최근의 몇몇 논자들은 지식 생산과 주체 형성에 관한 푸코의 생각을 장애 분석에 적용한다. 푸코의 저작이 특정한 전문 지식과 주체 형성에 관한 분석의 '연장통'으로 이용되고 있는 것이다. 예를 들면 네틀턴Sarah Nettleton의 치과술에 대한 연구,[16] 데버러 럽턴Deborah Lupton과 앨런 피터슨Alan Peterson의 공중보건에 관한 연구,[17] 제프 헌Jeff Hearn과 데이비드 모건David Morgan의 남성성에 관한 연구,[18] 니컬러스 로즈Nikolas Rose의 사회적 심리현상에 관한 연구[19]를 들 수 있다. 이처럼 푸코의 방법론을 자기 전공 분야에 적용하는 푸코주의자들이 생겨났는데, 이 책 역시 그런 시도들 중 하나라고 할 수 있다. 즉, 푸코가 장애나 손상에 관해 명시적으로 언급한 적이 없음에도 푸코의 방법을 장애 영역에 적용하려는 시도인 것이다.

장애와 손상에 관한 유물론적 관점과 달리 푸코적 관점은 장애의 정의와 장애 인구 구성에서 언어와 상징이 지닌 역할을 특히 강조한다. 푸코적 관점에서 장애와 손상은 특정한 개인이나 인구 집단의 본질을 재현하거나 지칭하지 않는다. 주변화된 주체를 겨냥한 이 장애 개념들은 권력 작용의 산물이다. 이런 권력 개념과 신체의 결합은 다양한 방식으로 장애인을 구분하고, 수용하고, 정상화하는 주체화의 실천을 분석할 수 있게 한다.[20] 그런 맥락에서 장애는 신체 손상을 입은 사람들에 대한 의료적 관리와 같은 근대적 생명-권력의 산물[21]이라 할 수 있다.

푸코는 근대 임상의학의 탄생 과정을 추적하면서 의학의 언어는 특정한 역사적 순간에 '보는 것'과 '말하는 것'이 융합되어 '합리적 담론'의 형식을 갖추었다고 본다. 그는 이것을 병리적인 것의 **장소화와 언표화**로 규정하면서 "그런 지정학적 시선을 통해 의사들은 사물의 병리적 원인이 발생하고 융합되는 과정을 관찰했다"[22]고 한다. 이런 계기 속에서 의학은 질병(암시적으로 손상)을 인식 가능한 대상으로 구성하는 데 필요한 명증성과 권력을 획득했다. (푸코가 18세기 말로 지정한) 이 역사적 순간에 근대 생의학이 탄생했다. 그 속에서 정상적인 것과 병리적인 것의 구분이 이뤄졌고 장애 개념을 함축한 그런 구분이 손상을 자신의 필요충분조건으로 정립하고 정의하는 권력 형식으로 자리 잡았다. 또한 이런 구분 속에서 '정상성'(그리고 그것의 대립물인 비정상)이란 개념이 의료 조직의 핵심 개념으로 확립되었다. 이런 구분은 의학적인 정상에서 벗어난 신체적 차이를 기준으로 어떤 사람들을 무가치한 장애인으로 분류하는 한편 손상을 생물학적 자연법칙의 위반으로 보는 진리체계를 지탱하는 이분법적 논리를 확립했다.

정상적인 것과 병리적인 것의 구분은 명시적이든 암시적이든 '규범적'인 구분이기 때문에 그런 임상적 구분은 곧바로 손상에 대한 사회적 낙인을 유발한다. 캉길렘Georges Canguilhem이 지적하듯이 "어떤 질서에 대한 선호는 대부분 그와 대립된 질서에 대한 혐오를 동반한다". 캉길렘에게 이런 '혐오'는 단지 이론적 거부를 뜻하는 것만은 아니다. 그가 지적하듯이 "주어진 평가영역 안에서 선호된 것을 벗어난 요소는 단지 상관없는 것이 아니라 혐오스러운 것, 혐오할 만한 것, 가증스러운 것이다".[23] 정상적인 것과 병리적인 것의 구분과 함께 손상을 '보고'see 장애를 '설명하는'say 것이 가능해졌고, 그에 덧붙여 장애가 신체적·정신적 결함으로 담론화되었다. "장애가 있다"고 규정된 사람들은 "놀라운 밀도의 감각으로" 깨어난 의사의 인식 속에서만 '현실적인'real 인구군로 파악될 수 있다.[24] 그때 의학은 개인과 인구의 생물학적 정상성에 관한 진리의 보고로서 자신을 재규정했다. 이런 접근법에 따르면 손상은 장애를 '자연적인' 주체 위치로 형성하는 의료적 구성물이다. 푸코적 관점에서, 정상성을 판정하는 실천은 손상을 신체적 완전성의 결핍으로 규정하는 동시에 무능한 사회적 지위로 규정한다.

'병리학' 담론의 대상이 된다는 것은 곧 비합법화된다는 것이다. 장애를 가진 사람들이 훈육 권력의 대상으로 규정되는 한에서 그들은 전문가 집단의 담론 소재가 된다. 경험적으로, 이런 의료적 입장은 사람들의 주체성을 탈각하는 실천들이 만들어 낸 주체 위치 안에서 장애를 파악함으로써 장애인에 대한 억압에 합리적 근거를 제공한다. 장애인을 주체성이 박탈된 지적 대상으로 전락시키는 이런 실천 속에서 장애인들이 행위주체agency가 될 가능성은 체계적으로 봉쇄되어 왔다. 19세기 후반에 장애인들이 처한 생존의 현실은 권리 제한, 시설 감금, 의존의 현실이었다. 장애인은 스스로 움직일 수 없는 사람으로, 강력한 강제적 감시가 필요한 사회적 부담거리로 여겨졌다. "대상화 방식이 (…) 인간 존재를 인간 주체로 변형시킨다"[25]는 푸코의 주장을 손상에 적용할 때 우리는 장애인의 근대적 삶이 어떻게 역사상 유례 없는 감금의 삶이 되었는지 이해할 수 있다. 의학에 의해 병리화되고, 훈육 권력에 의해 '특수' 공간에 감금되고, 재활 전략에 의해 정상화되는 것이 근대 장애사의 냉혹한 현실이다. 그 속에서 푸코의 대감금에 대한 묘사, 일반적으로 (근대 자본주의를 떠받치는 권력의 테크닉과 함께) '감시사회'에 대한 묘사는 장애 연구에 계속해서 논쟁을 불러일으키는 강력한 개념틀을 제시해 왔다.

마그릿 실드릭Margrit Shildrick은 영국 **장애인 생활수당(DLA)**에 대한 분석에서 손상된 신체가 장애를 가진 주체(신체적 결함으로 정의된 주체)로 생산되면서 감시의 대상이 되는 현대적 사례를 제시한다. 실드릭은 푸코적 관점을 적용하여 장애수당 수급자들에게 과도한 사적 정보 노출이 우려되는 질문지를 작성하게 하는 사례를 분석한다. 그에 따르면 수급자들은 "인격적 책임을 강요받는데 그것은 역으로 자신의 신체에 대해 비판적인 시선을 갖게 만든다."[26] 실드릭은 "어떤 신체적 기능도 이 총체적인 가시성의 요구를 벗어날 수 없다"고 지적한다. 또한 "신체 행동들을 일련의 불연속적 기능들로 세분화하는 것은 인간의 신체를 페티시즘적으로 파편화하는 것"[27]이라고 주장한다. 그 설문지가 끌어내려고 하는 신체적 결함은 장애를 가진 이들의 '욕구'needs에 관한 지식과 손상된 신체 통치의 기반이 되는 '과학적' 잣대를 생산한다. 손상은 (광기와 마찬가지로) "분류화에 내재된 지식과 테크놀로지의 산물"인 것이다.[28] 또한 실드릭은 그 질문지가 (의학에 근거한 장애 담론의 일반적 특성상) 이상적인 신체를 가정하는데 그로 인해 장애와 젠더 사이에 중첩이 일어난다고 지적한다. 즉, 남성과 정상성이 이상적 신체로 가정될 때 여성과 장애는 뭔가 결핍된 신체로 측정되는 것이다.[29]

실드릭의 주장이나 앞서 언급한 논의들은 근대적 사회 통제 형식에 대한 푸코의 분석이 손상을 장애로 변형시키는 다양한 감시·감독의 형식에 대한 분석에 잘 들어맞는다는 것을 보여 준다. 하지만 푸코의 관점대로 장애인의 생산이 전반적으로 판옵티콘적 테크놀로지의 적용에 의해 이뤄진 것이라면, 장애인들이 해방 운동을 확립해 나가는 과정을 이해하기가 어려워진다. 장애인이 근대적 판옵티콘(권력의 테크놀로지)의 산물이라면 장애인들이 '권력의 시선'에 도전하기 위해 필요한 자유와 주체성은 존재할 수 없을 것이고, 손상된 몸은 담론의 유순한 구성물로 인식되어야 한다. 푸코가 「주체와 권력」에서 "우리는 우리가 어떻게 우리 자신의 역사 안에 포획되어 왔는지 알아야 한다"[30]고 주장할 때 그는 그 역사의 덫으로부터 빠져나오기 위한 집단적 시도와 그 방법에 대한 성찰을 배제해 버린다. 나는 장애인이 그 역사의 덫에서 빠져나오는 데 일부 성공한 사회 집단 중 하나라고 생각한다.

푸코의 살 없는 수동적 신체

프리드리히 니체는 어디선가 근대성 담론은 "가장 오래된 거짓말"이라고 했다. 니체가 이렇게 말한 것은 근대성 담론이 자신은 '진리'를 발견했다고, 코기토cogito는 그 진리를 투명하게 전달할 수 있다고 허풍을 떨기 때문이다. 그런 근대성 담론 속에서 육체적인 것은 비가시화되고 가치저하되고 경멸받으면서 성찰 대상에서 제외되었고, 진보의 행보 옆으로 밀쳐지고 합리적 정책의 기획에서도 배제되었다. 대항counter-계몽주의는 이렇게 밀쳐진 것에 주목하여 신체, 욕망, 감정의 부활을 선포하고 지금까지 경멸받은 것들을 사회 구성의 핵심 요소로 재평가했다. 푸코는 (그의 저작에서 발견되는 구조주의의 흔적에도 불구하고) 특정한 지성사적 명칭을 거부했지만, 신체에 대한 새로운 개념을 낳은 니체적 '후기구조주의' 전통에 속한다.[31] 신체의 재등장은 온갖 '포스트-주의'적 사유의 출발점이라고 할 수 있다. 이글턴Terry Eagleton이 지적하듯 "포스트모던적 주체는 데카르트적 주체와 달리 신체에서 자기 본질을 찾는다".[32] 하지만 우리는 현대적 신체가 물질적incarnate이라기보다는 성체적eucharistic이라는 점을 인정해야 한다. 즉 그것은 손으로 만질 수 있는 육체가 아니라 초감각적인hyperreal 몸이다. 현대 사회이론에서 포스트-주의적 관점은 육체적인 것과 정치적인 것의 관련성을 (특정한 장소 없이) 천상과 지상 사이의 어디쯤에 설정한다. 이런 점에서 크리스 실링Chris Shilling은 푸코적 신체 개념을 비판한다.

> 푸코의 저작에 제시된 신체는 육체적 실체로서의 가시성과 연장성을 갖지 않는다. 거기서 신체는 분명히 생산되지만 그 생산력은 담론에 의해 부여된 한계 안에 갇혀 버린다. 신체 자체는 담론이 지닌 결정 능력의 인과적 현상으로 분해된다. 그래서 사회적 행위의 물질적 구성요소로서의 신체에 대한 이해는 불가능해진다.[33]

포스트휴머니즘적 주체는 휴머니즘으로부터 벗어나려는 열망 때문에 상황 속의 신체적 본성을 잃어버린다. 가령 라캉의 포스트휴머니즘적 상상계에서 (존재하는) 페니스는 (존재하지 않는) 팔루스로 대체되고 리비도 경제는 어느 곳에나 있지만 특정한 장소 안에는 존재하지 않는다. 포스트휴머니즘적 주체의 신체는 살과 피가 아니라 빵과 와인으로 만들어진다. 이것이 물질적 실체가 없는 신체이다.

푸코의 작업에서는 특히 감각적인 신체 존재를 형성하고 유지하는 실천적(정치적) 행위가 결여되어 있다. 푸코의 작업에서 신체는 (권력의) 타깃 내지 효과이며 글쓰기가 이뤄지는 텍스트이다. 신체에 대한 이런 후기-구조주의적 접근은 몸을 초감각적인 신체로 변형하는 경향이 있다. 이렇게 주체성 없는 수동적 존재로서의 신체는 담론의 유희장遊戲場이나 텍스트, 혹은 글쓰기의 등록 표면으로 간주된다.

우리는 이런 탈육체적 세계 속에서 어떻게 정치적 실천이 가능할지 의문을 가질 수밖에 없다. 푸코적 관점에서 신체에는 어떤 능동적이고 창조적인 주체성도 없으며, 그때 정치는 주체들에 대한 통치로 축소되고 만다. 즉 정치는 사람들이 행하는 어떤 것이 아니라 사람들에게 행해지는 어떤 것이 되고 만다. 그런 세계는 책임성이 결여된 세계, 즉 윤리적인 것과 정치적인 것이 산산이 부서져 버린 세계라고 생각한다.

확실히 (신체적) '차이'를 찬미하는 '포스트-주의적' 윤리-정치학의 입장이 있기는 하다. 이론적으로 이런 입장은 손상을 가진 이들의 운동을 지지한다. 하지만 엄밀한 의미에서 그들이 다루는 것은 신체가 아니라 어휘들이다. 즉, 그들이 다루는 신체는 언어와 텍스트로 변형된 신체이다. 포스트-주의적 차이의 정치학은 "통약 불가능한 다원성"[34]과 제한 없는 관용의 세계를 제안한다. 거기서는 통약 불가능한 어휘들이(어떤 의미도 진리라고 주장할 수 없는) 유동적인 의미의 바다에서 서로 경쟁할 뿐이다. 하지만 윤리-정치적인 것의 회복은 육체적인 것의 회복 없이는, 또한 구체적인 감성적 실천이 사회적 관계를 구성한다는 인식 없이는 불가능하다. 이런 주장은 낡은 것처럼 보인다. 하지만 탈실체화되고 성체화된 신체의 부활은 ── 가상, 상징, 텍스트, 기호에 대한 풍요로운 사회학적 논의에도 불구하고 ── 허무주의 내지 운명론에 굴복하고 만다. 이와 같은 '후기-구조주의적' 신체의 문제점이 푸코의 작업에도 동일하게 나타난다.

실링이 주장한 것처럼[35] 푸코는 행위주체의 신체성을 탈각하여 신체를 감각적 불모지대로 만들었다. 푸코에게 신체는 세계 안에서,

혹은 세계 위에서 능동적으로 작용하기보다는 세계에 대해 유순하다. 역사가 기입되는 표면으로 이해되는 신체는 그저 존재 차원으로 순치된다. 푸코에게 신체는 "각기 다른 거대한 체제들"[36]에 의해 주조되는 것으로, 권력 게임의 산물이다. 권력은 "각각의 개인들 안으로 파고들어 그들의 몸을 만지고 그들의 행동과 태도, 그들의 담론, 그들의 학습 과정과 일상생활 안에 주입되기" 때문이다.[37]

물론, 푸코의 후기 저작들은 행위주체에 좀더 많은 관심을 기울인다. 「주체와 권력」에서 푸코는 자신의 작업을 "인간 존재를 주체로 변형하는" 세 가지 국면 내지 세 가지 "대상화 방식"으로 나눈다. 그 세 가지는 첫째, 분류화classification의 실천들, 둘째, 구분dividing의 실천들, 셋째, 자기-주체화의 실천들이다. 그중 세번째 양태는 『성의 역사』 3권에서 "인간 존재가 자기 자신을 주체로 만드는 방식"[38]으로 거론된다. 첫번째와 두번째 대상화 방식(분류와 구분의 실천)에서는 능동적이고 창조적인 주체의 계기가 보이지 않는다. 거기서 주체는 전문적인 분류법과 규제적인 테크닉들의 산물이다. 반면에 자기-주체화와 자기-테크닉의 배치(세번째 대상화 방식)에 초점을 맞출 때 주체는 반성성의 계기를 획득하는 것처럼 보인다. 푸코와 리처드 세넷Richard Sennett은 자기의 테크닉을 다음과 같이 설명한다.

그것은 개인이 자신의 몸과 영혼과 사유와 품행에 대해 일정한 작업을 가함으로써 자기를 변형시키고 개선시키고 어떤 완성 상태, 이를테면 지복의 상태, 순수함, 초자연적 힘을 획득하게끔 하는 것이다.[39]

이런 구절은 육체적 행위주체의 가치에 대한 선언처럼 보일 수 있다. 하지만 나는 그런 주장이 푸코의 첫번째, 두번째 대상화 방식, 즉 분류와 구분의 실천에서 주체를 다루는 방식과 근본적으로 단절하고 있다고 생각하지 않는다. 이전의 대상화 방식에서 핵심적인 감시로부터 이동했음에도 창조적인 주체는 설정되지 않는다. 여기서 설정된 주체는 권력에 의해 등록된 주체로 그의 행위는 결국 권력으로 환원될 수 있다. 자기 '자신의 수단'에 의해 행위하는 푸코적 주체는 자기의 테크닉들을 활동하되 그것을 자유의 실천이 아닌, 지배의 반영으로서 활용한다.

우리는 현상학을 통해 푸코의 신체에 관한 관점을 교정할 수 있다.[40] 몇몇 저자들이 손상에 대한 분석에 현상학적 관점을 적용해 왔다.[41] 현상학적 관점에 따른 손상 분석은 신체를 세계에 대한 관점으로 보는 메를로-퐁티Maurice Merleau-Ponty의 생각[42]에서 출발한다. 데카르트적 전통에서 신체는 인식 주체에 의해 지각되는 대상이다. 이와 달리 현상학은 신체를 객체인 동시에 주체로 파악한다. 신체는 지각하는 것이면서 동시에 지각되는 것이다. 지각이란 세계 안에 존재함에 의해, 즉 육체적인 실천을 통해 획득되는 테크닉이다. 닉 크로슬리Nick Crossley가 말했듯이 "지각하는 주체는 신체와 환경 사이에서 습관적으로 구조화되는 상호작용의 산물이다".[43] 의미, 지향, 그리고 사회적 관계는 신체적 활동의 산물로, 이런 현상들은 신체적으로 의미화되는 것이다.[44] 나는 현상학의 "의미지향적으로 체험하는 신체"[45] 즉 자신의 세계를 만들면서 그것에 의해 만들어지는 신체라는 개념이 손상의 사회학과 장애학에서 매우 중요하다고 생각한다.

현상학에 따른 장애 연구는 손상의 주체 이론으로 구체화되는데, 그 속에서 신체는 살아 있는 것으로서, 즉 구조화되는 동시에 능동적인 것으로서 이해된다.[46] 감성적 체험의 일상 세계에서 신체를 이해하는 현상학은 근대 사회의 통제 기술에 종속된 '유순한' 신체로 환원되지 않는 창조적인 주체를 가정한다. 이와 같은 능동적 신체-주체 개념은 일상적 생활세계에 대한 분석을 이끌어 그 속에서 장애인들이 체험하는 억압과 배제, 그리고 그에 맞선 저항과 승리의 경험을 다루도록 추동한다. 즉, 신체에 대한 현상학적 사회학의 가치를 주목할 때 손상의 사회학은 한층 더 발전할 것이다. 터너Bryan S. Turner는 이렇게 말한다.

사회학은 궁극적으로 행위의 상호작용 속에서 발생하는 의미에 관한 사회적 과학이기 때문에 신체의 사회학은 사회적 상호작용과 상호성의 맥락 속에서 몸에 체현된 관념에 기반해야 한다. 그에 따라 행위의 사회학은 일상생활의 지속적인 상호성 안에서 행위주체의 신체적 구성이 지닌 역할에서 출발한다.[47]

터너의 말은 푸코가 거부한 해석학적 행위주체를 포함한 손상의 사회학이 출발하는 장소를 시사한다. 손상의 분석은 일상생활의 경험 지대와 그곳에서의 상호주체성과 상호신체성의 흐름 안에서 발생하는 의미 지대 위에서 가장 풍성해지기 때문이다. 일상생활에서 손상된 몸에 가해지는 다양한 형태의 차별과 손상된 몸이 그런 다양한 차별을 "느끼는" 방식에 대한 연구는 일상생활의 신체 정치학을 요구한다. 이런 종류의 현상학적이고 실천적인 연구는 푸코의 "소멸하는 신체"[48]에서는 가능할 것 같지 않다. 손상된 신체든 그렇지 않은 신체든 신체는 푸코가 생각하듯이 그렇게 인식론적 구성물인 것만은 아니기 때문이다.

> 신체는 담론을 통해 인식되거나 담론으로 둘러싸일 수 있지만 결코 담론으로 환원되지는 않는다. 푸코주의자들은 신체가 특정한 지식 체계와 분리해서는 인식될 수 없기에 이것이 타당하지 않다고 주장할 것이다. 하지만 지식이 신체와 분리되지 않고 어떤 의미에서 신체에 근거하고 신체에 의해 형성된다는 관점을 취하면, 이런 반대야말로 타당하지 않다.[49]

인간 신체는 예속의 원천인 동시에 자유의 원천이라는 점에서 모순적이다. 푸코는 신체를 이렇게 변증법적으로 보지 않는 것 같다. 푸코의 관점은 신체가 규제의 원천이자 쾌락의 원천이라는 것이다. 하지만 이런 쾌락주의적 해방은 섹슈얼리티에 대한 그의 후기 저작 전까지는 그의 사유와 충돌하는 것처럼 보인다. 행위주체의 개념을 결여하는 한 푸코의 작업은 손상된 몸을 가진 사람들이 담론에 의존한 주체 구성을 어떻게 극복해 왔는지 설명할 방도가 없다. 하버마스Jürgen Habermas와의 논쟁[50]에서 이 점은 두드러진다. 변증법주의자로서 하버마스는 인간이 지배 체제 안에서 역사를 만들어 감에 있어서 구조와 행위주체의 상호작용을 강조한다. 반면에 푸코는 행위주체로서의 육체적 주체를 사회적 삶의 무대에서 제거해 버리는 감시와 통제를 강조한다. 맥네이가 지적하듯 "하버마스가 자유의 변증법을 보는 곳에서 푸코는 냉혹한 훈육 체제에 점진적으로 예속되는 신체를 본다."[51]

결론에 부쳐

비장애인들은 '인간의 조건'이라 불리는 유별나고 제한된 존재론적 공간의 최소한의 안전을 영위하기 위해 장애인을 필요로 한다. 대다수 사람들은 그런 인간적 조건이 깨질까 봐 불안해한다. 그들에게 손상은 결코 직면하고 싶지 않은 비극을 표상한다. 장애차별주의disablism와 노인차별주의ageism는 우리 모두의 것인 존재의 연약함을 인정하고 받아들이지 못하는 데서 비롯된다. 우리 중 손상 없는 삶에서 자유로운 사람은 거의 없다. 자기 자신의 손상 가능성, 세계-내-존재에 고유한 손상 가능성을 받아들이지 못하는 이런 태도는 근대 문화가 낳은 비극 중 하나이다. 장애인들의 삶을 메마르게 하는 이런 완벽함의 신화를 극복할 기회는 배제와 포함, 해방과 구속의 변증법 속에 있다. 푸코는 이런 변증법적 지대를 주장하지 않을 것이며, 주장할 수도 없을 것이다. 그의 권력 개념이 그것을 배제하기 때문이다. 푸코가 주장하듯이 자유가 환영에 불과한 것이라면 행위자로서의 권력은 부조리하다. 찰스 테일러Charles Taylor는 자유를 상정하지 않는 권력 개념은 무의미하다면서 이렇게 주장했다. "권력에 대해 말하면서 '해방'과 '진실'의 자리를 부정하는 것은 일관성이 없다."[52] 권력이 지배 구조로 환원되어 버리면 장애인차별에 항거하는 것은 불가능하기 때문이다. 오직 숙명론만이 남게 되는 것이다.

장애인 운동이 헛되지 않으려면 장애 정치학과 장애인 운동의 목표에 대한 명확한 기준을 수립해야 한다. 프레이저Nancy Fraser의 말처럼 "왜 우리는 지배에 저항해야 하는가? 모종의 기준점을 설정함으로써만 비로소 푸코는 그 질문에 대답할 수 있다."[53] 우리는 푸코의 권력 개념이 권력을 지배로 환원시킬 뿐 행위주체의 신체적 참여 가능성을 봉쇄했다는 비판을 무시할 수 없다. 푸코가 니체에게서 얻은 교훈은 양날의 칼이다. 한편으로 그것은 신체에 대한 사회적 관리와 감시의 실천을 폭로하는 데 도움을 주었다. 하지만 다른 한편으로 그것은 권력으로부터 벗어나는 출구를 봉쇄했다. 권력에 대한 해방적 관점이 없다면 장애인들은 그들의 삶을 불구로 만드는 차별과 배제에 복종할 수밖에 없다. 만약 권력이 '판옵티콘'적이고 벗어날 수 없는 것이라면, 우리는 장애의 정치학을 상상할 수 없다.

푸코의 유명론

베리 앨런

푸코의 작업에 내포된 유명론nominalism적 관점을 장애 연구에 적용하는 것은 의미 있는 일이다. 내가 하려는 것은 푸코가 '도착증의 주입'implantation of perversion이라 부른 것에 착안해서 '손상의 주입' 이론을 마련하는 것이다. 이 장에서 나는 이 손상의 주입 이론을 개략적으로 논증한 후 그것이 가정하는 권력과 지식에 대한 생각과 푸코의 유명론에 대한 비판적 관점을 논의할 것이다.

손상의 주입

푸코는 '정상 사례'에 관한 지식이 어떻게 사람들 간의 차이를 권력의 적용 대상으로 만드는지 분석한 최초의(가장 두드러진) 이론가이다. 권력과 지식의 상호작용에 관한 분석 사례 중 하나가 『성의 역사』 1권에 나온 '도착증의 주입'[1]이다. 도착증이라는 개념은 19세기 성의 의학화로부터 출현했다. 근대 의학은 **성적 본능**을 의학이 정의하고 치료할 자연적 기능 중 하나인 심리 현상으로 규정했다. 도착증은 정상성에 대한 의료적 인식 속에서 성 본능의 일탈적, 비정상적 작용으로 정의되었다.

장 라플랑슈Jean Laplanche와 J.-B. 퐁탈리스J.-B. Pontalis에 따르면 "도착증이라는 개념은 정상 개념을 참조하지 않고는 결코 이해될 수 없다. 지금도 그렇지만 프로이트의 시대 이전에 도착perversion이란 단어는 본능의 '일탈'deviation(성 대상 선택과 성적 행위와 관련해서 전통적으로 특수한 부류에게서 발견된 특이 행동)을 지칭한다".[2] 프로이트보다 앞서서 성 심리학을 창시한 크라프트-에빙Richard von Krafft-Ebing은 이렇게 썼다. "자연스럽게 성적 본능을 만족시킬 기회가 있는데도 자연의 목적, 즉 번식에 부합하지 않는 성 본능의 표현은 도착으로 간주되어야 한다."[3]

푸코가 발견한 역사에 따르면 정신의학자는 자신들이 가정한 성적 일탈 속에서 도착증을 발견했다. 즉 성적 도착은 의학이 발견한 인간의 본성이 아니라 "안다"고 가정된 전문가들이 우리에게 주입한 인위적 개념이다. '손상'impairment에 대해서도 똑같이 말할 수 있다. 도착과 마찬가지로 손상은 인위적으로 구성되어 주입된 것이다.[4] 손상이 주입된 것이라는 주장은 손상이 (아직 잠정적인) '장애'와 달리 확고한 생리학적 상태라는 가정에 의문을 제기한다. 국제보건기구[5]부터 국제장애인연맹[6]과 미국 장애인법Americans with Disabilities Act(1990)까지 손상은 개인의 생물-의학적 정상성으로부터의 일탈로 정의된다.[7]

이 기구들이 '장애'disability란 용어에 대해서는 일치된 정의를 갖고 있지 않음에도 '손상'이란 용어에 대해서는 공통된 정의를 내리고 있는 것은 놀랍다. 그 자료들에 따르면 이 생물-의학적 비정상성이 한 사회에서 취급되는 방식, 일반적으로 '장애'라고 불리는 것은 특정한 생물학적 현실에 부가된 사회적 구성물이다. 손상과 장애를 구분하는 생각이 비판을 받는 경우도 있지만[8] 그런 구분은 학자들 사이에서 꾸준히 호응을 받고 있다. 데이비드 브래덕David L. Braddock과 수전 패리시Susan L. Parish가 지적하듯이 "손상이 생물학적 조건이라면 장애는 사회적 맥락 속에서 존재한다".[9]

어느 누구도 그 자체로는 손상되지 않는다. 즉 생물학적 특질로서의 결함을 자연적으로 가진 사람은 없다. 도착이나 장애와 마찬가지로 손상이란 어떤 걸 상실하거나 결핍된 게 아니다. 손상은 덧붙여진 것이다. 정확히 훈육적 권력과 지식에 의해 부가된 것이다. 통계학적으로 파악된 '정상 사례'에 의거하지 않고서는 '손상된' 사람을 정의할 수 없다. 마치 법에 대한 준거 없이는 범법자가 없는 것과 마찬가지다. 과학적 사유라 여겨지는 생물학적 정상 담론은 범죄에 관한 담론보다 더 많은 자연적 진실을 갖고 있다고 할 수 없다. 어떤 정상성norm이라도 그것을 측정하는 학문의 실천적 구성물로, 그런 구성 행위 이전에 자연적으로 존재하는 물질적 실체를 갖고 있지 않다.

손상은 자연적인 비정상이 아니라 정상으로부터의 이탈을 측정하는 지식의 구성물이지만 (범죄나 화폐가 현실적인 만큼) 현실적이다. 정상과 정상 사례는 법률과 범법자의 관계와 비슷하다. 그것은 현실적으로 존재하는 것이긴 하지만 사람들이 그것을 진지한 지적 대상으로 받아들이는 한에서만 현실성이 있다. 손상에 관한 지식은 어떤 차이들을 (달리 보면 무차별적인 것일 수 있지만) 결함과 결핍으로, 비정상적인 손상으로 보기 위한 교육을 필요로 한다. 손상은 정상성 판단의 사회적 기준 이전에는 어떤 현실성도 갖지 않는다. 농인들의 섬에서 자란 비농인 아이는 그 섬 사람들이 '인간의 정상 기준'과 다르다는 것을 인지하지 못한다. 차이에 적응된 세상에서 그것은 손상이 아니다.[10]

손상이나 장애는 신용등급이나 소득세 구간만큼이나 사회적으로 구성된다. 탐지할 수 있는 차이는 그것이 일상적 맥락에서 비공식적이고 국지적으로 인식되는 대신 전문적인 개입 대상으로 취급될 때만 비로소 비정상적 손상이 된다. 표준으로부터의 이탈을 결함이나 손상으로 정의하는 것은 그렇게 판정된 사람들을 권력과 지식의 타깃으로 만드는 출발점으로, 그들에게는 훈육적 보호와 정치적 예속이 부가된다.

지식과 권력

푸코의 유명론을 좀더 살펴보자. 우선 지식과 권력에 대한 그의 생각을 검토할 필요가 있다. 푸코의 유명론은 이 두 개념에 관한 철학적 사유의 비판 속에서 이해되어야 하기 때문이다.

푸코의 **권력/지식**에서 빗금(/)은 두 단어 간의 등가를 가리키는 게 아니다. 이 빗금은 그 둘을 구분하고 상호작용 속에서 연관시키는 것이다. 이 둘은 각각 상대편을 통해, 상대편의 증가 속에서 증가한다. 즉, 지식과 권력은 서로를 보증하며 서로를 재생산하고 서로의 권위를 지속시킨다. 가령, 범죄자에 대한 지식은 수감, 경찰, 정신병원, 법정과 같은 권력기관 없이는 존재할 수 없으며, 또한 그 권력기관은 범죄자에 대한 지식과 함께 증가한다. 처벌하는 권력은 비행자들에 대한 지식의 권위와 증가를 보증하며, 비행자들에 대한 정교한 지식은 권력의 테크닉을 발전시키고 그것의 강제를 정당화한다.

이렇게 지식을 수반하는 권력은 어떤 진실의 발견을 억누르거나 진실을 왜곡할 필요가 없다. 또한 지식은 강압적인 권력에 은혜를 갚기 위해 자신의 과학적 타당성을 희생시킬 필요가 없다.[11] 조지 오웰의 『1984』에 나온 걱정은 핵심을 벗어난 것이다. 권력은 '검은색을 희다'고 하거나 '2 더하기 2는 5'임을 진리라고 우기지 않는다. 대신 권력은 담론의 유통을 통제(변경 내지 지도)하거나 진지하게 받아들여진 것, 실천 논리를 관통하는 것, 진실이라고 **통과**된 것을 관리한다.[12] 진지한 발화행위의 이런 유통이 ── 형이상학적인 '현실과의 조응'이 아니라 ── 진리 가치를 경험하는 데 있어 결정적이다.

이런 **실효적**effective 진리는 신뢰할 만한 것으로, 사람들의 실천 논리를 관통하는 진술의 영향력, 그것을 중요한 진리로 간주하는 사람들을 실제로 통치할 수 있는 힘을 갖고 있다. 진술 속에 있는 그런 유통 원인은 언어 게임, 즉 담론 구성체, 혹은 지식의 우발적 경제 안에 있다. 역사적 담론에 의지하지 않고 살아남은 진리는 없다. 가령 정신의학의 역사성을 초월한 성 도착의 진리는 없으며, 장애 차별 제도에 내포된 정상화 의료 관점을 초월하여 지속되는 손상의 진실도 없다.

어떤 과학도 정상적이고 건강한 삶을 규범적으로 정의할 수 없다. 어떤 신체 상태가 정상적이라거나 건강하다거나 병들었다고 판정할 '객관적 사실'이란 것은 없다. 신체적 기능의 고유함과 반응 기준에 관한 순수하게 물리적인 사실은 없다. 그것들은 오직 사람들의 반응, 관습이나 느낌, 혹은 수행 능력의 방식에 의해서만 수립될 수 있다.[13] 그 '사람들'이라는 것도 언제나 **특정한** 사람들, 주변부와 배제의 경험을 가진 집단이다.

손상된 사람들을 장애화하는 사회에 의해 손상은 가혹하게 오인된 신체적 현실로 가정된다. 하지만 손상 자체가 그런 가혹함의 산물이라고 보는 게 더 타당하다. 손상은 생물학적으로 기록되는 자연현상이나 신체적 특질이 아니다. 그것은 비정상을 측정하는 훈육제도에 의해 **신체 안에 주입된** 인공적 현상이다.

근대성의 의미에 관한 섬세한 에세이[14]에서 푸코는 근대사회의 기술적 역량이 증가한다고 자율성도 향상되는 건 아니라고 지적한다. 새로운 역량을 갖출 때마다 개인들은 (거의) 항상 새로운 예속의 형식에 결합된다. 가령, 로봇공학의 발전과 어셈블리 장치(자동화된 공장)의 발전은 노동자들을 더 자율적이게 만들기보다는 오히려 값비싼 기계장치에 결합된 인간 부품으로서 필요한 기술과 훈련을 강제한다. 그렇게 세심하게 훈육된 노동자들은 기계와 결합된 집단 차원에서는 높은 화폐 가치를 생산하는 역량이 있지만 독립된 개인으로서 자기 자신을 위해서는 무력하고 유순하다.[15]

기술적 역량의 증가가 반생산적 효과를 낳은 또 다른 사례로 지난 반세기 동안 의료적 개입의 증가로 인해 (의사에 의해 생긴) **병원성 질환**의 고통 역시 증가해 온 것을 지적할 수 있다.[16] 그렇다고 의료 지식과 기술의 발전이 사람들에게 무용했다는 게 아니다. 다만 오늘날

의료기술은 수많은 사람들을 병들게 하고, 때로는 회복불능 상태에 빠트리기도 한다는 것이다.

손상의 의료화에 관한 사례로 많은 저자들이 농인문화에 대해 썼다. 할란 레인Harlan Lane은 학습이 불가능한 상황에 처했던 농인 아동에 관한 충격적인 사례를 보고했다. 그 아동이 교육을 받지 못한 것은 훈육 담당자들이 수어를 쓰지 못하게 금지하고 검열했기 때문이다. 선천성 농인에게 수어를 쓰는 농인으로 살게 할 것인지, 아니면 고가의 전문적인 지식과 권력으로 농을 개선토록 할 것인지의 선택 상황에서 전문가들은 인공 와우관 수술처럼 (비장애인에게) 매우 인상적인 첨단 기술적 해법을 선호한다. 미국은 그 첨단 기술이 2세 이상 아동에게 상업적으로 판매되는 것을 허용하고 있다.[17]

복지 정책의 강제적인 정상화와 첨단 기술 및 지식을 통한 권력의 강화는 해방적인 지식이 아니라 훈육하고 통치하는 지식을 생산한다. 푸코는 이런 발전에 대해 얼마간 도덕적 비판이 필요하다고 보는 듯하다. 하지만 어떤 독자들은 푸코의 작업이 그런 판단의 합리적 근거를 어떻게 제시할지 의문을 제기한다.[18]

나는 푸코의 후기-근대적 자유주의에서 이에 대한 대답을 찾을 수 있다고 생각한다. 푸코와 포스트모더니즘 간의 관련성이 종종 지적되긴 하지만 푸코는 그의 동시대 독자들처럼 자기도 '근대적', 즉 **자유주의적**liberal 사회에 속한다고 생각했다.[19] 근대 정치의 핵심, 혹은 근대 통치의 본령은 피통치자들의 자유를 보장하고 향상시키는 것이다. 특히 『성의 역사』 후반부에서 묘사한 '실존의 미학'[20]은 개인의 존재 방식에 대한 정교한 심미적 접근이 자유의 지대를 요구함을 보여 준다. 거기서 법이나 도덕은 개인적 취향과 스타일의 계발과 대립하지 않는다.

그런 자유가 행복한 소수의 특권이든(푸코가 연구한 고대사회처럼) 아니면 근대 민주주의의 철학적 원리이든, 개인의 미학적 실존, 혹은 사적인 스타일의 성취는 자유를 필요로 하며, 자유를 보장하는 통치에 의해 실현된다. 푸코가 미학적 실존이라는 개념을 과거를 묘사하는 도구가 아니라 (물론, 달라진 형태로) 현재에 적용될 가능성으로 평가하는 한 그는 정치철학적 견지에서 자유주의자로 보이며, 그렇게 이해되어야 한다.

만약 푸코가 자유주의자라면, 그는 콩도르세Marquis de Condorcet, 밀John Stuart Mill에서 케인스John Maynard Keynes, 하버마스, 롤스John Rawls로 이어지는 사회-민주주의적 전통보다는 개인성, 자유, 그리고 정부의 한계를 강조하는 스피노자Baruch Spinoza, 로크John Locke, 스미스Adam Smith, 그리고 칸트Immanuel Kant의 자유주의 전통에 속한다.[21] 푸코의 입장에서, 지금까지 자유주의 전통에 공통된 주장, 즉 주권 권력의 자의적 지배가 자유를 위협한다는 주장을 비판하는 것은 어렵지 않다. 푸코는 그 누구보다 근대 사회의 권력 구성에 내재하는 아이러니에 대해 말했다. 즉, 복지, 안전, 건강, 그리고 해방의 이름으로 이뤄진 것들에 대해 의문을 제기해야 한다고 생각했다. 그는 주권 국가의 가혹한 개입 이전에 존재했던 개인성을 발전시키자는 것이 아니라, 근대 정치의 합리성, 특히 경제적 효율성과 건강에 예속되면서 상실한 자율성을 **회복할** 것을 주장한다.

유명론

유명론nominalism은 "명명-주의name-ism를 일컫는 매력적인 방식"[22]으로, 중세 파리와 옥스퍼드 대학의 논리학 교수들을 가리키는 데 처음 사용되었다. 초기 유명주의자 중 가장 유명한 사람은 14세기 윌리엄 오컴William Ockham과 장 뷔리당Jean Buridan, 12세기 그들의 악명 높은 선조인 피에르 아벨라르Pierre Abélard이다. 1473년 루이 11세가 '유명주의자들의 책'을 압수하고 파리에서 그들의 사상을 금지한 이유는 무엇일까? 그들이 '보편자'에 대해 특이한 이론을 가르쳤기 때문에, 즉 종, 범주, 일반 개념 등 '보편적인 것'은 이름에 다름 아니라고, 이름이란 한 번의 숨에 불과하다고 가르쳤기 때문이라는 게 통상적인 생각이다. 중세 유명론에 대한 이런 통상적인 생각을 혁파하려는 노력 속에서 캘빈 노모어Calvin Normore는 유명론이 진리에 대한 주장이라고, 즉 이름, 호칭nomina, 관습적 기호, 언어 속에 있는 진리에 대한 주장이라고 보는 게 타당하다고 주장했다.[23] 유명론자들에게 언어적 진리가truth-value의 차이는 많은 경우 자연 안에 있는 실제적인 차이를 따르지도 않고 따를 필요도 없다.

이 매력적인 기술적 관점은 폭넓은 의미를 함축한다. 그 관점은 진리가 이름의 용법과 독립된 **어떤 실체에 대한 진리**라는 사고로부터 벗어나는 첫번째 발걸음이다. 한스 블루멘베르크Hans Blumenberg에 따르면 "유명론은 시스템 파괴적 시스템으로 (…) 자연의 구속력에 대한 탁월한 축소라고 할 수 있다".[24] 루이 11세와 그에게 조언한 자들은 그 혹은 그들이 비난한 것이 바로 그들 사유의 일부이기도 하다는 것, 그리고 그들의 사유는 사회적 구성 이론[25]이라 불리는 것과 자기를 유명론자라고 한 번 이상 언급한 푸코[26] 안에서 지속되고 있다는 사실을 알지 못했을 것이다. 푸코의 입장은 물리주의, 혹은 형이상학적인 내적 구조에 맞서는 가공할 입장을 대표한다. 즉, 자연 자체라는 건 없다. 자연은 단지 역사적으로 우발적인 담론과 독립된 정체성이나 결정의 원천으로 가정된 것일 뿐이다.[27]

푸코의 유명론은 두 가지 주장을 내포한다. 첫째는 물리주의 내지 본질적 구조에 대한 비판이다. 이런 비판 속에서 세계는 우리가 발견해야 할 범주로 이미 분절되어 있지 않다. 세계를 분류하고 조직화하는 것, '사실'을 구성하고 그에 대한 진술을 정당화하는 것은 우리 자신이다. 푸코는 이전의 유명론보다 더 급진적으로 자연에 의해, 본래적으로 주어진 구조에 대한 관념을 비판한다. 하지만 이런 주장은 존재하지 않는 것, 즉 자연 종이나 자연 질서에 관한 부정적 주장에 머물러 있다. 푸코는 여기서 한 발 더 나아가 동일성이나 구조는 그것의 재현과 마찬가지로 **담론의 인공적 구성물**, **진실과 오류의 체제**, **담론적 실천의 구성물**에 불과하다고 주장한다.

지식의 고고학에 관한 논문에서 푸코는 다음과 같이 말했다. "한마디로 우리가 하려는 것은 '사물'을 상정하지 않고 사유하는 것 (…) 담론 이전에 존재하는 '사물'이라는 수수께끼 같은 보물을 담론 속에서 출현하는 규칙적인 대상 형성으로 대체하는 것 (…) 그것을 담론의 대상으로 구성하고 그것의 역사적 출현 조건을 형성하는 규칙의 체제와 관련시키는 것이다."[28] 이런 주장은 단순히 본래적 구조에 대한 형이상학을 부정하는 태도와는 다른 것이다. 본래적 구조의 거부

자체가 이와 같은 담론적 존재론을 수립하지는 않는다. 지식은 배타적으로(일차적으로) 담론적 구성이 되지 않고도 사회적 구성물이 될 수 있다.[29]

유명론자들은 체계가 언어로부터 발생한다고, 즉 이름과 재현의 관습으로부터 발생한다고 말한다. 푸코는 여기에 사회적 권력을 덧붙인다. 지식과 진리에는 반드시 권력의 경제가 수반되며, 권력은 지식을 통해 결합되고 순환된다. '도착의 주입' 논증에 따르면 성 도착은 성적 규범norm이 설정되고 그것이 삶과 죽음, 건강과 질병에 관한 문제로 받아들여지면서 출현한 담론 구성물이다. 이 사회적 형성에는 담론 이상의 것, 가령 도착증자로 분류된 사람들의 몸과 행동이 결부되어 있다. 하지만 푸코에 따르면, 성적 비정상을 '사회적으로 구성하는' 것은 지식이고, 그것의 '진실-가치', 즉 진지한 발화행위를 통한 담론 내적 의미이다. 그래서 권력/지식 개념은 지식의 담론에 권력의 실효성을 보충하면서도 근본적으로 지식의 담론적 성격을 경감시키지는 않는다. 오히려 푸코가 도입한 권력/지식 개념은 담론, 진실 거짓 게임이 지식의 궁극적 이해 조건임을 확신케 한다.

푸코는 진술의 담론적 가치나 권위, 지식 사이의 차이에 어떤 중요성도 부여하지 않는다. 그에게 지식이란 곧 '권위 있는 담론'이다. '지식의 고고학'에서 핵심적인 주제가 이것이다. 지식의 개념에 대한 이 이론적 논문에서 푸코가 제시한 앎savoir의 네 가지 의미를 검토해 보자. (1) 담론적 실천 속에서 말할 수 있는 것, (2) 주체가 어떤 대상에 대해 말할 때 그가 놓인 위치, (3) 개념들이 출현하고 정의되고 적용되고 변형되는 진술들의 협력과 종속의 차원, (4) 담론에 의한 활용과 전

용의 가능성.[30]

여기서 내가 주목하는 것은 자격qualification의 부재이다. 푸코는 어떤some 지식에 대해, 통상적으로 지식이라 부르는 것에 대해서 말하는 것이 아니다. 그는 지식 현상 자체에 대해, 지식이라 일컬을 수 있는 어떤 개념 대상에 대해 말한다. '예속된 지식'subjugated knowledge이라고 칭한 것에 대한 다소 모호한 언급(이에 대해서는 뒤에 설명할 것이다)을 제외하고 푸코는『지식의 고고학』이나 다른 어디서도 이 공식적, 담론적 지식의 특성에 대해 말하지 않았다. 즉 그것을 온전히 지식이라 부를 만한 다른 형태의 지식과 구별해서 설명하지 않았다.

덧붙여, 나는 담론적인 편향성을 주목한다. 푸코에게 지식은 담론 안에서, 담론적 실천 속에서 분절된다. 그것은 담론의 대상을 설정하는 공간으로, 그 안에서 진술은 정의되고 적용되며 변형된다. 또한 그에 따라 담론 안에서 활용과 전용의 가능성이 정해진다. 그래서 푸코는 담론적이지 않은 지식 체제는 없다고, 담론적 지식만큼 우리의 경험에 중요한 실제적이고 강력한 지식 체제는 없다고 주장한다.

물론 푸코는 지식이 담론 이상의 것에 작용하는 측면을 인정한다. 그는 지식의 생산물이 "제도, 테크닉, 사회 집단, 그리고 인식 체계"와 상호작용한다고 말한 적이 있다.[31] 또 지식은 "이론적 텍스트나 경험적 기구들뿐만 아니라 실천과 제도의 전체 시스템 안에서 형태를 갖춘다"고 말했다.[32]『감시와 처벌』에서 그는 고문, 고아원, 군사훈련, 공장의 호각소리, 감옥 설계 등을 포함하는 일련의 테크놀로지와 실천 방식 전반에 대해 논한다. 나는 푸코가 비담론적인 것을 고려하지 못했다고 생각하지는 않는다. 나의 요점은 푸코가 비담론적인nondiscursive 것을 (지식과 관련된 것인 한) 전담론적인preddiscursive 것으로 보고, 언어로 나아가는 중이고, 따라서 담론에 종속될 것으로 해석한다는 것이다. 푸코에게 "전담론적인 것은 여전히 담론적이다. (…) 우리는 여전히 담론의 영역 안에 있다".[33] 간단히 말해서, 푸코가 담론, 진술, 진리-가치에 대해 말할 때 그것은 "일련의 실천과 제도들의 체계 전체"를 지식으로, 즉 실천을 지식-실천으로, 제도를 지식-제도로 간주하려는 것이다.

　　푸코는 분명 전통적인 인식론과 단절하려 했지만 그럼에도 지식에 대한 전통적인 생각을 받아들인다. 즉 그에게 지식은 여전히 진술이나 발화행위 안에서 형성되며, 지식의 구성요소는 언어, 논리, 로고스logos이며, 중요한 지식은 담론적으로 분절되고 진리로 간주된 지식이다. 이런 로고스 중심적 관점은 지식의 현실적 작용을 파악하는 데 적절하지 않은 관점으로, 푸코는 그런 관점을 근본적으로 혁신하지 않았다.[34]

예속된 지식

이처럼 푸코가 지식을 권위적인 담론으로 간주했다면, 그가 '예속된 지식'에 그토록 많은 애정을 쏟고 자신의 지적 작업 역시 '예속된 지식의 봉기'에 포함시키려 한 것[35]은 이상하게 보일지 모른다. 예속된 지식이란 공식적인 권위가 없는 지식이 아니고 무엇이겠는가.

　　푸코는 예속된 지식의 두 출처 내지 원천을 제시한다. 하나의 원천은 (푸코 같은) 박학한 이들의 지식이다. 고고학자의 박학한 지식은 무차별적인 일반화로 문제를 단순화시키는 보편적 지식에 저항하여 불편한 세부사항들을 재구성하면서, 정신병원이나 감옥처럼 역사적으로 억압된 장소로 하여금 말하게 한다.

　푸코가 말한 예속된(잠재적으로 반란적인) 지식의 또 다른 원천은 주변화되고 배제된 사람들이다. 이에 대해 푸코는 "덜 발달되거나 미달된 지식들, 엄밀성과 과학성을 갖추지 못해서 지식의 위계 하단에 놓이게 된 순진한 지식들의 집합"[36]을 지적한다. 푸코는 이런 지식을 '다중의 지식'le savoir des gens이라 부르면서, 그것은 항상 특수하고 국지적인 지식(일반적이고 '상식적인' 지식이 아니라), "만장일치가 불가능한 지식"[37]이라고 했다. 푸코가 언급한 사례는 정신병원 수감자들, 병자들, 간호사, 의사, 비행자들의 지식이다. 그는 그들에게서 의학, 정신의학, 범죄학 같은 공식적 지식에 저항하는 주변적이고 배제되고 억압된 지식을 발견한다. 간호사들은 병원에서 일어나는 사건과 관련하여 공식적인 간호 담론에서는 배제된 지식을 갖고 있으며, 비행자들은 교도소에서 일어나는 일과 관련하여 공식적인 형벌학 담론에서는 배제된 지식을 갖고 있다.

　1976년 저작에서 푸코는 이렇게 말했다. "지난 50년간 비판 담론은 고고학에서 발굴된 묻혀 있는 지식과 과학의 위계 질서에서 밀려난 지식 사이의 연합을 통해 자신의 근원적인 힘을 발견해 왔다."[38] 당연히, 푸코 자신의 작업이 이것을 증명한다. 푸코는 자신의 계보학 작업이 "과학과 결합된 권력의 위계 질서 안에서 지식에 부여된" 전제들을 무너뜨리는 일이라고 생각했다. 그에 따르면 "계보학은 역사 속의 지식을 예속에서 해방시키려는 시도라고 할 수 있다. 즉 그 역사적

지식이 이론적, 통합적, 공식적, 과학적 담론의 강압에 맞서 투쟁할 수 있도록 하는 것이다".[39]

여기서 푸코에게 억눌린 지식과 공식적 지식을 공통적으로 지식이게끔 하는 것이 무엇인가 하는 의문이 제기된다. 고고학적 박학이 발굴한 지식에 대해서는 그런 의문이 별로 들지 않는다. 푸코가 '감옥의 역사'[40]와 '임상의학의 역사'[41] 속에서 찾아낸 지식은 진지한serious 진리 주장으로 받아들여진다. 그 역사에 대한 푸코의 철학적 입장은 두 가지 상징적 가치의 경제, 즉 과거와 현재의 진리 체제를 대조시켜 현재의 진리 체제가 역사를 초월할 수 없는 상대적 가치임을 깨닫게 하는 것이다. 이런 고고학적 박식함은 망각된 과거를 되불러 와서 현재를 낯설게 만드는 것이다. 그것은 지금의 우리 자신으로부터 거리를 두는 것, 자연적으로 불가피하게 보였던 현재를 우연한 것으로 인식하게 한다. 특정한 사유, 믿음, 혹은 개념 체계에 익숙해질 때 그것들은 자명한 것처럼 보인다. 반면에 그것을 지금과는 다른 시대에 자명했던 체계와 대조시킬 때 우리는 현재의 지식 체계를 임의적으로 강제된 배제로 볼 수 있게 된다.[42]

고고학적 박식함이 발굴한 지식은 권위 있는 담론이었다. 그것은 문서고 안에서 발견된 것들로, 발견되지 않았다면 어떤 흔적도 남기지 않고 문서고 안에 남아 있었을 그런 지식 담론이다. 그럼 주변화된 사람들의 경험담을 지식이게끔 하는 것은 무엇인가? 푸코에게 지식이 담론 구성체에서의 자리와는 다른 그 이상의 것을 의미할지라도, 그는 그 이상의 것에 대해서는 아무 말도 하지 않는다. 더욱이 그가 명시적으로 말한 모든 것은 지식이란 그에게 담론 경제에서의 통화에 다름 아님을 보여 준다.

푸코의 작업에서 주변화되거나 배제된 말들이 '지식'이 되는 것은 이차적이고 아이러니한 측면에서이다. 푸코 자신의 말처럼, 그것이 "자신의 힘을 발견하는 것은 오직 그것을 둘러싼 것들의 엄격함에 맞설 때이다."[43] 달리 말해서, 그것을 지식이라 부를 수 있는 건 오직 그것이 명망 있는 담론 경제에 동요를 일으킬 때뿐이다. 주변화되고 배제된 담론을 '예속된 지식'으로 부를 수 있는 것은 봉기의 전술 속에서이지 이론적 분석에 따른 게 아니다. 지식에 대한 푸코의 원론적인 생각에는 담론 경제의 권위가 남아 있다.

무자격자들의 예속된 '지식'과 세부적인 것에 관한 고고학적 박식함의 공통점은 둘 다 (예속된, 배제된, 주변화된) 지식이라는 데 있지 않다. 그들의 공통점은 현재적인 지식에 가정된 초월성을 폭로하고 (성에 대한, 광기에 대한, 범죄에 대한) 자명한 것으로 여겨진 것을 임의적인 담론적 관습으로 고쳐 생각하게 하는 데 있다. 푸코는 다른 시대의 지식은 우리가 알고 있는 과학과는 다른 모습일 거라고 막연히 주장하면서도 지금 이 세계의 지식에 대해서는 확실히 명망 있는 담론과 동일시한다.

담론과 신체

어떤 장애 연구자들은 푸코가 주체성이나 행위주체agency보다 담론을 더 중요시했다고 비판한다.[44] 이에 대해 푸코는 주체성에 대한 후기 저작에서 암시적으로 답변을 내놓았다. 거기서 푸코는 자유와 주체성을 말소하고픈 (『감시와 처벌』에서 가장 두드러진) 유혹을 떨치고, 권력과 지식이 개인적 경험에 부과하는 것과 자기와의 관계 속에서 스스로를 주체로 만들어 가는 경험 간의 균형을 찾도록 노력했다.[45]

또한 푸코의 접근법은 "신체의 담론적 질서화에 관한 '반-휴머니즘적'인 분석 속에서 신체의 감각적 물질성을 부정한다"는 비난을 받아 왔다.[46] 하지만 푸코는 『성의 역사』 1권의 전체 요지가 "어떻게 권력의 전개가 직접적으로 신체와 연관되는지, 즉 육체, 기능, 생리학적 과정, 감각, 쾌락 등에 연관되는지 보여 주는 것이라고, 즉 신체(존재)가 말소되기는커녕 정말 필요한 건 생명을 겨냥한 근대적인 권력 테크놀로지의 발전 속에서 생물학적인 것과 역사적인 것 간에 일어나는 복잡한 결합 형태를 분석함으로써 신체를 가시화하는 것"이라고 말했다. 『성의 역사』는 "육체들의 역사이며, 육체 안에 있는 가장 물질적이고 활동적인 것이 투자되는 방식에 관한 역사"[47]인 것이다.

따라서 나는 이런 비판을 하려는 게 아니다. 나의 주장은 푸코가 지식을 대상화하는 담론으로 주체성을 환원해 버렸다는 게 아니다. 또한 나는 푸코가 근대 권력 테크놀로지와 지식의 훈육이 지극히 물질적이고 육체적인 신체가 투자되는 방식을 분석함에 있어서 독창성을 보였다는 걸 부정하려는 것도 아니다. 나의 요점은 푸코가 "신체는 새로운 권력 기제의 타깃이 되면서 새로운 형태의 지식에 공급된다"[48]고 말할 때 이 지식이 압도적으로 언어적인 것, 담론적인 것, 결국 학술적인 지식으로 파악되고 있다는 점이다.

정상, 일탈, 손상 같은 개념이 사회적으로 구성되었다는 것은 그것들이 인공물이라는 말이다. 그렇다고 그것들의 존재 이유나 효력이 각별히 **담론적** 실천 때문이라고 볼 필요도 없고, 또 그래서도 안 된다. 지식의 대상이 인공적 구성물이라는 것은 그것의 존재 조건이 우리 자신, 우리의 역사와 실천을 포함하고 있다는 뜻이지 꼭 지적 구성이나 실천이 담론적이라는 것은 아니다. 어떤 담론이나 담론적 권위도 어떤 사람이 주사를 더 잘 놓게 하거나 춤을 더 잘 추게 하거나 좋은 다리를 디자인하게 하지는 못한다. 이런 비담론적인 지식을 담론 내지 언어로 환원시켜 버리는 것은 옳지 않다. 어떤 담론 공간도, 어떤 담론 체제도 옹기장이의 찰흙에 대한 지식을, 임상의사의 증상에 대한 지식을, 엔지니어의 디자인에 관한 지식을 망라하지 못한다.[49]

보다 일관된 구성주의는 유명론이 자신의 철학적 기원으로부터 물려받은 언어학적 담론 편향성을 극복할 것이다. 그것은 본래적 구조에 대한 유명론적 비판을 수용하면서도 지식은 주로 담론적 구성물이라는 불필요한 전제를 거부할 것이다. 지식은 사회적으로 구성되며, 그렇게 구성된 지식은 담론에 국한되지 않는 다양한 형태를 지닌다. 호모 사피엔스의 사유에는 로고스 이상의 것이 있으며, 지식에는 언어 이상의 것이 있고, 그것의 가치에는 명석한 담론 이상의 것이 있다.

모든 역사는 궁극적으로 진화 속에 휘말리는데, 푸코는 우연성이라는 계기를 조금 더 강조할 뿐이다.[50] 시간의 지평을 진화의 관점에서 물러나서 보면, 공식적으로 기록된 과학 담론은 지식의 역사에서 뒤늦은 자리를 차지하는 것으로 보이며, 서구적 사유가 그것에 부여한 영원성의 아우라는 사라질 것이다. 지식은 진화하는 지구 생태계 외에 현실적으로 다른 어떤 것에도 새겨질 수 없다.

장애 입법
: 부정적 존재론과 법적 정체성의 통치

피오나 쿠마리 캠벨

장애[1]에 관한 사회학적 연구와 법률적 연구는 암묵적으로 존재론적 차원의 장애 문제와 협상할 수밖에 없다. 나는 '암묵적'implicitly이라고 했다. 왜냐하면 장애의 사회-치료학적 분석은 주로 환원주의적 성격을 띠며, 그에 따라 장애를 부정적인 태도나 편향 속에서 '문제'로 설정하기 때문이다. 장애 주체화를 다룰 때 존재론의 문제, 특히 **부정적 존재론**만큼 뜨거운 쟁점도 없다. 이런 불균형을 개선하기 위해 나는 존재론 문제를 정면으로 다루려 한다. 특히 장애를 부정적 존재로 가정하는 방식과 이런 존재론이 법적 실천과 효력 속에서 유포되는 방식을 논의하려 한다.

존재론 전쟁과 장애의 '사고 불가능성'

사유의 체계는 (…) 일련의 구분 행위들에 근거한다. 그런 구분들의
모호함은 그것이 어떤 한계선을 긋는 바로 그 순간 그에 대한 위반의

영토까지 여는 데 있다. 한 사회의 상징적 가치들의 완전한 지평을 발견하기 위해서는 또한 그것의 위반, 그것의 이탈 지점까지 발견해야 한다.—마르셀 드티엔Marcel Detienne, 『디오니소스 살해』*Dionysos mis à mort*

장애 활동가들은 차별 철폐와 평등권을 위한 법률 제정에 많은 노력을 기울여 왔다. 이런 평등권 운동이 장애를 가진 개인들의 삶을 개선하는 데 많은 역할을 한 것은 틀림없지만 은연중에 장애를 부정적 존재로 인식하는 태도는 근본적으로 바뀌지 않았다. 장애를 부정적 존재로, 다시 말해서 마이클 올리버Michael Oliver가 "장애라는 개인적 비극 이론"이라 칭한 것에 의거하여 신체에 해악을 끼치는 특성으로 간주하는 문제를 끊임없이 제기하는 게 중요하다. 그런 통념 속에서 장애는 결국은 '저주'를 의미한다. 올리버가 지적하듯이 개인적 비극 이론은 "장애를 불운한 개인들에게 일어나는 끔찍한 사건"[2]으로 본다. '비극 이론'의 관점에서 장애는 존재론적으로 끔찍한 일, **본질적으로 부정적인 것**으로 여겨진다. 이런 부정적 장애 관념이 장애인에 대한 차별을 떠받치고 있으며, 그런 차별 논리가 복지 국가의 법률에 의해 지탱되고, 치료학적인 개입과 장애인 보상 정책들 속에 각인되어 있다. 이런 장애 관념 속에서 장애의 현존은 존재론적 안전을 향한 근대적 열망 속에서 하나의 위험 요소로 기능한다.

장애/손상의 곤란함은 단순히 모르는 것에 대한 공포도 아니고, 이질적이고 낯선 것(하위주체subaltern)에 대한 걱정도 아니다. 장애와 손상된 신체는 현실적으로 '사고되지 않은'unthought 지하세계에 놓여 있다. 비장애중심주의ableism[3]를 유지하는 일상적인 사고 체계는 장애인을 '추방하고' 외부화하고, 장애를 사고하지 않기 위해, 혹은 장애와 (비장애중심적) 인간 본질 사이의 유사성을 사고하지 않기 위해 그 사고 체계 자체의 능력에 의존한다. 푸코가 설명한 것처럼,

> 사고되지 않은unthought 것(그것을 뭐라고 부르든)은 위축된 자연이나 지층화된 역사처럼 인간 안에 자리 잡지 않는다. 그것은 인간에 대하여 전적으로 타자Other이다. 그 타자는 인간에게서, 혹은 인간 안에서 태어난 게 아니라 그 옆에서, 동시에 그와 동일한 새로움 안에서, 피할 수 없는 이중성 속에서 태어난 형제일 뿐 아니라 쌍둥이다.[4]

'장애 없음'ableness이란 개념이 존속하고 자유주의의 주권적 주체로 자리 잡기 위해서는 자신의 구성적 외부를 가져야 한다. 즉, 그것은 보충대리supplementarity의 논리에 참여해야 한다. 존재론적 관점에서 우리는 장애의 역사를 사유되지 않은unthought 것의 역사로 기술할 수 있지만, 그렇다고 그것을 총체적인 부재와 완전한 배제 속에서 장애가 말소된 역사로 이해해서는 안 된다. 반대로 장애는 정상성, 정상화, 인간다움에 대한 비장애중심적 담론 안에서 (겉으로는 없는 것처럼 보이지만) 언제나 현존한다. 사실, 장애를 둘러싼 진리 주장은 그것의 정당화를 위해 비장애중심적 담론에 의존해 있다.

"근대주의의 통일적 주체 내에 주입되어 있고 임계 공간에서 타자를 생산하는 보충대리의 논리는 '테러에 대한 강박'compulsion toward terror이라 부를 수 있는 것을 활용한다. 존재론적이기도 하고

현실적이기도 한 테러, 불확실한 질병의 공허 속으로 '넘어가' '사라질' 것 같은 두려움 말이다. 그러한 두려움의 효과가 장애인 혐오 범죄, 장애 비방, 장애 공포의 현실적 사례들을 생산해 낼 수 있다. 하지만 [마치 유령처럼 떠도는] 이러한 두려움의 표명manifestation은 사법적 영역에 거의 들어오지 않고, 법률이 허용하는 조사나 명문화된 법령에서도 배제된다. 이런 말소는 대항적 장애 담론을 지지하고 명명할 법적 권력에 대한 거부를 통해 법적 개선을 추구할 가능성을 배제한다. 장애라는 '해로움'harms이나 '상처'injuries는 축소된 장애 정의의 프레임 안에서 사실로 여겨지고, 부정할 수 없는 진실-주장으로 간주되고 법률적 효력을 발휘한다.

법률과 생의학적 담론의 융합은 장애 주체화의 방식을 알려 줄 뿐만 아니라 더 중요하게는 비장애중심주의의 구속/지배하에서 '인간'이 된다는 게 무엇을 의미하는지 알려 준다.

예전부터 나는 존재론적 공포라는 개념, 즉 자유주의 사회에서 법률을 통한 비장애중심주의의 공표에서 중요한 요인이 되는 장애의 비사고unthought를 도입하기 위해 존재론적인 성격의 문제(주변이 아니라 중심의 문제로)를 논의해 왔다. 다음 장에서 나는 비장애중심적 법률 체계 안에서 실현되는 자유의 실천들에 대해 논의하려 한다.

자유와 자율의 추방—비장애중심적 주체성의 재확립?

건강한 몸을 가진 유능한 개인은 중앙 명령 기관, 즉 두뇌 안에 있는 의식에 의해 지휘되는 기능, 기술, 자질을 가진 신체이다. 주체성, 운동성, 언어 소통 능력, 독립적으로 판단하고 실행하는 능력은 신체 안에, 정확히 신체 내부의 자아self 안에 있다.—잉운 모세르Ingunn Moser, 「정상화에 반대한다」Against Normalization

오늘날 서구 신자유주의 사회에서 자유는 원자화된 시민 개개인의 선천적이고 양도 불가능한 권리로 간주된다. 사실 자유의 윤리ethos는 현대 정치의 근간이자 정의의 효과이며 민주주의적 실천의 덕목이다. 즉, 자유는 한 사회의 진정한 가치의 척도로 그 사회가 얼마나 '문명화'되고 '발전'되었는지 가늠하는 기준이다. 서구 신자유주의 민주사회를 사는 사람들은 자유에 매혹되어 그것을 유토피아적 미래의 꿈으로, 대안적 생활 방식의 비전으로 여긴다. 특히 장애 활동가들에게, 또 자유주의의 어두운 이면을 살아가는 사람들에게 자유의 윤리학은 '사회적 손상'social injury을 다룰 것이라는 약속을 포함하는 해방의 원천으로 작용한다. 하지만 웬디 브라운Wendy Brown이 지적하듯이 자유에는 고유한 역설이 있다.[5] 자유의 조장은 자유가 반대하는 억압의 구조 그 자체를 필요로 한다는 역설 말이다.

오늘날 자유의 실천은 복지 국가, 시민 자격, 법적 인격의 장치들에 녹아들어 있거나 명문화되어 있다. 이런 장치들에서 자유는 잠재성의 극대화를 향한 노력을 포함하며, 선택하고 욕망하고 소비하는 주체성의 실천을 함축하는 **자율성**autonomy으로 표상된다.[6] 또한 신자유주의 복지국가의 주체는 자기의식의 독립된 중심으로 여겨지며 자율성을 **본질적으로** 가치 있는 것으로 간주한다. C. B. 맥퍼슨에 따르면 신자유주의에서 정상적 시민은 '소유적 개인'이다. 정상적인 개인은,

자신의 인격과 능력을 소유한 만큼 자유로운 개인이다. 인간의 본질은 타인의 의지로부터 독립할 자유에 있으며, 자유란 소유의 작용이다. (…) 사회는 소유자들 사이의 교환 관계로 구성된다.[7]

맥퍼슨의 신자유주의 주체에 대한 기술은 모든 사람이 규정된 이상에 적응해야 한다는 의미를 포함한다. 보다 정확히 말해서 신자유주의에서 정체성 형성은 '최고의 적응'을 목표로 하는 정상화, 혹은 모형morphed 접근법이라는 것이다. 거기서 비교 기준, 혹은 정상화 척도는 '표준 인간'benchmark man이다. 마거릿 손턴Margaret Thornton이 지적하듯이 표준적인 법적 인격, 즉 정상 시민이 모든 사람을 평가하는 단일한 기준으로 제기되며, 그 기준은 대체로 백인, 이성애, 정상 신체, 정치적 보수주의, 중산층이다.[8]

손턴의 주장에도 불구하고 자기의 테크닉들은 강요된다기보다는 자발적으로 추구된다. 그래서 사람들은 저마다 자기-전유의 과업, 자기-호명의 과제에 참여한다. '자유로운' 시민은 자기를 책임질 수 있는 사람, 자기 자신의 지휘자로 행동할 수 있는 개인이다. 신자유주의 사회의 시민이 이처럼 자기-지배의 척도로 정의될 때 장애를 가진 사람들은 진정으로 '자유로울' 수 없다. 보호주의적(즉, 부권주의적) '돌봄'care의 윤리나 전략이 동원되지 않는다면 말이다. 어느 경우든 주권적 자유의 주체는 흔들리지 않을 것이다. 우리가 '자율성'을 표준적인 법 이론의 토대로 간주하길 거부하고 '인간다움'의 의미를 상대성의 관점에서 재규정하지 않는다면 말이다. 이런 이론적이고 정치적인 과제를 완수하지 않는다면 우리는 법적 담론의 진리 주장과 체계화는 전혀 건드리지 않은 채 그 울타리 안에서만 장애의 현존을 보장받고 통치할 수밖에 없다.

자유주의하에서 장애의 생산과 통치는 논리적이고 치밀한 병인론적 분류와 그에 따른 존재론적 공간에 순응함으로써만 부분적으로 촉진된다. '동일성 논리'의 실천들은 장애를 가진 신체들 간의 차이를 축소하여 단일체로 형성한다.[9] 우리는 법 안에서 중립성이라는 이상을 통해 이와 같은 동일성의 논리를 발견하는데, 그것은 결국 표준적인 법적 주체에 입각한다. 다수의 페미니즘 저작들[10]이 법률적 주체의 허구적 객관성을 비판해 왔음에도 불구하고 그런 주체의 비장애중심적 가정을 폭로한 적은 없다. 비장애중심주의ableism를 남성 중심적 주체성의 특질로 인식할 때 '법적 인간'legal man에 대한 페미니즘적 비판은 근본적인 수준으로 확대될 수 있다. 비장애중심주의 없는 남성주의적 형상은 '핵심을 잃게'lose their balls 될 것이다.

분류화의 실천에는 이런 비판이 제기한 것보다 훨씬 심각한 문제가 함축되어 있다. 장애가 지닌 불규칙하고, 기괴하며, 경계 침범적인 특질은 그 범주를 또 다른 유동적이고 모호한 범주들(가령, 질병, 빈곤, 연령)과 구별함으로써 길들여져야 하기 때문이다.[11] 장애라는 신체적 일탈을 분류하기 위해서는 절차적 합리성을 위한 문명화된 자질과 정상성, 합리성, 그리고 병리학의 실천을 위한 자유의 규정을 필요로 한다. 장애인에 관한 국제적, 국가적 법규정[12]에서 '적합자'와 '부적합자'를 판별하기 위해 지속적으로 지능 검사를 사용해 온 데서(지능 검사의 타당성에 대한 깊은 우려에도 불구하고) 이런 자유liberty의 규정을 확인할 수 있다.[13] '장애'는 불확실할 뿐 아니라 논쟁적이다. 나는 존재론적이라 간주되어야 할 문제가 통합inclusion의 정치에 깊이 연관되어 있다고 생각한다. 린턴Simi Linton이 말하듯이 "장애 개념이 사회적 이념, 제도적 틀, 정부 정책에서 핵심적인 기능을 담당하는 한" 대다수 평범한 사람들은 "자신의 일상생활과 이데올로기의 근간이 되는 실천과 정책들에 일치하는"[14] 지배적인 장애 개념을 고수하는 데 많은 관심을 가질 수밖에 없다.

장애라는 범주는 자연적인 게 아니라 주입되는 것이고 특히 법에 의해 장애 형상이 규정된다는 점을 철저하게 고려해야 한다. 최근의 통합 모델은 장애를 가진 사람들이 지배적 장애 형상을 '조인'opt-in하거나 거기에 동화될(정상화될) 때만 성과를 거둘 수 있다. 이런 통합 모델은 정상화될 수 없거나, 그것을 거부하는 사람들도 점차 자립심을 향상시켜 나갈 것이라고 가정한다. 그렇지 못한 '나머지' 사람들, 즉 아직 '충분히 자립적이지 못한' 사람들에 대해서는 결국 자유로운 부자유liberal unfreedom라는 통치 방식이 부과된다.[15] 힌데스Barry Hindess는 그 '나머지'the remainder를 통치하는 세 가지 방식을 폭로한다. 첫째, 쓸어버리는 것이다.[16] 둘째, 규율 테크닉(정상화 원칙)을 강압적으로 부과하는 것이다. 셋째, 복지 안전망을 통해 외부적 요인을 겨냥하는 것이다. 이런 주체성 '구분의 실천'[17] 속에서 비정상적인 주체는 (태어나기 전이나 이후에) 소멸되거나, '재평가'reappraised되거나(가령 '재활된 사람'으로 날조되거나) 거의 정상적인 몸이 되거나(모핑 통과를 통해) 혹은 은혜롭게도 초 경제적 복지 수혜자 '자격을 갖춘' 사람으로 등록된다.

이와 같은 차별적인 주체화 통치에서 법률은 정확한 자기 역할을 수행한다. 법률적 교차/개입은 전체 인구를 변별된 존재 범주들(가령 장애, 젠더, 성, 인종)로 분류함으로써 주체화를 촉진하고 이렇게 분류된 주체들은 가시적이고 계산 가능하게 된다.[18] (인간 신체의 선천적 특징으로 가정된) 법적인 장애 판정은 법적 권한의 자격 여부를 결정하는 동시에 무엇보다 '장애'라는 법적 허구를 수립한다. 더 생의학적 테크놀로지에 의한 장애 판정과 세부 분류에 의해 정상적 신체의 중심성과 그것의 판정 기준이 점점 강화되는 것이다. 장애 활동가들이 참여하고 장애 관련 법규로 명문화되는 이런 장애의 공식화는 대다수 사람들이 회피하는 장애 형상을 존재론적으로 확인하고 담론적으로 강화한다. 장애에 대한 대안적 관점이 이렇게 규정된 '허구'에 맞지 않으면 그것은 법률뿐 아니라 다른 어떤 담론으로도 받아들여지지 않게 된다. 예를 들면, 퀸즐랜드 기술대학의 평등분과에서 직원을 대상으로 실시한 설문조사 내용에는 이런 게 있다.[19]

> 만약 당신이 최근까지, 혹은 2년 이상 장애를 가진 사람이라면 2번 문항에 "네"라고 답하시오. 만약 당신이 안경이나 콘텍트렌즈, 그 외 시각, 청각 보정 기구를 사용한다면 장애를 가진 사람이라고 밝힐 필요가 없다. 즉, "아니오"라고 답하시오.

여기서 무엇이 장애'이고' 무엇이 장애가 '아닌지' 정의하는 것은 손상, 장애, 그리고 시민사회 간의 관계를 재인식하는 상징적 기능을 수행한다. 나는 이 관계를 마지막 장에서 자세히 살펴볼 텐데, 그전에 법률 개선 문제, 특히 '사회적 손상' 주장(전략)에 주목하려 한다.

사회적 손상—위반의 수단인가? 재활 도구인가?

> 자유란 철학에서 절대적인 것도 아니고 만질 수 있는 것도 아니다. 자
> 유란 지역적으로, 이데올로기적으로 **부자유**unfreedom로 인식되는 것
> 에 대립하면서 형성되는 관계적이고 맥락적인 실천이다.
> ─웬디 브라운, 『손상의 상태들』*States of Injury*

페미니스트 법학자들은 실제적인 변화 효과가 없는 절차적 권리에 얽
매이는 대신 자유주의를 다시 활성화하는 시도를 해왔다. 최근의 주
된 페미니즘 전략은 '사회적 손상injury' 개념을 동원하여 손상을 인
종, 성, 장애 등 집단 차원으로 확대하여 사회적, 법적 개선을 주장하
는 것이다.[20] 이 장에서 나는 웬디 브라운과 마거릿 손턴이 법적 참여
의 대항 전략과 관련하여 발전시킨 논의를 살펴보려 한다. 브라운과
손턴은 니체의 원한ressentiment 개념[21]을 다양한 방식으로 활용하여
자신의 논의를 전개한다.

　『손상의 상태들: 후기 근대에서의 권력과 자유』 도입부에서 브라
운은 이렇게 묻는다. "자유의 실천 속에서 어떤 종류의 지배가 작동하
는가?"[22] 사회적 손상 전략과 관련하여 우리는 이렇게 물어볼 수 있다.
사회적 손상 기획은 (자유의 실천과 마찬가지로) 어떤 종류의 지배를
야기하는가? 차별철폐 법제화의 발전은 전반적으로 온순한 주체 위
치라는 조건 속에서 의존, 희생, 손상을 명문화하게 만든다. 사회적 손
상의 분석은 손상된 이들의 관점에서 권력에 대한 정당한 비판을 발
전시킨다. 그런 분석은 구체적인 비난의 자리를 정함에 있어서 특정

한 주권적 주체들(그리고 사건들)을 구성하여 그것이 다른 주체들도 경험하는 사회적 예속의 '손상'에 대해 책임이 있다고 규정한다.[23] 브라운이 지적하듯이 '사회적 손상' 기획은 해로움harms을 "법률 안에서의 도덕적 악랄함"으로 규정한다. 사회적 손상 기획이 규정하는 '해로움'은 정확히 어떤 것인가? 다시 말해서 어떤 종류의 '해로움'이 법 앞에서 정당화되는가? 나는 장애와 관련하여 사회적 손상에 대한 무비판적 접근이 '장애 차별'의 해로움을 특수한 사례와 입증된 사건으로 제한해 왔다고 생각한다.[24] 하지만 이런 '해로움'의 발견은 그것의 진정한 원인이 '비장애중심주의'ableism라는 것을 지적하는 데까지 나아가지는 않는다.[25] 장애 차별은 비장애중심적 실천의 원인이 아니라 **결과**이다.

해방을 위한 조건은 '손상된 이들'이 더 이상 자유를 위해 정치적으로 해로운 정체성을 받아들이지 말 것을 요구한다. 하지만 그렇게 될까? 사회적 손상 기획은 장애인이 어떤 종류의 장애 존재론과 거래하고, 협상하고, 관련되기를 요구할까? 나는 정치적 요구를 조직화하기 위해 법적 메커니즘을 이용하는 것은 내재화된 비장애중심주의를 강화하는 자기-파괴적 행위라고 생각한다. 장애의 동일성을 법적으로 규정하는 것(가령, '장애 시민')은 본질주의적이고 외재적인 존재론에 종속될 뿐 아니라 정상성의 기준으로 '장애'를 한정하여 규제하는 결과를 야기한다. 브라운을 따라서 우리는 법적인 (장애) 규정의 언어는 "부자유의 언어가 된다"고, 즉 그것은 "장애를 가시화하고 사회적으로 통합시키려 애쓸 때조차도 장애를 개별화·정상화하여 규제하고 예속시키는 수단이 된다"[26]고 말할 수 있다. 다시 말해서 장애를 법적으로 규정하는 것은 어떤 식으로든 장애를 가진 사람들의 '경험'을 법률적인 프레임 안에 제한함으로써 그 외 다른 어떤 대안적 관점도 고려하지 못하게 만든다. 또한 이런 형태의 절차적 정의는 신자유주의 사회에서 장애를 가진 이들이 자유를 얻으려면 법률적 예속의 틀에 복종해야 한다는, 즉 장애를 개인적 비극으로 인정해야 한다는 메시지를 전파한다.

손턴은 **원한**의 정치에 대해 낙관적인 독해를 제공한다.[27] 장애 주체화와 관련하여 손턴이 묘사한 원한의 정치가 매력적으로 보이는 건 사실이지만, 그럼에도 그녀는 법률적 장애 주체화에서 장애를 부정적 존재로 가정하는 태도의 위험성을 성찰하는 데 실패한다.

손턴은 호주 장애차별법(DDA)을 비판적으로 검토하면서, 신자유주의와 함께 평등한 **기회**opportunities가 평등한 **책임**responsibilities으로 바뀌면서 장애인들이 사회적으로 동화(통합)되는 것은 오직 장애 기준을 충실히 따르고 사회에 과도한 경제적 부담을 주지 않을 때뿐이라고 결론 내린다. 손턴에 따르면 "신자유주의는 자유로운 이익 추구에 방해가 되는 예방 조치들을 불편하게 여긴다".[28] 경기 침체가 가속화되는 상황에서 '비생산적인' 장애인을 '생산적'으로 만들기 위해 치러야 할 긴장이 점점 커지고 있는 게 사실이다.

손턴은 이런 재난적 상황에도 장애인들이 모든 걸 잃게 되는 건 아니라고 말한다. 왜냐하면 **원한**의 정치를 통해 장애를 가진 사람들이 장애 차별의 현실을 '폭로하고' 그로 인해 장애에 대한 긍정적 이미지를 제시할 수 있기 때문이다. 손턴은 **원한**의 집중이 장애를 가진 사람들의 불만 여론을 고조시킬 때 그런 감정은 긍정적인 힘의 동력이 된다고 주장한다. 손턴은 원한이 정의로운 분노와는 다른 감정(가령 수동성과 공포)을 야기할 수 있음을 인정한다. 하지만 그녀는 그런 감정들은 시설이라는 생활조건 속에서 말하는 사람들이 지닌 약함의 특질이자 결과일 수 있다고 주장한다.[29]

나는 이런 주장에 전적으로 동의하지는 않는다. 시설 생활에 제약된 장애인들만이 반감, 양가감정, 두려움 같은 감정을 갖는 건 아니기 때문이다. 나는 장애를 가진 **모든** 사람들이 자신의 가치를 말소하는 세계 안에서 자신의 존재를 입증하는 과정에서 날마다 다양한 강도와 형태로 비장애중심주의의 벽에 부딪힌다고 생각한다.[30] 손턴과 달리 나는 신자유주의가 소수자 정체성에 미치는 영향은 '다수자' 편에서의 원한의 정치라고 생각하는 쪽이다. 호주와 미국에서 일어나는 '특혜' 논란,[31] 법률적 삭감, 반동적 캠페인들을 떠올려 보기만 해도 알 수 있다. 자기 책임성과 상호 의무가 강조되고 '동정심 소모'에 대한 불평이 빈번히 분출하는 정치적 상황에서 사회정책과 법률 제정에서 평등 보장에 제한이 가해지는 것을 자주 발견한다. 사회적 손상 전략은 그 선의에도 불구하고 오히려 장애 혐오와 증오범죄의 증가 같은 예기치 않은 결과를 야기할 수 있다.

손턴에 따르면, 장애인 차별 금지법에 대한 증진하는 요구는 새로운 시민의식의 출현을 가져오고 장애인으로 하여금 장애인 차별에 대한 그들의 불만이 정당하다는 새로운 '확신과 믿음'을 준다.[32] 장애인들의 불만은 결국 환원적인 인과율에 의거하며 법률 안팎에서 비장애중심주의 패러다임으로 해석된 장애 분류에 대한 탄핵으로 귀결될 것이다. 분명 관료주의적 기제에 대한 이와 같은 저항의 가능성은 항상 있다. 하지만 이런 원한의 정치가 지닌 긍정성이 장애의 법률적 규정과 개정에 의해 삭감될 위험 역시 존재한다. 그런 법제화 속에서 장애에 대한 대안적인 관점이 배제되고, 불평하는 이의 내면화된 비장애중심주의에 야합할 수 있는 것이다.

'사회적 손상' 개념은 자유주의 체제의 부활인가? 아니면 그 체제의 위반인가? 대항 수단으로서의 '사회적 손상' 개념은 차별의 족쇄를 벗어나는 도구처럼 보인다. 하지만 그 전략의 실천이 자유주의적 통치의 유연성과 통합력에 복속될 위험을 간과하지 말아야 한다. 자유주의의 지속력은 지배의 한계점을 수정하고, 자신의 근본주의적이고 비장애중심적인 경향을 드러낼 수 있는 결함을 개선할 수 있는 역량에 달려 있기 때문이다.

지금까지 나는 법률적 주체 모형이 장애에 대한 부정적 존재론과의 관계에 대한 검토 없이 신자유주의적 자유의 증진 속에 '장애'를 무비판적으로 끼워 넣는 조류에 대해 문제제기했다. 또한 나는 '사회적 손상'에 근거한 불만 촉진 전략이 내면화된 비장애중심주의의 압도적인 배치 속에서 갖는 한계를 지적했다. 장애가 **중립적** 범주가 아니라는 사실은 여전히 남는다. 장애인들이 '자존감'을 갖기 어렵게 만드는 것은 다름 아니라 비극 이론에 내포된 가치관이다.

본질적으로 부정적인 장애?

농Deafness은 점점 더 법 바깥의 존재, 궁지에 몰린 존재, 새로운 유전학의 생명정치를 빠져나가는 존재 내지 경험 방식이 되고 있다. 몇몇 이들은 농이 항상 법 바깥의 존재였다고, 하지만 그들의 탈주적인 위상이 일반적으로 무시되어 온 존재였다고 믿는다. 그들의 탈주 의지가 언제까지 법에 의해 포획되지 않을지 점점 더 의문스러워지고 있다.─오언 리글리Owen Wrigley, 『농의 정치학』The Politics of Deafness

공리주의 철학자 제러미 벤담은 자신의 『통치론 단편』(1776)에서 법적 허구legal fiction란 개념을 만들었다. 그 개념은 "공개적으로 주장할 수도 없고 그렇게 생산된 환영을 위해 실행될 수도 없지만, 법적 권력을 훔치려는" 의도로 만들어진 허구나 거짓을 가리킨다.[33] 벤담에게 이런 '법적 허구'의 효과는 개인들의 주체화 속에서 결함의 감각을 생산함으로써 법이 '정의'를 실현하고 있다는 믿음을 생산하는 환영이다. 그래서 벤담은 다음과 같이 결론 내린다.

그 결함에 굴복하면 할수록 그들을 예속시킬 박탈과 압제의 정도는 은밀하게 증가한다. 허구적인 법을 유일할 뿐 아니라 정의를 위해 반드시 필요한 기구로 믿게 만드는 것 중 여러 등급의 결함을 가진 사람들의 존재 사실보다 더 좋은 건 없다.[34]

장애와 관련하여 이런 '법적 허구'는 왜곡된 존재를 양산하는데, 그것은 생의학적 현실주의에 근거하여 정식화되며 거기서 장애는 부정적 요인이나 결함으로 간주된다. 여기서 파생되는 '허구'는 장애에 관한 부정적 존재론과 생의학적 관점에 따른 장애 판정 및 등급사정이 효과적인 행정관리와 법률적 규정을 위해 반드시 필요하다(필수불가결하다)는 주장이다. 이와 같은 법적 허구의 대표적인 사례를 멀린다 존스Melinda Jones와 리 마크스Lee Marks가 편집한 특별 기획 서문에서 찾을 수 있다.

> 대다수의 장애인들은 장애인이 된다는 것을 전적으로 원치 않은 결과로 보는 견해를 공유할 것이며 나아가 장애는 가능한 예방되어야 한다는 것에 동의할 것이다. 하지만 이것이 장애인의 권리와 가치, 존엄과 위신에 대해 부정적인 의미를 내포한다는 주장은 거부되어야 한다. 역설적으로 들리겠지만, 장애를 예방하거나 감소시키기 위한 행동을 취하는 동시에 장애를 가진 이들을 진정으로 존중할 수 있어야 한다.[35]

존스와 마크스가 지지하는 법적 권리 증진 담론은 장애에 대한 부정적 존재론의 맥락 속에 있으며, 그것은 현실적으로 장애인에게 해로운 발화까지 허용할 수 있다. 장애를 묵과해서는 안 된다는 그들의 전제는 비장애중심적 합리성을 지지하며 장애의 부정성에 대한 대중적인 정상화 논리를 강화하는 결과를 낳는다. 또한 이들 저자의 논리는 재활 담론의 총체적 경향과 비장애중심적 자유주의의 논리적 결함과 긴장을 드러낸다.[36] 그들은 전형적인 '양다리 걸치기' 수사학을 동원하여 한편으로는 장애인의 평등권을 주장하면서 다른 한편으로는 예속의 결과를 낳는 부정적 장애 존재론을 재확인한다.

정상화와 최소화의 윤리에 따른 신자유주의적 장애 관리의 핵심이 바로 '시민권'이라는 통합 개념이다. 서구 신자유주의에서 개인은 점점 상품화되어 간다. 신자유주의적 개인은 그들의 가치를 재는 척도인 '사용가치'에 따라 (물질적 대상처럼) 판매된다.[37] 최근의 기술적 '진보'는 장애를 가진 개인의 몸(과 정신)을 '거의 정상적인able' 수준 으로 '높일' 가능성을 제시한다. 이런 '개선'과 '완전화' 기술은 비장애 중심주의를 현실적으로 실현하는 수단이라고 할 수 있다.[38] 기술적 변 형morphing의 역학은 '장애화된' 몸을 '정상적' 신체로 변형시켜 주체 의 신체적 개조 내지 재구성이 가능하다는 환영(외양)을 창조한다. 이 런 종류의 환상적인 이미지는 존재론적 차원에서 일어나지만, 몇몇 기술적 적용은 **즉각적이고 직접적인 폭력**으로 나타난다. 이에 대해 로 버트 카버Robert Carver는 이렇게 말한다.

> 전족은 남편의 마음에 들어 행복한 삶을 약속하는 수단이었다. 발화, 청각 클리닉을 통해 나는 내 딸의 마음을 묶어 버렸다. 마치 발을 옥 죄어 싸매듯이 나는 청각 기술의 틀로 내 딸의 귀먹은 마음을 꽁꽁 싸 매려 했다. 나는 내 딸이 분명한 목소리를 낼 때까지 그 아이의 웅변 적인 몸짓을 모른 척했다. 나는 딸이 싫어하는 건 아랑곳 않고 그녀에 게 보청기를 착용하도록 강요했다. 딸 아이의 마음이 내 귀에 들리는 것에 너무 매료된 것이다.[39]

사실, 장애 치료, 외과시술, 교정에 이끌리는 것이 꼭 비장애중심 주의적인 규범성에 대한 헤게모니적 강박 때문은 아니다. 장애를 가 진 개인들(또한 많은 경우 그들의 가족들)은 **책임성**reponsibilization의 감 각, 올바른 윤리적 행동의 감각, 즉 '건전한' 시민의 자격에 관한 '진리 체계'를 내면화한 것이다. 이런 자기 품행의 '건전한' 방식에 대한 판단은 자주 그런 처방에 대한 저항이나 존재론적, 인식론적, 정치적 위반의 결과에 대한 자기 인식에 의해, 혹은 그런 인식에도 불구하고 형성된다.[40] 이와 관련해서 미국에서 일어난 사법적 움직임을 짧게 검토하려 한다. 물론 이것은 **자발적/선별적/선택적** 장애라는 법률적 카테고리의 도입이 이뤄지고 있는 호주의 상황에도 적용될 수 있다.

장애를 택할 것인가, 택하지 않을 것인가, 그것이 문제로다

'선택적 장애'라는 법적 개념을 제안하는 자들은 차별 금지법에 의해 보호받을 대상을 사정할 때 '교정 불가능한' 장애와 '선택적'(자발적) 장애를 구분해야 한다고 주장한다. 이런 법률 이론가들에 따르면 교정 불가능한 장애는 장애(정확히는 '손상')를 없애는 것이 (최소한 현재는) 불가능한 상황에만 적용되어야 한다. 이런 조건에 있는 사람만이 순수한 보호 대상으로서의 자격이 있다는 것이다. 반대로 자발적('선택적') 장애라는 범주는 개인의 '자발적' 태도에 기인하며, 그 때문에 장애가 지속되고 악화되는 상황을 가리킨다.[41] 가령, 리사 키Lisa Key에 의하면 장애 '조건'을 개선하려고 애쓰지 않은, 즉 자발적으로 장애를 선택한 사람은 그런 손상을 갖고 살겠다는 의사 표시로 봐야 한다는 것이다. 키에 따르면 이것은 전적으로 개인의 고유 권한으로 '사회'는 그런 선택에 따른 비용을 부담할 의무가 없다고 주장한다.[42] 그래서 키는 1990년 미국 장애인법(ADA)의 적용 대상이 '정당한 편의'라는 개념을 도입함으로써 제한되어야 한다고 주장한다. 그에 따르면 장애를 제거하려는 노력을 거절하는 쪽을 선택한 개인까지 보호하는 것은 불

합리하다.[43]

보니 터커Bonnie Tucker도 (그녀의 표현대로) '농 문화주의자들'처럼 청각 교정을 거부하는 농인들에 대해 비슷한 주장을 했다. 터커는 주 정부 차원의 복지와 기회 평등은 개인의 도덕적 의무를 전제로 제공되어야 한다고 주장했다. 터커는 주 정부의 증가하는 재정 부담을 줄이기 위해 농인들(확대하면, 장애를 가진 사람들)이 보정 기술을 받아들일 도덕적 의무가 있다고 한다. 그는 청각 장애인들이 농을 개선 내지 제거하려는 기술 연구에 저항해서는 안 되며, 오히려 적극적으로 그런 연구를 지지해야 한다고 말한다. 또한 그는 자신의 농(혹은 자녀들의 농)을 '교정'하지 않는 쪽을 선택한 농인들은 다른 사회구성원들이 그들의 장애를 보완해 주기 위해 값비싼 비용을 치르기를 요구할 도덕적 권리가 없다고까지 주장한다.[44]

키와 터커의 주장은 매우 위험하다. 그들은 장애의 재구성을 촉구하는데, 그것은 현실적으로 비정상적인 신체를 벌거벗은 상태, 자기 혼자 힘으로 살아야 하는 야생 상태로 내모는 것이다. 사람들에게 강요된 선택지는 몇몇 경우 음울한 것일 수 있다. 장기적으로 어떤 결과를 초래할지 알 수 없는 기술적 절차에 자신을 내맡길 것인지,[45] 아무런 법적 보호도 받지 못하는 상태로 존재할 것인지 선택하라는 것이다. 이때 '선택'이라는 것은 희망사항에 불과한 것처럼 보인다. 앞서 인용한 리글리의 말처럼, 장애에 관한 긍정적 존재론은 대항적이고 '법 바깥의' 존재론일 텐데, 이런 탈주적이고 반체제적인 신체를 위한 공간은 어디일까? 나는 키와 터커가 생각하는 세계 어디에도 하위주체subaltern를 위한 공간은 없다고, 생의학적으로 규정되고 해석되는 장애/손상이 아닌, 전에 없던 방식으로 그것을 체험할 수 있는 공간은 없다고 생각한다.

미국의 경험: 비장애중심주의와 미국 장애인법

장애를 틀 짓는 각기 다른 방식을 말소하고 하나의 이름으로 고정하는 법률의 힘과 역량이 1999년 미 연방대법원의 판결들에 의해 시험대에 올랐다. 그 소송들은 1990년 미국 장애인법(ADA)의 적용범위, 특히 그 법안에 따를 때 장애를 어떻게 정의할 것인가와 관련된 것이다. ADA의 조항 12102(2)에 따르면 '법적으로 장애'는 다음과 같이 정의된다.

(a) 한 개인의 한 가지, 혹은 그 이상의 주요 일상 활동에 실질적인 제한을 초래하는 신체적이거나 정신적인 손상.
(b) 그런 손상의 기록. 혹은
(c) 그런 손상을 가진 것으로 간주됨.

브래그던 대 애벗 사건[46] 판결은 '일상 활동'life activity이 공적인 영역의 활동에 국한되어서는 안 된다고 하면서 '주요 일상 활동'의 의미를 명확히 한다. 이 판결은 '일상 활동'을 재생산 활동까지 포함하는 것으로 확장시켰다. 그 판결이 내려졌을 때 사람들은 브래그던 사건으로 ADA의 적용 범위와 적용 대상이 확대되리라 믿었다. 하지만 이런 낙관론은 오래가지 못했다. 사용자 단체와 금융 매체에 의해 촉발된 ADA에 대한 반발 속에서 1998년 말과 1999년의 ADA 관련 판결들이 완화[47]의 맥락 속에서 장애를 재규정하게 된 것은 이상한 게 아니다.

'완화mitigation 3부작'[48]으로 알려진 세 소송은 ADA 1조(고용)에 따라 장애를 다시 정의했다. 이 세 사건의 핵심 이슈는 장애를 '치료되지 않은' 상태에서 평가해야 하는지, 아니면 '정상적 기능'을 할 수 있게 교정하거나 치료할 수 있다는 관점에서 판정해야 하는가에 관한 것이다. 나의 논의 맥락에서 이 소송이 흥미로운 점은 단지 법적인 장애 판정에서 발생할 수 있는 논란을 보여 줘서가 아니라, 테크놀로지의 개입이 법 안에서 장애의 존재론에 관한 다양한 담론을 조정하는 방식을 보여 주기 때문이다. 서턴 대 유나이티드 항공사 간의 소송을 살펴보자.[49]

이 소송의 원고인 쌍둥이 자매는 민간 항공기 조종 훈련을 받고 미국 유나이티드 항공기 조종사에 지원했다. 두 자매는 모두 근시가 있어서 교정 전 시력이 20/20 이하였다. 하지만 '교정' 렌즈를 착용하면 모두 20/20(혹은 그 이상)으로 시각장애가 없는 사람처럼 활동할 수 있다. 유나이티드 항공사는 면접시험 결과 그들이 회사의 시력 요건을 충족하지 못한다고 결정했다. 그들이 제시한 비행 직종 시력 요건은 비교정 시력 20/100(혹은 그 이상)이다. ADA에 의거하여 소송을 제기한 자매는 자신들이 장애에 기인한 고용 차별을 받았다고 주장했다. 흥미롭게도 피고(유나이티드 항공사)는 원고가 장애인이 아니라고 주장했다. 기술적 도움으로 자매의 손상이 교정되었기 때문이다. 그들의 손상은 그들의 주요 일상 활동에 어떤 지장도 주지 않는다는 것이다. 여기서 우리는 기술적 개입이 어떻게 **장애의 의미를** 불안정하게 만들 수 있는지 본다.

연방대법원은 ADA의 맥락에서 **장애는** 한 개인이 '장애'인지 아닌지를 '개선 이전 상태'에서 손상을 판정해야 한다는 것을 함축하지는 않는다고 판결했다(서턴 소송 2146-47, 판사 오코너). 그러나 반대로, 샌드라 데이 오코너Sandra Day O'Connor 판사가 선고한 다수 의견은 다음과 같다.

> 어떤 사람이 신체적이거나 정신적인 손상을 교정하는 조치를 취해왔다면, 긍정적이든 부정적이든 그런 조치의 결과는 그 사람이 주요 일상 활동에 '심각한 제약'이 있는지 여부를 판단할 때, 즉 ADA에 따라 '장애'가 있는지 판단할 때 고려해야 할 사항이다. (2146)

다수 판결에서 흥미로운 점은 그것이 ADA에 적용되리라 여겨지는 많은 사람들에 관한 법률의 역사에 일부 기대고 있다는 점이다.[50] 여기서 그 법률적 근거에 대해 확장된 논의를 할 필요는 없을 것 같다. 다만 연방대법원이 장애의 생의학적 정의를 인정하면서도 실제로는 제롬 비켄바흐Jerome Bickenbach가 "장애에 대한 경제적 모델"이라 부른 것에 경도되어 있음을 지적하는 것으로 충분하다. 경제적 모델에 따르면 장애는 집단적 활동의 특성 때문에 분배 체계에서 노동자로 참여할 수 없는 개인의 무능에 근거한 사회적 카테고리이다.[51] 대법원은 장애의 경제적 모델에 입각하여 ADA의 법률적 의도는 교정 기술에 의해 개선되지 않는 손상을 가진 사람들로 그 적용범위를 엄격히 제한하는 데 있다고 결론 내린다(서턴 소송, 2149). '장애'에 대한 대법원의 이런 선별적 접근은 법률적 논리의 빈약함과 함께 자명해 보이는 '장애' 범주에 혼란을 가져올 수 있는 테크놀로지의 힘을 보여 준다.

이 소송 3부작(서턴Sutton, 머피Murphy, 앨버트슨Albertson의 소송) 은 장애의 의미를 명확히 하고 그것이 교정과 맺는 관계를 확실하게 규정하지 않고 오히려 기술적으로 형성된 정상성에 대해 새로운 문제 를 제기했다. 여기서 논란이 되는 것은 종적으로 전형적인 신체이다. 대법원은 세 소송 모두에서 손상을 '완화시킨' 개인들이 ADA의 '장 애' 대상에 포함되는지 판단할 때 그 개선 사항을 고려해야 한다고 결 론지었다. 하지만 그 어떤 소송에서도 (키와 터커가 주장하듯) 그들이 손상을 완화시킬 의무가 있는지에 관한 물음은 제기하지 않았다. 만약 어떤 사람들이 자신의 손상을 완화시킬 수 있는 기술들(보조도구, 처 방약 등)을 사용하지 않겠다고 '선택'한다면 그때도 그들은 여전히 장 애인으로 간주되어야 하는가? 가령, 팔이 없는 여성은 ADA에 따라 '장애인'으로 판정받기 위해 의수를 착용하거나 팔 이식을 받아야 하 는가? 또 이렇게 물을 수도 있다. 최근의(그리고 미래의) 변형 기술들 은 활용이나 '선택' 문제와 별도로 장애 판정에 이용될 **완화된 장애 신 체 모형**[52]을 구성하는 데 기여할 것인가? 오늘의 '정상적' 신체가 내일 에는 '비정상적' 신체로 바뀌게 될 것인가?

미국 연방대법원의 판결처럼, 법률의 비장애중심적 경향은 장애 주체화를 다시 구성하려는 시도로 드러난다. 하지만 그런 재규정은 기이한 역설을 내포하고 있다. '선택적 장애'를 주장하는 이들은 정상화를 거부한 이들이 복지와 사회 보장 제도에 접근하는 것을 반대할 것이다. 반대로 자신의 장애를 '개선'시킨 (서턴 같은) 사람들은 그 때문에 ADA의 적용 대상에서 제외될 것이다. 그래서 우리에게는 모호한 가능성만 남는다. 즉, 장애를 제거하거나 완화할 것이라 여겨진 테크놀로지들이 새로운 존재론적·육체적 혼란의 여지를 남긴다. 그럼에도 장애를 개인적 불행으로 간주하는 법률의 기저 논리는 도전받지 않고 남는다. 따라서 법원이 기술적 완화라는 개념을 얼마나 확대시킬 수 있을지 의문을 갖는 게 당연하다. 특히 손상의 효과보다 '치료'의 고통(더 위험하거나 더 비싸거나 기타 등등)이 클 때 법원의 결정에 따르기는 더 힘들어질 것이다. 가령 정상화 치료(면역억제 약물 복용 같은)에 엄청난 비용이 요구될 때 이에 대해 법률은 어떤 기준을 가지고 판정해야 할까? 분명 이런 질문에 답하는 문제는 미래의 일이지만, 서턴 소송 이후 하급 법원에서 사용된 추론을 감시하는 것이 매우 중요하다고 생각한다. 내가 보기에 연방대법원의 판결은 ADA의 '장애' 규정을 보다 명료하게 하기보다는 오히려 하급 법원 차원에서, 주 정부나 지방 법률제도에서 장애 규정에 혼란과 모순만 초래할 것 같다.

법원에 대한 보론

2002년 1월 8일 미국 연방대법원의 도요타 자동차 대 윌리엄스 소송 판결[53]은 ADA 장애 규정의 협소화를 예고하는 듯 보인다. 여기서 이 소송을 자세히 다룰 필요는 없고, 다만 앞에서 제기된 논란과 관련된 몇 가지 사항만 검토하려 한다. 이 소송의 핵심 논쟁 중 하나는 손상과 장애의 관련성에 관한 것으로, 어떤 손상이 장애로 규정되기 위해 어떤 요소가 필요한가 하는 점이다. 법원은 장애를 엄격히 의학적으로 정의하는 관점을 거부한 것처럼 보인다. 손상이 개인의 일상생활에 미친 효과를 통해 장애 상태를 판정하려 한 것이다. 판결 내용에는 장애를 판정할 때 구체적인 상황과 조건을 고려해야 한다는 지적도 포함되어 있다. 법원은 ADA의 적용 대상에 포함되기 위해서 "개인은 대다수 사람들의 일상생활에서 **핵심적인 활동**을 수행하는 것이 불가능하거나 심각한 제약을 초래하는 손상을 가져야 하며, 손상의 영향이 영구적이거나 장기간에 걸쳐 일어나야 한다"(도요타 III, 5쪽, 판사 오코너)고 주장했다. 이 정의에서 장애는 더 이상 영역의 분리(공적인, 즉 노동영역과 사적인 영역)에 지배받지 않는다. 이 정의의 핵심은 그런 영역들을 가로질러 **대다수**most 사람들의 일상생활에서 중요한 부분에 초점을 맞춘다. 대다수 인구에게는 중요하게 여겨지지 않는 틈새 활동에 대해 이 판결이 어떤 의미를 갖는지 생각해 봐야 한다.

도요타 소송에는 존재론적 문제도 강하게 암시된다. 이 주제는 장애 등급(경증, 중간, 중증)뿐만 아니라 세심하게 보호되는 '장애 없는-신체'able-bodiedness와 '장애' 사이의 신중한 구분과 관련되어 있다. 이 소송에서 제기된 법률 문제는 피고소인 엘라 윌리엄스Ella Williams의 수근관증후군을 ADA에 따라 어떻게 규정할 것인가 하는 점이다. 또다시 우리는 정상 신체의 규정 방식이 바뀌는 오래된 문제로 돌아온다. ADA에 따라 '장애'를 심각한 손상으로 제한할 때 그것은 장애 인구를 평범한 인구로부터 돌출된 소수집단으로 한정하는 효과를 낳는다. 반대로 소위 경증의 손상을 장애 범주에 포함시킬 때 장애가 일반인들에게도 예외적이지 않은, 정상적인 것처럼 비춰지는 위험이 있다. 나는 비장애중심주의적ableist 법리가 이런 위험을 묵과하지 않으리라고, 즉 '정상'과 '병리' 간에 존재론적 혼란이 야기되는 것을 허용하지 않으리라고 생각한다. 그런 혼란을 막기 위해 오코너의 판결문(도요타 III, 4쪽)은 ADA의 제정 의도로 되돌아가서 의회가 그 법을 제정할 때 모든 종류의 일상 활동에 장애를 가진 사람들까지 겨냥했다고 판단하기에는 적용될 미국인의 수가 너무 많다고 주장했다. 이처럼 도요타 소송에는 법을 통한 장애 범주의 변별적 관리와 통계학적 계산의 결합이 작용하고 있다.

결론: 존재론적 문제의 의제화

지금까지 나는 존재론, 장애, 그리고 비장애중심주의 간의 연관성에 초점을 맞춰 법률이 비장애중심적 역학을 강화하는 데 일조했음을 부각시켰다. 나는 법률적 비장애중심주의와 '손잡은' 책임성responsibilization의 테크놀로지하에서 1980, 90년대에 획득한 장애 시민권이 특히 법률 개정 과정에서 하나씩 박탈되어 가는 과정에 주목했다. 나는 형법 체제를 이용한 강압적인 정상화 전략이 '장애'를 제거하거나 교정하려는 목적을 띠며 이것은 신자유주의 사회가 '선택'과 '자유'의 외관 속에서 '적극적인' 우생학적 방임의 형태로 변모하고 있음을 드러내는 징후라고 생각한다.[54] '법적' 장애를 어떻게 규정할 것인지가 미래의 장애 정치를 결정짓는 새로운 전쟁터가 될 것이다. 나는 **사고 불가능한 장애**disability as unthickable와 **보충의 논리**logic of supplementarity 간의 연관성을 드러내는 것을 목표로 했다. 그 연관성 속에서 자율적이고 '완전하며' 선험적인 자아의 자리가 확고해지는 동시에 '장애 없음'ableness(긍정적 존재들)과 '장애'(이탈되고/부정적인 존재들) 사이의 본질적인 구분이 유지된다고 생각한다. '장애'에 관한 법률적 허구는 신자유주의적 자유의 실천 속에서 '장애 없음'의 논리/객관성을 지지하면서 통합의 환상을 촉진한다.

마지막으로, 법률이 '결함 있는 신체'를 끊임없이 되풀이하는 것은 '장애', '장애인'이라는 법률적 범주의 지정을 통해 '장애화된' 주체가 '보완'과 '개선'을 통한 정상화 노력으로부터 이탈하는 것을 가로막는다. 이런 정상성의 반복은 '장애인'이 신체에 대한 비장애중심적 관점에 대한 대안들을 상상하고 욕망할 가능성을 끊임없이 부정한다. 장애에 대한 부정적 관점에 기반한 법률 개선은 허구적 평등권과 **원한**의 반응들을 양산할 뿐이다. 부정적 존재로서의 장애 형상이 법률적, 복지-경제적 논쟁의 기저에 깔려 있는 한, 즉 존재론적 '냉전' 속에서 장애인이 온전한 인간으로 결코 **사고되지 않는** 한 우리의 미래는 밝지 않다.

II부
역사들

유순한 신체, 유순한 정신
: 정신지체에 관한 푸코적 성찰

리시아 칼슨

전통적으로 정신지체에 관한 철학 담론은 인간성의 정의, 한계 상황의 문제, 정신적으로 지체된 사람을 위한 정의 등 '정신적으로 지체된' 이들에 관한 도덕적 이슈에 초점을 맞춰 왔다. 정신적으로 지체된 이들에 관한 논쟁은 또한 (몇 가지 사례만 들면) 불임, 수술동의서 작성, 의료 서비스 접근권, 산전 검사와 초음파 촬영, 선별적 낙태에 관한 생명윤리 영역에서도 나타난다. 이런 이슈들은 정치적 영역에서도, 철학적으로 매우 중요한 의미를 가짐에도 불구하고 철학자들은 정신지체의 분류학적 위상과 그 역사에 대해 침묵해 왔다.[1] 사실, 대부분의 현대 철학 담론은 '정신지체'라는 명칭을 포함하여 굉장히 문제적이고 복잡한 범주의 자명성을 그냥 받아들인다.

이 장에서 나는 이 범주에 대해 비판 철학적 분석을 시도하려 한다. 제도, 권력, 그리고 특정한 분류법의 자명성을 문제시하는 푸코의 작업은 역사적으로, 개념적으로, 방법론적으로 정신지체 분류에 대한 비판적 분석에 중요한 시사점을 주며 그 범주에 대해 철학적으로 다시 생각할 기회를 제공한다. 푸코는 『감시와 처벌』에서 자신의 작업을 근대 형벌 체계가 어떻게 "자연적이면서 자명하고 필수불가결한" 것처럼 여겨지게 되었는지 분석하는 것이라고 설명한다. 그에 따르면 "이런 허구적인 자명성을 뒤흔들고, 그것의 불안정성을 폭로하고, 자의적이지는 않더라도 역사적 과정의 복합성과 그것의 상호연관성을 가시화하는 것이 중요하다".[2] 나는 어떤 카테고리의 역사적 출현에 대한 푸코적 분석이 정신지체의 출현에 내재하는 **우발성**을 인식케 한다고 생각한다. 이 장의 목표 중 하나는 해결을 요구하는 **특수한 종류의 문제**로 간주된 정신지체의 자명성에 도전하는 것이다.

정신지체의 역사와 최근의 생명윤리학적 논쟁은 모두 '정신지체'라는 카테고리가 의료적, 범죄학적, 정신의학적 담론의 상호교섭 속에서 형성된 것임을 드러낸다. 푸코는 이들 담론의 상호교섭에 대해 『광기와 문명』(『광기의 역사』, 1961), 『임상의학의 탄생: 의료적 시선의 고고학』(1963), 『감시와 처벌: 근대 감옥의 탄생』(1975)에서 자세히 분석했다. 광기와 백치의 역사와 정의는 서로 중첩되어 있기 때문에 『광기와 문명』은 여러 측면에서 정신지체의 역사와 가장 가까운 텍스트라고 할 수 있다. 역사적 풍부함과 함께 이성의 독단과 비이성의 침묵에 대한 이 텍스트의 논의는 정신지체라는 분류범주의 출현을 이해하는 데 많은 시사점을 준다. 『임상의학의 탄생』에서 푸코는 보이는 것visible과 보이지 않는 것invisible을 꿰뚫는 의료적 시선과 지식의 생산 관계 속에서 임상의학이 조직화 원리로 발전해 온 역사를 추적한다. 푸코의 이런 분석은 미국의 정신지체 역사에서 일어난 두 가지 중요한 인식론적 변화를 고찰하는 데 개념적 프레임을 제공한다. 첫번째 변화는 19세기 중반 '정신박약'feebleminded을 위한 기관들이 출현한 것이고, 둘째는 20세기 초반 IQ 테스트가 등장한 것이다. 또한 『감시와 처벌』에서 푸코가 분석한 훈육권력은 '정신박약'을 위한 시설에서 작동하는 권력관계를 규명하는 데 도움을 준다. 덧붙여 푸코가 지적한 감옥 개혁을 둘러싼 역설의 수사학은 정신지체의 역사가 연속적인 개선과 발전의 역사가 아님을, 정신지체에 관한 정의와 실천은 처음부터 모순과 대결의 자리였음을 입증하는 데 도움을 준다.

이런 역사적 텍스트들이 성찰의 배경으로 기능하기도 하지만 푸코의 작업에는 이런 분석이 현실에 개입할 때 참조할 만한 인식론적, 방법론적 교훈도 담겨 있다. 특히 어떤 카테고리의 설정과 실천의 자명성을 폭로하려는 시도, 분류의 역사에 내재하는 모순과 대립에 대한 고고학적 분석, 철학적 비판과 정치적 변혁의 수단이고자 하는 계보학 등 푸코의 작업은 정신지체의 역사에 대한 나의 연구에 많은 교훈을 준다. 정신지체에 관해 다양하고 폭넓은 역사가 많이 있지만 나는 그 분류범주의 복합성에 대한 푸코의 시선만큼 '인지 장애'에 관한 논쟁과 관련하여 장애 이론가들이나 철학자들에게 많은 시사점을 주는 건 없다고 생각한다.

푸코의 역사적 텍스트들은 선형적이고 연속적인 역사라는 관념에 도전한다. 앞에서 언급한 역사적 텍스트들에서 푸코는 광기, 범죄성, 임상의학적 시선에 관한 '담론 형성'을 조명한다. 마찬가지로 정신지체라는 분류범주는 다양한 제도들, 실천들, 담론들에 의해 지식의 대상으로 형성되었다. 정신지체는 단일하고 단선적인 지적 구성물이 아니다. 그 개념의 출현 속에는 분류 자체에 내재하는 모순과 긴장이 가득하다. 이런 측면에서 역사에 대한 푸코의 고고학적 접근은 매우 시사적이다. 『지식의 고고학』(1972)에서 푸코는 이렇게 말한다. "담론적 구성은 (…) 다양한 모순들 아래 지속하면서 그 모순들을 일관된 사유의 통일성으로 해소해 가는 이상적이고 연속적인, 매끄러운 텍스트가 아니다. (…) 그것은 불화와 충돌로 가득 찬 공간, 여러 층위에서, 다양한 역할을 가진 대립들의 집합으로 이뤄진 공간이다."[3]

나는 이런 종류의 대항적 분석을 정신지체의 역사에 적용함으로써 지극히 문제적이고 논쟁적인 그 분류범주가 어떻게 다양한 긴장과 메커니즘 속에서 1세기 동안 지속되어 왔는지 살펴볼 것이다. 이전의 수많은 정신지체 역사물도 그것의 복잡성을 충분히 드러냈다고 주장할 수 있다.[4] 그럼에도 푸코의 분석은 그 분류범주에 내재한 모순들을 통해 그것의 **성공과 지속**을 달리 생각해 보게 한다는 차별성이 있다. 나는 이런 내적 긴장 때문에 정신지체 범주의 인식론적 권위와 실천력이 약화되기보다는 오히려 특수한 '인간 종'human kinds으로서의 정신지체 범주 **지속력**이 증가했다고 생각한다.[5] 유전자 혁명, 장애인 권리운동, 그리고 다양한 분과학문의 발전과 도전 속에서 이 범주의 복잡성은 (감소하기보다는) 오히려 증가했으며 정신지체라는 분류 기준의 힘은 오히려 증가하고 있기에, 그에 대한 엄밀한 조사가 요구된다.

'예속된' 지식을 드러내 밝히는 방법이라 할 수 있는 푸코의 계보학은 정신지체에 관한 '상위' 담론(가령, 제도적 담론, 철학적 이론들, '정신지체'로 간주된 사람들에 **의한** 지식이 아니라 그들에 **대한** '전문가'들의 지식)을 비판적으로 검토할 수 있게 하는 무기가 된다. 결론에서 나는 정신지체 개념에 대한 계보학적 물음을 제기하겠지만 일단 이 장의 중심 내용은 정신지체의 역사에 대한 고고학적 분석이 될 것이다.

대항적 분석: 무수한 불화의 공간

푸코는 한 인터뷰에서 이렇게 말했다.

> 한 가지 문제에 대해 몇 가지 해법들이 제기될 수 있습니다. 그리고 실제로 각기 다른 해법들이 제안되죠. 하지만 그처럼 상이한 해법들이 동시에 제안될 수 있게 하는 게 무엇인지 이해해야 합니다. 그것은 그 상이한 해법들의 동시성이 뿌리내린 지점이며 그 다양성과 대립에도 불구하고 그 해법들을 길러 낸 토양입니다.[6]

이런 푸코의 통찰은 정신지체의 역사 속에서 계속 나타나는 질적/양적, 정태적/동태적, 가시적/비가시적이라는 세 개념 쌍을 고찰하는 발판이 된다. 정신지체의 역사 속에는 이들 개념 쌍 중 한 측면들이 다른 측면들을 부정하지 않으면서 정신지체를 설명하는 데 우선권을 가진 때도 있고, 두 측면들이 동등한 중요성을 가진 때도 있었다. 이런 이분법적 대립이 해소되었으면 좋겠지만 정신지체의 역사는 그것을 허용하지 않는다. 정신지체의 역사에서 '개혁'은 이런 긴장이 외형적으로 해소될 때 일어났다. 하지만 이 대립항은 복잡하게 상호 연관되기 때문에 이런 해소는 일시적일 뿐이었고 그것도 대립항의 한 측면의 순간적인 소멸을 통해서만 일어났다. 이 카테고리의 지속적인 특질은 정신지체의 역사에서 '정신박약'feeblemindedness에 관한 인식의 전환을 가져온 두 계기 속에서 볼 수 있다. 첫번째는 정신박약자를 위한 기관의 설립이고, 두번째 계기는 IQ 검사이다.

푸코는 19세기 임상의학의 탄생이 "의료 담론만이 아니라 질병에 대한 담론의 가능성 자체를 재구성했다"고 말했다.[7] 19세기 후반기 '정신박약'에 특화된 기관의 발달도 같은 맥락에서 이해할 수 있다. 백치idiocy의 원인과 정의, 기술 방식과 대응 방식이 논의되고 실천될 수 있었던 것은 바로 특화된 조직 체계 안에서였다.

19세기 이전에 백치는 인간의 한 특성으로 인식되었을 뿐 '백치'로 정의된 이들을 위한 특화된 기관은 없었다. 19세기 전반기에 와서야 백치는 특별히 고려해야 할 특수한 상태로 구별되기 시작했다.

'정신박약' 시설의 증가는 새로운 전문가 조직을 발생시켰고 백치와 정신박약에 관한 새로운 형태의 지식을 출현시켰다. 1876년 미국 정신박약 시설의 대표들이 모여 '백치, 정신박약 기관들의 의료담당자 협회'를 창립했다. 이것이 정신지체 연구와 치료를 위한 전문가 조직의 효시이다. 이 협회의 창립목적은 "백치와 정신박약의 관리, 훈련, 교육에 관련된 제반 문제"를 다루는 것이다. 그것은 또한 "이런 목적의 기관들의 설립과 육성에 영향을 주는 것"을 목표로 삼았다.[8] 이 창립 목적은 전부터 있어 왔던 여러 기관과 시설장들의 운영 목표를 충실히 반영한 것이다. 이 협회는 교육학적 요소와 의료적 요소(대다수 시설장들이 의사였다)와 치료적 요소를 결합함으로써 정신박약의 정의, 이론, 카테고리, 치료 등 제반 지식의 조직 원리를 수립했다.

'정신박약'을 위한 전문기관의 탄생은 백치에 관해 이야기될 것의 범위와 한계를 변경시켰다. 임상의학이 "지각할 수 있고 말할 수 있는 것의 새로운 윤곽"을 그린 것처럼[9] 이 기관은 정신박약에 관한 의학 지식이 생성될 수 있는 모체였다. 20세기 초반에 정신박약에 관한 지식을 수집하고 정돈하는 또 다른 중요한 수단이 출현했다. 지능 테스트가 그것이다.[10] 푸코의 고고학적 고찰은 새로운 지식 생산의 테크놀로지가 새로운 종류의 인간을 생산한다는 것을 강조한다. 『감시와 처벌』에서 그는 "교도행정 기술과 비행자는 어떤 의미에서 같은 배에서 태어난 쌍둥이 형제"라고 했다.[11] IQ 검사의 시행도 마찬가지다. 미국에서 지능 검사의 시행은 '저능'moron이라는 새로운 정신박약 '유형'의 탄생과 동시적으로 이뤄졌다. 이 새로운 '종류'의 개인이 출현하면서 정신박약의 정의와 대응조치에 변화가 일어났다.

정신지체의 역사에서 이 두 가지 불연속의 지점 ── 기관들과 IQ 검사 ── 이 지닌 중요성은 아무리 강조해도 지나치지 않다. 나는 '정신박약'에 관한 이 두 가지 지식 생산 양태를 배경으로 (근본적인 인식론적 변화 속에서 지속된 불변항으로 볼 수 있는) 세 가지 개념 쌍을 검토하려 한다.

양적 정의와 질적 정의

『정상적인 것과 병리적인 것』에서 캉길렘Georges Canguilhem은 질병에 대한 관념에서 질적 관점에서 양적 관점으로의 역사적 전환을 기술한다. 그는 19세기 이전까지 질병은 존재론적(치료해야 할 각각의 실체)이거나 역학적(인간이 가진 일반적 균형의 붕괴)으로 이해되었다. 캉길렘에 따르면 이 두 설명 기제에서 정상 상태와 비정상 상태는 질적으로 구별된다. 하지만 19세기 들어와 질병은 양적으로 이해된다. "유기적 생명체 안에서 발견되는 병리 현상들은 크든 작든 생리학적 기능의 양적 변이에 다름 아니다."[12]

질병에 관한 이런 새로운 관념은 19세기 의사들의 백치에 대한 정의 방식에서 명확히 확인된다. 에두아르 세갱Édouard Séguin의 『백치, 그리고 생리학적 방법에 의한 치료』[13]는 해부학적 구조보다 생리학적 기능에 초점을 둔다.[14] 백치idiocy에 대한 연구와 경력으로 유명한 프랑스 의사 세갱은 미국의 정신박약 분류와 제도에 많은 영향을 끼쳤다. 비세트르 수용소의 '백치'를 경험하면서 그는 백치가 치유 불가능하지 않으며 "대다수의 백치와 저능아들은 생리학적 교육 방법에 의해 얼마간 완전히 치료될 수 있다"[15]고 믿었다.

"대다수 백치"의 치료 내지 개선 가능성에 대한 믿음은 백치를 질적 차이가 아니라 양적 차이로 포착하는 데서 기인한다. 즉 백치는 특별한 종kind의 문제가 아니라 일정한 정도 내지 강도의 문제이다. 그래서 '백치'는 "그 외의 대다수 우리와 같은" 인간으로 간주된다. '백치'는 단지 (신체적, 지적, 혹은 도덕적) 발전 단계에서 하위 단계일 뿐이다. 세갱의 말로, "그는 우리와 같은 인간의 하나이지만 불완전한 발전단계에 머물러 있다".[16] 백치에 대한 이런 양적인 규정은 지능 검사를 통해 측정된 지능의 하위 단계를 '정신박약'으로 규정하는 것으로 구체화되어 오늘날까지 이어지고 있다.

하지만 이런 양적 규정과 나란히 '백치'를 질적으로 다른, 특수한 인간 종으로 기술하는 것을 볼 수 있다. 그때 '백치'는 동물과 비슷한,

보통 인간과는 전혀 다른 하등인간으로 간주된다.[17] 일반적으로 극심한 백치는 이처럼 질적인 차이로 파악된다. 그들은 자주 형태만 인간인, 인간의 껍데기만 쓴 존재로 묘사된다. 미국의 한 정신박약 시설장은 자기 나라에 그런 백치가 있다는 것을 부끄러워하며 "하지만, 아! (우리는) 이 번영한 공화국 안에서 숨 쉬는 살덩어리들, 인간의 형상을 하고 있으나 그 외 인간적인 특질이라고는 전혀 없는 자들을 발견한다. (…) 가장 낮은 등급의 그 백치들은 단순한 유기체, 인간의 형태로 태어난 살덩이에 불과하다"[18]라고 말했다. 심지어 외양이나 형태조차 비인간적으로, 동물성의 징조를 드러낸다고 묘사되기도 한다. 하우Samuel Howe는 "백치들의 전형적인 외양은 다른 어떤 말보다 유인원 같다monkeyish는 표현이 어울린다"고 했다. 극단적인 경우 그런 개인들은 하등 동물이나 그 이하로까지 평가된다. "극소수의 경우지만 (아무도 그럴 거라고 생각하지 못하지만) 인간 형상을 하고는 있지만 곤충보다 낮고 식물보다 조금 더 높은 감각적 특질을 가진 이도 있다."[19]

정신지체(질적으로 다른 백치)와 동물성을 연관시키는 사고는 철학자들에 의해 '정신지체'의 도덕성을 호소하는 논의에서, 또는 (피터 싱어Peter Singer의 종차별 반대[20]처럼) 비인간적 동물들의 도덕성을 지지하는 논의 속에서 다양하게 전개되어 왔다.[21] 여기서 더 많은 사례를 살펴볼 여유는 없고, 다만 제프리 머피Jeffrie Murphy의 1984년 논문 「정신적으로 지체된 사람은 먹히지 않을 권리를 갖고 있는가?」[22]를 언급하는 것으로 충분할 것이다. 이 제목은 정신지체를 '정상적인' 인간과는 질적으로 다른, 동물과 가까운 존재로 보는 전통적인 사고방식을 깔고 있다.

정신박약의 질적 소묘와 양적 소묘는 공존하면서 번성하지만 그 것들은 정신지체의 본질에 관한 상반된 두 관점을 반영한다. 양적 소묘에서 백치idiot, 저능imbecility, 정신박약feeblemindedness은 인간적 능력의 위계적 서열에 의거하여 정의된다. IQ 검사가 대중화되면서 그것들을 정의하는 것은 지능 검사의 점수가 되었다. 정신박약의 고유한 특성은 이론가들에 따라, 역사적 시기마다 변해 왔지만 '백치'와 '정신박약'이 인간성의 연속선상 어딘가에 놓인다는 가정은 계속 이어져 왔다. 이와 동시에 백치와 정신박약의 동물적, 비-인간적이거나 하등 인간적 이미지 역시 강력하게 지속되어 왔다. '백치'는 다른 인간과 질적으로 다르다는 신념이 그들의 신체와 성격에 대한 묘사뿐 아니라 기술적, '과학적' 정의를 규정했다. 질적 소묘와 양적 소묘 간의 이런 역사적 긴장은 아이작 컬린Isaac N. Kerlin 박사의 다음과 같은 진술에서 발견된다. 펜실베이니아 직업학교의 두 학생을 묘사하면서 그는 "두 학생은 예쁘고 아기 같은 점 때문에 우리의 사랑을 받았다. 우리는 자연스럽게 그 아이들을 '애완동물'pets이라 불렀다".[23]

생산적이면서 보호적인 시설에서의 정태적 정의와 동태적 정의

푸코는 광인 시설의 기원을 정신병원보다 훨씬 앞서는 17세기 '종합병원'Hôpital General에서 찾았다.[24] 근대 이전부터 백치는 특수한 인간성으로 인식되었지만 '백치'를 위한 특수 기관은 존재하지 않았다. 필립 퍼거슨Philip M. Ferguson에 따르면 "미국에서 정신적으로 지체된 사람들을 위한 시설의 기원은 1850, 60년대의 구빈원almshouse이다".[25]

19세기 들어와 이전과 다른 구별 방식에 따라 백치에 대한 독자적인 고려가 필요하다는 인식이 대두했다. 미국에서는 '백치'를 다른 부랑자들과는 물리적으로나 개념적으로 구분해야 한다는 입법청원이 일어났다. 1840년 '백치'와 '미치광이'에 대한 인구조사가 처음으로 이뤄졌다. 도러시아 딕스Dorothea Dix 같은 개혁가들은 '백치'와 '미치광이'의 끔찍한 생활환경을 폭로하면서 그들을 빈민이나 범죄자들과 같은 부류로 취급하는 것을 비판했다.[26] 개혁가들의 비판은 '정신박약'을 위한 특수기관(보통 '학교'school라고 칭해지는)의 설립을 가져왔다. 1848년, 새뮤얼 하우는 남부 보스턴에 '백치'들을 위한 실험적인 학교(이 시설의 이름은 '백치와 정신박약 청년들을 위한 메사추세츠 스쿨'이다)를 개설했다. 1888년 무렵 미국에는 총 4천 개의 정신박약 주거시설이 설립되었다.[27]

'학교schools, 생활학교life-schools, 보호소asylums' 등으로 불린 이 시설 안에서 우리는 정신박약에 대한 정태적 개념과 동태적 개념을 발견한다. 교육이나 개선의 여지가 없는 개인들(정태적 사례)에게 시설은 보호와 감시를 부여한다. 그러면서도 시설은 교육적으로 개선 가능한 (동태적) '사례'에 대해서는 생산적인 사회 구성원으로 양성한다고 주장했다. '보호', '훈련', '교육'의 담론이 훈육적 실천과 기술을 발생시켰고 시설 생활자들은 시설의 존재 이유인 일련의 훈육 권력에 복종해야 했다.

'정태적 사례'는 '정신박약'을 위한 이 새로운 '학교'에 안 어울려 보이지만 그들의 수용은 다양한 방식으로 정당화된다. 먼저, 가족들이 정신박약 아동에 대한 부담, 특히 경제적 부담을 견딜 수 없는 경우가 많다. 정신박약 시설장 발터 페르날트Walter Fernald에 따르면 "낮은 등급의 백치를 집에 둘 경우 그 가정의 임금 수입자의 노동력이 너무나 많이 소진되어 가계의 빈곤화가 초래된다. 인도주의와 공공정책에 의거하여 우리는 속수무책의 백치 아동이 가정에 부과하는 부담을 덜어 주어야 한다".[28] 둘째, 시설은 도덕적 저능이라는 보다 위협적인 정신박약으로부터 사회를 보호할 수 있다. '도덕적 저능'moral imbecile은 백치나 저능아보다 지능은 더 높지만 끊임없이 사회에 도덕적 해악을 끼친다. 도덕적 저능에 대한 영향력 있는 연구자 아이작 컬린은 그런 저능의 정태적 성격을 강조했다. "어떤 유전적 결함이나 감각기관의 이상으로 인해 도덕 감각의 일부, 혹은 전부가 파괴된 사람들이 있다. 어떤 환경이나 교육도 그런 결함을 개선할 수 없다."[29] 이런 '정태적 사례'는 그들에 대한 **보호** 기관으로서 시설의 존재를 정당화한다. '낮은 등급 백치들'의 보호감호는 그들이 빈민이나 미치광이와 부당하게 뒤섞이지 않도록, 부적절한 가정환경에 방치되거나 학대받지 않도록 그들을 보호해 준다. 또한 시설 보호는 백치에 대한 부담 때문에 가족들이 받을 고통과 경제적 재앙을 덜어 준다. 게다가 도덕적 저능의 보호는 **그들로부터** 사회를 보호한다. 그들의 부도덕하고 범죄적인 행위와 그런 위험의 증식을 차단시켜 주는 것이다. 마지막으로, 시설은 시설장들 스스로를 지켜 주는 기능을 한다. 정태적 사례의 보호감호는 보호 자체의 정당성을 강화한다. 퍼거슨은 '하등' 인구의 역사에서 "치유 불가능한" 시설 수용자들은 수용자들의 교육 개선, 재활에 실패한 이유를 해명하기 위해 필요하다고 주장한다.[30] 시설 운영자들은 치유 불가능한 수용자들을 통해 자신의 교정 실패에 대한 책임을 회피할 수 있다.

이처럼 개선 불가능한 정태적 사례의 존재가 시설의 존재 이유를 강화시키기도 하지만 어쨌든 시설은 끊임없이 정신박약의 동태적 변화 가능성을 개념화했다. 정신박약의 개선 가능성은 '정신박약' 시설을 설립하는 핵심 논거였다. 정신지체의 개선 가능성에 대한 온갖 수사학과 적절한 교육환경의 중요성에 대한 믿음은 새로운 시설에 대한 요구를 확장시켰다. 적절한 환경은 정신박약을 개선시킬 수 있으며 그 가련한 자들을 **생산적인** 인간으로 만들 수 있다는 믿음 속에서 감시와 처벌뿐 아니라 교육과 훈련까지 포함된 시설 행정이 마련되었다. 여기서 우리는 가두고 보호하는 시설이 아니라 재활시키는 생산적인 시설을 보게 된다.

'정신박약'의 교육 가능성에 대한 이런 믿음에도 불구하고 시설 행정의 중심은 교육이 아니라 훈련이었다. 시설에 거주하는 대부분의 사람들은 **생산성**을 목표로 하는 엄격한 훈련과 감시에 종속되었다. 페르날트는 몇몇 사람이 읽기와 쓰기 교육을 받기는 하지만 "지금 시설에서 이뤄지는 교육적 훈련은 직업훈련과 노동에 집중되어 있다"[31]고 인정했다. 이와 같은 교육과 훈련의 갈등은 생산능력이 있는 수용자를 위한 **제도적 필요**에서 비롯된 것이다. 수용자들의 노동력을 이용한 경제적 이익은 숨길 이유가 없었다. 페르날트에 따르면 "훈련된 수용자들의 생산력 덕분에 이들 시설의 운영경비는 평균적으로 감소해 왔다."[32] 경증 수용인과 중증 수용인 모두 '훈련'으로 이득을 본다고 주장했지만, 결국 이득을 보는 것은 시설 자체였다. 그들의 노동이 지닌 교육적 효과는 시설의 이익과 분리될 수 없다.

이런 시설은 정신박약에 대한 정태적 관점과 동태적 관점 양쪽 모두에 의존한다. 이 두 상반된 관점 간의 역설적 관계는 수용자 노동의 성격에서 두드러지게 나타난다. 시설 바깥에서 보면 정신박약은 치료되지도 않고 위험하기만 하다. 그래서 시설이 정신박약인과 사회 모두를 보호하기 위해 필요하다. 하지만 시설 안에서 보면 정신박약은 개선 가능하다. 그래서 수용자들을 생산적 노동자로 훈육시키는 테크놀로지가 시행된다. 수용자 노동의 성별화된 성격에 대한 조사는 이런 역설적 현상의 흥미로운 사례를 제공한다.

정신박약을 정의하는 데 부도덕성이 포함되면서 한 명 이상의 혼외 자식을 낳는 것이 정신박약의 '징후'로 포착되기도 했다. 그로 인해 수많은 '정신박약' 여성들이 시설에 수용되었다. 그녀들은 시설에서 '하등' 수용자들의 돌봄 노동에 투입되었다. 시설 바깥에서 그녀들은 여성성을 파괴하는 존재로 여겨졌는데, 시설 안에서는 **성별화된** 부불노동을 강요받은 것이다. '정신박약' 여성은 생식능력 때문에 사회에 위험한 존재로 간주되는데, 시설 안에서는 일종의 대리 자식을 보살피도록 강요받았다.[33]

푸코는 '훈육'을 "일련의 기구, 테크닉, 절차, 적용의 수준, 목표를 포함하는 권력 형태 내지 권력의 작동 방식"으로 정의한다.[34] 그는 이런 종류의 권력이 18세기와 19세기의 학교, 병원, 공장, 군사 학교, 근대 감옥에서 발전했다고 기술한다. 특히 푸코는 감옥을 "총괄적인 훈육" 기관으로 설명했다. "감옥은 철저한 훈육 기구임에 틀림없다. 그것은 신체적 훈련, 작업 성향, 일상적 품행, 도덕적 태도, 정신 상태 등 개인의 모든 측면을 책임지고 관리한다."[35] '정신박약' 시설은 수용자들을 모니터하고 학습시키며 기록하고 가르치며 징벌하고 훈련시켜 유용한 인간으로 만들려 한다는 점에서 "총괄적인 훈육" 기관이다.

또한 푸코는 어떻게 "훈육이 예속되고 훈련된 몸, 즉 '유순한' 신체를 생산하는지"[36] 묘사한다. 정신박약 시설 속에서 우리는 온순한 몸과 예속된 정신을 발견하게 된다. 페르날트는 "우리는 '몸 쓰는 교육'education by doing을 통해 우리 아이들의 휴면 중인 신체기능을 운동시키고 발달시킬 뿐 아니라 그 아이들이 쓸모 있는 사람이 되도록 훈련시킨다"[37]고 말한다. 감옥과 마찬가지로 '정신박약' 시설은 자신의 "유용성을 입증할 목표"로 "훈육된 개인"[38]을 설정한다. 푸코가 말한 것처럼 "훈육은 개인을 '형성'한다. 그것은 개인을 권력 행사의 대상이자 수단으로 간주하는 특수한 권력 기술이다."[39] 페르날트가 '몸 쓰는 교육'에 부여한 기능은 푸코가 지적한 '수행성'performativity을 시사한다. '정신박약'은 다양한 기술적 실천(가령, 자료화, 검사, 징벌)의 대상이지만 또한 그들은 시설 운영에 일정 부분 참여하도록 요구받는다. 시설 안에서 그들은 생산적인 일을 하도록 교육받는다. 또한 모든 등급의 '정신박약'이 그들을 연구대상으로 삼는 기구의 활동과 주체의 제공에 참여하도록 강요받는다. 트렌트James Trent Jr.에 따르면, "교육받은 정신박약은 생산적인 정신박약이 된다."[40]

나는 시설의 담론과 실천을 질적인 것과 양적인 것, 정태적인 것과 동태적인 것의 대립에 입각해서 조명했다. 정신지체에 대한 이런 대립적인 관점은 시설 세계에서 동시적으로 기능한다. 이들 대립 개념은 정신지체 범주의 설정과 그에 대한 실천의 특성에 영향을 주면서 정신박약에 관한 '전문적' 지식을 생산하는 시설 운영자들에게 끊임없이 환기된다. 하지만 시설의 세계는 지식 생산 이상의 기능을 한다. 그것은 또한 특정한 '종류'의 인간을 생산한다. 푸코에 의하면 "감옥은 그곳에 갇힌 사람들의 존재 자체를 통해 비행자를 생산한다".[41] 시설에 수용된 '정신박약'에 대해서도 똑같이 말할 수 있다. 시설 생활의 구조는 수용자를 개선시키기보다는 어떤 의미에서 '정신박약'을 창조하지 않는가? 정신지체를 보호하고 훈육하는 시설들은 정신박약을 개선 불가능한 정태적 운명인 동시에 개선 가능한 동태적 조건으로 보는 모순된 관점을 지속시킨다. 정신박약에 대한 그 양면적인 관점은 시설의 존속에, 그리고 온순한 정신과 유순한 몸의 생산에 필수 불가결하다.

가시적인 것과 비가시적인 것

20세기 초에 정신박약에 관한 지식을 수집하고 조직화하는 또 다른 중요한 방법이 출현했다. 알프레드 비네Alfred Binet와 테오도르 시몽 Théodore Simon이 만든 IQ 검사가 심리학자 고다드Henry H. Goddard 에 의해 미국에 도입되었다. 정신지체의 역사에서 IQ 검사가 갖는 중요성은 결코 간과될 수 없는 것이다.[42] 하지만 정신지체에 대해 IQ 검사의 발전이 지닌 의미는 다소 아이러니하다. IQ 검사의 시행은 정신박약의 등급화와 분류에 과학적 위상을 부여했지만 **시설이 지닌 인식론적 권위**는 약화되었다. 시설은 더 이상 정신지체에 관한 지식 생산의 특권적 장소가 아니게 된 것이다. IQ 검사가 점차 확대되면서 '가석방'parole, 지역사회 거주, 공립학교의 특수반 운영에 대한 요구가 증가했다.[43] 또한 정신지체에 관한 이 새로운 '발견 방법'은 분류 도식 자체에 심대한 영향을 끼쳤다. 푸코가 임상의학적 시선과 관련하여 대상/주체의 가시성과 비가시성이 의료적 지식에 가져온 변화를 분석한 것처럼[44] 우리는 IQ 검사의 시행이 사회적, 개인적, 병인론적 차원에서 어떻게 정신지체의 가시성/비가시성을 작동시켰는지 살펴볼 것이다.

'백치'를 시설에 감금하여 공적 시선을 차단시키는 것은 정신박약을 사회적으로 비가시화하는 것이다. 이와 동시에 시설의 장벽 안에서 공적 시선은 정신박약을 직접 꿰뚫는다. 시설 안에서 정신박약은 특수한 형태의 공적 시선, 즉 그들의 결손을 과학적으로 조명할 '전문가'들의 시선에 노출되고 해부된다. 지능 검사가 발달함에 따라 이런 전문가적 시선은 시설의 벽을 넘어 감옥, 감화원, 군대, 학교 등 정신박약이 발견될 수 있는 모든 곳을 겨냥했다. 그 결과 정신박약은 시설에 국한되지 않는 사회 문제로 확대되었다. 지능 검사는 정신박약의 가시성을 높였다. 수많은 수감자, 성매매 여성, 학생, 구호대상자, 이주민들이 정신박약 판정을 받았다. 그 결과 다른 사회적 질병(범죄, 성적인 타락, 알코올 중독, 빈곤)과 결합되어 정신박약의 위험성에 대한 캠페인을 부추겼으며 정신박약을 중대한 사회문제로 보게 만들었다.[45] 이런 사회적 가시성의 근저에는 정신박약을 가진 개인 차원의 근본적인 **비가시성**이 있다.

지능 검사의 시행은 새로운 종류의 정신박약을 출현시켰다. 바로 '우둔'moron이다. 고다드는 상대적으로 정의하기도 쉽고 제도적 위상도 분명한 '백치'idiots나 '저능'imbeciles과 달리 이 우둔들은 **탐지되**

지 않은 채 사회 안에 존속하기 때문에 가장 위험한 부류라고 주장했다. '우둔'을 공적으로 가시화시킨 지능 검사의 성공은 그 다음 문제 해결 수순(가령, 정신박약의 확산을 막는 조치로서 제도적 격리나 단종수술)을 촉발시켰다. '백치'나 '저능'처럼 정신지체의 하위 단계에 주목하던 이전과 달리 이제 모든 관심이 '우둔'에 모아졌다. 왜냐하면 그것은 사회적으로 증식될 위험이 크기 때문이다. 고다드의 말처럼 "[백치는] 정말 욕지기가 나는 존재다. 그들은 다루기가 어렵다. 하지만 그들은 자기 생애를 살고 끝난다. 그들은 자기 종족을 잇지 않는다. (…) 우리에게 가장 큰 문제는 바로 우둔moron 유형이다."[46]

IQ 검사가 미국에서 성공했던 것은 그것이 새로운 종류의 인간(우둔)을 발견하도록 했기 때문이다. 또한 IQ 검사는 의료적, 교육적 치료의 한계를 극복하는 데 유용하다고 인식되었다. 고다드는 「비네의 방법으로 분류된 4백 명의 아이들」이란 보고서에서 의학적 분류법의 한계를 주장했다. "이제 모든 사람들이 알고 있는 사실을 명확히 강조해야 한다. 과거의 분류 기준은 의사들에게는 흥미로울지 몰라도 우리에게는 실용적 가치가 없어 보인다."[47] 지능 검사는 정신지체의 윤곽을 변경했으며 의료적 시선이 지닌 인식론적 권위는 새로운 심리검사 도구로 대체되었다. 비네, 고다드, 그 밖에 지능 검사를 옹호한 많은 이들은 IQ 검사가 정신박약을 특징짓는 지적 결함을 즉각적으로 파악할 수 있게 해준다고 주장했다. 정신적 결함의 다양한 가시적 증상을 관찰하는 방법과는 대조적으로 IQ 검사는 파악하기 어렵고 비가시적이지만 인간의 본질적 특질인 지능의 수준을 통해 정신박약의 실체를 명료하게 규정한다. 이런 의미에서 비가시성이 가시성을 이겼다.

　마지막으로 지능 검사가 정신박약의 가시성에 끼친 영향을 병인론적 차원에서 살펴볼 수 있다. 지능 검사의 확산으로 말미암아, 특히 수감자들 때문에 '우둔' 유형의 정신박약(높은 단계의 지적, 도덕적 결함)과 범죄성 간에 직접적인 연관이 지어졌다.

　　그래서 우리는 통계적 연구를 통해, 혹은 세심한 관찰을 통해 범죄성이 빈번하게 정신박약으로부터 발생한다는 것을 입증할 수 있다. (…) 롬브로소Cesare Lombroso가 말한 유명한 범죄 유형은 실은 정신박약 유형으로, 범죄성이 이식되는 것은 그런 정신박약 환경 속에서이다.[48]

　여기서 정신박약은 어떤 의미에서 보다 근본적인 범주가 되었다. 즉, 정신박약은 범죄성의 원인으로 간주되고 있다. 지능 검사의 출현은 정신박약을 둘러싼 실천에 영향을 줄 뿐만 아니라 정신지체의 정의와 병인론의 중심을 차지했다. 하지만 여기서 우리는 고다드를 비롯한 미국학자들에 의해 지능 검사가 확산되고 정신박약에 관한 지식의 주된 형식이 될 때 그들은 비네의 원래 의도를 심각하게 왜곡시켰음을 잊지 말아야 한다. 비네와 시몽은 지능 검사가 **지능의 현재 상태**를 측정하는 방법일 뿐, 병인론과 개선 가능성의 문제는 IQ 검사의 영역이 아니라는 점을 명확히 했다.[49] 페르날트가 미국 정신박약연구협회에서 한 의장 연설은 미국에서 이 검사가 비네의 의도와는 다르게 활용되었음을 보여 준다.

지능 검사의 이론과 실천, 그리고 정신연령이라는 개념의 발견은 정신박약을 **설명하는** 데 있어서, 정신박약의 진단을 단순화하고 적절한 **훈련과 교육**을 위한 데이터를 제공하는 데 있어서 세갱 이후의 모든 연구와 조사보다 훨씬 더 많은 것을 합니다.[50]

비네는 지능 검사를 병인론적 관점이나 지도 원리로 이용하는 것을 거부했지만 미국에서 IQ 검사는 정신박약에 대한 유전학적 설명이나 통제 수단과 밀접하게 결합되었다.

'결함의 유전형질', 혹은 '나쁜 피'가 정신적 결함의 주된 원인이며 그것은 다음 세대로까지 이어진다.[51] 이런 보이지 않는 실체는 다른 어떤 것보다 '지능'으로 표출되며, IQ 검사 같은 테크닉으로 규명될 수 있다. 지능 검사와 가족력을 통해 우리는 그 개인적 원인('나쁜 피')과 비가시적 결함('낮은 지능')을 명백히 파악할 수 있다. 정신박약의 유전적 속성에 대한 이런 믿음에 입각하여 일련의 해법과 처방이 제안되었다. 불임수술, 격리수용, 결혼금지, 이민법 등이 정신박약의 확산을 막기 위해 제안된 것들이다. 비네와 시몽이 지능 검사의 오용으로 우려했던 두 가지 측면 ——병인론과 치료treatment ——이 미국의 지능 검사 활용에 핵심적으로 채택된 것이다. 한 개인의 **현재 정신** 상태는 무엇이 그런 결함을 야기했고 어떤 조치가 취해져야 하는지보다 덜 중요한 것이 되었다.

우리 자신의 역사적 존재론: 정신지체의 재성찰

> 대체로 푸코의 고고학과 계보학은 다른 어떤 것보다 현재의 역사이
> 고자 했다. (…) 역사적 존재론은 현재의 문제들을 이해하고 해결할
> 방법에 대해, 비록 그 과정에서 새로운 문제가 발생하더라도 가장
> 대담하게 폭로할 것이다. ─이언 해킹Ian Hacking, 『역사적 존재론』
> *Historical Ontology*

『감시와 처벌』에서 푸코는 "감옥은 때때로 개혁운동에 의해 흔들리기
도 하는 어떤 고정된 제도가 아니다. 감옥에 관한 '이론'은 감옥에 대
한 부가적인 비판이라기보다는 감옥이 작동하는 기제의 일부이다"[52]
라고 했다. '정신박약' 기관들과 지금은 미국 정신지체협회(AAMR)로
알려진 전문가 조직, 그리고 IQ 검사의 시행은 정신지체에 관한 지식
을 생산하고 수집하는 중요한 수단들이다. 하지만 정신지체라는 이
카테고리는 처음부터 지금까지 끊임없는 논쟁 가운데 존속된 불안정
한 개념이다. 19세기 중반 '백치'에 관한 주목에서부터 이후 비네의
정신박약에 관한 과학적 연구에 이르기까지 정신지체에 관한 결정적
인 정의는 존재한 적이 없다. 지적 대상으로서의 정신지체는 결코 하
나의 영역에 국한된 엄밀한 대상이 아니다. 그것은 의료적, 심리학적,
교육학적, 도덕적, 인간학적, 그리고 정치적 담론의 대상이었으며, 지
금도 그렇다. 정신지체의 역사 속에는 개념 정의를 둘러싼 논쟁과 제
도 개선의 요구가 없었던 적이 없는데, 이에 대해 우리는 푸코가 감옥
에 대해 "감옥의 실패에 대한 이야기는 감옥의 작동 요소 중 하나가

아닌가?"라고 한 말을 되풀이할 수 있다. 끊임없는 대립, 도전, 복잡성은 '정신지체'라는 카테고리의 존속과 영속화의 구성요소였다. 이것은 단지 역사에 국한된 문제만이 아니다. 의학과 유전학의 발전, 정치적 운동들, 철학적 문제제기에 의해 정신지체에 대한 이해 방식이 크게 변화했다는 사실을 인정하면서도 우리는 정신지체라는 분류범주가 현실에서 작동할 때 야기하는 존재론적, 인식론적, 정치적 문제에 대해 질문할 수 있고, 푸코의 작업은 그런 문제제기의 틀을 제공할 수 있다.

푸코의 계보학은 정신지체에 대한 비판적 연구에 의미 있는 교훈을 준다. 푸코에 따르면, "세 가지 영역의 계보학이 가능하다. 첫째, 우리 자신을 지식의 주체로 구성함에 있어서 진실과 관련된 우리 자신의 역사적 존재론. 둘째, 타인에 관련된 행위 주체로서 우리 자신의 역사적 존재론. 셋째, 자기 자신을 도덕적 행위자로 구성하는 윤리에 관련된 역사적 존재론."[53] 앞에서 본 것처럼 이 세 영역의 계보학은 정신지체의 분석에도 적용된다. 정신지체에 대한 인식의 변화와 그 개념 근저에 있는 긴장들, 정신지체에 관련된 실천의 변화(가령, 시설의 창립과 지능 검사)가 정신지체의 경계 설정에 미친 영향, 정신지체에 관한 진실을 생산하는 다양한 담론적 구성 등은 정신지체가 지식의 대상으로 구성되는 현재적 양상을 비판적으로 검토하는, 이른바 계보학적 분석의 중요성을 역설한다.

시설 안에서 '정신지체'의 훈육을 정당화하는 지식과 예속주체를 형성하는 권력 사이의 연관성에 대한 분석은 권력 장에 관련된 '우리 자신의 역사 존재론'을 제기한다. 제도적 실천 역학에 대한 이런 역사적 분석은 '정신박약'의 정의와 정신지체 **주체들**에 대한 관점이 사회적, 정치적, 경제적 요인들과 긴밀하게 얽혀 있음을 폭로한다. 나는 정신지체에 대한 현재의 실천과 제도들이 정신지체를 정의하고 '장애'와 '비장애' 사이에 경계선을 긋는 데 어떤 영향을 미쳤는지 꼭 검토해야 한다고 믿는다. '비장애 정체성'nondisabled identity에 대한 심도 있는 분석은 다양한 방식(가령, 의료적, 교육적, 심리적, 유전적으로)과 다양한 맥락 속에서 '정신지체'에 대해 작용하고act 작용받기도acted 하는 주체로 구성해 온 복잡한 권력관계를 드러내기 위한 이론적 틀을 제공할 것이다.

　마지막으로, 우리가 자기 자신을 윤리적 주체로 구성하는 방식들을 탐색하라는 푸코의 요구는 인지 장애에 대한 철학적 작업을 재고찰하는 데 중요한 교훈을 준다. 철학자들이 정신지체에 대해 던진 윤리적 질문에는 반드시 검토해야 할 아이러니가 있다. 많은 경우 '정신적 지체'에 관한 철학 담론은 정신지체라는 이 범주를 자명하고 문제없는 비역사적 개념으로 받아들였다. 또한 오늘날 철학적으로 정식화된 윤리적 물음과 한 세기 전의 물음 간에는 놀랄 만한 유사성이 있다. "정신지체를 가진 이는 동물과 얼마나 다른가?", "정신지체를 가진 이는 **사람**인가?" 같은 철학적 질문은 면밀한 비판적 검토가 필요한 복잡한 역사를 내포하고 있다.

　이와 같은 계보학적 기획은 물론 쉽지 않다. 정신지체라는 카테고리에 내재하는 복잡성과 모순 속에서 이런 연구는 '정신지체'로 분류된 개인들의 특성과 능력이 매우 다양하다는 점을 고려하지 않을 수 없으며, 어떤 개인들은 이와 같은 철학적, 정치적 담론에 도저히 참여할 수 없다는 사실도 인정해야 한다. 푸코적 분석은 정신지체의 역사와 관련 실천들, 그리고 범주 자체를 권력관계와 진리게임의 관점에서 해석하게끔 했다. 하지만 푸코적 분석은 '정신지체'로 분류된 이들의 실제 현실과 그들의 인지능력에 따른 경험들, 정신지체로 분류될 때 처하게 될 정치적, 경제적, 사회적 현실들을 무시하도록 하지 않는다. 오히려 푸코적 분석의 기본 전제는 특정한 목소리를 침묵시키는 권력관계를 폭로하고, 모든 계층의 개인들에 대해 **말하고** 정의하는 것의 위험성을 드러내는 데 있다. 결국 푸코의 작업은 정신지체라는 분류 자체가 그렇게 분류된 개인들과 그런 분류의 개념적, 실천적 제한 외부에 있는 우리에게 도덕적 주체로의 자기 규정에 어떤 영향을 주는지 성찰할 수 있게 한다. 이런 점에서 나는 푸코의 고고학과 계보학적 텍스트들은 장애 연구자들과 철학자들 모두에게 중요한 지침을 준다고 생각한다.

비범한 학교

: 19세기 초반 미국, 농의 제도화

제인 버거

캐럴 패든Carol Padden과 톰 험프리스Tom Humphries는 『미국 농인: 문화로부터의 목소리』*Deaf in America: Voices from a Culture*(1988)에서 농아동들이 '들리지 않음'deaf과 '들림'hearing이라는 단어에 의미를 부여하는 방식에 대해 논의함으로써 현대 미국 농인 커뮤니티의 경험에 대한 탐색을 시작한다. 저자가 든 한 가지 사례는 특히 충격적이다.

> 우리의 농인 친구 중 하나인 하워드Howard는 커뮤니티에서 특출난 이로, 농인과 청인이 섞여 있는 청중들에게 놀라운 사실을 폭로했다. 그의 가족들은 모두 ──부모와 형제뿐만 아니라 삼촌과 숙모 역시 ──농인이었다. 그는 농인들 사이에서 어린 시절을 보냈다. 여섯 살이 되었을 때 그는 세상이 완전히 바뀌었다고 말했다. 그의 부모는 그에게 농인 아동을 위한 학교에 데리고 갔다. "여러분은 믿으시겠습니까?" 그는 잠시 멈춘 후에 이렇게 말했다. "나는 학교에 입학하기 전까지 한 번도 내가 농인이라는 걸 몰랐습니다."

패든과 험프리스는 하워드의 사례에 대해 논하면서 대문자 농 Deaf의 의미와 소문자 귀머거리deaf의 의미를 구별했다. 대문자 농은 하워드가 학교에 입학하기 전에 배운 농을 의미한다. 농인 가족 속에서 자란 그는 농이 일반적인 것으로, 결코 깜짝 놀랄 일이 아니라고 배운 것이다. 이것은 보다 넓게는 미국 수어Sign Language 구성원들, 장애인이라기보다는 문화적, 언어적 소수자들이 자기 자신에 대해 생각하는 방식을 반영한다. 하지만 학교에서 하워드는 패든과 험프리스가 소문자 농으로 지칭한 것을 이해하는 전혀 다른 방식에 직면했다. 그는 농인 커뮤니티가 '병리적 관점', 즉 청각 기능이 신체적으로 손상되어 치료와 전문가적 개입이 요구되는 어떤 상태'라고 표현한 것을 인식하게 된다. 농에 대한 이런 인식은 하워드가 학교에 대해 가졌던 생각이나 또래 친구들과 공유하고 있던 생각과는 전혀 다른 것이었다.

대문자 농Deaf과 소문자 귀먹음deaf을 구분하는 것은 20세기 후반의 관습으로, 나는 이 장에서 그런 구분을 19세기 미국 농인을 묘사하는 데 사용하지 않을 것이다. 그럼에도 불구하고 '농'deafness은 다양한 의미를 가지며, 학교(혹은 19세기에는 시설institution이라 불린)가 농의 의미를 생산하고 그 의미에 대한 논쟁이 발생한 장소라는 하워드의 깨달음은 이 장의 중심 논점이다. 나의 논증은 다음과 같이 진행될 것이다. 우선 나는 '농'의 관념이 학교 설립자들, 교사들, 기타 학교를 지지한 사람들에 의해 창조되는 과정을 묘사하고, 이런 집단들이 농의 개념을 규정함에 있어서 어떻게 당시에 유행한 지적·문화적·종교적 경향과 시장관계의 확산, 주 정부의 권위 확보, 자유주의적 개인주의 등이 영향을 미쳤는지 살펴볼 것이다. 그 후 나는 농인 학생들이 학교에서 대면한 농의 의미에 대해 어떻게 반응했는지, 그런 반응들이 어떻게 남북전쟁 전 농의 새로운 관념에 의해 틀 지어지게 되는지 살펴볼 것이다. 나의 주된 관심은 농인 미국인과 청인 미국인들이 어떻게 공간, 운동, 시간을 조직하는 방식 안에서 농의 의미를 소통시켜 왔는가 하는 점이다. 『감시와 처벌』에서 푸코는 감옥, 병원, 학교 같은 시설에서 공간, 운동, 시간의 배치가 재소자, 죄수, 환자, 학생을 훈육하는 데 어떤 영향을 미치는지 분석했다. 가령, 학교에서 각 학급은 학생들이 교사를 마주보는 방식으로 조직화되는데, 그럼으로써 그들은 규칙에 따라 자신의 행동을 통제하는 법을 배우게 된다. 게다가 학생들의 움직임과 시간의 규격화는 자신의 일상과 신체에 대한 자기 지배력을 약화시킨다. 푸코는 이런 훈육 체제가 피훈육자의 정치적 복종과 경제적 유용성을 가져온다고 설명한다. 19세기 초반 제도적 조직화가 농인 학생들에 대한 훈육 결과를 불러오는 동안 그것은 또 다른 부수적인 효과를 가져왔다. 이 장에서 내가 말하고 싶은 것은, 제도적 조직화가 농인 학생들에게 농인이 된다는 것의 의미를 각인시키는 과정에서 훈육의 효과가 발생한다는 점이다.

초기 농인학교에 대한 논의에서 농인 커뮤니티의 구성원들과 학생들이 남북전쟁 이전 시대를 농인 교육의 황금기로 생각한다는 걸 염두에 둬야 한다. 1860년까지 미국에는 23개의 농인 기숙학교가 있었다.[2] 이전까지 지역사회에 흩어져 살던 농인들은 학교를 통해 한데 모여 수어를 배우고 동일한 이해관계를 가진 집단으로 자신을 인식하기 시작했다. 학교에서 풍부한 경험을 한 졸업생들은 학교를 설립하기도 하고 교사가 되기도 했다.[3] 그러나 남북전쟁 후 농인학교의 청인 교사들은 수어 사용을 금지하고 영어 구어와 독순lip reading을 배우게 했다. 청인 행정가들은 농인 교사들을 대대적으로 청인 교사로 교체했다.[4] 그와 비교해서 전쟁 전 시대는 목가적으로 보였다.

하지만 오언 리글리[5]와 필리스 밸런타인[6] 같은 학자들은 초창기에 대해 좋은 기억이 많지만, 전쟁 이전 시기를 낭만적으로 이상화하는 것은 위험하다고 주장한다. 그런 이상화는 부정확한 역사에 기대고 있으며, 학교를 설립하는 과정에 존재했고 오늘날에도 여전히 남아 있는 권력관계를 모호하게 할 위험이 있다.

19세기 초반 농인 젊은이들이 농인학교를 방문할 때 신비함에 직면한다. 대다수 농인 학생들의 부모가 청인으로, 가족들 누구도(심지어 학생들 자신도) 수어를 알지 못하기 때문이다. 그 결과 부모들은 자식들에게 여정의 목적지를 알려 줄 수 없었다. 19세기 농인 교육자 헨리 캠프Henry B. Camp가 지적하듯이 "아이들은 그들이 어디로 향하고 있는지 알지 못한 채 학교로 들어갔다."[7] 학교를 둘러보면서 젊은 농인들은 자기가 어디로 가고 있는지 걱정한다. 집을 떠난 홀가분함과 함께 짐을 부려 놓은 농인 젊은이들은 얼마나 오래 가족들, 친구들과 헤어지게 될지 걱정한다.

농인학교 방문은 많은 가족들에게 아주 긴 여정으로 느껴지는데, 왜냐하면 그들 중에서 그 학교 근처에 산 사람은 거의 없기 때문이다. 대다수의 미국인들은 시골에 산다. 반면에 전쟁 이전 농인학교는 주로 도시나 도시 근교에 위치해 있었다.[8] 학교 설립자들은 부지를 선택할 때 대중교통으로 접근 가능한지를 고려했다. 하지만 문화적 요인도 중요한 고려 대상이었다. 전쟁 전 미국에서는 수많은 농인학교가 설립되었다. 몇몇 역사학자들이 주장하듯이 19세기 중반의 문화적 규범은 학교 설립자들로 하여금 전쟁 전 개혁가들이 악과 타락의 장소라고 여겼던 도심의 외곽에 건물을 짓도록 했다.[9] 사실, 많은 학교들은 빈번하게 도심 지역에 설립되었다. 미국의 첫번째 농인학교(이후의 다른 학교의 모델이 된)가 국가 수립 시기, 즉 개혁가들이 도시를 국가의 문화적 성취를 보여 줄 장소로 여겼던 시기에 세워졌던 것[10]을 생각하면 이해가 될 것이다. 많은 개혁가들이 농인 교육의 실험을 탁월한 과학적 성취로 여겼기 때문에 농인학교를 눈에 띄는 장소에 세울 필요가 있었다. 국가의 초창기 엘리트 여행객들을 매혹시킨 도시[11]가 농인학교를 설립할 적절한 장소로 여겨졌다. 그래서 대다수 농인학교는 건국기와 전쟁 전 도시 풍경의 두드러진 일부를 이루었다.

개혁가들은 얼마간 농인 교육을 진보 사업의 일환으로 여기며, 눈에 띄는 도심 지역에 둘 가치가 있다고 생각했다. 왜냐하면 그들은 농인 교육을 근대 과학과 이성이 인간 개선에 적용되는 대표적인 사례로 여겼기 때문이다. 유럽에서 농인에 대한 공식적인 교육은 인간 정신에 대한 계몽주의적 관심의 산물로서 시작되었다. 철학자들은 구어 능력이 없는 농인들의 비언어적 사유가 '자연인'의 사유와 가까운 것으로, 가치 있는 연구 '대상'이라고 믿었다.[12] 농인에 대한 이런 관심은 보다 넓게는 서구의 사유에 일어난 인식론적 전환의 일환으로, 그런 전환 속에서 과학자들은 육체를 대상화하고 신체적 특성에 기반하여 대중을 구별지었다.[13] 철학자들뿐 아니라 교육자들 역시 농인들을 제도 교육으로 치유될 수 있는 공통된 결함을 가진 집단으로 규정했다. 농인을 변별하고 구별짓는 개념들은 전례가 없는 것이었으며, 그에 따른 제도화 역시 계몽기 이전에는 들어 본 적이 없는 것이었다.

1820년대 농인학교들은 미국의 경쟁의식을 촉발했다. 유럽의 경쟁자들에 비해 뒤처지지 않은 것처럼 보이기 위해 미국의 개혁가들은 새로운 농인학교들을 도시의 눈에 띄는 곳에 유치하려 했다. 또한 그들은 새로 지은 학교의 학생들을 모집하기 위해 시골을 돌아다녔다. 학교를 둘러본 대다수의 농인 청년들은 그들의 학교 체험을 높이 평가했다. 하지만 그 학생들이 그 기숙학교에 대해 교육자들이 보인 열광을 즉각 공유한 것 같지는 않다. 왜냐하면 학생들은 자신들이 고향을 떠나 머나먼 도시에 분리된 것은 결국 농이 심각한 문젯거리로 여겨져서라는 느낌을 받았기 때문이다.

학교 설립자들은 시설을 어디에 지을지 결정하면서 농의 의미를 규정했을 뿐 아니라, 시설의 건물 디자인을 통해 농의 의미를 전달했다. 앞서 얘기한 것처럼, 19세기 초반 농인 아동들은 자신의 운명을 모른 채 학교로 떠났다. 그들이 학교에 도착했을 때 또한 그들은 자신이 어떤 곳에서 생활할지 알지 못했다. 평범한 공립 학교에 익숙한 농인 학생들은 다른 학교와는 전혀 닮지 않은 거대하고 특이한 학교 건물을 특히 이해할 수 없었다. 버지니아 농인학교는 1839년에 농인 및 맹인 학생들을 위해 설립되었는데, 그 건물의 형태는 학생들에게 혼란과 함께 위압감마저 주었다. 그 학교의 건물들은 르네상스 풍으로 지어졌는데, 그 건축 형태는 이렇게 묘사되었다.

그 센터 건물의 현관은 6개의 도리스 풍 줄무늬 기둥에 4층 높이의 두 날개지붕으로 장식되어 있는데, 그 위에는 아이들이 체조를 할 수 있는 4피트 폭에 6피트 길이의 옥상 마당이 있다. 그 옆에 북쪽으로 뻗은 두 날개지붕이 있고, 가로 53피트, 세로 35피트의 3층 건물 두 개가 떨어져 있다. (⋯) 가로 84피트, 세로 54피트의 건물이 세워지고 있었다.[14]

다른 학교들도 비슷하게 화려해서 몇몇 교사들은 그 과도함에 의문을 갖기도 했다. (미국 최초의 농인 관련 출판물인) 1853년 『미국 농아인 연감』*American Annals of the Deaf and Dumb*에서 편집자 치크S. B. Cheek는 이렇게 물었다.

> 농인학교의 건물이 이렇게 필요 이상으로 비싸고 크게 지어진 적이 있는가? 국가가 청인 아이들보다 농인 아이들을 위한 학교 건물을 더 멋지게 지어야 하는 타당한 이유가 있는가? 만약 크고 장식적인 건물이 필요하더라도, 그게 꼭 단과대학이나 종합대학, 혹은 국가 공공시설의 외양이나 규모와 비교해서 지어질 필요가 있는가?[15]

치크의 의문은 매우 흥미롭다. 일반적으로 작은 임대 주택에서 시작했다가 거대하고 화려한 건물을 갖춘 교정으로 성장해 간 초창기 농인학교들의 이 낭비를 어떻게 설명할 수 있을까? 이런 의문에 대한 답은 종교적이고 정치적인 동기에서 찾을 수 있다. 정치적이고 종교적인 동기가 자비로운 국민들과 정부로 하여금 농인학교에 거대한 자금을 지원하게 이끌었다.

이미 지적했듯이 농인 교육에 대한 열광은 부분적으로는 계몽주의 시대의 과학적 호기심에서 비롯되었다. 그러나 미국에서 농인 교육에 대한 관심은 과학보다 종교가 더 많은 영향을 미쳤다. 초창기 농인학교들은 2차 신앙부흥운동 시기에 지어진 것으로, 당시 부흥 목사들 중에는 천년왕국의 도래를 열광적으로 기다리는 자들이 많았다. 신앙부흥은 두 가지 측면에서 농인에 대한 관심을 촉발했다. 첫째, 부흥운동 지도자들은 개종conversion을 강조했다. 신의 말씀을 전파하는 데 지대한 관심을 가진 전도사들은 전 세계에 선교사들을 파견하여 이교도들을 개종시키려고 했다. 이에 더해 그들은 농인을 신의 말씀에 무지한 영적 집단 중 하나로 규정했다.

갤로데트Thomas Hopkins Gallaudet 목사(드와이트Timothy Dwight 밑에서 공부한 예일대 졸업생으로 미국 최초의 농인학교인 미국 농인학교 American Asylum의 설립자)는 미국의 농인들이 영적인 어둠 속에 살아간다는 것을 처음으로 발견한 사람 중 하나이다. 1817년 갤로데트는 학교를 설립한 후 북동부 지역을 돌아다니며 학교 건립을 설파하고 기금과 학생을 모았다. 1824년 그는 버몬트, 메인, 뉴햄프셔의 청중들에게 인상적인 「농아인을 위한 학교 교육의 의무와 이득에 관한 설교」를 했다. 갤로데트는 청중들에게 해외 선교에 대한 그들의 높은 관심을 칭찬하면서, 그렇지만 "또 다른 이교도들이 남아 있다고, 오랫동안 무관심 속에 방치된 이교도들, 그들은 바로 가난한 농인으로, 세계 곳곳에서 주 예수를 모르는 이들을 찾고자 하는 노력이 퍼지는 동안에도 그들의 간절하고 애달픈 요구는 잊혀져 왔다"[16]고 설교했다. 갤로데트는 청중들에게 농인들에게도 관심을 가져 달라고 촉구했다.

위태로운 영혼의 호소에 대한 반응으로 많은 미국인들이 농인 이

교도들을 돕자는 호소에 반응했다. 2차 신앙부흥운동이 농인에게 관심을 갖게 된 두번째 이유는 자선 행위의 가치 때문이다. 19세기 초반 개신교도들 사이에는 자선이 구원의 가능성을 높인다는 믿음이 크게 확산되었다. 자선과 구원의 관계에 관한 이런 강조는 이전의 구원관, 즉 구원은 신에 의해 예정되어 있어서 개인의 통제를 초월한다는 신학으로부터의 변화를 대표한다. 신앙부흥운동의 참여자들은 구원을 선한 행위와 연결했기 때문에 농인학교에 기여하는 것은 이교도 개종에 도움이 될 뿐만 아니라 그런 기부 행위가 영원한 보상을 약속할 거라고 믿었다. 그런 기부로 인해 교육자들은 크고 멋진 학교 건물을 지을 수 있었다.

복음주의 기독교도들만이 농인학교 설립을 독려한 것은 아니다. 국회의원들lawmaker 역시 농인 교육 기관에 정부 보조금을 지원하는 법안에 투표했다. 초창기 농인 교육자들은 의원들에게 농인에 대한 관심을 불러일으키기 위해 국가의 정치적 위엄과 정부 출연 기관을 결합시켰다. 미국에서 농인학교가 설립되기 전 부모들은 농인 자녀들을 유럽 학교에 보내곤 했다. 독립전쟁 40년 후, 적어도 1812년 미영전쟁 10여 년 후 농인학교 설립자들은 미국 시민들이 더 이상 자녀들을 바다 건너 학교에 보내는 일이 없어야 한다고 주장했다. 갤로데트와 함께 미국 농인학교를 설립한 프랑스 농인 로랑 클레르Laurent Clerc는 보스턴의 군중들에게 다음과 같이 연설했다. "유럽에는 모든 나라들이, 심지어 작은 나라조차도 농인을 위한 학교가 있으며, 대부분의 학교들은 정부 보조금으로 운영된다. 미국만이 인류의 간절한 외침을 외면하는 나라가 되어야 하겠는가?"[17] 농인학교를 설립하지 않는다면

미합중국은 다른 나라들과 대등한 국가로 대접받지 못할 거라는 주장도 있었다.

국가의 자긍심에 대한 호소는 최초 몇몇 농인학교 수립 이후에는 주 정부의 자랑에 대한 호소로 바뀌었다. 오하이오 주에서 의원들은 연방에 속한 지 25년 안에 비록 오하이오 주 영토의 4분의 1이 숲일지라도 농인학교가 설립된 것을 자랑스러워했다. 교육자들은 1827년, 그러니까 주 정부의 공립학교 시스템이 완성되기도 전에 농인학교가 설립되었음을 자랑스러워했다.[18] 농인학교의 존재는 주 정부의 복지 정도를 가늠하는 척도가 되었다. 1852년 오하이오 주 설립헌장은 이렇게 말하고 있다. "정신병자, 맹인, 농아인을 위한 학교는 주 정부에 의해 지원받아 발전하게 될 것이다. [이것은 진실로] 주권 정부의 훌륭한 결심인바 인류애의 감정에서 발로한 것이며 오직 기독교 정부에서만 가질 수 있는 사명에 기인한 것이다."[19] 농인학교는 주 정부의 자긍심과 복지의 중심이 되었다. 1892년 일리노이 농인학교의 감독관은 몇몇 주 정부의 재정 중 절반이 농인학교 기금으로 사용되었다고 지적했다.[20]

농인 교육에 대한 시민사회와 정부의 지원은 다양한 결과를 야기했다. 그중에는 농인 학생과 가족들이 스스로를 긍정적으로 인식하게 되었다는 점도 있다. 수많은 개신교 부모들은 농인 자식들이 종교 교육을 받기를 갈망했지만 그들 자신은 시킬 수 없었던 걸 안타까워했다. 그래서 그들은 농인학교에서 이뤄지는 영성 지도를 높이 평가했다. 또한 많은 농인 학생들이 종교 교육에 감화되어 졸업생들이 이룬 농인 사회에서 교회가 중요한 역할을 하게 되었다.[21] 이에 덧붙여 농인 젊은이들과 가족들은 그들이 학교에서 이뤄지는 교육도 높이 평가했다. 리글리는 당시 농인들의 삶에 청인들이 개입하는 것을 "식민화의 한 가지 형태"[22]라고 했지만, 농인 자녀들에 대한 정부 지원의 가치에 의심을 품은 미국인들은 오늘날과 마찬가지로 남북전쟁 전에도 거의 없었다. 학교에서 이뤄진 교육은 농인들이 지역 사회와 시민 사회에 통합되도록 했다. 만약 그들이 교육을 받지 못했다면 그런 통합은 불가능했을 것이라고 말할 수 있다. 그런 학교 교육을 전쟁 전 미국사회의 주된 특징인 공적 삶의 민주화와 무관한 현상이라고 보는 것은 잘못일 것이다.

그럼에도 불구하고 농인들의 학교 교육에는 긍정적이지 않은 면도 있었다. 농인 젊은이들의 학교 교육은 미국인들이 농을 이해하는 방식에 큰 영향을 주었다. 역사학자들이 농인학교 설립 전 유럽계 미국인 농인들의 삶이 어떠했는지 기억하는 것은 점점 어려워졌다.[23] 몇 가지 예시적인 증거에 따르면, 그들은 청인들의 언어에 접근할 수 없다는 이유로 그들이 속한 지역사회, 특히 농인학교가 처음 세워진 북동부에서도 고립된 삶을 살았다. 그럼에도 농인들은 분명 자신의 가족과 커뮤니티에서 경제적으로 통합된 삶을 살았다.[24] 가족 구성원들의 노동력으로 유지되는 농장에서 농인들은 의심할 여지 없이 자신의 몫을 다하고 있었으며, 따라서 생산적 노동자로 인정받았다. 그러나 학교 설립자들은 일반 공중과 정치인들에게 농인학교에 대한 관심을 얻기 위해 학교 이전 농인 사회를 형상화할 때 이런 통합을 강조하지 않았다.

앞에서 언급한 것처럼, 갤로데트는 잠재적 기부자들에게 농인학교의 필요성을 설득하기 위해 교육받지 않은 농인들을 이교도로 묘사했다. 다른 교육자들 역시 설득을 위한 수사로 "짐승 같은"brutes, "불행한 존재"unhappy objects라는 표현을 썼다.[25] 어떤 교육자들은 심지어 교육받지 못한 농인들을 인류에 속하지 못한 존재로 묘사하기까지 했다.[26] 농인학교 설립자들이 농인들의 지적, 정신적 능력을 강조한 건 사실이지만[27] 또한 그들은 한결같이 귀먹음을 재앙과 같은 비극으로 묘사했다. 이런 주장에 화가 난 농인 작가 존 버넷John Burnet은 1835년에 그런 식의 표현은 "과대 포장되고 왜곡된" 것이라고 썼다.[28] 그런 주장들은 농인 자녀를 둔 부모들(그중에는 농인학교 설립에 앞장선 이들도 있다)에게 반감을 샀다. 농인 자녀들이 인간 이하라는 주장에는 어떤 증거도 없었기 때문이다. 그럼에도 귀먹음의 결과에 관한 과장된 표현은 잠재적 기부자들에게 농인학교의 절박함을 설득하기 위해 설립자들이 종종 사용하곤 했던 전술적 표현들을 남겼다. 교육자들의 표현들 속에서 농인들은 가족 경제의 생산적 구성원이 아니라 심각한 두려움을 야기하는 신체적 '결함'을 가진 개인이다. 신체적 온전함에 대한 이런 강조는 막 떠오르는 미국식 개인주의 관념을 강화하는 데 일조했다. 각각의 개인은 자신의 복리에 대해 스스로 책임이 있다는 관념 말이다. 농인학교 설립 모금을 위한 성직자들의 호소도 이런 수사적 표현을 동반했다. 이와 같은 결핍의 강조는 교육받지 못한 농인들을 합당한 자선의 수용자로 만드는 데 도움이 되었다.

농과 자선의 결합은 전혀 새로운 것이 아니었다. 가난한 농인들은 일찍부터 자선을 받는 존재였다. 하지만 19세기 초 시장 관계가 확산되면서 대다수 미국인들이 합당한 자선의 기준으로 생각한 것에 변화가 생겼다. 역사학자 마이클 카츠Michael Katz가 지적했듯이[29] 미국인들은 점차 시장 경쟁에 참여하지 않는 자들을 의심의 눈길로 보기 시작했다. 미국인들은 빈곤을 개인적인 실패의 징후로 이해하기 시작했다. 빈곤에 대한 이런 태도 변화의 결과 미국인들은 자선을 받을 만한 사람들과 그렇지 않은 사람들을 날카롭게 구분하기 시작했다. 농인 교육자들과 지원자들은 농인학교에 대한 열렬한 지원을 통해 농인들이 자선의 대상이긴 하지만 도덕적 비난을 받지는 않도록 했다. 농인들을 "이교도", "불행한 존재"로 표현하는 교육자들의 수사학은 비록 현실에 꼭 맞는 것은 아닐지라도, 농인들을 자선에 '합당한' 범주에 속하게 했다. 달리 말해서, 농인들에 대한 '과장된 주장'은 19세기 초 도와줄 만한 사람과 그렇지 않은 사람 사이에 구분선을 긋는 데 기여했다. 의원들은 농인학교에 정부 기금을 출연함으로써 그런 구분을 정부 차원에서 증명했으며, 그것은 농인에 대한 통념의 제도화에 기여했다. 그에 따르면 농인학교는 교육 사업이라기보다 자선받을 만한 대상으로 공식적으로 분류되었다.

학교 건물의 화려한 외관은 남북전쟁 전 학교 설립자, 교육자, 기부자, 그리고 주 정부가 젊은 농인들과 일반 대중이 농인은 합당한 자선 대상이라는 생각을 소통하는 수단들 중 하나이다. 크고 널찍한 건물은 과학자들과 성직자들 모두에 의해 귀먼 자들이 (일찍이 인간 이하의 존재로) 발견되었으며 동정심 많은 대중과 정부의 도움으로 보호받고 있다는 수사학의 물리적 구현이다. 아이러니하게도 학교 건물은 실제로 건물 안에 사는 사람들보다 그 건물을 짓는 데 기여한 사람들에 대해 더 많은 것을 보여 준다. 예를 들어, 전쟁 전 역사학자 벨던E.

Porter Belden은 뉴욕 학교가 "그 도시에 대한 건축학적 장식"이자 "그 설립자와 후원자들의 자선 기념물"[30]이라고 적었다. 화려한 건축 외관은 설립자들과 교육자들의 박애정신과 기부자들의 따뜻한 마음씨와 정부의 복지정책을 노골적으로 뽐낸다. 따라서, 놀랄 것도 없이 남북전쟁 전 농인학교는 관광 대상 중 하나였으며, 또한 관광은 교육자들과 일반 대중이 농에 대한 그들의 이해방식을 농인들과 소통하는 방법 중 하나였다.

19세기 초 "여행자 안내서"라 불린 관광 안내서는 관광객들을 농인학교로 안내했다. 가령, 1818년 뉴욕 학교가 설립된 지 겨우 1년 만에 그곳은 『뉴욕 여행자들을 위한 안내서』에 소개되고 있다.[31] 학교 행정 직원들은 여행자들을 따뜻하게 맞이했다. 펜실베이니아의 목사 화이트White는 일반 시민들을 정부 출연 학교에 초대하고 "그 안에 있는 흥미로운 존재들을 관찰했다".[32] 방문객들은 농인 학생들을 두 가지 방식으로 관람할 수 있었다. 몇몇 학교는 정규 시간표 속에 공개 수업을 배치했다. 가령, 1820년대 앤 로열Anne Royall은 펜실베이니아에서 "적어도 2천 명"의 다른 구경꾼들과 함께 그런 식의 전시를 관람했다.[33] 이와 유사하게 1847년 관계자들은 펜실베이니아 학교 운영자에게 매주 화요일 오후 학교를 잠시 공개해 줄 것을 신청할 수 있었다.[34] 다른 학교들은 방문자들이 학교 시설을 둘러볼 수 있게 했다. 1850년 제1차 미국 농아인 학교 컨벤션에 참가한 한 열렬한 교육자는 방문객의 편의를 위해 학교 교실에 서너 개의 손님용 걸상을 상비해 둘 것을 요청했다. 그의 요청에 따르면 그 의자는 교실 앞쪽 연단 위에 놓여야 했다.

학교에 관광객이 있다는 것은 농인 학생들이 끊임없이 자신의 비정상성을 수행하도록 요청받음을 의미한다. 학교 운영자는 그런 전시를 통해 『필라델피아 여행자 안내서』의 저자 태너Henry Tanner가 독자들에게 "예외적으로 흥미롭고" "진실로 놀랍다"[35]고 추천한 것을 학생들이 보여 주도록 연출한다. 교실에 방문객(심지어 빈 의자의 유령일지라도)이 있다는 것은 학생들의 일상적 수업을 기적에 가까운 농인 교육의 볼거리로 변모시킨다. 푸코는 일반적으로 학교에서 교사가 학생들의 행동을 통제하는 것이 학생들의 신체를 길들이는 효과를 낳는다고 주장했다.[36] 농인학교에서 교사가 학생들의 행동을 통제하는 것은 이에 덧붙여서 학생들에게 교육자와 방문객들이 농에 부여한 의미를 각인시키는 기능을 한다. 앞으로 살펴볼 텐데, 농인 졸업생들은 농의 의미에 대해 교육받은 많은 것들을 거부했다. (물론 몇몇 학생들은 그런 전시수업과 방문객을 좋아하기도 했다. 그 속에서 자신이 주목받고 있다고 느끼거나, 그렇지 않았으면 따분했을 수업에 활기를 불어넣기 때문이다.) 그럼에도, 학생들은 자신들의 모든 기술이 경탄을 자아낸다는 것을 알기 때문에 그런 인식은 농인으로서의 자기를 인식하는 방식과 청인 주류집단과 자신의 관계를 인식하는 방식에 지대한 영향을 미친다.

농인 청년들을 고향에서 멀리 떼어 놓는 도시의 학교, 화려한 건축물의 과시, 그리고 학교에 방문객이 오는 것 등은 19세기 초반 교육자들이 농의 의미를 농인 청년들과 소통하는 방법들이다. 학생들이 학교에서 얻는 교훈은 농인에게는 뭔가 심각한 문제가 있으며, 그 때문에 그들은 자선받을 만한 존재라는 관념이다. 그에 따라 그들이 하는 가장 일상적인 활동조차 예외적인 성취로 간주된다. 하지만 교육자들은 학생들에게 자선과의 연관성을 벗어나는 방법을 제공하기도 했다. 학생들은 기술에 능숙하도록 훈련받았다. 직업 훈련은 처음부터 농인 교육의 핵심이었으며, 오랜 시간 동안 교육자들은 농인들의 기술교육 시간을 늘려 왔다.[37]

앞에서 지적했듯이 학교 설립자들과 교육자들은 대중과 정부에 재정 지원을 독려하기 위해 농인의 이교도적 상태를 강조했다. 이에 덧붙여 학교 당국자들은 훈련받지 못한 농인들은 그에 못지않은 위험을 갖고 있다고 경고했다. 그들은 경제적으로 타인에게 의존적이게 된다는 것이다. 19세기 초반까지만 하더라도 농인들은 가족 농장에 경제적으로 통합된 상태로 있었다. 그러나 자본주의가 발전하고 생산 관계에 찾아온 변화는 농인들에게 불리한 영향을 미쳤다. 교육자들은 자본주의의 치열한 노동 시장에서 농인들이 일자리를 구할 때 차별을 받을 수밖에 없다고 위협했다. 농인학교 교육자들은 학생들에게 수공업manual trade을 가르치겠다고 약속했으며 펜실베이니아 농인학교 정관에는 "학생들을 유용한 사회 구성원으로 만든다"는 내용이 포함되어 있다.

자선받을 만한지, 그렇지 않은지의 관념과 비슷하게 교사들이 농인들에 대해 걱정하는 것은 의존성이다. 예전에 특히 동북부 지역의 경우 대다수 사람들은 자신이 가족이나 이웃에게 의존하는 것을 당연하게 생각했다. 젊은 남자의 경우 땅을 소유함으로써 '능력'과 '독립성'을 추구하긴 했지만 일가 친척들의 도움 없이 가능하다고는 아무도 생각지 않았다. 자본주의의 등장에 따라 시장이 확산됨과 동시에 생산 패턴의 변화가 이루어지면서 18세기 후반과 19세기 초에 새로운 방식으로 '자립'이 정의되었다. 상호교류에 기반을 둔 경제관계가 계약 체결 능력과 임금 노동으로 대체됨에 따라 자립은 경쟁적 시장에서의 개별적 성공과 관련된 것이 되었다. 가족 구성원과 이웃들은 계속해서 서로에게 의존하긴 했지만 현금에 기반을 두지 않은 그들의 상호부조는 점점 더 경제 외적 활동으로 규정되었다. 자립의 정의가 변화하면서 의존의 의미 또한 바뀌었다. 의존은 공동체의 존립community subsistence을 가능하게 하는 원동력이기보다는 결함의 표지가 되었다. 학교 설립자는 농인들이 고용시장에서 차별받는 것에 기반하여 그들이 독립성을 가질 수 없을 거라는 두려움에 사로잡혔다. 그런 걱정은 교사들로 하여금 노동시장에서의 차별을 없애는 캠페인에 착수하는 대신 직업 훈련을 농인학교의 기본 기능으로 자리 잡게 만들었다.

　농인 교사든 청인 교사든 그들은 엄격한 직업 훈련 프로그램에 자부심을 갖고 있었다. 하지만 직업 교육이 학교 교과목에서 차지하는 비중이 높아짐에 따라 세 가지 형태로 그 이득이 상쇄되었다. 첫째, 직업 교육 시간이 늘어남에 따라 학문 교육 시간의 비중이 줄어들었다. 그로 인해 교사들은 학생들이 오직 수공업에만 적성을 가져야 한다는 생각을 전파했다. 둘째, 직업 교육에 대한 강조는 학교 출신 농인 커뮤니티에 제약을 가져왔다. 역사학자 트리키아 리키Tricia Leakey가 지적하듯이 "대부분의 소수자 집단이 단지 수공업 기술에만 치중할수록 그 집단은 전반적으로 경제적 권력을 거의 갖지 못한다."[38] 직업 교육에 대한 강조로 인한 세번째 결과는 가장 비가시적이면서도 해롭다. 교육자들은 농인들이 자선의 대상이라는 담론 형성에 참여하면서 생산적인 노동자가 되는 것만이 그런 낙인에서 벗어나는 유일한 수단이라고 주장했다.

남북전쟁 전 농인학교의 위치, 건물의 형태와 크기에서 암시되고, 교육자와 일반 대중의 수사적 표현에 의해 강화된 관념이 농인 학생들에게 심대한 영향을 끼쳤다. 1850년 창립자 갤로데트와 클레르를 기리기 위한 미국 농인학교협회에서 농인 졸업생들은 교육자들 덕분에 영적 어둠에 대해 배웠으며 그로부터 벗어날 수 있었다고, 자신들은 학교 설립자, 후원자, 그리고 정부로부터 큰 빚을 졌다고 말했다.[39] 농인 졸업생이 감사해야 할 이유는 충분했다. 교육자들은 농인들이 동정과 자선을 받을 만하다는 담론을 형성하는 데 참여했다. 하지만 앞서 언급했듯이 교육자들은 19세기 초반 높이 평가받았지만 농인들에게는 허락되지 않던 종교적 각성과 교육에 접근할 수 있게 해주었다. 푸코는 "권력이 작동하게끔 하는 것, 권력을 받아들이게 하는 것은 단지 '안 돼' 하며 금지해서가 아니라 이러저리 횡단하면서 뭔가를 생산하기 때문에, 쾌락을 생산하고 지식을 형성하며 담론을 양산하기 때문"[40]이라고 말했다. 학교는 새로운 영적, 지적 세계를 농인들에게 제공했다. 그것이 감사한 이유이다.

학교 또한 학생 스스로가 (궁극적으로는 청인 행정가들의 권위하에서) 자신들만의 농인 세계를 창조할 수 있는 공간을 제공했다. 신입 학생들은 처음에는 정체성을 갖는 데 어려움을 겪을 수 있지만 곧 별다른 어려움 없이 수어를 사용하는 동료학생들, 학교에 거주하는 교사들과 한 무리를 이루게 된다. 에드먼드 부스Edmund Booth(농인 지도자, 저널리스트, 1880년에 설립된 전국농아인협회National Association of the Deaf and Dumb 회장)는 미국 농인학교에 온 소감을 이렇게 적었다. "그것은 나에게 완전히 새로운 경험이었다. (…) 무수한 손과 팔의 움직임들. 나는 이방인들 사이에 있었지만, 나는 내가 고향에 왔음을 알았다." 학교 설립자와 교사들은 학교를 다니지 못하는 농인들의 처지를 동정받아 마땅한 재난으로 과장했다. 하지만 많은 농인들이 알아들을 수 없는 구어를 쓰는 청인들과의 교제에서 전반적으로 배제된 느낌을 가진 것도 사실이다. 그와 달리, 농인학교에서 학생들은 모든 활동에 자유롭게 참여했다. 가령 농인 교육자 캠프는 농인 학생들이 운동장에서 "기분을 북돋는 스포츠에 참여하고 이끌 수 있었다"[41]고 지적한다. 그들은 자신의 교실과 예배 시간에 아무런 어려움 없이 의사소통했다. 농인 청년들은 학교에서 그들만의 세상을 만들었다. 졸업생들은 교사들에게 감사를 드릴 수 있었다. 하지만 그렇다고 청인들의 농에 관한 관념을 전적으로 받아들였다고 생각하는 것은 잘못이다.

학생들의 학교생활을 복원하는 것은 어렵다. 그에 비해 졸업생들의 활동은 훨씬 접근하기 쉽다. 이런 활동들은 농에 대한 통상적인 편견에 맞서 싸우게 될 커뮤니티의 속성을 반영한다. 그 활동들은 농인들에게 중요한 문제가 자립생활을 조직하여 자신들이 동정받아 마땅한 존재라는 낙인을 떨쳐 내는 것임을 알게 해준다. 가령, 1854년 첫번째 미국 농인학교 동창회 4년 후 뉴잉글랜드 농인 커뮤니티 구성원들은 갤로데트를 기리는 두번째 추모 행사를 위해 학교에 모였다. 이 행사의 주된 안건은 창립자를 위한 기념비 설립이었다. 화려한 장식의 건축물은 교사, 후원자, 그리고 정부의 후원과 자선에 대한 기념비였다고 앞서 지적했다. 하지만 1854년의 기념비는 무척 달랐다. 이번 것은 전적으로 농인 커뮤니티에 의해 기금이 마련되었으며, 농인 예술가가 직접 디자인했다. 클레르는 기금을 모으기 위해 농인 모임을 조직했는데, 그 모임은 이후 미국 최초의 농인 협회인 뉴잉글랜드 갤로데트농인협회가 된다. 제막식에서 펜실베이니아 농인학교 졸업생 존 칼린John Carlin은 농인 스스로의 힘으로 기념비를 세웠다는 연설에서 특히 흥분했다.

이것이 농아인 커뮤니티의 힘으로 건립된 세계 최초의 기념비라고 믿을 이유는 충분합니다. 그렇기에 우리가 이 기념비의 설립자라는 사실에 엄청난 자긍심을 느낍니다. 보이지 않는 노동의 영광스러운 결과를 음미하는 우리의 혈관에는 자랑스러움이 흘러넘칩니다.[42]

갤로데트 기념비를 통해 농인 커뮤니티는 미국 농인학교의 자립을 자랑스럽게 주장했다. 게다가 독자적으로 기금을 마련함으로써 농인 커뮤니티는 농인들이 동정받을 만하다는 대중적인 견해를 반박했다.

농인 커뮤니티는 자신의 자립 주장을 학교시설에 국한하지 않았다. 1815년 미국 농인학교에서 공부한 농인 존 플러노이Georgian John Flournoy는 농인들이 워싱턴에 들어가 통치하고 대변할 농인 주 정부를 위한 땅을 요구해야 한다고 주장했다.[43] 이 제안을 담은 편지가 뉴잉글랜드 갤로데트협회 정기회합 연감의 회의 부록에 실려 있다.[44] 그러나 플러노이의 계획에 대해 설문 응답자들(대부분은 농인들이다)은 전반적으로 그 계획이 비현실적이라며 거부했다. 논쟁에 참여하여 자신의 의견을 문서로 남긴 대다수 교육받은 농인들은 플러노이의 꿈이 허황되다고 일축했지만 크렌츠Christopher Krentz와 몇몇 사람은 플러노이의 전망을 매력적이라고 생각했다. 어쨌든 플러노이의 제안은 농인의 정치적, 경제적 자립을 옹호하기 위해 추진할 수 있는 사업구상의 최고치를 보여 준다.

농인 커뮤니티 구성원들은 그들의 독립적인 공화국을 만들자는 제안에 양가감정을 갖고 있었지만, 오직 극소수의 기혼자들만이 농인 배우자를 선택하고 농인 가정을 꾸리는 선택지에 반감을 가졌다. 19세기 말의 통계자료들을 보면 남북전쟁 전 대다수의 농인들은 다른 농인과 결혼했다.[45] 농인 간 결혼 비율이 높은 것은 농인과 청인 간의 언어적 장벽, 농인 간 문화적 친근성에서 비롯된 결과로 보인다. 그러나 다른 한편으로 농인들은 청인들의 시선에서 자유로운 가정의 미래를 열망했다. 그들은 청인들의 비하 어린 시선에서 벗어난 가정을 원했다고 볼 수 있다. 교사들이 농인 학생들을 관광객들의 시선하에 전시했던 것을 떠올려 보면 그 마음을 알 것이다. 농인 가정은 농인들이 나날의 사소한 집안일을 문제없이 해나가는 걸 놀라운 시선으로 쳐다보는 구경꾼의 눈으로부터 자유롭다는 것이다. 농인끼리 결혼함으로써 그들은 전반적으로 청인들의 개입과 비하 어린 시선으로부터 자유로운 공간을 확보하려 한 것이다. 또한 농인 간의 결혼은 자립생활 능력을 입증하기도 한다.

농인들은 자신들이 해온 직업의 범위를 넓힘으로써 그들에 대한 판에 박힌 이미지를 거부하고 자립의 터전을 확보하고자 했다. 앞에서 설명했듯이 농인학교의 커리큘럼은 학문보다는 직업교육에 치중했다. 19세기 중반까지 두 개의 농인학교에서 학문에 재능을 보인 학생들을 위한 '고등 학급'을 설치했다.[46] 이런 보충 학급은 농인 커뮤니티를 만족시키기에는 충분치 못했다. 몇몇 농인들은 고등교육의 기회를 요구하기 시작했다. 그들 중 한 명인 칼린은 1851년 고등교육의 기회가 결핍됨으로써 농인들 중 똑똑한 이들이 "평범한 수공업으로 밥벌이를 하고 있다"[47]고 말했다. 3년 후 그는 '농인을 위한 국립 대학college'의 설립을 제안했다.[48] 수많은 농인과 청인들이 그의 제안에 찬성했으며 그 결과 10여 년 후 국립 농인 대학National Deaf-Mute College(지금의 갤로데트 대학Gallaudet University)[49]이 설립됐다. 대학교육을 위한 투쟁을 통해 농인학교 졸업생들은 제한된 학습과 직업에 결코 만족하지 않았음을 보여 주었다.

1850년대 농인학교 졸업생들을 중심으로 활발한 농인 커뮤니티가 형성되었으며, 농에 대한 편견에 도전하기 시작했다. 하지만 강력한 커뮤니티의 존재가 학교의 훈육적 기능이 완전히 실패했음을 의미하지는 않는다. 농인학교 졸업생들이 저항적인 생활 방식을 발전시키기는 했지만, 그들의 투쟁은 농이 동정과 자비를 받을 만한 재앙이라는 학교가 가르친 관념이 틀렸음을 증명하려는 것이었다. 그 결과 남북전쟁 전 농인 커뮤니티는 자립과 독립이라는 지배적인 가치를 전유했다. 그들은 생산적인 노동자, 시민이 됨으로써 농에 대한 19세기 초반의 전형적인 편견이 틀렸음을 입증하고자 분투했다. 아이러니하게도 생산적인 노동자, 시민은 정확히 학교가 —— 일반 학교와 특수 학교 모두 —— 창조하려 한 것이다.

19세기 초반이 농인 교육의 역사에서 황금기에 해당한다고 보는 것은 농인학교 졸업생들에 의해 농인 커뮤니티가 형성되고 농에 대한 틀에 박힌 선입견에 도전한 것을 높이 평가하기 때문이다. 또한 모든 아동에게 교육의 기회를 제공하려는 노력을 높이 평가한 것이기도 하다. 훈육 기능에도 불구하고 학교는 풍부한 지식의 세계로 진입할 수 있는 통로가 될 수 있었다. 분명 그렇게 평가할 수 있다. 그러나 19세기 초반 학교시설이 지닌 훈육의 역할 또한 주목해야 한다. 앞서 지적한 것처럼, 푸코는 학교가 학생들을 경제적으로 유용하고 정치적으로 순종적인 사람이 되도록 훈육하는 기능을 했다고 말한다. 농인들을 위한 학교는 이런 훈육 기능을 훌륭히 수행했다. 농인학교는 젊은 농인들에게 비록 자신은 결핍이 있지만 열심히 주류의 가치를 성취하면 낙인을 떨쳐 낼 수 있을 거라고 가르쳤다.

기형의 딜레마: 19세기에서 20세기 초반 파리에서의
비정상 인간에 대한 경찰통제와 기형학

다이애나 스니구로비치

1909년 7월 27일 손가락이 붙어 '가재 여인'La Femme homard이라 불린 24세 여성, 브리종 양Mlle Brison이 파리 법정에 섰다.[1] 브리종은 1906년 2월 특별허가를 받은 사람을 제외하고 축제나 카니발에서 기형phénomènes(신체적으로 비정상적인 인간과 동물)[2]을 전시하는 것을 금지한다는 경찰의 명령을 위반했다는 이유로 기소되었다. 파리의 일간 신문 『르 마탱』(1909년 7월 1일)에 브리종과 그녀의 '범죄'에 대한 논평을 쓴 클레망 보텔Clément Vautel은 이런 규제가 신체적 '변형'deformities[3]을 가진 개인들의 권리를 침해하는 것이라고 지적했다. 보텔은 "그 가재 여인은 기형인가, 예술가인가?"라는 질문을 던지며 자신의 논평을 시작했다. 그는 자신의 글을 이렇게 마무리했다.

그렇게 해서 기형이 될 수 있는—우리의 마지막—자유는 사라져 버렸다. 우리는 이제 행정당국의 특별 허가가 없으면 '해골인간', '두꺼비 여인'이 될 권리를 갖지 못하게 되었다. 바스티유를 가졌던 건실로 가치 있는 일이었다. 그렇지 않은가? 더 이상 살아 있는 기형을 볼 수 없다니 (…) 그것은 의회 직원 모집을 방해하는 일이다. 예전에는 막내 자식이 바넘 서커스에 전시될 만한 괴물이 될 소질이 있을 때 그것은 가족의 경사였다. 그리고 이웃집 아이는 질투 어린 목소리로 "그럴 징조가 보이나요?"라고 물을 것이다. 그럼, 행복한 아버지는 "그렇단다. 그 애는 소머리 인간을 무색하게 할 징조가 보인단다"라고 대답할 것이다. 아! 그 모든 게 사라져 버렸다. 기형의 화려한 직업은 그들이 지닌 모든 위대함을 증오하는 행정가들 때문에 파괴되어 버렸다.[4]

보텔의 글은 정부 공무원들에 대해 풍자적 비판을 가하고 있지만 그의 문장은 상당히 정확하게 현실을 묘사한다. 19세기 내내 거인, 난쟁이, 인어, 해골 인간, 수염 달린 여자*femme à barbe*, 살찐 여자, 사지 없는 남자와 여자, 반인반수 무리들이 파리의 거리나 대중 공연장에 흔히 등장했다. 프랑스 혁명 후 십여 년 동안 수많은 기형 인간들이 사라진 듯 보였지만 7월 왕정(1830~48)의 전통적인 종교-정치적 환경 속에서 그들은 다시 모습을 드러냈다. 에티엔 조프루아 생틸레르Étienne Geoffroy Saint-Hilaire(1772~1844)와 그의 아들 이시도르Isidore Geoffroy Saint-Hilaire(1805~1861)가 성취한 새로운 기형학(선천적으로 기형인 인간, 동물, 식물에 대한 연구)은 대중적인 관심을 불러일으켰을 뿐아니라, 약삭빠른 사업가들과 이익을 찾아 파리 근교나 도심으로 몰려 든 유랑극단, 부랑인 같은 '떠도는' 사람들로 시장을 채웠다.

기형에 대한 대중적 관심의 상당 부분은 그들의 '의심스러운' 기원과 본성에 기인한다. 보텔이 논평 기사를 쓸 당시에는 선천적 기형을 가진 개인들의 '인간성'이 의심받지 않았지만, 1800년대 초반과 중반까지만 하더라도 그렇지 않았다. 선천적 기형에 대한 기형학적, 초자연적, 신비주의적 설명에 대한 구체적적 믿음, 가령 동물과의 성관계(수간獸姦), 악마와의 성관계, 임신 중 상상[5]에 대한 이야기는 기형학자들이 기형은 생물학적, 신체적 원인을 밝힐 수 있는 현상임을 증명한 이후에도 지속되었다. 가령, 19세기 로테르Jacques Rauter라는 프랑스 법학자는 '괴물들'(심각한 선천적 '변형'deformities[6]을 가진 개인들)은 '도덕적 인성'을 갖고 있지 않기 때문에, 즉 인간적 의식을 갖고 있지 않기 때문에 시민적, 법적 권리를 주장할 수 없다[7]고 믿었는데 그만 홀로 그런 것은 아니었다. 시민법의 규정에 따르면, 형태학적으로 인간의 머리를 갖고 있느냐가 인간 존재를 결정하는 기준이었다. 만약 누군가 결정적인 표지인 두개골이나 얼굴 형태가 '인간'처럼 보이지 않는다면, 그/그녀는 '인간'으로 간주되지 않았다. 즉, 선천적 기형에 대한 지각과 인과율은 기형학이 다른 설명을 내놓았을지라도 여전히 신체적 외양에 의해 결정되었다.

신체 외양과 '인간 존재' 간의 연결은 선천적 기형을 가진 사람에 대한 기형학의 점진적인 '인간화'humanization와 그에 대립되는 신체 훈육 체제 사이의 역설적인 관계를 떠받치고 있다. 기형학의 자연적, 규범적 법칙은 인간과 '괴물들' 간의 생물학적 친연성을 선언했지만, 기형학적 변이와 비정상의 병리화는 퇴화degeneration, 정상화normalization, 인체측정학anthropometry, 유전학, 사회 진화론의 이론과 실천으로 귀결되었다. 신체적 기형을 가진 개인들의 정상성 혹은 비정상의 정도에 대한 푸코적 시선이 증가함에 따라 사회적, 범죄적 일탈이 신체적 비정상과 연결되었으며, 그렇게 규정된 이들에 대한 경찰 통제가 증가했다. 푸코가 『감시와 처벌』에서 제시한 법-규율 관계의 '어두운 이면'[8]은 또한 인간 비정상에 대한 지각과 경찰 통제에도 잘 적용된다. 먼저 한 측면에서 기형학의 증거들은 선천적으로 기형을 가진 이들은 생물학적 변이로 간주되어야, 즉 '인간 존재의 상이한 유형'으로 간주되어야지 징조, 악마의 정자, 자연의 농담, 동물성의 산물이 아님을 주장한다. 그러나 다른 한편, 선천적 기형을 가진 인간에 대한 감시와 경찰 통제는 그들을 '인간 이하'less than human, 즉 일탈되고 비정상적인 존재로 규정짓고, 그들의 생명을 제한하거나 제거하려 든다.

기형에 관한 통제에는 육체적 차이나 공중위생 및 안전에 대한 염려 이상의 것이 있다. 20세기 초반 행정당국은 '가재 여인' 브리종 같은 기형 인간을 빛의 도시에서 쓸어버리고 있었지만, 손도 발도 없는 '통나무 예술가'Artiste tronc 코벨코프Nicolai Kobelkoff는 계속해서 연행을 하며 돌아다녔다.[9] '코벨코프'라는 이름이 함축하는 것처럼 그는 단순한 '통나무 인간'이 아니다. 그는 '통나무 예술가'이다(그는 그림을 그리고, 체조를 하고, 권총을 쏘고, 술을 마시며, 바늘에 실을 꿰고, 병마개를 열고, 자기 이름을 서명한다). 하지만 브리종 양의 경우에는 그런 논리가 적용되지 않았다. 브리종의 변호사 역시 브리종은 예술가였다고——그녀는 무대 위에서 바느질을 하고, 자수를 놓는 시범을 보였다——주장했지만, 1906년 2월의 법령은 그녀의 예술을 인정하지 않았다. 브리종은 서른 가지 위반 사항에 대해 유죄를 선고받았고 각각

에 대해 1프랑씩 총 30프랑의 벌금을 내야 했다.[10]

기형과 예술가 사이의 구별은 무척 흥미로운데, 왜냐하면 브리종과 코벨코프 모두 일상적이고 평범한 행위를 무대에서 선보였기 때문이다. 브리종은 길거리의 작은 부스나 장터 같은 데서 자기 자신을 구경거리로 보여 주는 거리 예술가였지만, 코벨코프는 부유한 연예기획자로 프랑스 최초의 유랑 영화관 중 하나를 소유한 사람이었다. 브리종과 코벨코프의 차이는 사회경제적인 차이였을까? 그러니까 '가재 여인'과 같은 주변부의 (공공장소에서 자신을 전시하는) 개인들은 사회의 쓰레기로 간주되고, 코벨코프 같은 부유한 ('예술' 공간에서 공연하는) 연예인은 합법적이라고 승인된 걸까? 아니면 그 둘 간의 차이는 그들이 보여 준 노력과 재능의 차이, 즉 그들이 갖고 있는 '핸디캡'을 극복하기 위해 필요한 의지력과 노력의 양적 차이와 관련된 것일까? 기형과 예술가의 차이는 예술적 진정성의 차이였을까? 다시 말해, 기형의 '퍼포먼스'는 단지 신체 전시를 위한 빌미일 뿐이고, 예술가의 신체 동작은 진정한 예술 행위인가? 단순한 신체 전시는 '불법적인' 노동으로 간주된 것인가? 감옥, 공장, 학교, 그리고 푸코가 분석한[11] 여타 기관들에서의 판옵티콘 감시가 사회적으로 허용되지 않은 행위를 방지하고 사회심리학적 규범들을 각인시키기 위한 수단인 것처럼, 기형 인간에 대한 감시와 경찰 통제 역시 새롭게 떠오르고 있는 '인간'의 정의, 즉 순전히 신체적인 기준에 따른 것이라기보다는 사회심리학적 기준에 중점을 둔 정의를 강화하는 데 기여한 것일까?

순전히 신체적인 방식으로 '인간 존재'를 정의하는 것으로부터의 변화는 서로 다른 유형의 접합쌍둥이에 대한 파리 당국의 태도 변화에서 잘 드러난다. 파리 당국은 1829년 창Chang과 엥Eng(기원적인 '샴 쌍둥이')의 전시와 1829년 8월에 리타-크리스티나Rita-Christina라는 8개월 된 '두 머리 괴물' 아이의 전시 모두 금지했는데[12] 1835년 파리 당국은 창과 엥의 전시를 실질적으로 허가했다.[13] 파리 당국의 이와 같은 태도 변화가 이시도르 조프루아 생-틸레르의 『기형의 특질』*Traite de tératologie*(1832년 초판)에 영향을 받은 것인지 아닌지는 명확하지 않다. 하지만 대략 50년 후 리타-크리스티나와 같은 유형의 접합 쌍둥이인 5살 토치Tocci 형제(장과 자크)는 여전히 전시 금지 판정을 받았다. 바티스타 토치(쌍둥이의 아버지)의 요청에 대해 지방 경찰청장은 이렇게 응답했다. "나는 그런 괴물들이 공중에게 전시되어서는 안 된다고 생각한다. 그들은 순전히 의학적 관심의 대상일 뿐이다."[14]

창과 엥*xiphopage* twins이 어쩌다 복부 부분이 살로 된 밴드로 묶인 '정상적인' 두 남자처럼 보이는 것과 달리 리타-크리스티나와 토치 형제(둘 다 검상돌기결합 쌍둥이)는 가슴 아래 부분이 하나로 붙어 있다. 달리 말해서 이 두 쌍둥이는 하나의 가슴, 하나의 복부, 한 쌍의 다리를 가지고 있으며, 두 개의 목, 두 개의 머리, 두 쌍의 팔을 갖고 있다. '정상적인' 인간과 비교하면 리타-크리스티나와 토치 형제는 하나의 몸에 머리가 둘 달린 인간이다. 1880년대에 오면 비록 접합 쌍둥이의 '비자연적인' 기원과 본성에 대한 관심은 사라지지만, 당국자들은 여전히 대중들에게 그들이 공개되는 것이 적합하지 않다고 생각했다. 하지만 공식적인 거부에도 불구하고 토치 형제는 리타-크리스티나와 마찬가지로 전시되었다.[15]

몇몇 접합 쌍둥이(창과 엥 같은)와 사지 없는 사람들이 특별히 '괴물스럽게' 보인 것은 아니지만, 이시도르 생-틸레르의 새로운 기형학적 분류는 접합(혹은 기생) 쌍둥이와 사지 없는 사람을 유일하게 생존 가능한 '괴물'로 만들었다. 이시도르에 의해 '괴물'로 분류된 다른 이들 — 가령, 뇌가 없거나, 머리가 없거나, 눈이 하나인 이들 — 은 사산되거나 탄생 즉시 죽었다. 1820년대 이전에는 '괴물'로 분류되는 특질이 신체적 외양에 관련된 개념 틀에 의존한 반면에(그래서 가시적인 비정상은 모두 '괴물'로 분류되었다)[16] 이시도르의 분류법은 '괴물성'을 선천적 기형의 하위집합으로 만들어서 용어(기형monstrosity, 괴물 monster)가 엄격한 의미를 갖고 있다. (이시도르의 체계에서, 괴물성은 오직 심각한 내부적 기형을 갖고 있으며, 그것이 외부적으로 드러나는 것만을 가리킨다.) 흥미롭게도 1820년대 전까지 이시도르가 말한 '괴물'에 대한 '대중적' 정의 — 신체적 형태나 외양이 깜짝 놀라게 하며 거의 항상 보는 이들에게 혐오감을 주는 그런 개인들[17] — 가 남아 있었다. 사실 행정당국과 공중의 관점에서 진실로 '괴물스럽다'고 인식되기 시작한 사람들은 사소한minor 선천적 기형과 변이를 가진 이들이었다(이시도르가 단일기관변이hemitries, 복합기관변이heterotaxies, 자웅동체hermaphrodismes하에 분류한 이들).

베네딕트 오귀스트 모렐Bénédict Auguste Morel의 (『신체적 퇴화의 특질』[18]에서 제시한) 퇴화 이론에 따르면, 실증주의와 진보에도 불구하고 인간은(특히 '위험한' 인간들과 노동계급의 인간들은) 신체적으로 퇴화되고 있다. 퇴화를 보여 주는 신체적 징후 속에서 '퇴화된 이들'은 그들의 '죄'를 자손에게 물려주며 이런 퇴화는 결국 그 무리가 멸종될 때까지 진행된다.[19] '괴물성'에 대한 기형학적 정의와 비교할 때 퇴화의 신체적 표식은 상대적으로 작은 신체적 기형이다.

그 머리는 너무 크거나 작고 형태는 반듯하지 않다. 그 이마는 낮고
움푹 들어갔으며, 그 두개저는 납작하다. 반면에 그 두정골(뒤통수)은
너무 튀어나왔다. 귀는 제대로 위치해 있지 않고 형태가 뒤틀려 있으
며, 위턱/이빨은 너무 크다. 코는 너무 크고, 입술은 너무 튀어나왔다.
얼굴 형태는 불규칙적이고, 골상은 기분 나쁘게 생겼다. 상체와 팔다
리는 비례가 맞지 않고, 전체적으로 몸의 균형이 안 맞는다.[20]

내부 기관과 성 기관 역시 퇴화에 영향을 받아서 재생산을 악화
시킨다. 전반적인 신체적 영향은 몸의 대칭성을 붕괴시킨다는 점이
다. '비정상'abnormal, '변형'anomaly 같은 개념들이 기형학의 용어로
편입되고[21] 대중의 의식에 자리 잡으면서 몸의 대칭이 이전보다 훨씬
중요하게 부각되었다. 기형phénomènes과 관련해서 대칭적으로 균형
잡힌 귀여운 난쟁이들이 엄지동자 톰푸스Tom Pouce를 따라 1845년
파리를 가로질러 성공적인 여행을 할 수 있었다는 점[22]이 그 증거라고
할 수 있다.

파리의 연예기획자들이 기형 인간에 대한 대중의 매혹을 적극 활
용하기 시작한 것은 톰푸스의 유랑 전시 이후이기도 하다. 가령, 파리
오페라-희극Opéra-Comique의 감독이었던 앙리P. L'Henry는 품평 공연
과 카니발 공연에 특화된 무대를 갖고 싶어 했다. 그가 파리 경찰청에
보낸 허가 요청서(1846년 2월 1일)에는 그의 특화된 공연장이 "보캉송
의 기계오리에서부터 톰푸스(이름이기도 하고, 연예 홍보지에 나오는 캐

릭터이기도 하다)까지, 폴리치넬라 꼭두각시 천막부터 공중 줄타기까지 재미난 볼거리로 가득 찰 텐데, 끊이지 않는 오케스트라 반주와 우아한 무대의상으로 볼거리를 더합니다"[23]라고 쓰여 있다. 그런데 이어지는 경찰과의 의사소통 속에서(1846년 2월 24일) 앙리는 그가 제안한 공연장이 어릿광대와 기형들의 경찰 통제에 도움을 줄 것이라고 강조했다.

볼거리 프로그램의 수를 늘리는 게 아니라 반대로 우리는 그 수를 줄여 하나로 통합할 것입니다. 그것들을 집중시킴으로써 우리는 감시를 쉽게 하고 당국자들을 덜 성가시게 할 겁니다. 우리는 대부분의 전시공연이 벌어지는 민간 건물의 세입자들을 쫓아냄으로써 중요한 필요를 충족시킬 것입니다. 그것은 경험 없고, 옹색하고 무분별한 군중들을 불러 모을 위험과 염려에서 벗어나게 해줄 겁니다. 공공도로에 혼잡을 초래할 임시 천막 무대 대신에 우리는 거대한 극장을 만들 것인데, 그것은 정부 당국자들이 요구하는 안전과 공중 질서의 요건들을 모두 충족시킬 것입니다.[24]

앙리의 요청서는 받아들여졌으며, 바자르 본-누벨Bazar Bonne-Nouvelle이 1846년 12월에 문을 열었다. 1847년 1월 9일 『일뤼스트라시옹』의 묘사와 판화, 그리고 입장료 ─ 1인당 1, 2프랑 ─ 가 말해 주듯 앙리가 기대한 관객은 노동계급이 아니었다.[25] 하지만 게앙트 카페의 소유자인 앙드레 마탱 파리André-Martin Pâris 같은 약삭빠른 사업가는 곧 노동계급을 잠재적인 소비자로 보기 시작했다. 게앙트 카페가 1863년 4월 29일 불타기 전까지 12년(1851~63) 동안 파리는 적어도 10명의 거인을 전시했다.[26] 적절한 대가를 지불한 거인이 악대들 사이에서 퍼레이드를 벌였는데, 그들의 거대한 키는 (여자 가수나 난쟁이들 같은) 작은 신장의 단원들과 대조되어 훨씬 크게 보였다. 파리의 앙리만이 모든 계급의 사람들에게 인간 기형을 구경거리로 제공한 건 아니다. 연행 지구, 그러니까 도심부와 대로들(샹젤리제, 탕플, 이탈리아, 본-누벨, 몽마르트 등), 그리고 대로에서 좀 떨어지거나 몽마르트로의 남쪽에 면한 통행로arcades에 있는 크고 작은 규모의 공연장들이 기형 인간을 대중에게 전시했다.[27] 기형인들은 사적인 파티나 전시에서 상당한 액수로 대여되기도 했다.[28]

인간 기형에 대한 대중적(그리고 과학적) 관심은 확실히 신체적 비정상의 전시에 의존하는 걸인, 부랑인, 유랑 배우들의 수를 증가시키는 결과를 야기했다. 놀랍지도 않게, 파리의 공공장소를 돌아다니는 '유랑' 인구는 점차 엄격한 통제를 받았다. 유랑 극단을 대상으로 한 규제는 1828년부터 공연 가능 구역을 제한했으며[29] 1831년에는 공연장과 거주 공간에 대해 더욱 엄격한 제한을 부과했다.[30] 게다가 전시나 공연 허가를 받기 위해서는 정확한 공연 내용을 구체적으로 밝혀야 하며, 배우들의 생활방식과 도덕에 관한 증명서를 제출해야 했다.[31] 19세기 중반까지 유랑 극단은 경찰 규제에 따라 허가된 거주 지역 바깥으로 이동하는 것을 제약받았다.[32] 1859년 파리 도시 경계의 확장과 이후 도시 외곽 지역에서 벌어지던 지역 축제와 카니발의 금지가 기형 인간 규제의 분수령이 되었다. 1860년에 도시의 무질서, 혼란, 비위생, 상스러움이 증가하는 원인으로 여겨져 지방 의회는 단지 14개의 카니발만을 허용하기로 결정했다. 하지만 1860년부터 1866년까지 이 14개의 축제 중 8개가 추가로 금지되었다. 남은 6개의 축제는 1867년 1월 3일 경찰 포고령 이후 완전히 금지되었다.

지역 축제를 억제한 데 이어 1862년 거주지화Hausmannization의 일환으로 탕플 가(대표적인 연행 구역)를 파괴한 것이 파리의 거리에서 떠돌이 배우들이 증가한 것에 결정적인 영향을 미쳤다. 그에 따라 승인 및 허가 절차를 개선해야 한다는 요청이 밀려들었다.[33] 1863년 2월 28일 '유랑 어릿광대, 오르간 연주자, 악사와 가수에 관한 훈령'은 몇 가지 새로운 조항을 추가했다. 어릿광대들은 "공연할 때 잘 보이는 곳에" 자신의 이름과 승인 번호가 적힌 메달을 착용하고(5조) "3개월마다 경시청에 의해 갱신되는 24쪽의 소책자"를 승인서와 함께 보여줘야(6조와 7조) 한다. 또한 신체적인 '변형'과 기형에 관한 조항도 2개 추가되었다. 4조와 10조는 각각 "맹인, 다리 없는 이, 팔 없는 이, 불구, 그리고 기타 병약한 사람의 신청은 허가되어서는 안 된다"고 규정하고 있으며, 또한 "어릿광대, 오르간 연주자, 혹은 기타 유랑 악사와 가수가 6세 이하 아동이나 맹인, 앉은뱅이, 손이 없는 이, 불구, 그 외 병든 사람을 동반하는 것은 명확히 금지된다".[34] 이 범주들에는 대다수 유형의 인간 기형을 포괄한다. 파리 안이나 파리 주변의 극소수 남아 있는 축제들에서도 인간 기형의 전시나 공연을 위한 공간은 거의 사라졌다.[35]

처음에 어릿광대와 인간 기형이 거리 안으로 피신했다면 새로 등장한 대중 공연장(카페-콘서트와 뮤직 홀)의 소유주들은 얼마 후 그들을 또 다른 수입의 원천으로 보기 시작했다. 파리의 사례를 따라 이 공연장의 소유주들은 '일자리를 잃은' 어릿광대와 인간 기형들을 고용하기 시작했다.[36] 하지만 단순히 악대들 사이에 거인 퍼레이드를 배치했던 파리와 달리 카페-콘서트와 뮤직 홀의 '노래 없는 멤버'들은 독자적인 공연을 했다. 그들은 곡예, 체조, 마술을 하는 멤버에서부터 조련된 동물, 거인, 난쟁이, 접합 쌍둥이가 하는 노래와 댄스, 판토마임, 꼭두각시 인형, 프로그램 사이의 막간 희극에 걸쳐 다양한 공연을 했다. 흥미롭게도 기형 인간은 이미 카페-콘서트 노래의 대중적 주제였다. 가령, 1862년 무렵 카페 콘서트 가수 테레사(에마 발라동Emma Valadon)의 테마송은 「수염 달린 여성」이었다. 에마는 그 주제에 맞는 의상을 입고 노래를 부를 수 없었지만, 그녀의 앨범 재킷 삽화는 그 주제에 걸맞는 그림이었다.[37] 1885년 이후 카페 콘서트의 가수들은 자신의 레퍼토리를 구현한 페르소나를 창조하기 위해 다양한 유형의 인간 기형을 사용하곤 했다. 사실, 그들의 성공은 부분적으로 그들의 신체적 기형에 의존한 것이다. 가령, 브루냉Brunin은 해골 인간homme squelette으로 보였으며, 귀스타브 샬리에Gustave Challier는 스스로를 곱사등처럼 연출했고, 난쟁이 델핀Delphin은 상당한 유명세를 탔다.[38]

1860년대 후반과 1870년대 초반 실제 기형 인간이 카페 콘서트나 뮤직 홀 극단에 흡수된 것은 오직 구체적인 재능을 갖고 있거나 보여 줄 만한 비정상을 갖고 있는 사람에게만 해당되는 얘기였다. 이들 "합법적인" 연예인들은 "단순히 흥밋거리 앞에 있는 흰 침대보" 같은 위치가 아니라, 혹은 "극단 마크를 달고 악단과 함께 2수sous의 입장료를 받는 천막 극단의 희귀한 인간 기형으로서가 아니라" "합법적인" 연기를 제공해야 했다.[39] 하지만 기형 인간의 노동(단순한 신체적 전시)과 예능인(진정한 예술행위)의 노동 간의 구분은 단순히 시장 수요에 관한 문제가 아니었다. 예술성은 '합법적인' 자본주의적 거래를 구현하는 것이고, 단순한 신체적 기형의 전시는 그렇지 않았다. 구걸, 부랑, 그리고 장애는 오랫동안 서로 결합되어 왔는데[40] 신체적 기형의 전시는 소비 자본주의의 맥락에서 특별한 가치를 지닌다. 시장의 교환 경제에서 소비자의 볼거리로서, 신체적 '변형들'(그들 자신의 변형이거나 타인들의 변형)을 전시하는 이들은 경제적 보상의 대가로 특정한 유형의 반응들(가령, 동정, 공포, 경외심, 두려움, 연민, 섬뜩함, 즐거움, 과학적 흥미 등)을 불러일으키려고 애쓴다. 그래서 교환되는 대상은 관람객의 사회심리적 반응으로, 전적으로 그런 건 아니더라도 그건 신체가 '변형된' 떠돌이나 기형 인간의 형상에 대한 (대체로 조작된) 재현 방식, 신체적 기형에 대한 사회과학적 설명들, 그리고 노동, 부랑, 신체 전시에 대한 수용 가능성 차원의 사회경제적–정치적 설명과 같은 요인들에 의해 결정된다.

점점 성과주의, 민주주의적으로 되고 있는 사회에서 '자수성가한' 사람은 부르주아나 노동계급에게 인생의 모델로 기능하기 시작한다. '합법적인' 사회경제적 성공은 기만이나 사기가 아니라 고된 노동, 투지, 기발한 재주, 의지에 의해 달성된다. 여기서 이중성이 중요한 역할을 한다. 고용주들과 소비자들은 자신이 받지 않은 것에 대해 속아서 대가를 지불하지 않기를 원한다. 하지만 노동자들과 판매자들은 교환에서 손해를 보지 않으려 한다. 신체적 기형이 시장에서 요청된 '정당한' 유형의 교환 ——어떤 필요의 충족과 재화나 서비스의 교환 ——을 교란하기 위해 거짓으로 꾸며진 거라면 어떻게 될까?

기형, 특히 팔이나 다리가 없는 사람의 이미지에서 "자수성가한" 인간의 관념이 강조되기 시작한 것은 프랑스-러시아 전쟁(1870-71)과 파리 코뮌(1871) 이후이다. 가령, 와트만G. Wathmann은 칼 운탄Carl Unthan이라는 팔 없는 기형에 대한 프랑스 대중과 언론의 반응을 이렇게 요약한다. "운탄은 자연에 반하는 에너지가 이룬, 혹은 이룰 수 있는 것들 중 가장 놀랄 만한 사례 중 하나다."[41] 앞에서 예로 든 '통나무 인간' 코벨코프의 경우도 그렇다. 귀요-도베Guyot-Daubès의 말처럼, "통나무 인간은 어쩌다 만나게 되는 그런 기형 인간이 아니다. 그는 어떤 사람들은 인내, 고된 노동, 재능을 통해 자신에게 없는 신체 기관을 보충할 수 있다는 것을 보여 준다."[42] 주변부의 소외된 다리 없는 이들이나 팔 없는 불구에 대한 표상 역시 사회로 복귀했다.[43]

사실, 이런 관념들은 장애를 가진 '실제' 프랑스 노동계급 남자와 여자의 감정을 반영한다. 세기 전환기 파리와 주변 지역에서 본인은 잘못한 게 없는데 '장애'가 된 노동계급 사람들에게 임노동과 주거를 마련해 주기 위해 "노동이 인간을 존엄하게 한다"는 슬로건하에 워크숍들이 열렸다.[44] 다르작Paul Darzac은 이렇게 썼다. "불행한 불구들은 지금까지 두 가지 선택지 중 하나를 선택하거나 둘 다 받아들였다. 구걸 아니면 죽음 말이다. 그도 그럴 것이, 누가 팔 없고 다리 없는 이들을 고용하겠는가?"[45] 또한, 다리를 잃은 수많은 이들이 프랑스 전역을 행진하며 장애를 가진 노동자들의 고통을 알리고 조직 활동(다리 하나 없는 이들을 위한 달리기 행사 같은)을 하고 회합을 가졌다.[46]

1789년 시에예스Emmanuel Joseph Sieyès는 제3신분의 생산적 노동이 시민사회의 핵심이라고 규정했지만, 출생과 특권에 기반한 사회에서 산업과 돈에 기반한 사회로의 전환을 위한 선례는 전혀 혹은 거의 없었다. 표면적으로는 능력 위주 사회가 도래했지만 그 사회는 역설적으로 신체적, 사회적 정상화 절차에 기반해 있다. 기형학적 연구가 진전함에 따라 선천적 기형을 가진 이들은 이전에는 자연법의 외부에 존재한다고 여겨졌지만 이제는 생물학적 '인간'man 가족 안으로 사회화되었으며, 프랑스의 시민-인간 형성은 점차 국가의 생명정치적 관심사가 되어 갔다. 신체적 정상과는 무관하게 의무와 노동의 관념이 가치 있는 시민-인간 개념의 핵심이 되었다. 만약 탁발하는 사람이 가짜 불구라면, 그리고 '변형'의 전시가 무가치한 노동이라면, 기형 인간은 기만적인 시민인 것인가? 만약 그들의 작은 신체적 기형이 그들의 사회적, 범죄적 일탈의 징후로서 프랑스 국가의 신체적, 정신적 퇴화의 가시적 표현이라면 그들은 실제로 프랑스 시민 내지 (프랑스의) 인간이긴 한 것인가? 신체 기형에 대한 경찰 통제는 점점 증가하고 엄격해져서 제1차 세계대전 직전에 절정에 이르렀다. 몇십 년 전만 해도 비교적 자유롭게 모습을 드러냈던 가재 여인 브리종과 같은 기형 인간은 더 이상 그런 방식으로 생계를 꾸릴 수 없게 되었다.

III부

통치성

누가 정상인가? 누가 일탈자인가?
: 유전 진단과 유전 상담에서의 '정상성'과 '리스크'

아네 발트슈미트

정상성이라는 단어가 이 시대에 주요한 논란을 일으키는 것처럼 보인다. 모두가 가능한 한 정상이 되길 원하지 않는가? 추방되거나 일탈한 것으로 여겨지길 바라는 사람이 있는가? 건강의 이상ideals처럼 최근 한 세기 동안 정상성은 특히나 인상적인 권력을 얻어 그 영향력을 피하기는 거의 불가능하다. 일탈자의 통치에서 정상성은 결정적인 지향점이 된다. 전문적인 담론과 사회 정책, 재활 프로그램과 치료 관행처럼 고객과 수혜자를 정상으로 만들려는 이 모든 행위들이 정상성 주변을 맴돈다.

지금 우리는 관계자들을 포함해 사회와 국가가 일탈이라는 문제와 협상하는 방식의 광범위한 변화를 목격하고 있다.[1] 일탈과의 협상에서 일어난 변화는 정상성 개념에 의존한다. 정상성은 더 이상 순응을 뜻하지 않고, 선택의 기회와 변화의 여지를 준다. 실제로, 정상성의 개념은 이제 사회 주변부에 있는 사람들의 진정한 욕구와 바람을 충족시키는 것처럼 보인다. 정상과 일탈의 경계는 확고하지도 않고, 자연적으로 주어진 것으로 여겨지지 않는다. 이 경계선은 이동하거나 변할 수 있고, 불필요한 것처럼 보이기도 한다. 오늘날 '정상화 사회'에서 정상성은 영원히 변치 않는 사실이 아니라 하나의 도전이자, 고안되고 생산되는 어떤 것, 시간에 따라 변하는 현상으로 보인다. 정상성은 더 이상 사회가 구성원들에게 강제하는 외부의 통제가 아니다. 정상성은 행위 주체 스스로에 의해 구성되고 형태를 잡아 간다. 오늘날 지배적인 정상 개념은 유동적-정상성이라는 말로 표현될 수 있다.

유동적 정상주의flexible normalism는 무엇을 의미하는가? 나는 푸코의 이론에 영향을 받은 독일의 문예학자 위르겐 링크Jürgen Link[2]가 발전시킨 '노멀리즘'* 이론을 칭하기 위해 이 용어를 사용했다. 푸코[3]가 통치성과 생명권력bio-power이라는 개념의 윤곽을 설명했을 때 그는 권력의 주권적 형식이 사용했던 사법적 규범과 대조되는 통계적 의미의 정상성을 강조했다. 또한 푸코는 기본적으로 억압이 아니라 자유를 가지고 통치하며, 추방하고 격리수용하는 것이 아니라 규칙과 자리를 부여해서 다스리는 그런 권력에 필수적으로 작동하는 '안전장치들'apparatuses of security[4]에 주목해야 한다고 했다.

신자유주의 사회에서조차 자유에는 한계가 없지 않다. 신자유주의 사회에서 자유는 특정한 방식으로 사적인 자율성을 사용하도록 보장하는 안전의 논리에 의해 제한된다. 또한 자유가 안전에 결부되듯

---

* 노멀리즘(노르말리슴, normalism)은 독일어로 노르말리스무스(normalismus)이다. 링크에 따르면 '노르말리슴'은 선진기술자본 사회에서의 지배적인 문화유형을 의미한다. 이 사회에서는 개인뿐만이 아니라 각각의 시스템들도 여러 가지 상이한 'norm'들에 의거하여 스스로를 조절 규제한다.—옮긴이

이 정상성 역시 이면을 갖고 있다. 정상성은 장애가 있는 사람이든 없는 사람이든 정상성을 획득해 사회의 중심부에서 살기 위해 애쓰는 한 계속 생산되는 '일탈'deviation과 결부된다. 우리가 스스로를 정상이라 정의하는 순간 우리는 우리와 대조해서 누가 비정상인지 정의한다.[5] 다시 말하면, 자유와 정상성은 자신의 이면들, 자신의 사회적 '비용'과 자신의 희생양을 갖고 있다.

이번 장에서는 정상화의 소망이 어떻게 구속으로 활용될 수 있는지 설명하고, 푸코가 '통치성'이라고 부른 정상화가 어떻게 자기통치self-regime의 새로운 형식 내지 일부인지 드러내기 위해서 유전자 진단검사과 유전 상담의 사례를 들 것이다. 물론 정상화의 권력이 유전학에서만 나타나는 것은 아니다. 정상화 전략은 사회의 다양한 영역에서 발견될 수 있다. 그러나 나는 유전자 진단검사와 유전 상담에 이용되는 정상화 장치들이 특별한 방식으로 이미 일상에 가까워진 정상성의 영향을 보여 준다고 생각한다. 유전학에서의 관행을 논하기에 앞서 나는 정상화라는 개념의 함의를 살펴볼 것이다. 현대사회에서 정상화의 중요성을 탐구하기 위해 정상성normality과 규범성normativity 간의 차이를 논할 것이다. 그 후 내가 생각하기에 최근의 정상화 사회가 ─ 더 정확하게 말하면 그것의 강제성, 그것의 정당성, 그것의 근대성이 ─ 의존하는 유동적 정상화 전략으로 되돌아올 것이다.

정상화 사회

지난 세기 중반까지 정상성은 흔히 규범성과 동일시되곤 했다. 그 또는 그녀가 사회에 순응하고, 법을 따르고, 큰 저항 없이 사회적 기대를 충족시키면 정상으로 여겨졌다. 결과적으로 정상이 된다는 것은 이렇게 지배적 규범을 따르는 행동으로 정의된다. 그런데 과연 정상적인 것이 이렇게 단순한 의미로 환원될 수 있을까?

오늘날 여러 사회(특히 서반구에 있는 사회들)를 엄밀히 관찰해 보면 그 사회들은 이전(18, 19세기) 사회들과 다른 방식으로 작동하는 걸 알 수 있다. 그 작동 방식은 주로 정상화 패턴에 의존하는 듯 보인다. 푸코[6]와 여러 학자들[7]이 지적했던 것처럼 개인주의적이고 역동적이며 다원적인 사회는 형법과 제재, 외부적 순응에 의존하기보다는 다양성, 통계적 정상성, 내적인 자기통치에 더 많이 의존한다. 사회적 규범들은 일상생활의 배후로 물러나고 있다.

다수성(평균)의 정상성은 유동성, 불규칙성, 원자화에 직면하여 신자유주의 사회를 통합하는 접착제처럼 보인다.[8] 물론 사회적 규범들은 처벌받고 싶지 않다면 복종해야 하는 것으로 여전히 존재한다. 그러나 20세기를 경과하면서 통계적 정상성이 마치 규범처럼 사람들의 행동에 영향력을 행사하려 하는 특별한 현상이 되었다. 다시 말하면, 사람들의 행위를 이끄는 두 종류의 표준norm이 있다고 할 수 있다. 규범적 기준normative norm과 정상적 기준normalistic norm이 그것이다. 이 두 가지 규범 개념의 차이는 대략 다음과 같이 설명할 수 있다.

규범성normativity은 사람들에게 강요하는 사회적이고 법적인 표준을 가리킨다. 규범적 표준은 반드시 따르거나 순응해야 하는 외부의 규칙에 사람들을 적응시키고, 메커니즘을 통제함으로써 사회적 규범에 순응하게 만든다. 여기서 일탈과 불복종은 처벌과 제재의 대상이 된다. 따라서 규범적 표준은 '규범 점'point norm, 즉 외적으로 정해지고, 개인이 따르도록 지시하는 규정이라고 할 수 있다. 그런 규정의 사회적 기능은 안정과 순응을 생산하는 것이다. 규범의 목표는 복종을 이끌어 내고, 일탈을 금지하고, 혼란과 반란으로부터 사회를 보호하는 것이다.

더 좁은 의미에서 정상성, 즉 평균적 정상성은 사람들로 하여금 다른 사람을 '기준'standard으로 저마다 비교하게끔 한다. 정상적 기준normalistic norm은 사람들이 다음과 같은 질문을 마주하게 한다. **다른 사람들과 비교했을 때 나는 누구이고, 어떤 사람이며, 어떻게 행동해야 하는가?** 이런 질문은 규칙에 순응하는 행동이 아니라 일반적인 행동을 참조하게 한다. 근대적인 의미에서 정상성은 통상적인 것으로 여겨지는 행동이나 특성이 존재한다는 것을 전제하며, 그에 대한 통계 자료가 지침과 기준의 근거가 될 수 있다고 본다. 정상적 기준이 요구하는 순응은 외부의 규칙에의 복종이 아니라 다른 사람에 따르는 것이다. 통계적 정상성은 순서 범주처럼 계속적인 평균과 기준의 생산을 요구한다. 다시 말해서 그것은 실제로든 상징적으로든 정상 분포 곡선의 생산을 의미한다. 정상적 표준은 '정상 범위'range norm, 평균을 중심으로 모인 현상들의 스펙트럼이다.[9]

정상적 기준은 단지 일부 사람들에게만 외적인 권력을 행사하지만 사실 모든 사람들이 이 정상적 기준의 형성에 참여한다. 우리 모두가 정상 분포 곡선의 형성에 참여한다. 즉 정상적 기준, 상대적 변화 구역, 주변부 등을 이룬다. 정상적 기준은 규범성과는 대조적으로 덜 고정되어 있고, 안정성을 덜 지향하며, 변화와 역동성에 기반을 둔다. 통계학이 정상적 기준을 뒷받침하기 때문에 이러한 규범은 고도로 데이터 지향적인 사회에서만 존재한다.

요약하면, 정상화 사회의 주된 통치 수단은 통계에 의해 뒷받침된 사람들의 행동과 특성들에 대한 비교 기술이다. 가치 판단은 이런 비교 기술 과정에 개입한다. 가령 범주 구성, 표준 편차 설정, 중간값의 정의에 가치 판단이 개입하는 것이다. 게다가 정상성은 평가와 기대로 이어지는데, 그것은 통계적 평균이 사실로서 생산된 이후에만 이뤄진다. 사실과 수치에 근거해 객관적이고 중립적이라고 추정되는 기술 뒤에 평가가 뒤따르는 것이다. 이와 반대로 규범성에서는 확립된 규범과 가치가 사회적 통제와 훈육의 근거이다. 따라서 규범적 기대와 정상화 기대 사이의 주된 차이는 사회적 행위와 규범 설정의 순서가 다른 데 있다. 규범성의 경우, 시행해 온 규칙 ─ 사회적 규범 ─ 은 많은 사람들로 하여금 같은 행동을 하게 만든다. "나는 다른 방식이 아니라 바로 이렇게 행동하도록 기대된다." 정상성의 경우, 여러 사람이 하는 동일한 행동이 정상적 표준을 낳는다. "모든(많은) 사람들이 하는 것이 정상적인 것이다."

달리 말해서, 오늘날의 권력관계 ─ 현재 사회와 국가, 사람들이 통치되는 방식 ─ 는 정상적 기준에 근거한다. 정상화 기제는 엄밀한 의미에서 우리에게 더 이상 억압적인 힘을 행사하지 않는다. 정상화 기제는 '단지' 다수의 사람들이 우리 각자에게 요구하는 대로, 그들이 훈육하는 대로 행동할 것을 요구한다. 우리는 더 이상 정상화 테크놀로지의 미세하고 지배적인 특성을 알아채지 못할 수 있다. 우리는 이상적인 자율성과 자기 결정의 견지에서 완전히 자발적으로 사회의 중간, 평균 규범에 자기 자신을 맞춘다. 우리는 다른 사람들처럼 살고 싶어 하며, 무엇보다 '정상'이 되길 바란다. 만약 일탈에서 즐거움을 느낀다면, 그건 아주 잠시 동안 '다른 박자에 맞춰 걷고' 싶은 것일 뿐이다. 우리는 결코 영원히 어떤 행동, 특정 스펙트럼의 부정적 극단에 위치하길 원하지 않는다.

나는 정상성의 개념을 재정의하고 그것이 정체성을 둘러싼 담론과 운영 절차, 정책들을 경유하여 사회적 실천에 개입하는 역량이 커짐에 따라 정상화에 의한 통치의 영향력이 (특히 지난 30년 동안) 현저히 커졌다고 생각한다. 나는 링크[10]가 원형적 정상화protonormalism와 유동적 정상화라는 두 전략의 차이를 밝힌 논의에 근거하여 정상화에 의한 통치 역량의 증가를 구체적으로 설명하려 한다. 원형적 정상화 전략은 규범성을 지향하는 특성이 있다. 즉 그것은 정상인과 병자를 엄격하게 분리하고, 비정상인들을 영원히 배제하는 경향이 있다. 장애인들이 격리되고 시설에 수용될 때, 노숙인들이 법적으로 공공시설에서 쫓겨날 때, 망명 신청자들이 사회로부터 분리되어 억류될 때, 동성애가 죄악이 되고, 학습 장애 학생이 원래부터 '바보'라고 여겨질 때마다 원형적 정상화 절차들이 작동하는 것이다.

유동적 정상화 전략들은 원형적 정상화보다 훨씬 온화하고, 잘 침투한다. 유동적 정상화 절차들은 항상 변할 수 있는 분포 상태, 사회적인 환경 안에서 '잘 혼합된' 사람들의 분포라는 이상적인 상태를 전제로 한다. 유동적 정상성은 사람들이 사회 주변부에 놓이게 되는 것은 전적으로 우연에 의해서라고 가정한다. 유동적 정상화 전략은 비정상성의 경계 지대 사람들이 그로부터 벗어나 사회 중심부로 진입하는 것을 언제나 허용한다. 유동적 정상화 역시 원형적 정상화처럼 정상인과 비정상인을 분리하지만, 이런 분리는 일시적이며 언제든 수정될 수 있다. 또한 그것은 정상의 스펙트럼을 제한하지 않고 필요한 경우 경계를 넘어서 확장되는 것을 허용한다. 유동적 정상성의 장은 '풍경'landscape과 비교해서[11] 연속적인 정상성들과 변동하는 정상성의 경계들을 내포한다. 예를 들어 유동적 정상성은 수 세기 동안 배척당해 온 장애인들이 지역사회 내 정상적 주거지로 이주하는 것을 허용한다. 또한 그것은 오랫동안 차별받아 온 레즈비언들과 게이들이 정상적이고 개방된 관계들을 유지하도록 허용한다. 또한 그것은 약물중독자들 스스로가 사회로 재통합되도록 돕는 특별한 상담과 치유 프로그램을 제공한다.

앞에서 이야기했듯 유동적 정상화의 경향에 긍정적인 측면만 있는 것은 아니다. 유동적 정상화는 사람들을 위계적인 집단으로 나누는 모든 메커니즘이나 배제의 범주들을 일소하지 않는다. 대신 그것은 '배후 구속'rearward binding의 정언명령을 강요한다.[12] 이런 메커니즘은 대략 다음과 같이 설명할 수 있다. 확장하고, 비정상성을 향해 바깥으로 나아가면서 정상적인 중심과 주변부를 묶는 구속의 끈은 결코 끊어지지 않고 비정상성을 향해 바깥으로 확장되어 간다. 정상성의 장 전체를 분해시킬 수 있는 어떤 위협이든 곧바로 반발을 일으키며, 협소한 정상 지대와 고정된 경계 지대들을 강조하는 전략으로의 회귀를 촉발한다. 다시 말하면, 정상화 사회는 관용을 발휘하여 다양한 일탈들을 수용하지만, 그럼에도 정상성의 경계들은 공고하게 유지되어 섣불리 가로지를 수 없다.

유전학에서의 유동적 정상화

유전자 진단검사는 정상화에 의한 통치가 현재 사회의 전 영역에 스며들어 있다는 사실을 보여 주는 사례가 될 수 있다. 또한 유전자 진단검사는 통계적 기준을 부각시킨다. 임신과 출산은 사실상 계산이 불가능하고 궁극적으로는 예측할 수 없는 사건이다. 그럼에도 통계와 확률 계산이 유전학에서 근본적인 역할을 한다. '우생학'(1945년 이후 유전학은 우생학에서부터 발전했다)의 창시자인 프랜시스 골턴Francis Galton(1822~1911)은 통계학의 방법을 사용했다. 유전학에서 추가적인 정상화 이념은 변동 범위, 전이 구역, 다양하게 규정된 경계 등을 기반으로 발전해 왔다.[13] 이런 정상화 논리는 자율적인 결정의 틀을 제공하는 것처럼 보인다. 그러나 다른 경우와 마찬가지로 유전학에서도 유동적 정상화라는 친절한 얼굴 뒤에는 규범이 고개를 내민다. (아이를 낳을지, 낙태해야 할지 결정하는 과정과 같이) 불확실한 상황에서 사람들은 규범에 의존한다. 잠깐만 생각해 봐도 그런 상황 역시 무엇이 정상이고 무엇이 비정상인지에 대한 사회적 구분을 내포하고 있음이 명백하다.

유전학에서는 공식적으로 정상(따라서 '일탈')이라는 개념을 이용하지 않는다. 그 대신 '리스크'라는 개념을 강조한다. '리스크'는 무엇을 의미하는가? 역사적으로 리스크 개념은 보험 사업에서 유래했으며 '복지국가'의 발전[14] 및 푸코[15]가 말한 안전security 장치의 부상과 관련이 있다. 리스크 개념을 자세히 보면 그것이 통계학적으로 규정된다는 것을 알 수 있다. 즉 리스크는 "산술적 합리성" 혹은 "현실을 정렬하고, 계산 가능한 형식으로 만드는 여러 방법의 집합"이다.[16] 통계적인 범주로서 리스크는 사실상 유동적 정상성의 대립항을 가리킨다. 정상성은 과거와 현재를 설명하는 범주인 데 반해 리스크는 미래를 통치하려는(관리하고, 통제하는) 범주이다.[17] '리스크'라는 범주는 인생의 임의적 사건들을 통계적으로 처리되고 확률적으로 계산된 '사고'accident로 변형시킨다. 에발트François Ewald가 썼듯이 "그 자체로 리스크인 것은 없지만 어떤 것이나 리스크가 될 수 있다. 전적으로 어떤 사건을 어떻게 바라보는지에 달려 있다".[18] 업무 현장에서 일어나는 사건뿐만 아니라 '출산 시 사고' 또한 리스크가 되고 보험의 합리성에 따라 관리될 수 있다.[19]

로나 위어Lorna Weir[20]는 보험 리스크를 전염병 리스크 및 임상적 리스크와 흐릿하게 구분하고 있지만 나는 임상 리스크와 보험 리스크가 근본적으로 같은 기준을 공유한다고 생각한다. 보험에서뿐만 아니라 의학적인 맥락에서도 인구 통계에 기반해서 리스크를 산출한다. 리스크 산출 결과 '건강'health은 자본의 형식으로 비용편익 분석이 요구되는 '일종의 경제적 활동'이 된다.[21] '리스크'로 포착된 나쁜 건강은 손실 재분배 차원에서 협의 가능한 선택지까지 포함하는 조건 양태가 된다. 보험 통계뿐 아니라 임상 차원의 리스크 역시 사건을 사회화한다. 어떤 '나쁜' 것이 리스크로 전환되면 그것은 개인적인 고통이 아니라, 다른 사람들에까지 영향을 미치는 사고가 된다. 결국 질병이나 선천적 손상처럼 자연적이고 통제 불가능한 사건들은 사회적인 사고가 되고, 그에 따라 사회적 연대(그리고 사회적 개입)를 합리화한다. 하지만 리스크에는 개별화하는 효과도 있다. 실제로 리스크는 상당한 정도로 '탈-사회화되고, 사유화되고, 개인화되어'[22] 왔으며, 이런 양상은 요즘 들어 특히 두드러진다. 이 장의 논의에 가장 적합한 사례를 살펴보면, 산전진단prenatal diagnostics 관행에서 가장 본질적인 것은 개인의 신체에 리스크 개념을 적용하는 것이다. 인간 유전학에서의 리스크 관리는 오늘날 이뤄지는 리스크 개별화의 가장 뚜렷한 사례이다. 위어가 말하듯 "임상적인 리스크 관리 기술은 (…) 개별 신체에 작용하는 규율 통치와 인구집단에 작용하는 안전 통치 사이의 구분을 지워 버린다".[23]

리스크는 정상화하는 테크닉이다. 개인의 리스크를 '정상', 즉 '평균'과 비교함으로써 정상 분포 곡선 위의 특정 위치로서의 리스크가 정의될 수 있다. 한 사람이 다른 사람과 비교했을 때 어느 위치에 있는지, 중간인지, 전이 구역인지, 긍정적인 극에 있는지, 부정적인 극에 있는지에 관한 정보를 얻을 수 있다. 물론, 이런 한 조각의 정보로부터 그 사람은 (적절한) 결론을 끌어내리라는 기대를 받는다. 바로 이 부분이 오늘날 유전 상담가들이 직면하고 있는 임무이다. 상담가들은 한 명의 고객이 처한 상황과 특정한 리스크 수치로 표현되는 평균적 개별성을 결부시켜야 한다. 하지만 그와 동시에 그는 고객에게 구체적인 조언을 하는 걸 삼가야 한다. 예전에는 전문가들이 직접적인 조언을 해줄 수 있었지만, 신자유주의 통치 아래에서는 정상성과 일탈의 넓은 영토에서 고객들이 스스로 자기 위치를 확인하도록 도와줄 뿐이다.

이 장의 나머지 부분은 인간 유전학 전문가들이 고객들 스스로 정상화 위치를 확인하도록 돕기 위해 사용하는 세 가지 통계학적 요소를 제시할 것이다. 그것은 '가계도'family tree, '연령 곡선'age curve, '삼중 표지자 검사'triple test이다. 이것들은 공통적으로 리스크와 확률 정보라는 두 개념을 모두 사용한다.

한 세기가 넘도록 유전학의 첫번째 정상성 요소인 '가계도'는 유전 상담과 유전 진단검사에서 중요한 역할을 해왔다.[24] 근대 분자 유전학의 절차에서도 가계도 분석은 불필요한 것으로 치부되지 않았다. 오히려 최근 인간 게놈 연구에서는 광범위한 가계 연구의 필요성이 증가하고 있다. 심지어 오늘날 개별적인 유전자 검사는 예시적 진단일 뿐이고, 연구에 참여한 가족의 수가 많을수록 그 결과는 유전학적 의미에서 신빙성이 증가한다. 가계도를 분석할 때 가족은 혈연관계의 기본 단위로서 세습 체계의 관점에서 연구된다. 그래서 가족 관계는 나무처럼 가지를 뻗은 배열로 그려진다. 도움이 필요한 한 개인에서 출발해서 이전 세대의 유전 질환의 증거를 찾기 위해 가족 관계망이 조사된다. 이번에는 가족 유전 체계의 연구 결과가 그런 질환이 전달되는 규칙을 규정하는 데 사용된다. 그레고어 멘델Gregor Mendel이 발견한 유전 규칙을 견지한 가운데 가족 관계는 발생 확률로 번역된다.[25]

한 가지 사례를 살펴보자. 한 여성이 성염색체 X염색체와 관련된 열성 유전 질환인 근디스트로피muscular dystrophy*를 가진 아이를 임신할 리스크를 알고 싶어 한다. 이 여성의 남자형제와 삼촌 모두 근디스트로피를 앓았다. 그들은 그 형질의 보인자들이다. 근육질환을 유발하는 유전자가 X염색체에 있으므로 이 여성의 어머니 역시 틀림없이 보인자이다. 따라서 이 여성이 어머니로부터 이 형질을 가진 X염색체를 물려받을 가능성은 50퍼센트이고, 그런 형질이 없는 X염색체를 물려받을 가능성도 50퍼센트이다. 아들에게 유전 질환이 있을 리스크는 25퍼센트이지만, 딸은 0퍼센트이다. 그러나 딸은 어머니로부터 유전 질환과 관련 있는 X염색체를 물려받을 가능성이 50퍼센트이므로, 자기 아들에게 이 형질을 물려줄 수 있다.[26]

위의 사례는 가계도 분석이 보편적인 유전 법칙을 개별 사례에 적용한다는 것을 보여 준다. 어떤 경우에서건 경험적인 리스크는 "가계 안에 유전되는" 특정한 유전 질환과 관련해서 결정된다. 인용된 사례에서 유전적 리스크는 '위험한' 당사자뿐만 아니라 친척들에게도 영향을 주는 가족 리스크이다. 그래서 가계도 분석은 한 번에 여러 사람의 상황을 보여 준다. 가계도에서 혈연 관계에 대한 체계화된 도표는 유전 형질의 전달 규칙에 대한 전문 지식과 결합한다. 가계도 분석은 유전적 패턴을 전면에 내세운다. 패턴이 확인되면, 이 패턴은 이후에 유전 질환이 발생할 확률에 대한 결론을 뒷받침한다. 과거에 가족 구성원에게 있던 유전 질환을 기반으로 미래를 추정하고, 후손에게 유전 질환을 물려줄 가능성을 평가한다. 결과적으로 "아들 중 한 명이 25퍼센트의 확률로 그 질환을 가질 가능성이 있다"고 하는 통계적 추

---

* 유전자 이상으로 나타나는 선천성 근육 질환이다. 근육이 점차 위축되어 근력이 떨어지는데, 일어서거나 물건을 드는 것과 같은 일상생활에 지장이 생기고, 관절도 변해 걸을 수 없다. 근디스트로피가 진행되면 심장근육이 약화되어 심전도 이상으로 결국 사망한다.—옮긴이

론은 선입견을 가진 행동을 하도록 영향을 주고, 내담자가 임신한 경우에는 산전검사를 받도록 유도한다.

'연령 곡선'(유전 진단에 적용되는 두번째 정상성 도식)은 해당 임산부와 태아의 관계를 통계적으로 해석하는 데 사용된다. 나이에 상관없이 누구든 염색체 이상이 있는 아이를 가질 수 있지만, 임산부의 나이가 30살이 되면서부터 그 확률이 높아진다.[27] 유전학은 다운증후군과 기타 염색체 이상의 발생 빈도를 밝히기 위해 수없이 많은 조사를 수행해 왔다. 이른바 연령 곡선이란 이렇게 임산부의 나이와 염색체 이상 발생 빈도를 연결하고, 상호 관계를 그래프로 나타낸 것이다.

연령 곡선이 실질적으로 중요한 이유는 산전진단에 대한 접근을 규정할 때 사용되기 때문이다. 35살이 산전진단을 받는 문턱이 된다. 35살이 된 임신 여성은 정기적으로 산전진단을 받을 수 있다. 반면에 그보다 어린 여성들이 산전진단을 받으려면 추가적인 징후를 보여야 한다. 이 35살이라는 문턱은 1985년 독일에서 수학적으로 성립되어[28] "절차상의 리스크와 진단 확률 사이에 의학적으로 견지할 만한 관계를 형성했다".[29] 즉, 다운증후군에 대한 연령 리스크는 양수검사에 의한 유산 리스크와 비교 검토된다. 35살 이상인 여성에게 다운증후군 출산의 연령별 리스크와 양수검사에 의한 유산 확률은 공히 1퍼센트에 육박한다고 여겨진다. 다시 말하면, 아직 태어나지 않은 태아의 건강 정보를 얻는 이익이 아이를 잃을 위험성과 비교 검토되는 것이다. 게다가 '연령별 리스크'의 공식적 정의는 이용 가능한 검사실 수와 건강 보험 기금에서 지불하는 비용을 반영하기 마련이다.[30] 일견, 연령 제한 기준은 고정된 지향 선을 반영하는 것처럼 보인다. 하지만 그 확률은 여러 가지 다른 방식으로 표현될 수 있다. 이 사례에서 상담자는 35살 여성의 태아에게 다운증후군이 있을 리스크를 적어도 8가지 방법으로 설명할 수 있다.[31]

1. 리스크는 1 : 370입니다.

2. 다운증후군인 아이는 370명 중 1명 꼴로 태어납니다.

3. 약 1,000명 중 3명이 다운증후군으로 태어납니다.

4. 다운증후군으로 태어날 확률은 0.27퍼센트입니다.

5. 아이가 건강하게 태어날 확률은 99.7퍼센트이며, 약 0.3퍼센트만이 다운증후군으로 태어납니다.

6. 전체의 0.3퍼센트가 다운증후군으로 태어나지만, 99.7퍼센트는 건강합니다.

7. 리스크는 1퍼센트에 훨씬 모자랍니다.

8. 27살 여성이 다운증후군인 아이를 낳을 확률이 0.1퍼센트인 것과 비교해 리스크가 2.7배 높습니다.

따라서 연령 곡선은 정상성 판단에 여러 가지 가능성을 제시한다. 개별적인 리스크 기술과 그에 따른 리스크 평가에 의존하기 때문에 연령 곡선은 원칙적으로 유동적일 수 있다. 하지만 연령 곡선은 유전 리스크를 판정함에 있어 임산부의 개인적 특징 중 하나인 생물학적 나이를 핵심 요소로 설정한다. 임산부(고객)는 자신의 나이와 태아의 '질환' 사이의 상관관계에 대한 축적된 통계자료를 통해 자신의 개별 사례를 관찰하라고 요구받는다. 게다가 임산부는 양수검사 과정에서 발생하는 유산 위험과 장애아를 가질 위험성을 비교하여 판단하라고 요구받는다. 35살이라는 연령 제한은 임의로 규정되었기 때문에 연령 곡선은 보다 엄격한 임신 관리를 독려하는 결과를 야기해 왔다. 1980년대에는 35살이라는 연령 제한이 점차 산전진단을 하지 않게 하는 결과를 낳았다. 지금부터 설명할 '삼중표지자 검사'는 이런 이유로 발전했을 것이다. 연령 곡선처럼 삼중표지자 검사는 대체로 산전진단(즉, 주로 임산부와 관련이 있는)에 이용되었다.

세번째 정상화 풍경인 삼중표지자 검사*는 곡선이나 범위가 아니다. 그것은 1 : 100 같은 통계적 수치로 표시된다. 삼중표지자 검사의 목적은 염색체 이상, 특히 다운증후군과 신경관 '결손'defect의 위험도를 밝히는 것이다. 임신 16주에서 18주에 임산부의 혈액을 이용하여 특정 대사 산물과 두 종류의 임신 호르몬을 검사한다. 이 세 가지 표지자는 임산부의 나이나 임신 기간과 같은 데이터와 상관관계가 있다. 컴퓨터 프로그램을 이용해 개별 평균값을 계산하는데, 이 값이 어느 한도에 도달하면 그 개인의 리스크도 크다고 간주된다. 즉, 삼중표지자 검사는 선천적 손상 여부를 감지하는 것이 아니라 그저 해당 임산부가 장애아를 낳을 리스크를 명시한다.[32]

측정 분포는 사실상 연속적이어서 '정상'과 '건강하지 않은' 진단 사이에 뚜렷한 경계가 없다. 오히려 유전적 리스크가 있는 것으로 추

---

* 일부 태아 기형에서 모체 혈액의 특정 물질의 농도 변화가 있다는 점을 이용해 모체 혈액을 이용하여 태아 기형 위험도를 산출하는 검사이다. 삼중표지자 검사는 세 가지 표지자, 알파 태아 단백, 비결함 에스트리올, 사람 융모성 성선 자극 호르몬을 이용한다. 모체 혈액을 이용한 검사는 비교적 흔한 특정 이상(다운증후군, 신경관결손, 에드워드 증후군)에 대한 위험도만 계산할 수 있다.—옮긴이

정되는 것을 넘어서는 경계는 임의로 정의된다. 경계를 정하는 데 사용되는 기초는 35살 여성의 평균값(1 : 370)이다. 다시 말해, 이 경계는 객관적으로 정당화된 것이 아니라, 앞서 언급한 것처럼 역사적으로 규정된 산전진단의 연령 기준에서 비롯된 것이다.[33] 실제로 젊은 여성들이 혈청 검사 결과가 나빠서 다운증후군인 아이를 임신할 리스크가 1퍼센트라는 추정치가 나왔다. 젊은 여성들의 이 개별 리스크는 가상의 35세 여성의 리스크에 상응할 것이다. 이런 사례에서 삼중표지자 검사는 개인의 리스크를 다운증후군 리스크의 통계적 평균과 비교하여 계산한다. 이런 식의 리스크 산정은 공포스러운 질환이 실제로 있다는 건지 없다는 건지 그에 대한 결론을 주지는 않는다. 그에 대한 확실성을 얻으려면 양수검사를 해야 한다.

결국, 이런 절차는 전문적 정책의 이유로 중요해졌다. 삼중표지자 검사의 주목적은 증가하는 젊은 임산부들에게 산전진단 접근권을 주는 것이다. 그래서 35세 미만의 여성들에게 더 높은 염색체 이상 가능성을 검사하게끔, 거기서 '양성' 진단을 받은 여성들 역시 위험 연령에 이르거나 넘은 임산부들과 함께 침습성 진단을 받도록 유도하는 것이 목적이다. 삼중표지자 검사는 임의적인 규정에 입각한 상관 확률을 제공한다. 게다가 그 테스트는 조야한 연령 분류 대신 개인 단위의 개별적 리스크를 파악하게 해준다. 그러나 이 검사의 모호한 추정치는 그 정상화 도식이 지극히 추상적 값에 불과함을 드러낸다. 그럼에도 삼중표지자 검사는 상징적이면서 실제적인 타당성을 모두 부여받는데, 왜냐하면 거기서 양성 판정을 받는 경우 다른 검사, 특히 침습성 검사를 받게 할 수 있기 때문이다.

유전학 지향 도식의 주관적 해석

지금까지 유전학이 고객에게 제공하는 유전학 편향 도식landscape을 다루었다. 이제는 여성 고객이 이런 서비스에 어떻게 반응하는지, 즉 서비스를 받은 여성이 확률적 해석 패턴을 어떻게 다루는가의 문제에 초점을 맞출 것이다. 이 여성들은 전문가들이 기대하는 자기통치를 실천할 수 있을 것인가?

앞에서 설명한 세 가지 풍경 중에서 가계도 분석은 고객들이 가장 이해하기 쉬운 정상성 표준이다. 가계도는 분명히 오랜 계보학적 전통이 있으며, 이 전통은 일상의 정체성과 실천에 오랫동안 역할을 해왔다. 유전 상담가는 보통 내담자의 비체계적이고 경험적인 가계 지식을 체계적인 가계도로 변형시키는 데 상당한 노력을 기울여야 하는 게 사실이다.[34] 유전 상담에 가계도 분석을 도입하면 보통 처음에는 내담자를 혼란스럽게 만드는 경향이 있다. 상담가의 질문에 대한 내담자의 대답을 보면 가계도 분석의 이유를 이해하지 못하고 있는 걸 흔히 볼 수 있다. 예를 들어 가족에 관한 어떤 질문이 터부에 해당한다고 여겨지면 그 정보를 거부하는 경우가 종종 있다. 그러나 상담가와 상호 작용이 진행되면, 내담자는 상담가의 관점을 받아들이기도 한다. 그럼 그들은 제도적 양식을 받아들여 곧 필요한 정보를 즉시 제공할 수 있게 된다. 또한 그들은 친척들의 성별과 건강에 대한 정보의 중요성을 이해하게 된다. 유전학자들의 상관 체계를 익힌 뒤 내담자들은 자신의 유전 상관성에 대해 일종의 전문가적 견해를 획득한다.[35] 그 결과 상담을 통해 그들은 성공적으로 정상화 도식 속에 자기 자신을 위치시킨다.

두번째 정상화 도식(연령 곡선)이 이용되는 주체의 방식에서 모순이 드러난다. 산전 진단검사 여부를 결정하는 데 객관적 위험성의 영향은 상대적으로 미미하다. 다양한 연구가 보여 주듯이 진단 서비스를 선택하는 이유는 증가한 유전적 리스크를 최소화하기 위해서가 아니다. 리스크에 대한 인식은 근본적으로 진단검사에 대한 자신의 입장에 달려 있다. 다시 말하면, 산전 진단검사에 긍정적인 태도를 보이는 여성은 어떤 유전적 리스크에 대해서도 민감하게 반응한다.

'연령 곡선'과 침습성 진단 절차는 질적으로 다른 리스크를 비교해야 할 필요성을 부여한다. 다시 말해 장애아를 낳을 위험성과 진단검사로 인한 유산의 위험성을 비교하는 것이다. 이런 비교 속에서 염색체 이상이 있는 아이를 가질 위험성이 1퍼센트라는 점을 더 심각하게 여긴 여성은 양수검사를 받으려고 할 것이다. 검사 절차를 받아들이는 여성은 일반적으로 유전적 손상이 있는 아이를 가질 위험성 1퍼센트와 양수검사로 인한 유산 위험성 1퍼센트가 수치상으로는 똑같은데도 후자를 덜 위협적으로 여긴다.[36] 다시 말하면, 침습성 검사를 받는 여성은 주관적으로 장애아를 가질 위험성을 더 높게 인식하고, 검사 자체의 위험성은 더 낮게 인식한다. 반대로 침습성 검사를 받지 않기로 결정한 여성은 검사로 인한 손상과 유산의 위험을 더 높게 인식한다.[37]

많은 고객들이 세번째 정상화 도식, '삼중표지자 검사'의 의미를 잘 이해하지 못한다.[38] 유전 진단검사를 받는 많은 고객들이 '양성'positive 결과가 아직 태어나지 않은 아이에게 실질적인 염색체 이상이 존재한다는 것을 뜻한다고 생각한다. 즉, 대다수가 '양성 반응'을 무서운 질환이 이미 존재한다는 것을 의미한다고 여긴다. 그러나 사실 삼중표지자 검사에서 양성 반응이란 대략 1퍼센트의 위험성이 있다는 것만을 가리킨다. 그러나 '위험에 처한 사람'은 보통 이분법적이고 규범적 범주 안에서 자신의 검사 결과를 평가한다. 그 결과 검사 값은 확률이 아니라 아이에게 실질적으로 이상이 있다는 사실로 해석된다.[39] 그래서 확실성을 얻으려고 다른 서비스(침습성 산전진단검사 같은)에 의존하는 논리적 단계를 밟는다. 요약하면, 고객이 삼중표지자 검사를 대하는 방식 또한 개인의 리스크 인식은 리스크를 양적, 확률적 범주가 아니라 끔찍한 위험으로 보이는 리스크 평가와 밀접하게 연결되어 있음을 보여 준다.[40]

결론

임상과 통계 데이터를 기반으로 유전 진단검사를 받는 고객들은 정상성 판정을 하게 하는 다양한 도식을 제공받는다. 그들에게는 자신의 개인적 리스크를 결정하고 객관화할 수 있는 기준과 유전적 일탈과 정상성의 정도를 판정할 수 있는 방향점이 주어진다. 그런데 이런 정보는 위험을 피해야 한다는 요구와 동시에 주어진다. 유전적인 '결함'defects의 통치는 계산 불가능한 출산 과정에 '안전'을 확보하는 방법이며, 가치-통치의 정언명령과 긴밀하게 결합되어 있다.

오늘날 정상화 사회에서 유전학은 여성들이 각각의 상황에서 '적절히' 결정할 수 있을 만큼 유전 법칙을 투명하고 기능적으로 만들기 위해 유동적 정상성normality과 역학적 리스크 개념을 사용한다. 신자유주의의 요구, 말하자면 공정성에 대한 요구가 유전 상담 전문가들로 하여금 이런 리스크 개념을 이용하게 했다. 특히 독일에서 상담가들은 우생학에 개입했다는 어떤 의혹도 피하기 위해 비지시적 nondirective 접근법을 찾았다. 평균값과 비교 수치를 지향하는 이유는 상담 상황에서 중립성과 객관성을 확보하기 위함이다. 여성 고객들은 그들의 결정이 가능한 한 합리적으로 내려진 것으로 합리화되기를 요구받는다. 또한 상담 과정에서 상담가는 내담자에게 어떻게 하라고 지시하는 조언을 해선 안 된다. 요약하면, 정상성-리스크 개념은 유전 상담 과정과 그에 따른 고객들의 결정을 합리화하고 합법화하는 방법이다. 의심할 여지 없이 유전학 전문가들은 정상성 도식을 개발하고, 그것을 고객들에게 지침으로 제공하는 데 최선을 다했다. 유전 상담에서 명시적인 조언은 더 이상 필요하지 않다. 정상성이라는 암시적 권력이 작동하기 때문이다.

더욱이 통계적 정상성-리스크 개념은 개인의 부담을 줄이는 데 확실히 유용하다. 고객들은 진단검사나 상담의 희생자가 아니라 자율적인 주체가 된 것처럼 보이고, 또 그들에게 정서적 안정과 안전을 주었다는 점도 리스크 상담이 성공한 이유이다. 리스크 개념에서 개별 고객에게 닥칠 수 있는 '불운'은 우연으로 고통받는 피할 수 없는 숙명이 아니라 통계적으로 흔히 발생하는 자연스런 '사고'가 된다. 확률 계산의 의미에서 비정상 태아의 출산이란 사실 '아주 평범한'normal 일이며, 또한 그것은 피할 수 있다! 그런 의미에서 유전 진단검사와 유전 상담은 보험제도처럼 '안전security에 의한 통치' 형식으로 작동한다. 그러나 앞서 언급했듯 개인의 리스크 인식은 주관적인 리스크 평가와 밀접하게 결합되어 있다. 결국 확률 계산 지향이 유전학에서의 선택과 관련된selective 문제를 제거하지는 않는다.

유전 상담과 진단이라는 틀 안에서 실제로 결정을 내리고, 제약받는 사람들, 즉 아이를 낳을지 낙태할지 빠르게 결정해야 하는 여성들에게 통계와 예측이 주어진다. 그러나 정상성-리스크 개념과 이런 리스크가 제시되는 (보험insurance) 환경은 개별 여성들이 어떤 결정을 내려야 하는지에 대해 어떤 의심도 허용하지 않는다. 결정은 뻔하다. 선천적 손상이 있는 아이를 갖지 않는 쪽을 선택하라는 것이다. 요약하면 유동적 정상화 사회에서도 산전 진단검사를 통한 선택은 일상적인 실천으로 지속된다. 정상화 전략으로 통제되고 '가입'insuring 형태로 개인의 자유와 자율성에 호소하기 때문에 근본적인 변화를 겪은 것처럼 보이지만 우생학의 문제는 여전히 남아 있다.

배제된 학생을 위한 포함 교육
: 예외적인 자들의 통치에 대한 비판적 분석

마르텐 시몬스 & 얀 마스켈라인

많은 저자들이 교육 관행의 숨겨진 차원을 드러내기 위해 푸코의 이론(계보학적인 틀과 지식-권력 체제 개념, 정상화, 훈육을 포함하여)을 이용해 왔다.[1] 특히 교육 실천 이론가들은 분리 교육 제도segregated education system와 이를 둘러싼 정상, 비정상 학생에 대한 담론을 비판하는 데 푸코를 도구로 사용했다. 이를테면 스크르티츠Thomas Skrtic는 『민주주의와 특수교육』[2]에서 다음과 같이 푸코의 말을 인용하며 시작한다. "우리 사회에서 정상sanity이 무엇을 의미하는지 알기 위해서는 광기insanity의 영역에서 무슨 일이 일어나는지 조사해야 할 것이다."[3] 이를 위해 푸코는 비이성의 배제를 통한 이성의 군림을 촉발시킨 데카르트로 되돌아가서 광기의 계보를 추적했다. 스크르티츠는 푸코의 뒤를 따라 서구 사회에서 일반교육이 무엇을 의미하는지 고찰하기 위해 장애 학생과 분리(혹은 '특수')교육의 역사적인 모습을 조사했다. 요약하면 이 맥락에서 스크르티츠의 연구에 동기를 부여한 가정은 다음과 같다. 과거에 이뤄진 교육적 배제의 형식을 추적함으로써 우리는 정규 교육이 의존하고 있는 '정상성'의 개념과 보편성을 주장하는 분리 원칙을 역사화할 수 있다.

모두가 참여하는 공간으로서의 포함 사회와 포함 학교inclusive school('모두를 위한 좋은 교육')에 관한 현실 담론과 관련하여 이런 방법론적 변화를 되풀이하는 것은 불가능해 보인다. 결국, 포함 학교나 포함 사회에서 배제되는 것은 무엇인가? 포함의 타자Other, 교육과 사회에서의 포함을 더 잘 이해할 수 있게 해줄 탐색은 무엇인가? 이런 문제제기가 불가능하다는 사실이 곧 푸코의 작업이 과거의 담론으로 '정상'과 '비정상', '특수'와 '일반' 사이의 구분이 만연하고, 당연한 것처럼 받아들여지는 시대에만 의미가 있다는 것을 나타내는가? 이 당혹스러운 질문들을 이번 장에서 두 가지 목적을 향한 숙고의 지평으로 삼도록 하자.

먼저 포함에 관한 담론이 (좁게는 교육 실천, 넓게는 사회에서) 통치성으로 이해되어야 한다는 점을 파악해야 한다. 푸코는 구체적인 통치의 테크놀로지를 가리키는 데 **통치성**governmentality이라는 용어를 사용했다. 또한 합리성의 주체, 즉 인간이 스스로를 주체로 변형시키는 자유의 실천 ── 자기의 테크놀로지 ── 을 반영하는 통치 합리성을 지칭하는 데 통치성이라는 말을 사용하기도 했다.[4] 푸코에게 자유는 권력이나 통치처럼 구체적으로 실천되어야 하는 것이기 때문이다. 한 번 획득한 뒤에 저절로 보장받을 수 있는 자유란 없다. 더욱이 푸코는 권력과 자유가 상호 배타적인 것이 아니라 본질적으로 서로 연결되어 있다는 관점을 유지했다.[5] 통치성에 대한 연구에서 푸코는 근대 국민 국가를 특징짓는 개별화individualization와 전체화totalization의 이중 결합double bond을 통해 권력과 자유의 결합이 어떻게 생산되는지 고찰하는 데 집중했다. 즉, 국민 국가에서 자유로운 개인이 어떻게 동시에 다른 개인들과 연결되어 전체가 되는가? 하는 문제 말이다. 우리의 목적은 포함 학교와 포함 사회 담론이 이러한 이중 결합의 역사, 즉 근대 통치성에서 필수적인 부분이라는 사실을 드러내는 것이다.

두번째로 우리는 이 이중 결합, 따라서 포함 담론 자체에 대해 문제제기할 것이다. 포함 담론 ── 모든 형태의 배제를 거부하는 담론 ── 을 문제 삼는 태도가 배제를 옹호하려는 것으로 비칠 수 있지만, 결코 그런 것은 아니다. 여기에서 주된 목적은 배제와 포함이라는 용어와, 그 관념에 연루된 '커뮤니티' 개념을 넘어서는 교육과 사회에 대해 생각해 보는 것이다.[6]

'전체적으로 그리고 개별적으로': 개인, 사회, 교육

푸코의 관심 중 하나는 근대 민족국가의 형식 안에서 어떻게 사회가 통치화의 진행으로 특징지어지는가 하는 점이다. 그것은 곧 통치 관계의 네트워크 안에서 자유의 실천, 주체성이 포함되는 방식에 대한 관심이다. 푸코에게 근대 민족국가의 지배 문제는 '사회의 국가화'etatization of society가 아니라 '국가의 통치화'로, 그 안에서 주체가 어떻게 총체적·국가적 맥락에 포섭되는가 하는 점이다. 이런 구조, 혹은 전체성 안으로 통합되려면 주체는 특정한 개별성을 통해 형성되어야 한다.

나는 개인이 무엇인지, 심지어는 개인의 존재를 무시하면서 '근대 국가'를 개인들 위에 발전하는 실체로 여겨야 한다고 생각하지 않는다. 반대로, 근대 국가는 아주 섬세한 구조, 개인들이 다음과 같은 하나의 조건 속에 통합될 수 있는 것으로 여겨야 한다. 그 조건이란 이런 개별성이 새로운 방식으로 형성되고, 아주 특정한 양상의 집합에 복종하는 것이다.[7]

다시 말해, 전체화와 개별화는 서로를 배제하지 않고, 근대 통치 전략 아래 연관된 프로세스로 작동한다.[8] 개별화와 전체화의 이중 결합은 근대적인 의미에서 개인은 어떤 전체성으로 결합되어야 한다는 것을 의미한다. 반복하면 우리의 목적은 어떻게 근대 교육이 ─ 그리고 교육의 분리가 ─ 일반적으로는 근대 통치성과 구체적으로는 특유의 이중 결합과 연결되는 방식을 밝히는 것이다. 이를 위해 우선 푸코의 '자유주의' 개념과 연관된 역사적 맥락을 간략히 살펴볼 것이다.

통치성의 관점에서 자유주의는 정당에 귀속되는 정치적 관념도 아니고, 경제적 교리도 아니다. 자유주의는 특정한 통치 합리성과 테크놀로지의 이름이다. 일반적으로, 자유주의는 과도한 통치에 반대하는 반작용으로[9] 역사적으로는 16세기와 17세기의 통치술에 반대하는 것이다. 그 당시 통치의 출발점(소위 '국가 이성')은 국가를 강화하는 것이었다. 16세기와 17세기 영토 국가는 강력한 행정부를 수립했고, 권력의 관심은 (국가 안팎으로) 중상주의와 관련이 있었다. 통치성의 관점에서 국가는 결코 충분히 강력하지 않았고, 통치는 증대되어야 했다. 부정적인 의미에서, 자유주의는 이런 국가 이성에 따른 통치에 반대하는 것이다. 긍정적인 의미에서 자유주의는 통치 자체의 제한을 요구하는 자연적 법칙과 역학을 가진 현실이 존재한다는 가정에서 출발한다. 다시 말하면 통치 전략으로서의 자유주의는 각각의 영역들과 그 영역의 특질에 조응하는 방식의 제한들로 이뤄진 자연적이고 독립적인 현실을 출발점으로 삼는다. 자유로운 개인이 활동하는 이러한 독립적인 '자유의 영역'은 인구, 시민 사회와 관련 있다. 자유주의적 사고방식이 완전히 확장되는 19세기 이전에는 이런 자유의 영역이 의미를 갖지 않았고, 통치 지식이나 관심의 대상으로 드러나지도 않았다. 우리의 목표는 '사회적인 것'the social과 '개인적인 것'the individual, 그리고 교육이 어떻게 자율의 영역을 처음으로 사유하기 시작한 자유주의 통치성의 집합체 안에서 상관물로 나타나는지 살펴보는 것이다.

통치전략의 상관물로서 (시민) 사회는 개별 인간으로 구성되고 고유한 조직 원리가 있는 '자연적' 영역이다. 따라서 통치라는 관점에서 개인과 사회의 관계에 대한 문제가 제기될 수 있다. 이를테면 한 명의 사적 인간과 시민 간의 구별과 관계, 개인적 영역과 사회적 영역 간의 긴장에 관한 문제가 제기될 수 있다. 물론 통치라는 관점에서 기본 전제는 자유로운 개인들이 사회 안에서 더불어 살고 활동한다는 것이다. 통치의 관점에서 개인의 자유는 자연적인 자유처럼 저절로 존재하지 않는다. 자유는 사회 안에서, 사회의 규범과 규칙에 의해 적극적으로 형성되어야 하는 어떤 것이다. 로즈의 말처럼 "개인들은 (…) 자유주의 통치가 가능해지려면, 자유로우면서도 책임이 있는 존재로 스스로를 인식하고, 그에 따라 행동해야 한다".[10] 따라서 개인의 자유와 자유가 형성되는 자유의 영역이 자유주의 통치의 수단이자 그 효과이다.[11] 자유주의는 자유를 통해 지배govern하는 것을 목적으로 하는 한 특별한 방식으로 자유로운 인간에 의거하여 작동한다. 즉, 사람들은 사회의 구성원인 한에서 특정한 규칙과 사회적 규범에 따라 자유를 실천한다. 로즈는 이런 상황을 다음과 같이 요약한다. "특정한 종류의 자유만이 —자유를 이해하고 행사하는 특정한 방식, 자유의 주체로서 우리 스스로를 개별적으로, 집합적으로 조직하는 특정한 방식— 자유주의적 지배의 기술과 양립 가능하며, 그런 자유만이 역사를 가진다."[12] 자유주의 통치는 스스로를 자유의 주체로 여기고, 사회 속의 개인으로서 함께 살아가는 그런 인간 존재를 필요로 한다. '사회적인 것'과 '개인적인 것'에 관한 특수한 담론과 그것들 간의 관계가 자유주의적 통치와 상관관계를 형성하는 이런 맥락 속에서 '교육'이 특유의 방식으로 문제화된다. 요약하면 교육 담론은 근대 통치성과 상관관계를 맺고, 따라서 구체적인 전략의 공간으로 진입하게 된다.

'학교 교육의 통치화'

교육이 자유주의 통치의 중심이라고 해서 자유주의 지지자들이 근대 학교를 발명했다거나 근대 교육 시스템이 그들의 이상을 실현했다는 것은 아니다. 헌터Ian Hunter의 주장[13]을 따라 우리는 근대 학교의 구조를 일종의 '집합'assemblage으로 이해하려 한다. 그러나 학교라는 조직의 메커니즘을 이해하려면 기독교 사목 권력(푸코에 따르면, 엄밀하게 정치적인 것은 아니지만 사람들을 통치하는 초기 형식)의 형식과 이러한 권력의 형식이 발생하는 훈육disciplinarian 환경을 참조해야 한다.

초기 학교의 환경에서 훈육된 개인과 주체성이라는 관념은 규제적이고 구체적인 훈련과 관련되어 있었다. 자기성찰을 통해 성취되고 공고한 (종교적) 규범을 수반하는 자기발전self-development과 자아실현self-realization의 이상은 초기 학교 교육의 일부였다. 푸코가 거듭 강조했듯이 학교에서의 이런 훈육 권력은 매우 생산적이어서, 그것은 특별한 개별성과 주체성, 자유를 생산한다.[14] 자유주의적 통치 형식은 점증하는 국가의 통치화를 수반하면서 이런 훈육 환경을 시민 만들기의 '기제'로 이용할 수 있었다.[15] 따라서 자아실현과 자기 발전, 개인의 자율성을 지향하는 초기의 움직임과 시민 사회의 구성요소들(사회 규범과 시민의 덕목 같은)이 연결될 수 있었다. 물론 근대 학교의 통치화와 그 기제 안에는 어떤 긴장이 남아 있었다. 가령 좋은 삶과 행복을 지향하는 종교적이고 비정치적인 지향과 사회 발전과 시민적 덕목에 대한 시민적, 자유주의적 관심 사이에는 긴장이 존재한다. 그러나 여기에서 이 복잡한 긴장에 대해 더 논의하지는 않을 것이다. 자유주의가 자유(사회 내부의 자유로운 개인)를 통한 통치를 목표로 하는 한, 이러한 자유는 생산되어야 한다. 교육이 바로 이 지점에서 전략적인 위치를 차지한다. 자유주의 통치가 학교 교육을 전략적으로 활용하면서 '교육의 통치화'가 증대하고, 학교를 통한 근대적 정상화 프로세스가 시작되었다고 할 수 있다. 통치성의 관점에서 자유의 역사가 있듯이 '교육받은 주체'의 역사도 존재한다.[16] 자유주의 통치는 학교의 통치화에 발맞춰 특정한 규범에 조응하여 자유를 실행하는 자유롭고 교육받은 개인을 생산한다.

학교의 통치화는 근대 통치의 한 측면이다. 따라서 정상성이 대표적인 것이나 평균적인 것을 의미하고, 개인에게 바람직한 것임을 뜻하는 곳에서 정상성을 장려하려는 노력이 이런 통치화 프로세스의 주된 특징이라는 점이 분명해진다. 19세기와 20세기에 '정상'normal 대중의 학교 교육에 주어진 관심과 더불어 장애 학생들의 학교 교육에 관심을 갖기 시작했다는 사실에 주목할 필요가 있다. 박애주의적 동기에서 시작해 이렇게 장애 학생들을 배려하기 시작한 것은 18세기 후반으로 거슬러 올라간다. 하지만 19세기로 넘어와서야 객관적인 시선으로 효과적인 치료를 하는 전문가들이 등장하기 시작했다. 장애 학생을 정상 교육으로부터 배제하던 관행은 윤리적이거나 정치적인 의미에서 배제로 여겨지지 않았다. 오히려 그런 배제는 알맞은 치료를 위한 필요조건으로 간주되었다.

분리 교육 제도에 문제가 제기된 것은 1960년대였다. 이런 문제 제기는 제2차 세계대전 이후의 통치를 고려할 때 이해될 수 있다. 2차 대전 이후 통치 전략의 주요한 관심은 '사회적인 것'에 모아졌다. '사회적인 것'은 고유한 실체가 있는 영역으로, 중앙 정부로부터 보호받아야 할 '사회 상태'the social state라고 할 수 있다.[17] 전후 복지 국가에서 개인적인 것과 사회적인 것은 배타적인 독립체가 아니라 서로 연관이 있었다. 로즈는 "20세기 중반, 사회의 영향 속에서 성격이 형성되는 개인, 집단의 사회적 관계 안에서 만족감을 얻는 사회적 개인의 발명을 볼 수 있다"고 말했다.[18] 이런 생각은 개인의 자유가 사회 바깥에서 실현될 수 없으며 사회의 진보 역시 개인을 고려하지 않고 이루어질 수 없다는 관점에 따라 널리 퍼졌다. 이런 통치 공간에서, (예를 들면) 피부색이나 젠더, 장애나 섹슈얼리티에 근거해 사람들이 대규

모로 배제되는 것은 단순히 직업적 전문 지식을 따르는 문제로 여겨지지 않는다. 그것은 대단히 도덕적이며 사회 정치적인 문제로 인식되었다. 정치인들만이 이런 종류의 배제를 문제라고 여기는 게 아니다. 무엇보다도 사회적인 것과 자유의 이름으로 통치받는 자들에 의해 이것은 문제로 간주된다. '장애'가 사회적 영역에서 새로운 방식으로 정의되는 역사적 순간이다.

(가령) 1960년대 후반 볼펜스베르거Wolf Wolfensberger는 **정상화** normalization라는 개념을 "가능한 한 문화적으로 정상적인 수단을 이용"함으로써 "가능한 한 문화적으로 정상적인 개인의 행동과 성격을 확립하고 그리고/또는 유지하려는" 활동을 가리키는 데 사용했다.[19] 나중에 볼펜스베르거는 논란의 소지가 더 적은 **사회적 역할 평가**social role valorization라는 용어를 사용해서 정상화가 "사회적 평가 절하의 위험에 있는 사람들에게 가치 있는 사회적 역할을 창조하고, 지지하고, 보호"한다고 설명했다.[20] 이런 서술이 분명해짐에 따라 정상화 개념의 출발점은 사회적 영역이자 '정상' 영역 안에서 각각의 역할이 가치를 얻는 방식이 된다. 따라서 장애 학생들을 정상 사회로 내보내려면 이들을 특수학교로 분리 배제하는 것보다 일반교육 안으로 통합하는 것이 선호된다. 평가절하된 사람과 집단에 대한 사회적 인식의 변화는 사회적 영역에 대한 호소 전략의 일환으로 일어났다.

게다가 우리가 '일반 학교'regular school로 여기는 것은 수많은 학생들을 일반교육에서 배제시키는 협소한 정상성 개념을 함축한다는 생각이 증가했다. 달리 말해 장애는 —사회적 차별의 일종으로서— 더 이상 단순히 인간의 자연적 특성으로 여겨지지 않는다. 장애는 환경적인 요소와 사회와 일반교육에서 '정상'으로 인식된 것과 대립된 어떤 것으로 여겨지게 되었다. 영향력이 컸던 논문에서 던Lloyd M. Dunn은 이런 정서를 다음과 같이 공식화했다.

우리는 앞서 말한 문제 학생들이 일반 학급에서 분리되는 것을 허락함으로써 일반교육의 수중에 장악되어 왔다. 그런 식으로 우리는 일반 학교에서 골칫거리인 학생들을 제거하고, 개인이 가진 차이들을 고려할 필요를 느끼지 않게 해버림으로써 일반교육의 태만함에 기여해 온 것이다. (…) 우리는 현실을 직시해야 한다. 우리는 다른 사람들이 가르칠 수 없다고 여긴 아이들을 받아들일 것을 요구받고 있다. 그 아이들 중 상당수는 인종적으로나 경제적으로 불리한 환경 속에서 자랐다. 따라서 우리가 직접 부적절한 가정과 지역 출신 아이들의 전반적인 환경에 뛰어들어, 양질의 교육 프로그램을 포함해 포괄적인 생태학적 활동을 지속적으로 하지 않는다면 특수교육의 대부분은 계속 헛된 꿈이 되고 말 것이다.[21]

이와 유사한 생각이 1975년 미국 장애아동교육법American Education for all handicapped children act에 어느 정도 분명하게 표현되어 있다. '핸디캡이 있는' 아이들도 가능한 한 친구들과 함께 교육을 받아야 한다는 것이다. 즉 "장애를 가진 학생들이 '최소한으로만 제한된 환경'least restrictive environment*에서 교육을 받아야 한다"고 말한다.[22] 이 법안과 그 효과는 논외로 하고, 그 법안의 언어는 교육 환경의 영향력이 증가하고 있음을 나타낸다. 이런 일반적인 주안점의 이동은 1970년대 말 영국과 웨일스에서 더욱 분명해진다. 이런 맥락에서 1978년 영국의 워녹 보고서Warnock Report(1981년 교육법으로 마무리된)는 '핸디캡이 있는'과 같은 개념에 함축된 부정적 의미를 제거하기 위해 '특수교육 욕구'special education need라는 새로운 개념을 도입했다.[23] 더욱이 워녹 보고서는 학생들을 분류하는 데 사용된 전통적인 의학적 범주를 비판하고, 모든 학생들을 연속적인 관점에서 파악할 것을 제안하면서 일반 학교에서 '특수교육 욕구'를 고려할 수 있도록 했다.

더 일반적으로 말하면, 1960년대와 1970년대에 사회적 통치와 장애에 대한 새로운 이해와 관련된 분리 교육의 원칙에 대한 태도가 바뀌었다. 통합integration과 주류화mainstreaming(특히 경미한 장애를 가진 학생들의 경우)의 정치는 학생들을 가능한 한 특별한 학습 욕구를 고려하는 정상 환경에서 교육해야 한다는 생각에 근거한다. 학생들을 특수학교에 보내는 것이 점차 배제(정상, 일반 학교로부터 배제되고, 나아가 정상적 사회생활에서 배제되는)의 한 형태로 여겨지게 되었다. 가령, 특수교육 대상자의 존재로 일반교육의 목표가 위험해지는 경우에만 최후의 수단으로 특수학교가 정당화된다. 더 직접적으로 말하면 1960년대와 1970년대에 개인의 자유와 정체성이 사회 안에서만 실현 가능하다는 생각이 늘어나 특수학교에 아이들을 고립시키는 것이 문제가 되고, 정당성이 입증되어야 하는 것으로 간주되었다.

---

* 장애의 정도와 특성 때문에 분리해야 하는 경우를 제외하고 가능한 한 비장애아동과 함께 교육할 수 있는 공간에 배치해야 한다.—옮긴이

그런데 1980년대 초반, 분리 교육을 비판하고 차별 없이 모든 학생들의 욕구를 고려하는 포함 교육을 주장하는 더욱 비판적인 담론이 발전했다. 이런 포함 담론은 교육에만 국한되지 않아 사회 전반에 걸쳐 통치성의 변화를 요청했다.

'포함 교육'과 '포함 사회'를 향하여

20세기 후반 50년은 사회적 관점에서의 통치성과 함께 비판 담론의 출현으로 뚜렷이 특징지어진다. 비판 담론에서 사회적 통치와 강력한 국가는 경제 발전을 막고 그와 연관된 자유의 형식을 저해한다는 점에서 비판을 받는다. 푸코가 지적했듯 신자유주의의 주요 목표는 경제를 자유의 영역으로 통치하는 것이고, 그와 같은 통치로 사회를 강화하는 것이다.[24] 물론, 신자유주의가 (통치성의 한 형식으로서) 고전 경제학에서 말하는 호모에코노미쿠스homo economicus의 자유처럼 단순하게 자유를 이해하지는 않는다. 신자유주의는 자유 시장에서 기업가들의 활동 차원에서 자유를 이해한다.[25] 또한 기업가 정신은 하나의 기관에서만 필요한 것이 아니라 경제와 사회 전반에 걸쳐 자유롭게 활동하는 것을 가리킨다. 신자유주의적 통치 합리성에서 인간은 각자의 삶에서 자유로운 기업가로 인식된다. 즉, 삶은 선택과 투자, 역량과 (인적) 자본을 갖추고 고도로 다양한 욕구에 따라 관리되는 기업활동enterprise으로 간주된다.

따라서 신자유주의가 단지 하나의 경제 이론으로 끝나지 않는다는 점에 주목해야 한다. 신자유주의는 비경제적 영역에서의 작동을 분석하는 틀, 즉 "우리가 사는 사회와 경제에서 신비로운 것을 모두 제거하기" 위한 틀을 제공한다.[26] 물론 신자유주의 통치government는 통치 대상으로서 '사회적인 것'을 포기하지 않는다. 다만 거기에 중요한 변형이 일어난다. 사회적 관계는 이제 개인의 기업활동enterprising의 결과로 인식된다. 이 관계들의 존재 이유는 가치 있는 투자를 하고 해당 개인의 욕구들을 만족시키는 데 있다. 다양한 욕구에 따른 자기 투자 활동의 총체가 과거 규범적인 의미에서 인식된 사회와 같은 것이 아님을 주목해야 한다. 그래서 공동체는 더 이상 자연적으로 뭔가를 공유하는 사람들 사이의 자연적 (혹은 국가적) 상태로 여겨지지 않는다. 이제 공동체는 같은 것을 선택했기 때문에, 동의하거나 계약했기 때문에 공통의 것을 지닌 사람들의 일시적 모임으로 파악된다.

통치의 관점에서 개인은 참여와 소통의 능력을 갖출 것을 요구받는다. 즉, 자신에게 중요한 것을 명확하고 투명하게 대변하는 공동체에 참여할 능력이 있는 개인, 공동의 목표를 정식화하고 합의에 도달할 때 필요한 의사소통 능력을 가진 개인이 되어야 한다. 이런 배치 안에서 사람들 사이의 관계는 점차 계약으로, 그들 사이의 복잡한 의무와 책임을 조정하는 계약으로 받아들여진다. 개인과 사회 기관 사이의 관계도 다르게 인식된다. (학교 같은) 공공 서비스는 고객들의 욕구를 충족시켜야 할 기업이 된다. 반복하면, 통치 배치의 출발점은 자신의 욕구를 충족시킬 서비스를 자율적으로 선택하는 기업가적 자아이다. 요약하면, 이런 기업적 인간은 스스로에게 특정한 방식으로 참여하고 소통할 능력을 요구한다.

이러한 통치의 배치 안에서 배제는 새로운 방식으로 정의되는데,

더 정확하게 말하면 포함이 통치의 항구적인 표적이 된다. 배제는 자율적 기업으로 살아가고 참여할 기회의 결여를 의미한다. 그리고 포함 — 배제의 개선 — 은 더 이상 각각이 정상화된 사회적 정체성을 갖도록 모든 이들을 사회로 통합integration하는 것으로 간주되지 않는다. 이제 포함이란 기업가들의 공동체에서 활동하기 위해 요구되는 소통과 참여의 기술을 습득하기 위한 기회로 여겨진다. 즉, 개인은 정체성을 선택하거나 구성할 수 있고, 자기 자신이나 타인에게 투자할 수 있고, 개인의 욕구를 만족시킬 것을 선택할 수 있다. 이제 중요한 것은 정상적이고 규범적인 사회에 참여하거나 통합되는 것이 아니라, **그와 같이** 참여하고 통합하는 역량이다. 다시 말하면, 다른 '기능적' 기술보다 참여와 소통이 실제적 통치성의 본질이 된다. 이 통치성의 표어는 '원하는 것은 무엇이든 하라. 다만 소통하고 참여하고 투자하고, 욕구를 표현하고 선택하라'일 것이다. 이런 공동체에는 외부가 없다. 더욱이 '정신적인 혹은 신체적인 핸디캡' — 전통적인 의미에서 — 이 있다는 이유로 어떤 사람들을 배제할 수 없는데, 그들 또한 다른 사람들처럼 자신의 욕구가 있고, 핸디캡이 없는 사람들처럼 각각의 삶에 기업 활동을 포함시킬 수 있기 때문이다. 장애인이 마주하는 문제는 본성의 차이가 아니라 정도의 차이이다. 기업가로 살아가는 것이 욕구를 가지고 문제를 해결하는 것을 의미하는 한, 학생들 사이에 존재하는 차이는 (교육의 관점에서) 불필요하다.

지금까지 소개한 논의를 바탕으로 이제 포함 담론 — '포함 학교'와 '포함 사회'라는 개념과 함께 — 은 통치의 결과이며, 기업가 공동체의 관점에서 본 통치 기구라고 주장할 수 있다. 이제 이 담론을 좀더

자세히 살펴보자.[27]

포함에 관한 담론

1980년대와 1990년대, 이른바 포함 학교 운동 혹은 포함주의자들이 분리 교육에 문제를 제기했다. 이 운동을 이끈 구성원들에게, 적어도 가장 급진적인 이들에게 있어 이슈가 되는 것은 통합integration과 주류화의 문제나 점잖은 형태의 배제를 정당화하는 방법이 아니다.[28] '포함'inclusion이라는 개념이 시사하듯 문제는 어떤 방법으로 모든 학생들을 교육에 포함시키고, 분리 교육은 근대 민주주의, 즉 포함 사회에는 어울리지 않는다는 생각을 당연시할까 하는 점이다. 토머스Gary Thomas가 이야기하듯 "최근 포함 교육의 인기는 적어도 부분적으로는 사회, 즉 각 구성원이 이해관계가 있는 사회에서의 더 넓은 포함 이념의 확산에 영향을 받은 것이다". 게다가 토머스는 다음과 같은 주장으로 말을 이었다. "공격적인 성적 경쟁과 개인주의적 사고는 분리 교육을 정당화하는 다양한 수사학을 제공한다. 그와 반대로 모든 사회 구성원을 주주라는 관점에서 보면, 학교를 모든 학생을 환영하는 곳으로 보는 것이 자연스럽다."[29]

토머스가 말한 '주주 사회'는 통치성의 상관물로서 기업가 공동체라는 개념을 여실히 반영한다. 인지장애나 신체장애는 이 기업가 공동체에 참여하지 못할 이유가 못 된다. 따라서 문제는 포함 사회에 조응하는 통치성의 관점에서 교육을 어떻게 사고할 것인가 하는 점이다. 가트너Alan Gartner와 립스키Dorothy Lipsky는 다음과 같이 질문한다. "그렇다면 어떻게 포함 사회의 영향 속에서 포함 사회를 형성하기 위한 교육 시스템이 장애 학생을 포함시킬 수 있게 만들 것인가?"[30] 두 저자가 밝히듯 분리 시스템의 대안은 융합merged 혹은 통합unitary 시스템이다. 그러나 그들은 통합 시스템이 '패러다임 전환', 즉 사람들 간의 차이를 사고하는 방식, 사람들을 교육하기 위해 학교 조직을 선택하는 방식, 그 교육의 목적을 인식하는 방식에 근본적인 변화를 요구한다고 지적한다.[31] (그리고 다른) 저자들도 쿤Thomas Kuhn[32]을 참조하면서 포함이 사람들 간의 차이와 교육을 사고하는 패러다임의 변화를 수반한다고 주장한다. 포함은 분리의 필요성, 특히 정상과 비정상 학생의 구별이 금지되는 교육과 사회에 대한 새로운 사고방식으로 제시된다.

확실히 우리는 교육에 관한 사고가 전반적으로 변해 왔다는 사실에 동의한다. 그러나 통치성의 관점에서 교육 실천에 일어난 이런 변화를 일반적으로는 개별성과 사회에 관한 사고에 일어난 변화와 관련해서 파악하고, 구체적으로는 개별화와 전체화의 이중 결합의 기저에 있는 연속성과 관련해서 파악하는 것이 중요하다.

포함주의자들은 특수교육을 철폐해야 한다고 주장한다. 또한 모든 아이들의 욕구를 반영하기 위해 일반교육 자체가 급진적으로 바뀔 필요가 있다고 주장한다. 포함주의자는 단지 특수교육과 일반학교의 '지진아'dump를 없애고자 하는 게 아니다. 오히려 이들은 일반교육과 사회 자체를 바꾸고 싶어 한다.[33] 스타인백Stainback 부부가 주장하듯 "임의로 정한 구분선cutoffs이 특수 집단과 일반 집단 사이에 존재하는 차이를 각 집단 내부에 존재하는 차이보다 크게 만들지 않는다.

(…) 요약하면 ── 이중 시스템이 내포하듯 ── 뚜렷하게 다른 두 종류의 학생, 특수학생과 일반학생이 따로 존재하는 것이 아니다. 모든 학생들은 독특한 개인이며, 저마다 신체적, 지적, 정신적 특성이" 있다.[34] 교육의 출발점은 '개인의 고유성'과 그것과 관련된 교육적 요구를 어떻게 고려할 것인가 하는 점이다.

따라서 교육에서 포함 담론은 '모두에게 좋은 교육을'good education for all이라는 공식으로 요약될 수 있다. 이런 맥락에서 '모두'라는 용어는 인구를 각각 '평범한' '정상' 학생과 '특수교육의 욕구'를 가진 '비정상' 학생이라는 범주로 나눈다는 것을 의미하지 않는다. 모두는 인구 전체, 각각의 고유한 욕구를 가진 개인들 전체를 가리킨다. 베델Klaus Wedell이 말하듯 "교육 시스템이 학생들의 다양한 학습 욕구를 만족시킬 수 있도록 조정된다면 특수교육 요구SENs(special educational needs)를 가진 학생의 포함은 단지 이런 다양성의 한 부분이지, 별도로 정당화될 필요는 없다".[35] '좋은 교육'은 '효과적인 지도'로 이해될 수 있고, 적절한 교육 지원에는 (이를테면) 다차원적 기준에 기반한 사정, 지도에 방향을 맞춘 사회심리적 평가, 최신 연구를 이용하는 교육 실습, 효과적인 학교 조사에 입각해서 설계된 학급과 학교, 강화된 교원과 교육과정 개발, 교육 중재와 전환교육 프로그램, 중등과정 이후 교육, 훈련, 일, 공동생활 선택권 등이 포함될 것이다.[36] 가트너와 립스키가 설명하듯 "새로운 시스템이란 교육과정을 조정하고, 일반교육 학생과 특수교육 학생이 고등 과정을 수료할 수 있도록 개별화된 교육 전략을 세우는 것을 의미한다".[37] 포함주의자들에게 이런 전환의 출발점은 명확하게 '학생들의 다양성 수용'과 ── 학생들을 분리하지 않고 효과적인 교육을 통해 ── 다양한 학생들이 가진 다양한 욕구를 충족시킬 수 있는 개정된 교육 환경이다.[38] 글레이저Robert Glaser는 특수교육과 일반교육의 관계 자체를 논하지는 않았지만, 다음과 같이 이야기함으로써 교육 담론의 전환을 잘 표현하고 있다.

> 학생들을 획일적이고 표준화된 교육 프로그램에 맞추는 것이 아니라, 교육기관이 다양한 종류의 학생들에게 맞출 수 있도록 조정되고 유동적으로 설계되어야 한다. 교육의 질과 평등은 모두에게 동일한 프로그램을 제공하는 것이 아니라, 가르치고 배우는 환경과 각기 다른 개별적 능력의 연결을 극대화해야 한다.[39]

강조하면, '학교'는 전통적인 (즉, 근대 통치성의) 의미에서 규범적이고 사회적인 기관이 아니다. '학교'는 개별 학생들의 다양한 욕구를 충족시켜야 하는 유동적인 기업이 된다. 이런 맥락에서, 즉 통치성의 관점에서 봤을 때 다양한 욕구와 기업가적 자유를 가진 개인들은 분리 교육과 정상화가 해소되고 포함 교육이 설립되었을 때 '저절로' 등장하는 것이 아니라는 사실을 강조해야 한다. 포함 담론의 '개인'은 통치성의 담론과 통치성의 신자유주의적 형식과 상관관계에 있는 결과물 내지 **생산물**이다.

위에서 이야기했던 급진적인 포함주의자들은 분리 교육과 주류화의 지지자들과 마찬가지로 '모두를 위한 좋은 교육'을 옹호한다. 급진적 포함주의자와 분리 교육 지지자들의 차이는 '좋은'과 '모두'의 의미 변화에서 비롯된다. 분리 교육과 주류화 지지자들의 출발점은 주류화와 정상 학교('정상적인 것'이 규범적이고, 따라서 '좋은' 것을 대표하는)이고, 그에 따른 필연적인 결과로 장애 학생이나 특수교육 욕구를 가진 학생들의 합법화된 배제에서 출발한다. 노골적으로 말해서, 이런 관점에 따르면 일반 학교에 다니는 학생들은 엄밀한 의미에서 '필요'needs가 없는데, 일반 학교와 교육이 그들의 '필요'를 만족시키기 때문이다. 그러나 포함주의자들의 기본 전제는 '모두'가 각기 다른(각각 상이한 교육 욕구를 가진) 개인들의 총체를 의미하고, '좋은' 교육은 그 각각의 개인들 전체를 고려하도록 마련된 포함적 교육 환경 속에서 생겨난다는 것이다. 또한 다양성은 단지 교육의 기본 조건일 뿐만 아니라, 통합된 사회, 각각의 개인들이 참여하는 사회의 기본 특질로 제시된다. '사회'는 더 이상 집합적 실체를 가리키지 않는다. 이제 '사회'는 개인들의 욕구를 만족시키고 기업가 공동체로서 구성되는 일시적인 조직화 체계를 지시한다. 이렇게 변화한 통치 공간 안에서 기업가 공동체의 상관물로서 '교육'은 전과 다른 모습으로 변모한다. 신자유주의 통치성과 관련하여 '교육'은 기업처럼 작동하고 모두에게 양질의 서비스를 제공하는 개별 학교들의 집합이다.[40]

교육이 사람들 간의 차이에 적응함에 따라 학교의 통치화가 종말을 맞았다고 주장할 수도 있다. 사실, 개별화와 전체화의 이중 결합이라는 근대적 통치성이 파산한 것처럼 보이기도 한다. 그러나 중요한 변화가 있다고는 주장할 수 있지만 그 이중 결합이 깨졌다고 생각하지는 않는다.

적어도 초등과 중등 교육의 기본 틀은 민족-국가로 남아 있다. 1970년대와 1980년대에 여러 나라에서 국가 차원의 교육과정은 '사회'에서의 기능적 필요에 따라 공식화되었는데, 그 대상은 기업가적 활동을 통해 국가의 안녕뿐만 아니라 개인의 안녕과 자유를 증진시키는 개인들의 총체로 구성된다. 사회에서 역할을 한다는 것은 기업으로서의 자기 인생을 통치하는 기본적 (사회적) 기술을 획득하는 것이다. '국가적 교육과정'이라는 말에서 **국가**라는 용어는 더 이상 공동선(말하자면 지식이나 도덕성 같은)을 의미하지 않고, 기업가적 자아로 활동하기 위해 각각의 개인 전체에게 필요한 공적 역량을 뜻한다. 즉, 국가적 교육과정은 게임에 필요한 규칙을 아는 것이고, 합의와 계약의 과정에 참여하고 소통하는 기술을 습득하여 문제를 해결할 줄 아는 것이다. 사실 게임과 커뮤니케이션의 내용 — 합의나 계약의 내용 — 은 개인의 선호나 선택에 관한 것이다. 달리 말해, 모든 개인들은 서로 다르지만, 그들의 공통점은 — 혹은 공통적으로 가져야 하는 것은 — 자신의 인생을 사는 능력과 기술(참여하고 소통하고 '학습'하는 것)이다. 이러한 기술은 학교의 통치화와 민족-국가 내 개별화와 전체화의 근대성을 견지한다는 점에서 중요하다.[41] 요약하면, '개별성'과 '전체성'에 대한 이해가 변화해 왔음에도, 실질적인 통치는 여전히 **동일한 방식으로** 자유를 행사하는 전체 개인에 의거하여 작동한다.

포함과 배제를 넘어서

지금까지 설명했듯, 근대 통치성의 주요 특징은 개별화와 전체화 사이에 존재하는 이중 결합이다. 즉, 인간은 어떤 규칙이나 도덕, 규범 혹은 기술에 따라 자유를 행사하는 주체가 되고, 이를 다른 자유로운 주체들과 공유한다. 또한 우리가 지적한 대로 이런 자유와 통치는 (이중 결합이 그렇듯) (시민) 사회의 규범으로부터 확장되어 사회적 개인에게 영향을 미치고, 포함 사회의 기술들을 통해서 기업가적 개인으로까지 이어진다. 근대 교육은 이런 이중 결합의 (재)생산에 중요한 역할을 한다. 근대적 통치와 교육에서, 인간은 개인인 동시에 전체의 일원으로 여겨진다. 바꿔 말하면, 인간은 공통점이 있고, 어떤 것을 공유하며, 최소한 합의나 동의를 위한 협상과 소통의 기술을 가지고 있다. 일반적인 의미에서, 근대적 통치의 기초가 되는 공동체 개념은 '공동체'를 공통점이 있는 개인들 간의 관계로 이해한다. 근대적 통치 전반에 걸쳐, 그리고 지금까지 인간은 이런 '공통점'common에 수반하는 것, 즉 공동체가 무엇인지, 공동체의 구성원이 공유하는 것(혹은 공유해야 하는 것)을 알고, 공식화하고, 정의할 수 있다고 여겨졌다.

여기에서 배제와 포함 개념이 어떻게 근대 통치와 그 근저에 깔려 있는 공동체 개념과 연결되어 있는지 분명해진다. 배제와 포함에 관한 담론이 의미를 얻는 것은 사람들이 공유하는 장소 혹은 그들이 속한 곳으로 정의되는 공동체와 관련해서이다. 최근의 포함 담론들은 공동체와 개별성의 협소한 정의와 그에 따른 배제 개념을 버리는 듯하다. "모두를 위한 교육"과 "모두가 몫을 가진 사회"라는 슬로건은 협소한 포함 개념(따라서 과거에 배제된 수많은 이들의 배제)을 거부한다. 반면에 '포함'inclusion 개념이 시사하듯, 포함주의자들은 사람들이 공통적으로 가지는 ─ 혹은 가져야 하는 ─ 것에 대한 정의, 즉 의사소통 기술과, 진취적인 능력, 공동선을 정의하고 합의하는 능력을 원칙적으로 견지한다. 즉, 이런 관점에서 최근의 포함 담론은 푸코의 주된 관심이었던 개별화와 전체화의 이중 결합 프로세스를 반복한다.

이 지점에서 우리는 이중 결합을 비판하기 위해 공동체의 개념을 문제 삼을 것이다. 앞서 설명했듯, 통치의 관점에서 '공동체'는 공통의 것을 가진 사람들 전체로 여겨진다.[42] 이런 공동체 개념은 ('공통적인 것'을 정의하는 능력 혹은 그 과정에 참여하는 능력을 포함해) 문제시되어야 한다. 에스포지토Roberto Esposito가 주장하는 것처럼, 공동체 개념에 전제된 가정은 개인들이 공통점을 가지고 있으며, 이는 동시에 각각이 고유한unique 개인이 되도록 한다는 것이다.[43] 이를테면, 한 사람이 다른 이들과 능숙하게 소통하는 능력을 공유하는 한에서 그는 자신의 가장 개인적인 열망을 표현할 수 있다. 공통적인 것이 주체의 특성 혹은 자질 중 하나로 여겨지기 때문에, 공동체는 이런 공통적 특성으로 결합된 사람들로 구성된 것처럼 보인다.

에스포지토가 지적한 대로, 코무누스commUnus에서 무누스munus의 본래 의미(텅 빔void, 빚debt, 선물gift)는 이런 공동체 개념과 정반대이다. 그의 말에 따르면 공동체는 공통적인 것을 가진 것, 우리가 타인과 공유하는 어떤 것이 아니라, 그 반대의 개념이다. 다시 말해, 공동체는 무언가를 가지는 것이 아니라 결여하는 것lacking에 관한 것이고, '어떤 것'something이 아니라 '아무것도 아님'nothing에 관련된다. 텅 빔과 결여는 우리가 타자에게 빚을 지고 있다는 것을 말한다. 또한 어떤 의무인지 정확히 정의할 수 없을지라도 우리가 타자에 대해 의무를 지닌다는 것을 의미한다. '나' 혹은 '너'는 결코 소진될 수 없는 의무의 네트워크에 붙들린다. 공동체의 주체들은 '나는 네게 무언가를 빚지고 있다'('네가 내게 무언가를 빚지고 있다'가 아니라)는 의미에서 결합되어 있다.[44] 과업이나 의무로 결합되어 있다는 것은 정확하게 주체들 사이에, 나와 타자 사이에 아무것도 없다는 것, 관련성이 없다는 것을 의미한다. 더불어 사는 것, 혹은 타자와 함께 산다는 것은 뭔가를 공유하는 자와 사는 것이 아니라, 개별적 주체성과 속성을 넘어서는 의무와 책임감을 가지고 함께 사는 것을 뜻한다. 또한 타인에 대한 의무의 경험은 나의 주체성이 나와 타인의 관계처럼 투명하게 의식할 수 있는 것이 아니라는 신호이다. 리딩스Bill Readings의 말처럼, 의무의 네트워크는 "개인의 주체적 의식이 온전히 감당할 수 없기 때문에 우리는 우리의 모든 빚을 결코 갚을 수 없다. 사실, 빚을 전부 갚을 수 있다는 가정은 근본적으로 비윤리적인데, 그것은 타인에 대한 모든 책임과 의무를 극복하고 '자유'를 얻을 가능성을 상정하기 때문이다".[45] 의무의 경험은 내가 생각할 수 없는 타인의 경험이나, 나의 주관적 활동의 일부인 수동성이나 내가 결코 설명할 수 없는 내 안의 타자에 대한 경험을 함축한다. 공동체라는 개념 자체에 주체성의 위반이 포함되어 있는 것이다. 이런 관점 속에서 에스포지토를 비롯한 몇몇 사람들은 근대성의 주요 특성을 지속적인 '면역화'im-munization, 즉 사람들 사이의 빈틈void을 채우고, 주체성이 조각 날 가능성으로부터 보호하는 것이라고 생각한다. 따라서 '면역화'는 우리가 공통적으로 가지는 것과 서로에게 빚진 것을 명확히 규정하며, 모든 사회적 관계를 투명한 규칙과 규범, 계약 혹은 동의로 변형시키며, 모든 과제를 (경제적이고 계산 가능한) 교환으로 간주한다. 면역화는 주체를 공통의 사법적, 도덕적, 정치적 규칙에 따라 규정된 사회적 관계를 맺는 닫힌 개인으로 변형시킬 뿐만 아니라, 주체 안에 존재하는 수동성과 빈틈에 대항한 방어기제이기도 하다.

면역화에 대해서 자세히 논하지 않더라도, 이 개념과 푸코의 개별화와 전체화의 이중 결합을 비교해 볼 수 있다. 전체적이면서 개별적인omnes et singulatim 근대 통치는 공동체에 대한 독특한 관념 — 어떤 것을 공유하거나 공통적인 것을 가진 것으로서 — 과 인간 주체에 대한 독특한 관념 — 폐쇄적이고 자기-준거적인self-grounding 주체나 개인 — 을 상정한다.[46] 달리 말하면, 근대 통치는 자기와 타자의 면역된 관계 속에서 개인이나 주체의 면역된 전체성 속에서 작동한다. 면역화가 가장 분명하게 드러나는 순간은 사회적 관계가 계약으로 변형될 때, 소통에서 동의와 합의를 주장할 때, 책임의 필요성을 역설하고, 인간은 자율적 기업가로서 욕구를 표현하고 문제를 해결하는('학습하는') 능력이 있다고 볼 때이다. 앞서 말했듯, 면역화와의 대면은 배제와 포함의 개념으로 표현되었다. 즉, 뭔가를 공유하지 않거나 공통점이 없는 것은 배제하고, 뭔가를 공유하거나 최소한 공유할 능력을 가지는 것은 포함하는 것이다. 그래서 포함 담론은 개별화와 전체화의 이중 결합뿐 아니라 인간 존재들과 그들의 관계에 대한 면역화 과정을 비판하지 않고 사실상 발전시킨다. 면역화 개념으로 푸코가 말한 이중 결합을 정교화하면 공동체에 대한 근대적 관념을 넘어서고 배제와 포함에 입각한 장애 문제의 접근법에서 한발 더 나아갈 수 있다. 다시 말해, 타자(그리고 자기 자신)를 정상적이고, 능력이 있고, 진취적인 개인으로 변형시키는 면역화를 거치지 않고, 그 자체로 타자에 대해 책임지는 관계를 형성하는 것 말이다.

결론

앞서 말했듯, 포함 담론은 모든 개인들의 욕구에 집중하지만 모든 인간에게 공통적인 것이 있다고 가정한다. 결국 포함 담론에서는 어떤 배제도 용인되지 않는다. 그러나 푸코의 용어법을 활용할 때, 포함 사회는 개별화와 전체화의 이중 결합이 실현되는 장소로 보인다. 또한 '외부가 없는 사회' 안에서, 구체적으로 포함 교육 안에서, 모든 인간이 배타적exclusive으로 취급된다고 볼 수도 있다. 왜냐하면 거기서는 모든 개인들의 필요가 고려되기 때문이다. 그러나 각각의 '고유한 개인'과 그들의 (교육적) 필요의 표출을 인간의 진정한 본성이라고 볼 수는 없다. 오히려 각각의 고유한 인간이라는 관념은 어떤 담론적 실천과 통치의 **효과**이자 **수단**이다. 다시 말해, 포함 담론이 당연시하는 것—이른바, 인간이 전체에 속함으로써 개인이 된다는 것—은 통치 역사의 일부로, 그것은 개별화와 전체화의 이중 결합을 예증한다. 또한, 에스포지토가 보여 주듯, 동일한 방식으로 자유를 행사하는 개인들의 총체는 자기와 타자에 대해 면역된 관계에 있는 인간이다. 즉, 이들은 자기가 무엇인지, 타자가 무엇인지 알고, 무엇보다 그들이 서로에게 무엇을 빚고 있는지 분명하게 안다. 그러므로 우리는 "배제의 대립 개념으로서의 포함 개념(심지어 외계 생명체를 포함한 모든 인간의 전체를 포함)으로 공동체 개념을 구성해서는 안 된다"[47]는 리딩스의 말에 동의한다. 이제 스크르티츠의 다음과 같은 결론으로 돌아가 보자.

21세기에 성공적인 학교는 세련된 시민, 즉 불확실한 조건 속에서 책임감을 지니고 독립적으로 살고 일할 수 있는 자유롭게 교육받은 젊은이들을 양성하는 학교가 될 것이다. 이런 학교의 교육과정과 교수법은 민주적인 이해의 공동체 안에서 협력을 통한 문제해결과 반성적 대화를 통해 경험적 학습에 대한 능력을 배양시킴으로써 학생들이 사회적 책임을 기르고, 상호의존을 인식하고, 불확실성을 받아들이도록 장려한다.[48]

우리의 목적은 이 분석을 자세히 논하는 것이 아니라, 다음과 같은 질문을 제기하는 것이다. '포함의 탈관료적adhocratic 가치 실현'이 가능할 것이라고 주장하는 스크르티츠는 어느 정도까지 학교 교육을 면역화 과정의 주요 수단이라고 간주하는가? 탈관료적 학교의 출발점은 항구적 불확실성의 조건이다. 나아가 이 탈관료적 학교에서 학습이란 이해 공동체 안에서 협력적 문제해결 능력을 기르는 것이다. 면역화가 불확실성이라는 조건과의 지속적인 투쟁이라면, 지속적인 학습과 협력적인 문제해결 과정은 지속적인 면역화 과정 자체라고 할 수 있다. 탈관료적 학교의 출발점이 이해 공동체이기 때문에 공동체가 이해 공동체로 변형되는 것은 면역화 과정의 진척으로 이해될 수 있다. 또한 '이해의 공동체' 개념은 우리가 "모든 빚을 갚을 수 있다"는 것을 가정하는 듯 보인다. 그러나 이런 가정은 무엇이 우리를 결속시키는지(결속시켜야 하는지) 알고 있다는 것을 전제로 하기 때문에 마땅히 의문시되어야 한다. 다시 말해, 이해관계의 공동체는 서로에 대한 의무나 책임의 거부를 함축한다. 민주주의가 "이해 공동체 안에서 성찰적 담론을 통한 협력적 문제해결"[49]로 이해될 때 그 민주주의 정치 체제는 얼마간 개별화와 전체화의 이중 결합(혹은 면역화 과정)을 내포할 수밖에 없다. 스크르티츠에 따르면, 진보 교육과 탈관료적 학교, 협업적 문제해결은 전문화로부터 교육을, "관료제로부터 민주주의를 구원"할 수 있다. 그러나 우리의 관심은 이런 면역화로부터 민주주의와 교육을 구하는 것이다.[50]

지원받는 삶과 개인의 생산

크리스 드링크워터

우리의 제도적 '타자'

공식적으로 받아들여지는 사실이 있다. 학습 장애를 가진 사람들에게 장기 거주 시설은 나쁘지만,[1] 지역사회 안에서 지원받는 생활supported living을 하는 것은 좋다는 생각 말이다. 영국 정부는 『가치 있는 사람 만들기』*Valuing People* 백서에서 2004년까지 학습 장애를 가진 거의 모든 사람들이 가치 있는 삶을 사는 데 필요한 지원과 돌봄을 받으며 보통의 가정과 보통의 거리에서 생활하게 하겠다고 밝혔다.[2]

공공 정책이 분리에서 정상 생활로, 배제exclusion에서 포함 inclusion으로 이행한다는 것은 무엇을 의미하는가? 이런 변화는 장애인이 '우리와 같은' 사람으로 감정이 있고 개인적 차이, 능력, 꿈, 그리고 삶의 이야기가 있는 **사람**이라는 뒤늦은 인식을 반영한 거대한 개혁의 결과라고 답할 수 있을 것이다.[3] 모든 개별 인간은 저마다 고유하며 훌륭하다. 그런데 어떻게 공공 서비스는 그처럼 오랫동안 터무니

없게도 그 사실을 무시할 수 있었을까? 우리는 가끔 오래된 병원의 흑백 사진을 보고 난 뒤에는 혹은 참담하고 끔찍하며 일상적인 고문이 자행되고 잔인한 학대가 가끔씩 세상에 알려지는 지난날의 시설 이야기를 듣고 난 뒤에는 [이들보다] 더 나은 삶을 산다는 사실에 안도한다. 아주 최근까지 사람들이 이런 식으로 분리되고 학대당했다는 사실, 그것도 아주 드물게 유감스럽게도 인도주의적인 원칙에 예외적 사건으로 발생한 것이 아니라 공공 정책의 현실로서 발생했다는 사실을 거의 불가능하다고 여긴다.

그러나 나는 푸코의 논의를 따라서 지원받는 삶의 형식은 해방이나 인도주의적 개혁이 아니라, 더 나은 효율성을 추구하는 근대적 운동의 연장선상에서 발생한 새로운 권력관계의 일환임을 주장하려 한다. 감금되어 왔거나, 감금될 수도 있었던 수많은 이들을 '지역사회 안에서 돌보는' 것은 전체 사회, '사회체'social body 안에서 이루어지는 권력의 다중화와 강화에 의해서만 가능했다. 그럼에도 새로운 포함 정책은 기념비적 전환을 나타낸다. 푸코가 말한 것처럼 '우리' 정상인들은 타자와 범죄자, 광인과 장애인을 배제함으로써 우리 자신을 구성해 왔다.[4] 그러나 지금은 거주 시설 자체가 타자화되었다. 우리는 장기 입원이 상징하는 어두운 관행에 반대하면서 우리 스스로를 정의한다. 오늘날 배제의 관행들은 공식적으로 문제제기를 받고, 비합법화되었다. 그러면 우리는 다음과 같이 질문할 수 있을 것이다. 포함적 생활의 실천에는 어떤 새로운 권력의 형식이 작동하는가?

권력과 개별성

푸코의 유물론적 권력 분석에서 의미와 가치, 인간과 사물은 전부 관계의 네트워크 안에서, 네트워크로부터, 네트워크를 통해서 나타난다. 그럼 이 관계들은 어떻게 묘사되어야 할까? 1970년대부터 1984년 죽을 때까지 '중기'와 '후기'의 작업에서 푸코는 18세기 이후의 뚜렷하게 근대적인 권력의 출현을 묘사한다. 근대 권력은 생사여탈을 관장하는 권력 —— 세금을 추징하고 사람을 체포하는 권력 —— 이라는 점에서 하향적이고 사법적이며 근본적으로 부정적인 군주 권력과는 달리 중심(군주나 국가의 형태로)이 따로 없이 곳곳에 편재한다. 근대 권력은 아래에서 위로 통제regulate한다. 또한 그것은 구체적이면서 국지적인 방법으로 인간의 실천들을 규범 주변에 배분한다. 근대 권력은 죽음의 권력이 아니라 삶을 관장하는 권력으로 긍정적이며 생산적이다.

> [이제 장악하는 일은] 선동하고, 강화하고, 통제하고, 감시하고, 최대로 활용하고 그 아래에 있는 힘을 강화하는 다른 요소들 중 겨우 하나일 뿐이다. 즉, 권력은 힘을 방해하거나, 굴복시키거나, 파괴하는 대신에 힘을 만들어 내고, 힘을 키우고, 질서를 부여하는 데 열중한다.[5]

오늘날의 권력은 적극적인 영향력을 행사한다. 근대 권력의 비즈니스는 '신체의 관리와 계산된 삶의 경영'이다. 이것의 주된 역할은 "삶을 보장하고, 지속시키고, 다중화하면서 삶을 질서 안으로 밀어 넣는 것"이다. 근대 권력은 철저하게 삶에 투자한다.[6] 이제 권력은 거시적 차원에서 인구, 즉 '정치체'body politic를 통제하고, 미시적 차원에서 긍정적이고 생산적인 방식으로 신체를 예속시킨다. 생명권력biopower의 출현은 "삶과 삶의 기제를 명확한 계산의 영역으로 인도하고, 지식-권력을 삶의 변형을 위한 행위자agent로 만들었다".[7] 비판적 분석가의 임무는 권력의 새로운 테크놀로지와 "사회적 실체social entity와 개인 간의 새로운 관계에 구체적 형식을 부여하는 테크닉과 실천"을 기술하는 것이다.[8]

푸코는 후기의 일부 짧은 글이나 인터뷰, 강연에서 근대 권력의 개념을 재정의하고, 제약과 폭력으로부터 권력을 더욱 날카롭게 구별했다. 푸코가 지적한 권력은 다음과 같다.

권력이란 타인에게 직접, 즉각적으로 작용하지 않는 행위의 양식이다. 권력은 오히려 타인들의 행위에 작용한다. 행위에 대한 행위, 현존하는 행위에 대해, 현재 일어나거나 미래에 일어날 수 있는 행위에 작용하는 행위인 것이다.[9]

따라서 권력은 가능한 행위의 장을 구축한다. 푸코는 conduire (이끌다 혹은 추동하다)와 se conduire(처신하다 혹은 스스로를 지도하다)라는 프랑스어 동사의 이중적 의미를 이용해 '이끌다/지도하다'와 "얼마간 개방된 가능성의 장에서 처신하다"는 두 가지 의미에서 권력은 '인도한다'conduct고 말한다.[10] 근대 초기 '통치'government와 '치안'police이란 개념의 용법과 근대의 세속적 '사목' 권력에 착안하여 푸코는 "국가의 틀 안에서 정부가 사람들을 세상에 아주 유용한 개인으로 통치할 수 있게 하는 구체적인 테크닉"인 권력 형식의 발달을 추적한다.[11] 거기서는 개인의 행복이 바로 국가의 일이며, 국가의 생존과 발전의 조건이 된다. 즉 경찰police은 개인들을 돌본다take care. 그들은 "법이 아니라 개인의 행동에 지속적으로, 긍정적으로 개입함으로써" 통치한다.[12] 푸코의 근대 권력에 대한 후기 계보학은 초기 텍스트에서의 구분, 즉 권력power과 대립, 폭력, 종속 간의 구별을 더욱 강화한다. 권력은 다른 수단이 실패할 때 이런 장치들에 대한 자신의 역할을 포기할 수 있다. 그러나 주체의 자유는 권력의 전제 조건이며 '항구적인 요청'[13]이다. 권력에 대한 아고니즘agonism은 끊임없는 투쟁과 유동성, 항구적인 변형과 위반의 가능성으로서의 관계성을 표현한다.

지원받는 삶에서의 권력관계들

1) 생산 형식으로서의 포함

푸코라는 이름은 흔히 감옥이나 정신병원 같은 통괄total 시설에 대한 분석과 연관된다. 그러나 중요한 해명에서 푸코는 권력관계라는 견지에서 시설 분석을 옹호하지, 거꾸로 하지 않는다.[14] 이런 전환은 지원받는 생활에서 나타나는 권력관계를 설명하는 데 중요하다. 이런 관계들을 설명할 때 시설 환경에서 학습된 직원의 처신과 이용자의 처신과 같은 시설의 잔여효과를 찾는 경향이 있다. 그러나 이런 태도는 새로운 권력 형식과 관계 유형, 각기 다른 종류의 행위에 작용하는 행위, 바람직한desired 행동을 유도하는 여러 테크닉에 대한 분석에 방해가 된다.

사실 지원 주거는 시설보다 더 순수한 권력의 형식을 제공한다. 그것은 배제에 의존하지 않으며, 제약과도 거리가 멀다. 시설 폭력의 유명한 사례들이 국가로 하여금 지역사회 기반 서비스로 나아가도록 만들었다. 따라서 우리는 사회적 포함inclusion을 권력의 한 가지 전략으로, 즉 선량한 시민을 만드는 것을 목표로 하는 전략으로 이해할 수 있다. 지원 생활의 맥락을 권력관계의 측면에서 이해할 때 그 속에 내재한 권력의 생산적 측면이 시설에서보다 훨씬 분명하게 드러난다. 근대 권력은 생명을 관리함으로써 **근본적으로** 항상 포함적이기 때문이다. 실제로 대다수 서구 국가가 사형제를 폐지한 것은 인도주의적인 이유가 아니라 행정의 합리성 때문이었다. 따라서 예전에는 배제되었던 사람들이 지역사회 기반 서비스에 포함되어 사는 것은 생명을 관할하는 근대 권력의 논리 속에서 이해될 수 있다. 지원 주거는 근대 국가의 꿈인 총체적인 생명 관리를 제공한다. 지역사회에 기반한 돌봄 **정책**은 정치 체제의 거대한 재편 과정으로, 다시 말해서 인구 전반에 대한 생명권력의 일환으로 간주될 수 있다. 근대 통치는 인구 전반에 대한 복지와 조직화에 집중하기 때문이다. 그때 사회적 신체와 개별적 신체가 그것의 기저를 형성한다.

2) 지식의 성립과 가치의 과다

지역사회 기반 지원 서비스에 영향을 미치는 가장 중요한 테크놀로지는 '사회적 역할 가치화'social role valorization(SRV)이다. 볼펜스베르거는 이전에 그 현상을 지칭했던 '정상화'normalization의 **정상성**

normativity을 강조하기 위해 이런 이름을 붙였다.[15] SRV는 전통적으로 무가치하다고 평가되어 온 사람들의 가치 있는 라이프 스타일을 위해 '사회적으로 가치화된 수단'을 사용한다. 또한 SRV는 장애인 당사자들이 가치 있는 처신을 하도록 독려하는데, 왜냐하면 지역사회 내의 타인들은 가치 있는 방식으로 행동을 했을 때만 그들을 가치 있게 대하기 때문이다. 가치 있는 개인을 낳는 행위는 복잡하고 유동적인 권력/지식의 장에 놓인다. 마이크 올리버Mike Oliver가 이야기하듯, "정상화 이론은 어떤 역할을 다른 역할보다 가치 있다고 평가하는 불평등한 사회에서 장애인들이 가치 있는 사회적 역할을 얻을 수 있는 기회를 제공"한다.[16] 실제로 정상화 이론에서 사회적 역할 가치화로의 명칭 변경은 '정상적인 삶'(뭐라고 부르든)을 생산하는 권력/지식 체제를 유지한다. 열망과 꿈, 계획은 사회적 신체에 동화되려는 욕망과 이런 욕망의 실행으로 귀결된다. 이런 목표에 저항하는 행동은 **문제시된다**. 즉, 이런 행위는 변형되어야 할 원료처럼 끊임없이 논박되고, 해석되고, 전술과 전략의 대상이 된다. 이처럼 '행위에 작용하는 행위'에 깔려 있는 전제는 어떤 사람들(영국에서는 '학습 장애가 있는 사람들')은 '적절하게' 행동하는 걸 배우는 데 어려움을 겪으며, 이런 어려움은 지원을 통해 극복할 수 있다는 것이다. 이보다 더 전략적인 가정[17]은 장애인들이 정상적인(가치 있는) 삶을 살기 위해서는 정상적인(가치 있는) 행동을 **반드시** 배워야 한다는 것이다. 가치 있는 행동은 학습될 수 있기 때문이다. 학습 장애가 있다는 말은 이제 가치 있는 행동을 수행하는 데 어려움이 있다는 말로 바뀐다. SRV는 주거 지원 팀으로 하여금 장애인 당사자가 그런 것을 배울 수 있도록, 자신의 행동을 바꿀 수 있도록 도와줄 수 있다. 결과(보상)는 가치 있는 반응을 야기하는 가치 있는 행동의 선순환을 일으키는 것이다. 즉 가치 있는 반응으로서 자부심이 증가하게 되고, 그것은 다시 더욱 가치 있는 행동을 하게 만든다. 한마디로, SRV는 가치를 추가하는 기계value-adding machine이다.

특별히 문제적인 상황(이를테면 지원 팀의 구성원들이 주거 시설에 거주하는 개인의 '문제 행동'challenging behavior과 마주칠 때)에서는 전문 지식을 갖춘 사람, 즉 임상 심리학자의 자문 서비스가 제공될 수 있다. 보다 빈번한 상황에서 보통 지원 팀은 전문가의 조언 대신 임의적인 교정 기술을 사용한다. 이 모든 상황에서 지원 팀의 구성원들에게는 일관성이 요구된다. 원하는 반응을 얻으려면 바람직한 행동을 해야 한다는 사실 말이다. 가치 있는 행동은 칭찬을 받지만, 가치 없는 행동을 하면 꼭 처벌이 아니더라도 원치 않는 결과가 반드시 뒤따른다는 것을 서비스 이용자가 느끼게 해야 한다. 적어도 서비스 이용자는 그들의 행위가 어떤 결과를 낳는지 인지해야 한다. 이것이 책임의 의미를 배운다는 것이다.

정상화 원리 또는 사회적 역할 가치화는 영국의 학습 장애가 있는 사람들의 조직에서 널리 읽히는 백서인 『가치 있는 사람 만들기』에 명시되어 있다. "학습 장애가 있는 사람들에게 온전하고 목적의식적인 삶의 기회를 제공하는 데" 혹은 "자기가 원하는 것을 위해 자신의 역량을 개발하는 데" 또는 "학습 장애가 있는 사람들에게 온전한 삶, 목적의식적인 삶을 위한 새로운 기회를 제공하는 데", "다양한 사람들과 교우하고 사회적 관계를 맺는 역량을 기르는 것"을 돕거나

"취업을 위한 기술과 능력 향상"을 지원하는 데 어떤 반대 이유가 있을 수 있겠는가?[18]

권리와 자립, 선택과 통합이라는 아름다운 가치들은 지원과 권력관계의 현실을 모호하게 은폐한다. 이런 이상적 가치들은 권력과 자유, 책임과 권리, 선택과 '능력 개발'이라 불리는 것 간의 갈등에 대해 아무런 단서도 주지 않는다. 『가치 있는 사람 만들기』에 명시된 담론은 실질적인 지원 정책과 규범적인 지도 기술, 일상에서의 권력관계를 형성하는 집요한 "행위에 작용하는 행위들"에 대해 비판적 사고를 허용하지 않는다. 이 담론은 "지식이 권력과의 관계 속에서 순환하고 작동하는 방식, 한마디로 지식의 체제régime du savoir"[19]를 문제화할 수 없다. 그것은 마치 가치가 권력을 상쇄하는 것처럼 보인다. 서비스 대행자의 고용인인 '우리'는 가치에 대해 끊임없이 생각할 것을 요구받지만 권력에 대해서는, 서비스 이용자와 생활보조인 간의 권력관계에 대해서는 생각하지 못한다. 서비스 이용자들이 '기만적'manipulative 행동을 한다고 간주되는 상황, '그들'이 '우리'에게 권력을 휘두르려고 시도하는 것처럼 보이는 상황을 제외하고는 말이다. 가치화 담론은 '기만'이 저항의 형식일 수 있다고 생각하지 않는다. 그에 따르면 기만은 단지 덜 가치 있는 선택을 하려는 주체가 의존하는 수단이다. 우리는 그게 누구의 진실인지 문제제기할 수 있다. 지원 주거에서의 관계는 끊임없이 질문을 야기한다. 서비스 이용자들은 책임감을 갖고 자유를 행사하는 방법을 배워야 한다. 생활보조인들은 서비스 이용자들보다 더 명확하게 이런 개념과 그와 관련된 실천을 이해한다고 가정된다. 문화적 가치는 강화되어야 한다.

아마도 이것은 지원 서비스가 주체화의 힘을 최대한으로 발휘하여 '개인'을 가치화하는 바로 그 순간(윤리적 책무가 극대화되는 상황)이며, 그 끝은 권리와 책임, 동등한 기회라는 주어진 구성 틀에 잘 맞춰진 시민의 생산일 것이다.[20]

3) 차이화의 체계

권력관계 분석의 한 측면은 차이화 체계에 관심을 기울이는 것이다.[21] 지원 주거는 어떤 체계적 차이를 내포하는가? 생활보조인들은 임금을 받고, 서비스 이용자는 그렇지 않다. 생활보조인은 '직원'이다. 고용주 ─ 대리인 ─ 는 직원들이 [이용자들에게] 어떤 행동은 하도록 독려하고, 어떤 행동은 하지 못하도록 압력을 가하기를 기대한다. 서비스 이용자들은 일정한 선택지 안에서는 자유롭다. 직원들은 왔다 간다. 한 사람이 퇴근하면 다른 사람이 교대한다. 직원들은 역할에 충실하다. 이들은 팀의 구성원이다. 직원들은 서비스 이용자에 대한 정보를 다른 직원에게 이야기한다. 이들은 서비스 이용자의 일기personal diary와 의사소통 수첩communication book에 기록하고, 사건 보고서를 작성한다.[22] 또한 감독 세션과 팀 회의에서 문제를 논의하고, 서비스 이용자들에 대해 상의하고, 통치 수단을 논하고, 가능한 행위의 영역을 구조화한다. 이런 논의는 서비스 이용자란 무엇인지, 그들이 어떻게 되어야 하는지를 결정하는 역할을 한다.

직원들에게는 서비스 이용자들과 공유하지 않는 어떤 권한이 있다. 직원들은 **능력이 있다**able. 이런 기본적인 차이는 거의 이야기되지 않는다. 사실 **능력**able이라는 용어가 이런 맥락에서는 거의 사용되지 않을 것이다. 그러나 직원들이 서비스 이용자보다 더 능력이 있으며, 그들을 지도할 수 있다는 것이 이 서비스의 전제 사항이다.

직원들은 서비스 이용자들이 관계되어 있지만 그 안에 속해 있지는 않은 위계구조와 조직 체계 안에서 기능한다.

4) 자기 규제하는 주체의 생산

우리는 푸코를 통해 권력에 대해 다음과 같이 질문할 수 있다. 권력은 **어떻게** 작동하는가? 권력은 어떤 실체를 갖고 있어서 '권력은 **무엇인가?**'라거나 '권력은 왜 그런가?'라고 물을 수 있는 것이 아니다. 권력은 어떤 개인이나 집단이 다른 개인이나 집단의 현재, 혹은 미래의 행위에 대해 어떤 작용을 가하는 관계 유형이다.[23] 지원 주거 환경에서 생활보조인들은 서비스 이용자들의 허용 가능한 행동의 범위를 한정하고 특정한 개별성의 윤곽을 그리기 위해 현재 행동이나 가능한 미래 행동에 어떤 방식으로 영향을 가하는가? 여기에는 육체적인 훈육과 감시, 규칙을 따르도록 설득하는 테크닉 같은 일련의 전술이 사용된다. 규칙 준수 기술은 일종의 거래 원리에 따라 가치 있는 사회적 역할은 오직 가치 있는 행동에 의해서만 주어진다는 원리로 구성된다.

① 신체의 체제

지원 생활의 일상적 업무는 이용자의 습관과 행동, 품행, 위생 등 서비스 이용자의 신체를 중심으로 이뤄진다. 이때 강력하게 권장되는 습관은 아침에 일어나는 것, 위생적인 행동, 면도(남자의 경우), 잘 차려입는 것, 야외 활동 등이다. 길을 안전하게 건너는 것과, 식사 예절같이 복잡한 행동도 학습해야 한다. 이런 일상적 행동은 꼭 필요하고, 당연한 것으로 보이기 때문에 비판적으로 생각하기 힘들다. 푸코는 우리에게 이것의 위험성을 경고했다. 주어진 것은 항상 역사적인 것이며, 권력과 지식의 복합 구성물이다. 이런 실천들에서 '필요한 것의 한계'는 어디까지인가? 어떤 한계가 당사자의 자율에 기여할까? 어떤 한계가 자의적이고 타율적인 목적에 기여할까?

성적 훈육은 신체를 규제하는 주된 요소이다. 윌리엄스Lindsay Williams와 닌드Melanie Nind는 정상화 이데올로기가 학습 장애가 있는 여성들의 섹슈얼리티를 통제해 왔다고 주장한다. 이런 여성들은 가치 있는 여성이 되기 위해 스스로를 감시police하는 것을 배웠다.[24] 윌리엄스와 닌드는 "학습 장애를 가진 여성들의 실질적인 권리 강화는 (…) 그동안 정상화가 그들의 목소리를 어떻게 억압해 왔는지 보여줄 것이다"라며 논의를 끝맺었다.[25]

반복하면, 근대 권력은 "신체의 통제와 삶의 계산된 관리"를 특징으로 한다.[26] 근대 권력은 생명과 위생, 건강에 관여한다. 또한 그것은 신체에 의미와 가치를 부여한다.[27] 총괄 시설과 비교할 때 지원 주거는 비교적 온화한 체제regime이기 때문에, 그것이 신체를 통제하고, 삶을 관리한다는 사실은 쉽게 파악되지 않는다.

② 감시

푸코[28]는 죄수들이 항시적인 감시 상태에 놓이도록 설계된 감옥인 판옵티콘을 감시의 원형이라고 보았다. 죄수들의 방이 중앙에 있는 감시탑을 둘러싸고 원형으로 배열되어 있어서 중앙에서 언제든 죄수들을 볼 수 있기 때문이다. 그러나 죄수들은 감시탑을 들여다볼 수 없고, 서로를 보거나 이야기를 할 수도 없다. 따라서 그들은 자신들이 감시를 당하는지, 혹은 중앙 탑 안에 감시자가 있는지 알 수 없다. 죄수들은 자신이 **감시당하고 있는 상태인 것처럼 행동하는 것**을 학습한다. 중앙 감시탑이 항구적인 가능성을 유지하기 때문에 간수의 존재 여부는 중요하지 않다. 요약하면, 스스로를 계속 감시하는 법을 배워야 하는 죄수는 간수의 역할을 받아들이도록 강요당한다.

지역사회에서 판옵티콘과 지원 주거supported housing는 어떤 관계에 있을까? 지역사회 안에는 특수한 건축학적 배치, 사람들이 보여질 뿐 볼 수는 없는 위치 같은 건 없다. 서비스 이용자들은 자기 방의 열쇠를 가지고 있다. 평범한 집과 거리에서 어떻게 이런 이상적인 감옥의 기능이 재생산된다고 말할 수 있을까?

서비스 이용자들은 지속적으로 관찰당하지 않는데, 죄수들도 사정은 마찬가지이다. 중앙의 감시탑은 꼭 필요한 기구가 아니다. 지원 주거에서 감시탑의 역할을 하는 것은 일기이다. 그 일기에는 지원팀 구성원들과 상급자의 눈에 비친 모든 행동들이 기록될 수(혹은 그렇지 않을 수) 있다. 가장 사적인 '영혼을 들여다보는 창'(즉, 일기)이 지원 주거환경에서 권력/지식의 주요한 수단이 되고, 지원 팀에서 이 수단을 유지하고 관리하며, 서비스 이용자에 대한 온갖 정보가 포함된다는 사실은 상당히 역설적이다. **책**book이라고 불리는 것처럼, 이는 서비스 이용자들이 자주 참조하는 대상이다. '책에 쓸 건가요?'라는 질문은 흔히 서비스 이용자가 다른 직원들이 알게 되기를 바라는 행위, 인정받기를 기대하는 행동과 관련이 있다. 서비스 이용자들은 생활보조인이 관찰한 내용을 기록하는 동안 그들을 지켜본다. 대조적으로 서비스 이용자들이 사소한 범죄를 저지를 때 기록된 지식은 한탄이나 고통, 적대감과 연관된다. 물론 생활보조인들은 '책'을 써야 하는 이유를 완벽하게 합리적으로 설명한다. 팀 구성원들이 서비스 이용자들을 효과적으로 지원하기 위해서 지식을 공유할 필요가 있다는 것이다. 근무를 시작하는 팀 구성원이 가장 먼저 하는 일은 메시지 확인을 위해 의사소통 수첩을 읽는 것이다. 두번째로 서비스 이용자의 일기를 읽는다. 생활보조인들은 모종의 신호를 파악하고, 강화하거나 포기시키는 과정에서 일관된 태도를 고수하고, 시작한 일을 계속 진행한다.

시간이 지나면서 생활보조인들은 서비스 이용자들을 직접 대하고, 추가로 일기와 다른 기록을 읽고, 팀 구성원들과 내용을 가지고 논의를 하면서 서비스 이용자에 대한 상을 갖는다. 즉 그들의 개별적 특성에 대한 이미지를 갖게 된다. 그들은 함께 활동하고, 바람직한 행동을 응원하고, 바람직하지 않은 행동은 말리고, 변화를 위한 전략들을 개발하는 법을 배운다. 서비스 이용자 편에서 봤을 때 그들은 자기에게는 **비밀이 없다**는 것을 배운다. 이용자들은 지원 팀이 모든 지식을 가지고 있다는 것을 안다. 만일 이용자가 뭔가를 배운다면, 그것은 **감시받는**on guard 것이다. 각각의 죄수들이 스스로 자신에 대한 감시자가 될 때 판옵티콘의 목적이 달성되듯, 서비스 이용자가 자신의 행동을 감시함으로써 그들이 관찰당하고 있는 **것처럼** 행동할 때 지원 기능 또한 실현된다.

③ 규범준수를 이끌어 내기

생활보조인들은 이용자들의 현재 행위나 있을 수 있는 행위를 제한하기 위해 이용자들의 행동에 대해 영향력을 미쳐야 한다. 이를 위해 그들은 제한된 수단을 이용한다. 하나는 앞서 설명한 일기이다. 일반적으로 생활보조인들은 일상적인 설득 기술의 극대화에 의존한다. 일기의 주된 용도 중 하나는 생활보조인들이 팀으로 활동할 수 있게 하는 것이다. 일기를 통해 같은 행동에 대해 같은 방식으로 대응하고, 가치 있는 행동을 위해 공동 대응한다. 이런 테크닉의 목적은 가치 있는 주체를 생산하는 것이다. 푸코는 **주체**subject라는 단어의 두 가지 의미에 주목했다.[29] 하나는 통제나 의존으로 다른 누군가에게 예속subject되는 것이고, 다른 하나는 양심이나 자기-지식self-knowledge으로 스스로에게 복종하는 것이다. 지원 거주는 말하자면, 복종subjection의 첫번째 양식을 두번째로 변형시키는 것, 즉 복종에서 주체화subjectification로 변형시키는 것이다. 이런 과정에는 위험이 뒤따른다. 주체화는 서비스 이용자에게 그럴듯한 합리성을 제공하지만, 그것은 번번이 실패한다. 합리화가 실패하면 규칙이 반드시 뒤따르는데, 이는 비이성적 주체에게 자의적인 것으로 보일 수 있다. 권력은 저항에 부딪힌다. 주체화의 과정은 투쟁의 장, 자기가 자기에 맞서고, 자기가 타자에 맞서고, 타자가 자기에 맞서는 장이다. 이 투쟁의 중심에 있는 질문은 '누가 혹은 무엇이 이런 주체의 정체성 ― 주체성 ― 을 결정할 것인가?'이다. 지역사회에서 지원 주거는 기껏해야 개별 주체의 자립을 위해 노력한다는 것이 분명해 보인다. 선택권과 존중, 권리 인식과 접근, 지역사회 참여와 지역사회 생활의 모든 원칙들은 자립을 목적으로 한다.[30]

그러나 가장 계몽된 방식에서조차 지원 관계에는 권력이 깊이 스며들어 있고, 그 본질은 사람들이 **자신의 자유** 의지로 규범적으로 행동하도록 유도하는 것이다. 생활보조인들은 사목 권력의 관리인이며, 서비스 이용자들을 구원의 길, 근대적 의미에서 온전한 복지 속의 평범한 삶으로 인도한다. 지원한다는 것은 다른 사람을 바른 길로 이끄는 것이다. 그것은 시민을 민주 국가의 이성적인 주체로 바꾸는 것이다.

④ 협상/조건 : 가치 있는 사회적 역할에는 가치 있는 행동이 필요하다

'능력의 조정'adjustment of abilities[31]이라는 말은 생활보조인들이 행사하는 사목 권력의 역할을 정확하게 묘사한다. 서비스 이용자들의 행동은 가치화되는 방식에 따라 조정된다. 서비스 제공자와 이용자는 무엇이 가치 있는지에 대한 지식을 기반으로 가치 있는 주체를 생산하는 노동 과정에 협력한다. 가치 있는 주체를 양산하는 과정은 서비스 이용자가 일련의 공통적 열망(가치)이라고 상정된 것에 동일화되는 것을 학습함으로써 행동을 수정할 뿐만 아니라 가치화되는 **경험**을 구성한다.[32] 서비스 이용자들은 시스템 내부의 행위주체agent가 되고, 가치 있는 라이프 스타일을 형성하는 데 협력한다. 이렇게 함으로써 그들은 '합법적으로 능숙하게' 된다는 것이 어떤 건지 배우고, "어떤 일에 함께 참여하여 실천하는" 능력을 발전시킨다.[33] 그들은 가치 있는 사람으로 인식되려면 어떤 선택을 해야 하는지 배운다. 이용자들은 생활보조인들의 승인이나 불허는 그리 중요하지 않으며 다만 어떤 행위는 그에 따른 결과를 낳는다는 것을 이해함으로써 **책임**을 학습한다.

5) 훈육 노동자들

생활보조인들이 이런 권력 게임에서 행위자actor의 역할만 하는 것은 아니다. 판옵티콘의 감시인들처럼(스스로 감시의 대상이기도 하면서), 생활보조인들은 그들을 더 효율적이고, 더 능력 있는 통치 주체가 되게끔 하는 특정한 방식에 따라 행동한다. 그들은 이미 가족과 교육, 이전의 직장 경험을 통해 '예속'되어 있다. 이미 제 역할을 다하는 개인으로서 생활보조인들은 역할 모델을 수행할 수 있다. (개별 직원들의 정상화가 덜 이루어진 경우, 이들은 의혹이나 압력을 받을 수 있다.) 이런 필수적 배경 이상으로 노동 규율이 그들의 업무 역량을 이룬다. 서비스 이용자들이 쓰는 일기는 이미 이용자들을 훈육하고 감시하는 핵심 테크놀로지로 사용되어 왔다. 일기와 여타 기록들은 생활보조인들이 서로에게, 또는 관리자들에게 감시받고 있음을 보장한다. 기록은 협력 전략의 발전을 위한 팀 활동의 근본적인 기제이다. 서비스 행위자는 대체 가능성의 이상을 위해 노력해야 한다. 즉, 세부적인 정보 기록과 감독 회의와 팀 미팅을 통한 정보 해석을 기반으로 지원 역할을 일정하게 규정하는 것이 생활보조인과 서비스 이용자 사이에 형성될 수 있는 어떤 관계보다 우선한다. 서비스 이용자에 대한 친근함friendliness은 유용한 개별적 능력으로 광범위하게 권고되지만, 우정friendship은 전문적 역할의 경계를 넘어서는 것으로 강력하게 통제된다.

6) 자유주의 그리고 법과 질서의 이율배반

마지막으로, 이와 같은 권력의 전술들은 폭넓은 사회적, 이데올로기적 영향을 미치는 전략의 일부로 참여할 수 있다. 만약 이런 전술의 목표가 민주 국가의 유능한 시민을 생산하는 것이라면, 그 결과는 더 복잡하고 예측하기 어렵다. 이런 맥락에서 푸코가 강조한 '자유의 비타협성'intransigence of freedom을 떠올리는 것이 도움이 된다.[34] 특히, 현대 장애 담론에서 **권리**가 중요한 위상을 차지하면서, 권리에 입각하여 정상화 전략에 맞설 수 있다. 푸코의 분석이 함의하는 것은 근대적인 정치 합리성이 항상 불안정하다는 것이다. "정치적 합리성의 주된 특징은 개인의 전체 지역사회로의 통합이 개별화와 '전체화'의 항구적인 상관관계에서 비롯된다는 점이다."[35] 이 상관관계는 결코 완전히 '봉합'[36]될 수 없는데, 왜냐하면 그것이 법과 질서 사이의 이율배반에 근거하고 있기 때문이다. 푸코의 관점에서 법과 질서의 화해는 '꿈으로 남아야 한다'. 즉, "법과 질서의 화해는 법이 국가 질서 안으로 통합되는 형태에서만 가능하기 때문에 법과 질서의 화해는 근본적으로 불가능하다."[37]

법과 질서의 이율배반은 권리와 책임의 이율배반과 서로 연관될 수 있다. 앞서 언급한 권력관계 안에서 가치 있는 역할의 준수가 자유로운 선택권보다 우선한다. 선택권이라는 높은 가치는 동시에 항구적인 근심, 혼란의 위협, 질서의 동요, 지속적인 협상과 교정의 대상이다. 말하자면 선택의 자리는 적어도 어떤 상황에서는 자유의 도발을 의미할 수 있다.

차이의 윤리학을 향하여

다음의 전략들을 생각해 보자. 침대에 눕기, 일하러 나가는 걸 거부하기, 소리 지르기, 걷어차기, 때리기(혹은 때리겠다고 위협하기), 침묵하기, 아무것도 하지 않는 것을 선택하기, 세탁하지 않은 옷 입기, 씻지 않기, 면도하지 않기, 어떤 상품을 구매할 권리를 주장하기, 울기. 서비스 행위자는 '서비스에 도전하는' 것으로 이런 행동들 중 일부를 인식하고, 다른 사례들을 추가할 수도 있다. 이런 행동들은 자신의 자율성을 표현할 방법을 찾는 존재의 수행performance이라고 볼 수 있다. 진리의 토대를 제거하고 세계에 구속된 지식의 기원을 폭로하는 푸코의 정신을 따라 우리는 자유가 어떻게 처음에는 '낮은' 형식으로 나타나는지 보여 줄 것이다. '문제 행동'에 대해 '어떻게 이런 원초적인 반항 행위가 시민들이 수행할 가치가 있는 높은 수준의 실천으로 승화 내지 변형될 수 있을까?'라고 의문을 제기할 수 있지만, 나는 반대로 다음과 같은 질문이 제기되어야 한다고 주장한다. 어떻게 사람들이 할 수 있는 가능한 행위의 범위가 축소되지 않고 확장될 수 있을까?

소위 문제 행동은 그들이 도전하는 서비스에 대한 저항의 형식으로 간주될 수 있다. 문제 행동을 보이는 사람들은 그들의 존재와 행동을 구속하는 지식과 개별화 양식에 저항하고 있는 것이다. 그들은 자신들을 예속하는 권력/지식 관계에 대한 비분절적인 지식으로 지배적인 지식에 맞서는 것이다. 그들은 '예속된 지식'에 입각하여 행동한다. 푸코가 "자신을 둘러싼 모든 것에 맞서는 그 엄혹함에서만 자신의 힘을 빚지고 있는" 부적절하고, 불연속적이고, 지엽적이고, 대중적인 지식[38]이라고 말한 지식 말이다. 권력과 자유의 투쟁에 상응하는 예속된 지식과 예속시키는 지식 사이의 투쟁이 있다.

비판적 사고는 '투쟁에 대한 역사적 지식'을 정교화하기 위해 부적격의 대중적 지식과 비제도적이고 비기능주의적인 박학을 결합한다.[39] 후기 작업에서 푸코는 이런 사고를 윤리적 실천의 한 형식이라고 말한다.

칸트에 관한 후기 에세이에서 푸코는 자신이 '한계의 태도'limit-attitude라고 부른 것으로 특징지어지는 윤리학 또는 에토스ethos를 제시하는데, 이것은 "필연적인 것에 대한 동시대의 한계"에 대한 탐구로, 그 목적은 한계를 넘어서는 것이다.[40] 그 에토스는 지금 우리가 누구인지 질문하기 위해 '역사적 존재론'을 이용하고, 우리를 만들어 왔고 계속 우리를 만들어 나가는 힘들을 분석한다.[41] 역사적 존재론은 비판적인 방식으로 질문한다. 즉, 우리를 가능하게 하는 조건들을 살펴봄으로써 그것은 자유에 대한 임의적 제약일 수 있는 것과 자유의 확장을 위한 변화일 수 있는 것을 결정하고자 한다.[42] 비판적 존재론은 권력에 권력의 문제를 제기한다. 즉, 서비스 행위자와 이용자의 관계에 권력이 개입할 수 있음을 인식하고, 다음과 같은 문제를 제기한다. **"역량의 신장이 어떻게 권력관계의 강화로부터 분리될 수 있을까?"**[43] 이런 종류의 훈련("사유의 활동 속에서의 자기 훈련"[44])은 보편적인 모든 것을 의문시한다. 가치와 인격을 '허구'로, 즉 지식-권력의 생산물로 여김으로써 이런 훈련은 다른 가치와 다른 자기를 만들어 낼 가능성을 확장한다.

법과 질서의 이율배반은 지역사회 기반 서비스 차원에서 평등과 자율성 간의 근본적이고 해소할 수 없는 긴장으로 여겨질 수 있다. 지원 주거는 정치적, 사회적 통합과 평등, 정상화, 인식 가능하고 측정 가능한 모든 범주들을 높이 평가한다.[45] 자율성은 분석과 제도적 지식을 벗어난다. 자율은 어쩌면 자기에 관한 예속된 지식일지도 모른다. 권력관계로부터 벗어날 수 있는 사회적 관계의 체계는 존재할 수 없다. 푸코를 통해 우리가 할 수 있는 일은 권력의 전술과 자유의 전략들을 인식하고, 그것을 묘사함으로써 비판의 공간을 여는 것이다.

미국 스포츠 경기장에서 장애의 현실적 공간과 이상적 공간

캐럴린 앤 앤더슨

'방', '자리', '등급' 등을 조직화함에 있어서 규율은 즉각적으로 건축학적이고, 기능적이며, 위계적으로 복합적인 공간을 창조한다. 그것은 고정된 자리를 제공하고 또한 그것의 순환을 허용하는 공간들이다. 그 공간들은 개인별 분할을 만들어 내고 기능적 연관을 수립한다. 그것들은 자리를 표시하고 가치를 지정한다. 그것들은 개인들의 복종을 보장하지만 또한 더 나은 시간과 행동의 경제이기도 하다. 그것들은 혼합된 공간들이다. 건물, 방, 가구의 배치를 관리한다는 점에서 현실적이기도 하고, 또한 이런 개별적 특성화, 사정, 위계의 배치를 기획한다는 점에서 이상적이기도 하다. ─푸코, 『감시와 처벌』

푸코의 통치와 훈육 개념은 지리적 관점에서 장애의 사회공간적 구성을 조사하는 대안적 해석의 틀을 제공한다. 지리학자들이 분과 학문 안에서 푸코의 이론을 사용하기 시작했지만,[1] 푸코의 이론과 지형, 장애 사이의 복잡한 연계에 구체적으로 초점을 맞춘 연구는 거의 없었다. 미국에서 스포츠 경기장의 건설과 디자인, 역사뿐만 아니라 최근 이 경기장 중 일부에 제기된 소송을 살펴봄으로써, 나는 이런 시설들의 배치가 장애화된disabled 신체의 훈육과 통치를 동원한다고 주장한다. 이 건축물이 함축하는 현실적 공간과 이상적 공간은 건축적이며, 기능적이고, 위계적이다.

1997년 5월 8일 연방 법원에서 컬럼비아주 당국을 상대로 미국 장애인법(ADA) 이후 건설된 스포츠 경기장의 장애인 접근성 문제를 제기한 단체들의 소송이 진행됐다. 이 공판은 장애인과 정부, 경기장 건설사들 사이에 계속되는 법정 싸움의 시작이었다. 척수 부상을 당한 군인들이 결성한 척수마비재향군인협회The Paralyzed Veterans Association(PVA)가 대형 설계사인 엘러비 베킷Ellerbe Becket을 상대로 집단 소송을 제기했다. 엘러비 베킷의 소송은 ADA 이후 미국의 건물 환경built environment이 계획되고, 활용되는 방식이 어떻게 비판되었는지 보여 주는 사례이다. 이번 장에서 나는 건물 환경의 지리가 권력/지식의 복잡한 네트워크를 드러낸다는 사실을 주장하기 위해 미국 장애인 접근권의 역사를 살펴볼 것이다.

이를 위해서는 우선 문제가 되는 건물 상황(말하자면 경기장)을 묘사해야 한다. 경기장 내부는 누구에게나(장애인이든 비장애인이든) 돌아다니는 데 문제가 될 수 있다. 한 줄로 이어진 계단과 옥외 관람석은 일부 비장애인들의 이동을 어렵게 하고, 운동 장애mobility impairments가 있는 다수 사람들의 이동을 불가능하게 만든다. 에스컬레이터가 없고, 좌석 배치가 좁고, 비화물용 엘리베이터가 없다는 점 등이 장애인들이 건물 안으로 들어갈 때 마주하는 어려움들을 가중시킨다. 경기장에 사람들이 꽉 차 있다는 것만으로도 경기장 안에서 이동하고 경기를 관람하는 데 문제가 될 수 있다.

'PVA 대 엘러비 베킷'의 사건에서 PVA의 구성원들은 엘러비 베킷이 설계한 경기장에서 휠체어 지정석에만 접근할 수 있기 때문에 불공평한 취급을 받았다고 주장했다. 휠체어 지정석의 경우 보통 무대나 필드 위의 행사를 관람할 때 시야를 가리는 장애물이 있다. PVA는 휠체어 이용자를 위한 '장애인석'handicaped seating이 전망이 좋지 않은 구석 자리로 지정되어 있기 때문이라고 주장했다. 더욱이 이런 구역은 ('휠체어 게토'라는 별명을 얻었는데) 휠체어 이용객 바로 앞에 좌석이 있고, 그 좌석에 앉은 관중이 경기 중간에 일어설 수도 있다. 이렇게 되면 앞좌석에서 서 있는 사람(혹은 사람들)의 뒤편에 앉아 있는 휠체어 장애인의 시야는 완전히 가로막히게 된다.

ADA에 따라 제기된 초기 소송 덕분에 개인의 신체 조건이나 능력ability을 근거로 접근을 거부하는 일은 불법이 되었다. 역사적으로 ADA의 해석과 적용은 장애인들이 고용과 교육, 공공 서비스와 공공 장소에 동등한 접근권을 보장했다. PVA의 법정 소송을 시작으로 장애인들은 문화와 오락 시설 및 사회적 행사에 대한 접근을 아우르는 더 넓은 해석을 지지하고, '동등한 접근권'에 대한 협소한 해석에 이의를 제기했다.

표면적으로 소송은 장애인들에게 동등한 관람 접근권을 주는 것처럼 보였다. 그러나 이런 법적 조치는 진보의 근거, 소위 접근의 동등성을 표방하는 동시에 장애인들은 '정상이 아니다'라는 관점을 정당화했다. 소송과 법 개정, 법적 강제를 통해 배제적인 환경을 바꾸고자 한다면, 배제의 맥락에 깊이 새겨진 의미와 그 의미를 지속하게 하는 담론을 해체해야 한다. 공간 환경에서 동등한 접근권은 복잡한 쟁점들을 수반한다. 이는 경사로를 만들고, 출입구를 넓히거나 엘리베이터를 설치하는 것보다 더 큰 개입을 요구한다.

장애인들의 접근권을 둘러싼 쟁점들을 검토함으로써 미국에서 신체적 능력이 숭배되는 방식을 파악할 수 있다. 뿐만 아니라, 건축 환경을 통치하고 그 환경 안에서 신체가 어떻게 움직일지를 규정하는 담론을 드러낼 수 있다. 정상적인 것과 일탈적인 것 사이에 존재하는 구분은 공간 계획에 '내장'되어 있다. 이번 장의 목표는 경기장의 구조를 사례로 건축 환경이 어떻게 담론적 절합의 생산물로 '장애화된' 주체를 만드는 정상적인 것과 일탈적인 것의 경계표monument가 되었는지를 고찰하는 것이다.

장애 담론

이것을 좋은 사업이라고 부르든 인구 청소라고 하든, 장애인과 노인, 그리고 저가 티켓을 산 관객에 대한 게임 접근권은 침해받았다.
— 톰 패리Tom Farrey, 「장애인에게 1점」Score One for the Disabled

미국에서 장애를 둘러싼 담론은 특히 제도적으로 새롭게 인식된 담론을 성문화한 ADA가 도입된 이후로 지난 한 세기에 걸쳐 커다란 변화를 겪었다. 이런 입법적 조치는 장애가 있는 사람들에게 '정당한 편의'를 제공하기 위한 건축 환경 안에서 ADA가 명시하는 건축의 '개조'가 이루어져야 한다는 원칙에 따라 미국의 정치와 사회적 풍경 속에 많은 흔적을 남겼다. 건축 환경 역시 기호들의 체계이기 때문에, 이런 경계표들은 우리에게 이 새롭게 제도화된 담론의 발굴을 시작할 장소를 제공한다. 신체가 어떻게 기능해야 하는지, 체계 안에서 비정상성들이 어떤 위협을 가하는지, 이런 위협이 어떻게 개별 신체 수준에서 교정 가능한지에 대한 가정이 이 기념비적 건축물 안에서 분명하게 드러난다.

1990년 미 의회는 물리적·사회적 장벽 때문에 공공시설 접근이 제한된 수백만 명의 장애인들을 해방시키려는 의도에서 ADA 법안을 통과시켰고, 수많은 대형 경기장이 들어서기 전인 1991년에 법률로 제정되었다. 보스턴이나 버팔로, 필라델피아, 포틀랜드, 워싱턴 D.C.와 플로리다의 브로워드 카운티에 있는 새 경기장들은 1991년 이후에 건설되었고, 그중 상당수가 공적 자금을 지원받았다.

PVA는 플릿 센터 아레나Fleet Center Arena(보스턴), 코어스테이트 아레나CoreStates Arena(필라델피아), 마린 미들랜드 아레나Marine Midland Arena(버팔로), MCI 아레나(워싱턴 D.C.)의 소유주들을 상대로 1996년 5월과 6월에 이 경기장들의 좌석 배치가 ADA에 위배된다고 주장하며 집단 소송을 냈다. 1997년 가을, 워싱턴 D.C.에 새 경기장이 문을 열었을 때 연방법원 판사는 MCI 아레나가 "좌석 계획이 장애인들의 적절한 접근"[2]을 보장하지 않아 ADA에 위배된다는 사실을 발견했다. 이 사건은 '일반 대중에게 적합한 시야선'이 무엇을 의미하는가라는 물음을 남겼다.[3] 고소인들은 휠체어 이용객들이 '강화된'enhanced 시야선에 대한 권리가 있다고 주장했다. 다시 말해, 휠체어 이용객 앞줄에 앉은 관객들이 일어서도 경기가 잘 보여야 한다는 이야기였다. MCI 경기장의 설계자는 강화된 시야선이 필수 요건이 아니라고, 법규나 법무장관의 규정, 자문단의 제안에도 권위 있는 결정 사항이 없었다고 주장했다. 담당 판사는 강화된 시야선이 필수요건이 아니라는 점을 근거로 피고 측에 호의적인 판결을 내렸다. 또한 판사는 법규 해석에 있어서 엄격한 가이드라인도 제시하지 않은 연방정부를 비난했다. 판사는 강화된 시야선을 반드시 제공해야 한다는 사실을 명시한 ADA의 요구 사항을 인지하지 못한 피고 측은 '선의'를 가지고 경기장을 설계했다고 보인다고 선고했다.[4]

로즈 가든Rose Garden(오레곤)의 경우 건설 회사는 경기장을 개조하라고 명령을 받지 않았지만, 이후에 경기장을 건설할 때는 다른 관중들이 서 있을 때에도 휠체어 이용객들이 경기를 잘 볼 수 있게 설계하겠다고 동의했다.[5] 이로써 기준이 정해지고, 강화된 시야선에 대한 논란은 종결됐다. 합의에 따라 엘러비 베킷 측은 1999년, 2000년, 2001년에 규정 준수 상황에 대한 연간 보고서를 제출하기로 했다. 준수 사항을 확실히 하기 위해 보고서에는 프로젝트의 이름과 장소, 경기장의 휠체어 좌석의 장소와 번호, 서 있는 관중을 고려한 시야선 확보 대책을 명시하도록 되어 있다. 이 합의는 엘러비 베킷 사에게 해당되는 것이지만, 이후 다른 회사들에게도 선례로 작용했다. 실제로 합의 이후 엘러비 베킷의 회장은 "건축가와 엔지니어들은 이런 합의를 법정에 서지 않는 방법으로 볼 것이다"라고 말했다.[6] PVA의 변호인단은 이 합의에 대해 신중한 반응을 보였다. 변호인단은 이 합의가 엘러비 베킷의 입장에서 "관점과 태도상의 거대한 변화"를 나타내지만,

이런 변화가 "다른 회사에 스며들" 수 있을지는 "아직 모른다"고 말했다.[7]

강화된 시야선 쟁점에 더해서, 법정은 좌석 배분에 있어서 개선을 요구했다. 좌석 배치가 분산된 탓에 MCI 아레나의 아래층에는 휠체어 접근이 어려웠다. 위층에는 휠체어 좌석이 전반적으로 평등하게 배분되었지만, 아래층의 가운데 구역에는 휠체어 접근이 가능한 좌석이 거의 없었다. 법정에서는 "아래층의 가장자리가 게토화되어 있다"는 점을 언급했다.[8] 판사는 MCI 아레나 경기장에서 대부분 엔드존end zone에 위치한 휠체어 좌석 중 40퍼센트 이하만이 시야를 가리지 않는다고 결론 내리고, 판결 후 30일 이내에 제안대로 설계를 변경할 것을 피고측에 요구했다.[9]

이 기념비적 판결은 이후 경기장 건설에 변화를 약속했지만, 판결 이전에 건설된 경기장의 설계와 공사에 대해서는 영향을 미치지 못했다. 또한 판결의 초점은 티켓 판매 정책 수정에 따른 재정 문제에 맞춰졌다.

휠체어 이용자가 지정 공간을 모두 사용하지 않을 경우, 휠체어석으로 배정된 구역(보통 오픈 콘크리트 슬래브로 이루어진)에 접이식 의자를 둘 수 있게 했다. 휠체어의 너비 때문에 장애인이 충분히 움직일 공간을 주려면 적어도 정규 좌석 2열을 없애야 한다. 그런데 좌석을 줄인다는 것은 경기장의 입장에서는 티켓 수입에 상당한 손실이다. 예를 들어 5 : 1의 비율로 휠체어 사용자와 동반자가 1달러짜리 좌석 2개를 이용하면 10명의 비휠체어 좌석의 공간을 차지하는 것이고, 잠재적으로 경기장은 800달러의 수익이 줄 수도 있었다. 하지만 위층에 있는 5달러짜리 좌석에 앉는 휠체어 이용자는 경기장에 40달러의 수익밖에 주지 않는다. 로즈 가든을 상대로 한 소송에서 휠체어 이용자들은 티켓 판매원이 자신들을 백달러짜리 좌석에서 몰아내고 싸구려 좌석으로 유도했다고 증언했다. 어떤 휠체어 이용자는 티켓 판매원에게 남은 좌석이 없다는 말을 들었다고 증언했다.[10]

로즈 가든의 소유주는 직원들이 수요를 충족시키기 위해 항상 다양한 구역에 휠체어석을 확보해 놓았다고 주장했지만, 판사는 티켓 판매 내역을 구체적으로 살펴보고 싶어 했다. 애쉬벨 그린Ashbel S. Green은 『오레곤 신문』에 다음과 같이 썼다.

> 휠체어 이용자들은 코트에서 가까운 여러 좌석을 이용할 수 없었는데, 포틀랜드 트레일 블레이저스 팀에서 시즌 티켓 회원들에게 이 좌석을 판매했기 때문이었다. 시즌 티켓을 가진 장애인은 거의 없었고 (…) 그 결과 휠체어 이용자들은 매 게임마다 191개의 휠체어석 중 133개의 좌석을 이용할 수 없었다.[11]

그린의 말에 따르면, 비인기 좌석을 배정받은 시즌 티켓 회원 천 명을 재배치함으로써 경기장은 일 년에 2백만 달러가 넘는 잠재 수익을 올릴 수 있다.[12] 시즌 티켓 회원들도 있지만, 경기장의 다른 주요 수입원은 기업에서 고객 접대를 위해 임대하는 고급 임원석이다. 로즈 가든에서는 장애인들이 경기를 관람하고 고급 임원석을 이용할 경우 48시간 전에 미리 경기장에 알릴 것을 요구하는 정책을 취했다. 판사는 "장애인들이 전염병 환자라도 되는 것처럼 미리 사람들에게 경기장에 갈 것을 경고해야 할 이유가 없다"고 판결을 내렸다.[13] 법정에서 제시한 다른 해결 방안은 어떻게 권력의 네트워크가 스스로를 교정하는지, 특히 자본의 교환에 관련해서는 특히 그런지 보여 준다. 휠체어 이용자들에게 좌석을 판매하면 경기장은 손해를 본다. 그러니 좌석 접근성을 높이기 위한 자체 감시단을 운용하는 것은 경기장 측에서는 얼마간 바보 같은 짓이다.

법원의 강제는 향후 건축 환경에 영향을 미칠 수 있고, 미래의 경기장을 기획하고 설계하는 건설사에 지침을 제공한다. 또한 이런 판결이 현재 경기장의 구조에도 영향을 끼칠 것이라 기대된다. 그러나 경기장에 동등한 접근권을 보장하는 것이 이익 감소라는 결과로 이어지면, 소유주들로 하여금 장애에 대한 대중의 인식을 바꾸고 경기장 구조를 개조하는 데 저항하게끔 하는 요인이 될 수 있다. 따라서 장애를 말하고, 장애를 다루고, 장애에 대해 쓰는 방식을 포함해 다양한 요인들을 통해 장애가 문화적으로, 공간적으로 구성되는지 방식을 검토하는 일이 더 중요해진다. 담론이 구조적으로 담론의 대상을 형성하기 때문이다. 요약하면 장애는 의학적 손상이나, 신체가 가진 물리적 조건이 아니라, 환경(담론과 건축, 경제 등)이 생산하는 사회적이고 공간적인 손상이다.

능력 있는 신체 관리자

사회가 광기를 위해 마련한 공간은 이제 "다른 면을 가진" 사람들, 자기 생각에 대한 과도한 집착과 지나치게 완고한 판단 이성을 보여 주는 사람들로 채워진다. 관리인은 이제 무기도 없이, 어떤 강제 수단도 없이 오직 관찰과 언어를 가지고서만, 광인 앞에 나아가, 그를 보호하고 그를 무섭게 보이게 하는 일체의 것들을 제거한 후 어떤 것에도 의존하지 않고 정면으로 마주한다. 사실, 광기와 마주하는 것은 구체적인 개인이 아니라, 이성적 존재 자체다. 어떤 전쟁이 일어나도 그는 이성적 존재라는 단순한 사실, 그 권위로만 무장한 채.—푸코,『광기의 역사』

장애는 지금까지 의학적인 개념 틀 안에서 정의되었다.[14] 이런 의학적 정의 안에서 '장애'는 신체나 감각 혹은 인지 손상이 있는 사람이 사회나 공간적 제약과 마주할 때 발생한다. 연방 정부에서 누가 장애인이고, 누가 장애인이 아닌지를 정의하고, 각 집단에 속한 이들에게 부여할 수 있는 '권리'가 무엇인지 정의한 것에 따라, 최근 미국에서 접근성을 늘리려는 노력은 이런 의학적 담론을 성문화했다. 미국 장애인법(ADA)에 맞춰 장애가 있는 것으로 여겨지려면, 개인의 일상적 기능을 하나 혹은 그 이상 심각하게 손상시키는 상태가 있어야 한다. ADA에 근거해 장애 상태를 '증명'하고 서비스나 법적 보호를 받으려면, 개인은 각자의 손상을 명시한 의학 서류를 제출할 것을 요구받을 수 있다. 법적인 자격으로서 장애는 의학적 진단 용어들로 분절된다. 많은 장애인들(과 지지자들)이 의학적 관점에 도전하는 발전된 논의 ─법적, 학문적, 개인적 ─를 내놓았다. 다양한 논의들의 등장으로 우리는 장애인들이 전통적으로 훈육된 방식과 이런 범주화를 생산하는 더 큰 체제를 볼 수 있게 되었다. 실제로 20세기 초반부터 미국에서 '장애를 가진 사람들'people with disabilities을 구성하고 주변화해 온 개념과 실천의 계보를 추적할 수 있다.

『광기의 역사』에서 푸코는 수세기에 걸쳐 광기의 흐름을 추적한다. 20세기 초반에 정신병원에 어떤 사람들이 감금된 것에서 출발해 우리는 역사를 통해 주변화된 집단의 배치를 추적하는 전통을 확장해 볼 수 있다.

푸코는 17세기 광인들의 감금이 이들을 훈육하고 '정상' 사회로부터 격리시키려는 욕망에서 비롯되었다고 주장했다. 이후에 광인들은 정신병원에서 다양한 정도로 물리적으로 해방되었으나, 도덕 교육과 정신의학 담론이라는 새로운 통제에 놓이게 되었다. 푸코는 도덕 교육 주입과 정신의학 담론의 활용이 사실상 이전의 물리적 감금보다 더욱 광인들을 유폐시켰다고 주장했는데, (신체가 아니라) 정신mind이 치료에 종속되었기 때문이다.[15] 정신치료라는 음험한 의학 담론은, 특히나 권력이 광인들을 종속시키는 또 다른 수단이 되었다. 치료 시간에 이야기를 함으로써 광인들은 담당 정신과 의사에게 광기를 고백할 것을 강요받았다. 광인들은 더 이상 정신병원의 담장 안쪽에 감금되지 않는다. 그러나 여전히 권력의 주체이자 대상이며, 광기와 이성에 대한 지식으로 이해되었으며, 이들을 감독하는 의사가 그 사실을 확인했다.

20세기가 시작되며 서구 사회에서 노동의 재조직화가 이루어졌다. 노동이 점점 더 도시화되고 산업화되면서 장애인들이 직접적으로 영향을 받았다. 마이크 올리버Mike Oliver의 말처럼 "19세기 노동시장이 온갖 장애인들을 효과적으로 시장의 밑바닥으로 밀어 넣었다".[16]

노동의 재조직화로 특수 시설과 관행(정신병원, 구빈원, 그 외 다른 프로그램들)이 설립되었고, 종교 단체나 자선 단체에서 운영했는데, 이들이 장애인들을 주류 사회로부터 분리시켰다.[17]

브래드 바이런Brad Byron은 19세기 후반과 20세기 초반에 이런 시설들이 미국의 장애 담론을 설명한다는 사실에 주목한다.

> 1890년 무렵, '병원 학교'hospital schools라는 명칭이 가장 적합할 최초의 시설이 생겨나고, '불구자'cripples를 위한 첫 직업 훈련 프로그램이 시작되며 장애 문제에 대한 접근은 재활로 알려지게 되었다.[18]

장애인들은 과거에 광인들이 차지한 '비이성unreason의 공간'('이성reason의 공간'의 반대 전하를 가진)과 유사한 '무능력unabled의 공간'에 유폐되었다. 무능력의 공간은 '일할 수 있는'able-bodied 사람들에게 존재한다는 건강과 가족, 고소득 직업과 생산적인 공동체와 반대의 의미를 지닌다. 자본가 질서의 등장으로 비생산적이고 의존적인 인구 집단은 '재활'될 수 있다는 희망에 속박되었다.

제1차 세계대전이 끝나고 장애 재향군인의 유입이 재활 운동을 진척시켰다. "운동을 이끈 개혁가들은 그들이 '신체장애'crippledom라고 부르는 것과 심각한 사회 경제적 문제를 동일시했다."[19] '불구'는 신체 질환이나 이동 문제가 있는 개인을 의미하지 않았다. '불구'라는 용어는 경제적 의존과, 자선에 기대는 것을 뜻했고, 이에 따라 재활 운동의 초점은 의존성 제거에 맞춰졌다. 1918년 미국 정부는 군인재활법the Soldier's rehabilitation act을 통과시켰고, 재향 군인들에게 직업 훈련을 제공했다. 이 법안이 채택되며 재향군인들의 재활뿐만 아니라 민간 사업장에서 부상을 당한 이들의 재활에 대한 논의를 촉발했다. 이러한 논의는 차례로 1920년 직업재활법Vocational Rehabilitation Act을 이끌었고, 민간인들에게도 군인들과 동일한 재활 서비스에 대한 접근권을 부여했다.[20]

제2차 세계대전 중 미국에서는 '일할 수 있는' 남성들이 전쟁터로 떠나고 비어 있던 공장의 일자리 중 상당수가 여성과 소수자 장애인들에게 돌아갔다. 전쟁이 끝나자 미국 경제는 호황을 누렸고, 남성들의 자리를 대체한 노동자들은 (이들 중 다수가 전쟁이 끝나고 직업을 잃기를 원하지 않았다) 간신히 공장에 남을 수 있었다. 또한, 재향군인 중 일부는 전쟁터에 나가기 전 자신의 직업을 되찾았다. 그러나 이들 중 많은 수가 새로 손상을 얻어 돌아왔고, 취업 연령인 장애인 인구가 늘었을 뿐만 아니라 종합적인 재활 서비스에 대한 요구도 증가했다.

1960년대와 1970년대에 장애의 영역에서 거대한 사회적 변동이 일어났다. 미국에서는 장애인의 권리를 지키기 위해 더 많은 법안이 발효되었다. 1973년과 1978년 재활법Rehabilitation Act, 1975년 전국주택법National Housing Act(개정), 1974년 장애아동교육법Education for All Handicapped Children Act, 1980년 사회보장법Social Security Disability(개정)이 여기에 포함된다. 이런 법안의 도입과 법적 변화가 추가적인 장애 소송으로 이어지는 기반을 마련했다.

1970년대, 캘리포니아 대학 버클리 캠퍼스에 다니는 장애 학생들이 '롤링 쿼드'Rolling Quads라는 모임을 만들었다. 이들은 기숙사를 제공했던 학생 보건 센터Student Health Center 밖으로 나와 스스로 공동체에 통합되었다. 장애 학생들이 결성한 이 작은 모임은 미국 장애인 공동체 안에서 거의 전설적인 위상을 차지했고, 미국 장애 시민권 운동뿐만 아니라 미국의 자립생활 운동의 시작으로 여겨지기도 한다. 이런 운동이 시작되기 전에는 가족이 없고 형편이 어려운 미국의 장애인들은 시설에 살도록 강요를 받았다. 장애 운동은 많은 장애인들, 특히 시설 밖에서 살 기회가 전혀 주어지지 않은 장애인들에게 '해방'의 시대를 열었다. 미국 전역에 자립생활 센터를 설립하도록 이끈 1978년의 개정재활법은 '자유'를 더 확장했다.

개정재활법과 정부의 여러 조치들이 장애인들만을 '자유롭게' 한 것은 아니었다. 휠체어 경사로가 설치되고, 주차장에 장애인 전용 주차구역이 생기고, 휠체어가 접근 가능한 화장실이 공중화장실에 만들어지는 등 미국의 풍경을 바꿔놓기 시작했다. 이런 건축과 기반시설의 변화로 장애인들은 더 자유롭게 공간 환경 안으로 들어갈 수 있었다. 더욱이 건물 환경의 변화는 새로 유입된 장애 인구에서 비롯된 장애 인권 운동과 자립생활 운동의 인기 상승과 서로 긴밀하게 연계되어 있었다. 베트남 전쟁과 그 이후, 수많은 병사들이 전쟁에서 손상을 얻어 미국으로 되돌아왔기 때문이었다.

한 세기 동안 미국에서 장애인의 사회적 지위는 시설에 완전히 격리되는 것에서 자립생활 센터 설립으로 생긴 대안적 생활 선택권으로 이동했다. 이런 역사가 감금의 시대에서 장애 '해방'의 시대로 향하는 전환을 보여 주고, 경기장의 장애인석 배정에 관한 쟁점에 접근하는 역사적인 관점을 제공한다. [이러한 전환이 없었다면] 20세기 초반, 휠체어 이용자를 위해 '강화된 시야선'을 경기장 설계에 포함시키지 않은 건설 회사를 상대로 소송을 제기하는 선택권이 없었을 수도 있다. 요약하면 장애인들의 '권리'와 선택권에 커다란 변화가 일었다.

　　미 법무부의 침해조사과U.S. Department of Justice Civil Rights Division에서 강화된 시야선 문제를 관할한다는 점은 흥미롭다. 정부 부처인 법무부에서 경기장에서 행사를 관람하는 휠체어 이용자들의 강화된 시야선에 대한 성명을 발표했다.[21] 이런 사실 자체만으로, 미국 정부의 입장에서는 장애에 대한 태도와 실천 모두에서 일어난 변화의 조짐을 보여 주고, 많은 이들이 이런 변화를 진보로 생각한다. 그러나 '장애 시민권' 담론을 담론으로서, 권력의 네트워크 안에서 성문화된 그 자체로 본다는 것이 중요하다. 실제로 나는 시민권 운동이 알려진 것만큼 '해방적'인 것은 아니라고 주장한다. 지금부터는 이렇게 가정된 '권리' 증진이 어떻게 신체를 훈육하기 위해 작동했는지를 살펴볼 것이다.

유순한 신체로서의 무능한 신체

　　화물용 엘리베이터에 탑승해 왔던 룰리Ruley는 이렇게 말했다. "말 그대로 쓰레기와 함께 엘리베이터 안으로 굴러 들어가고, 쓰레기와 같이 나옵니다."— 톰 패리, 「장애인에게 1점」

푸코는 관습적인 역사 연구 방식에서 벗어나, 과거의 연구가 본질적으로 돈키호테 같은 것이라고 주장했다. 이를테면 과학은 정확하게 세계를 드러내는 '진리'truth와 법칙을 발견했다고 주장하지만, 과학적 '진리'는 그것보다 더 설명력이 뛰어난 진리가 그 자리를 대체하기 전까지만 유효하다. 우리가 실제로는 제자리에서 맴돌며 그저 스스로를 표상하는 미로에서 허우적거리고 있을 때, '법칙'과 '진리'는 흔히 우리가 '진보하는 중'이라고 믿게 한다. 푸코는 말과 사물의 관계를 밝힘으로써 정상normalcy과 일탈이라는 관념이 당연시되고, 진리의 표상이 변화하는 위치를 찾아낼 수 있을 것이라 생각했다. 불연속은 분열을 초래하고, 이는 담론적 생산물(이를테면, 건강과 질병, 정상과 일탈, 능력able과 무능력disabled에 관한 관념의 생산)이 가시화되는 계기가 된다. 푸코의 고고학적 전략은 이런 관념들이 접합하는 방식을 발굴해 낸다. 이런 변화가 발생하는 시기에 연속성에 대한 믿음의 순환이 깨진다.

　　정신병원에서 풀려난 '광인'들과 마찬가지로 '해방된' 장애인들 역시 오늘날 주변화된 자리에 머물고 있다. 장애인을 통치하는 최근의 담론은 도덕성이나 정신의학이 아니라 능력과 건강 담론이다. 장애인들은 도시를 자유롭게 돌아다닐 수 있지만 어떤 면에서는 전보다 덜 '자유'로운데, 이유는 이들 중 상당수가 내면화하고 있는 의료화된 병리학에 마음mind이 종속되어 있기 때문이다. 건물 환경의 기념비적 건축물들이 이런 병리학을 정의한다. 이를테면 경기장의 구조를 세부적으로 보면 키와 몸무게, 체구, 능력과 같은 어떤 상세 수치에 맞춰 관람자의 신체를 정의한다. 문화적 기준에 맞지 않는 신체를 가진 사람들은 정상적이고 적법하며, 선량한 영역의 **바깥**에 위치한다. 실제로 경기장은 "공간의 분배에서부터 훈육이 진행되었듯" 권력과 지식의 생산을 위한 장소가 되었다.[22]

『감시와 처벌』에서 푸코는 감옥이나 병원, 학교 같은 시설에서 신체가 어떻게 다뤄지고, 옮겨지고, 훈육되는지 조사했을 뿐만 아니라, 신체 자체가 시설에 적응하는 권력의 전략을 탐구했다. 수감자들의 입장에서, 감옥에서 작동하는 권력의 미시물리학은 금지의 의무를 생산하는 것 이상의 영향력을 발휘한다. 즉, 수감자가 빨리 출소하고 싶을 경우, 그는 특정한 방식으로 행동할 의무를 지닌다. 따라서 권력의 언어는 이전의 처벌의 형식보다 더 깊은 차원에서 수감자들을 지배한다. 이제 수감자들의 신체는 그들에 의해서, 그들을 통해 전해지는 권력을 부여받는다.

이런 통찰을 스포츠 경기를 관람하는 장애인들의 상황에 적용시킬 수 있다. 권력이 이들을 통해 작동하기 때문이다. 장애화된 신체는 개선과 유용성에 종속되고, 권력의 대상이자 표적인 유순한 신체가 된다. 어떻게 장애인들이 '사회적 타자성'social Otherness에 얽혀 있는지 보기 위해, 최근 경기장 소송 사건으로 만들어진 비강제적 규칙들 중 하나를 분석해 보자. 미국 전역에서 많은 경기장이 장애인 좌석의 시야 확보를 위해 휠체어석 앞 좌석 '입석 금지' 정책을 받아들였다. 입석 금지 구역 티켓을 판매할 때 이 정책에 대해 얘기한다. 그리고 서 있으면 관리 직원이 '입석 금지' 규정을 말한다. 그러나 처벌할 수는 없다. 일부 경기장은 아예 앞 좌석 '비판매' 정책을 폈다. 휠체어 석 앞 좌석 티켓을 안 파는 것. 그러나, 경기장 내 비장애인 관람객이 거기에 앉는 걸 처벌하지는 못한다.

농구 경기 같은 행사에서 대부분은 경기를 직접 보러 온 관중들이다. 즉, 눈으로 경기를 지켜보면서 소리를 지르고, 자기 팀을 응원하고, 일어서서 뛰고, 손으로 파도를 탄다. 일반 대중 대다수가 이런 식으로 스포츠 경기를 관람한다. 그런데 당신이 사지마비 환자라면 전혀 다른 경험을 할 것이다.

일부 경기장의 출입구는 휠체어로 접근이 불가능하기 때문에, 행사를 보려면 우선 접근 가능한 입구부터 찾아야 한다. 그런 뒤에는 좌석을 찾아 나서야 하고, 휠체어 이용자들만 쓸 수 있도록 구별된 구역에 앉는다. 휠체어 좌석은 동반 1인밖에 허용하지 않기 때문에, 그 한 명을 제외하고 함께 경기를 관람하러 온 비장애인 친구나 가족들은 다른 구역에 앉아야 한다. 인공호흡기를 사용하기 때문에 소리를 지르며 응원을 하지 못할 수도 있다. 게다가 위로 펄쩍 뛰거나 손을 흔드는 것은 물리적으로 불가능하다. 하지만 눈으로 생생히 볼 수 있는데, 앞줄에 앉은 사람들이 일어서서 당신의 시야선을 완전히 가로막는다.

이런 경험은 대부분의 스포츠 팬의 이해를 뛰어넘는 것이다. 이런 장애 관중의 경험을 개념적으로 겪어 보려고 노력하는 사람일지라도 비슷한 장애가 있지 않는 한 비슷한 경험을 얻을 수 없다. 요약하면, 대다수에게 '현실'은 명백하게 일반적으로 보면 키나 몸매, 능력에 대한 어떤 규범에 순응해야 하고, 구체적으로, 걸을 수 있어야 하는 사회적 정상성 담론에 새겨져 있다. 이런 규범에서 벗어난 신체를 가진 사람들은 비정상이 된다.

'비판매' 정책과 '입석 금지' 티켓 정책을 펴는 세상에서 장애인들은 자기의 시야선을 강화해야 한다. ADA 이후 찾아온 장애 해방의 시대에 장애인들은 병원이나 시설 밖으로 자유롭게 나갈 수는 있지만, 문화 행사에 참여할 때 비장애 대중과 동등한 자유를 누릴 수 없다. 경기장을 찾는 휠체어 이용자는 특정 구역에 앉는데, 이는 정신의학자의 소파에 앉아 자신의 광기를 고백해야 했던 상황과 공간적으로 다르지 않다. 한 사람의 공간적 지위는 그를 장애 없는 신체성ablebodiedness과 특권의 지식/권력에 종속시킨다. 그는 자신의 장애에 대한 고백과 말에 책임을 지니게 된다. 경기장의 휠체어 이용자들은 (반복적으로?) 주변에 앉아 있는 사람들에게 그가 일어서서 볼 수 없다는 사실을 상기시키기 때문에, 최근 경기장 설계와 건설을 통치하는 정상성 담론은 그가 다른 사람들에게 자신의 신체적 차이를 알리도록 강제하는 상황에 머무르게 한다. 다시 말하면, 휠체어를 타는 사람은 고백하는 환자처럼 권력의 주체이자 대상이 된다. 장애인이 이런 정상화 담론과 관계를 맺도록 강요당하는 한, 권력은 장애인의 신체를 통해 작동한다. 더욱이 그가 자기 앞에 서 있는 사람들에게 고함을 치고("앞에 안 보이니 앉아 주시겠어요?") 그 자신을 타인과 다르게 정의하는 것 외에 다른 방법이 없는 한, 장애인은 더욱 주변화된다.

결론

경기장 좌석 배치의 정치학에 대한 탐구는 푸코의 기획과 장애의 사회공간적 구성 사이의 연결 고리를 드러낸다. 건축 환경에서 공간이 정상성과 일탈의 이상이 결합된 경계표로 보일 수 있다면, 미국에서 스포츠 경기장의 고고학은 장애인들의 역할 변화와 변화된 역할이 표현되는 가운데 어떻게 장애를 가진 신체가 "역사에 의해 각인"되었는가를 포함하여 여러 불연속성을 드러냈다.[23]

푸코와의 통화
: 장애와 통치의 이동성

제라드 고긴 & 크리스토퍼 뉴얼

푸코씨? 어디세요?

전자통신telecommunication은 새 천년이 시작되며 빠르게 사회의 중심
이 되고 있는 디지털 상호 커뮤니케이션의 중심지이다. 첨단 통신과
컴퓨터 네트워크는 인터넷과 새로운 형태의 음성 전화와 문자 전화,
디지털 방송을 포함해 다양한 종류의 현대 커뮤니케이션과 미디어 형
식의 신경계 역할을 한다. 디지털화와 융합화는 컴퓨터나 전화, 텔레
비전, 라디오, 책, 신문 같은 기술 시스템을 통합했다. 정보와 엔터테
인먼트, 상품과 서비스, 교육과 건강, 여행과 오락은 0과 1의 물결을
따라, 전화선이나 전파를 타고 갈수록 우리에게 전달될 것이다. 이번
장에서는 최근에 생겨난 통신과 장애,[1] 통치의 상호연관성을 살피는
데 어떻게 푸코의 이론이 사용될 수 있는지 이야기할 것이다. 특히 우
리의 목표는 푸코의 현대 통치성에 대한 통찰이 새로운 통신의 발전
이 장애를 생산하는 방식을 조사하고, 발전하는 테크놀로지의 배치가

재구성되거나 논쟁이 될 수 있는 방식을 고찰하는 데 귀중한 렌즈를 제공한다는 사실을 입증하는 것이다.

푸코의 이론에 따르면, 우리는 통신을 국가와 준국영 조직, 기업, 비정부기구, 지역 거점 시민권으로 구성된 통치성 네트워크의 혈관으로 볼 수 있다. 통신은 '포스트모던' 사회에서 권력과 지배에 결정적이고, 필수적인 역할을 한다. 더욱이 여러 분석가들[2]이 관찰하듯, 20세기 말과 21세기 초반에 통신은 벨A. Graham Bell 같은 후기산업사회 이론가들이 예견한 전지구화의 구성요소가 되었다. 현재 자본과 투자의 순환 속도를 고려해 볼 때, 디지털 커뮤니케이션 네트워크가 없었다면 금융과 경제는 지속될 수 없었을 것이다. 그러나 이처럼 복잡하고, 확장된 전지구화에 장애인이 참여하는 것은 협소한 규범에 의해 통제되고, 일부 국가와 정부에서는 사법적 판단에 맡겨져 있다. 또한 장애를 가진 사람들은 전지구화의 이익을 불평등하게 공유한다. 더욱이 금융과 정치 제도의 지구화가 진행되면서 장애는 기술 네트워크 안으로 포획되어 간다.

규제 완화와 자유화의 신호 아래 커뮤니케이션 시장과 기관들이 전면적으로 재구축되었다.[3] 이에 따라 통신은 전략적인 장소로 변모했다. 통신법과 규제, 정책이 복잡해지면서, 여러 국가에서 이런 규율을 집행하고 구현하기 위한 준정부 단체들이 조직되었다. (예컨대, 부유한 서구 국가에서 시장 경제를 풀어 줘야 한다는 명목으로 다양한 법률과 정책을 개발했다는 사실을 지적할 수 있다. 그 결과 미국은 1996년 커뮤니케이션 법Communication Act을 제정했다. 호주에서는 1997년 통신법Telecommunication Act이 제정되었고, 캐나다에서는 1993년에 통신법이 제정되었다. 영국에서는 1980년대 중반부터 관련 법안이 개정되었고, 유럽에서도 잇달아 개정이 이루어졌다. 세계무역기구에서는 1997년 기본 통신 협정을 맺었다.) 이런 발전과 더불어 '자기'-규제self-regulation, '공동'-규제co-regulation, 혹은 '최소'-규제light-regulation라는 다양한 명칭으로 새로운 규제 개념이 등장했다. 이를 촉발한 것은 스스로를 규제하려는 기업들의 욕망이다. 즉, 기업에서 고객에게 상품과 서비스를 전달하기 때문에, 기업은 신고전 경제학의 관점에서, 국가와 연관된 관료체제보다 시장의 특권에 가장 적게 개입할 수 있는 최소 규칙을 설정할 더 나은 위치에 있어야 한다고 주장했다.[4] 이런 방식으로 시장이 자기-통치self-governing를 하게 될 때, 삶의 여러 차원을 다스리는 국가의 역할은 사라진다. 푸코는 이와 같은 통치의 변화를 다음과 같이 설명한다.

> 오늘날과 같은 국가가 출현할 수 있었던 것은 정확히, 국가의 내부에 있으면서 외부에 있는 이런 통치성 덕분이라 생각할 수 있을 것이다. 국가의 권한 안에 있는 것과 그렇지 않은 것, 공적인 것과 사적인 것의 경계를 끊임없이 재정의하게 만드는 것이 이와 같은 통치의 전략이기 때문이다.[5]

사법적이고 자기-규제적인 시장의 담론에 의해서만 통신과 여타 디지털 테크놀로지의 융합이 재형성되는 것은 아니다. 지배적인 사회 담론들이 테크놀로지의 재배치를 야기한다. 이런 사회적 담론의 특징 중 하나는 테크놀로지가 그 사용자들의 해방에 기여한다고 보는 것이다. 역설적으로 통신기술은 '가치중립'적이기도 한 것으로 간주되면서 말이다. 이런 사회적 담론과 관련하여 장애인들은 매주 특별한 사례로 가치평가되곤 한다. 즉, 개인적인 것으로 간주된 장애를 없애거나 개선할 가능성 속에서 기술적 해법이 모색된다. 기술이 장애인들에게 순전한 이익을 줄 거라는 약속을 통해 기술의 사회적, 담론적 형성이 진전되어 간다는 것은 근본적으로 장애에 대한 잘못된 접근을 드러낸다. 이런 접근은 장애가 사회적 구조와 담론을 통해 형성된 우발적 현상이라는 것과 반대로 장애를 고정되고, 개인의 생물학적 결손으로 여기는 모델에 기대고 있다.[6]

통치성은 매개된 커뮤니케이션의 확산을 장려하기 위해 '상시 접속' 상태에서 그 정보가 모니터되고, 캡처되고, 분석될 수 있는, 그렇게 섬세한 방법을 통해 마케팅 기회로 이용될 수 있는 그런 소비자로서의 시민을 생산함으로써 디지털 커뮤니케이션 시스템을 통해 작동할 수 있다고 할 수 있다. 디지털 통치성의 시스템 안에서 장애는 대상화된 타자로 창조되고, '결손'으로 조직되고, 일탈로 여겨진다. 통치성을 통해서 신체가 일탈된 신체로 관리되는regulate 것이다. 장애인들은 온전한 인간성을 결여하고, 완전히 자격을 갖춘 시민이 되기에 필요한 자질을 결여한 것으로 간주된다. 예컨대 통신의 소비자-시민은 장애인을 대신해 상품을 구매하는 사람이지, 통신 서비스를 이용하는 장애인 자신이 아니라는 점을 생각해야 한다.

이처럼 소비자-시민이 배타적으로 구성됨에도 불구하고 많은 장애인들이 통신 서비스를 이용하며, 특히 디지털 이동전화와 각광받고 있는 3세대 이동통신에 관심을 보인다. 하지만 장애인들의 다양한 욕구는 디지털 이동통신 디자인에 거의 반영되지 않는다. 장애 운동과 극소수의 논평가들은 이에 대응하여 정보화 시대에 장애를 주변화하는 문제를 경고하면서, 이처럼 평등을 저해하는disabling 테크놀로지의 영향력을 지적했다.

누가 모바일에 장애를 장착했는가?

19세기 후반과 20세기 초반에 장애인들은 통신 개발에서 거의 고려 대상이 아니었다. 실제로 알렉산더 그레이엄 벨이 청각 장애인을 도우려고 전화기를 개발했지만, 이런 역사적 차원은 거의 다루어지지 않는다.[7] 주로 비즈니스 용도나, 부유한 국내 후원자들이 이용한 커뮤니케이션 장비로서 전화기가 등장한 초반부터 대부분의 국가에서 전화는 국가 건설 프로젝트의 일환이 되었고, 우편 서비스나 언론,[8] 전신, 라디오, 마지막으로 텔레비전과 같은 문화 테크놀로지를 보완했다. 국가 건설 프로젝트는 대부분의 서구 국가에서 우편-전신-전화 postal-telegraphy-telephone(PTT) 기구들의 지배로 상징화된다. PTT 기구는 일부 국가(가령, 미국이나 캐나다)에서는 민간 기업이 독점했지만, 일반적으로는 공공 서비스 모델을 따라 (유럽에서처럼) 국가에서 소유하고 운영했다.[9] 민족 국가의 경계 안에 있는 모든 시민들에게 전화 서비스의 이용성availability(특히 20세기 중반부터 후반까지 통신 정책의 가장 중요한 목표)은 여러 국가에서 '보편적인 서비스'로 언급되었다. 그러나 장애인들은 이런 국가 건설 프로젝트에서 제도적으로 배제되었고, 이 프로젝트가 수반하는 시민권의 개념에서도 배제되었다.

20세기 전반에 걸쳐서, 통치성 시스템의 일부로 통신의 중요성이 증가했다. 역사적으로 1960년대까지 상업과 국가에서 음성 전화 서비스의 이용을 선점했는데, 그 당시 비즈니스 용도로 데이터 커뮤니케이션에 대한 접근(뒤이어 가정과 개인적인 접근)이 중요성을 획득했고, 특히 팩시밀리와 컴퓨터 네트워크 기술의 보급 때문이었다. 요약하면 통신에 대한 접근을 통해서 국가는 사람들의 '사적' 영역과 일상적 삶에 침투하여 그 구조를 포획하는 것이 가능해졌다.[10] 한 가지 사례를 살펴보면, 사람들이 거래를 위해 가정에 있는 전화기를 포함해 어떤 전화기로든 지능 통신 네트워크intelligent telecommunication network를 이용할 수 있기 때문에 홈뱅킹 서비스가 가능해졌다. 과거에는 사람들이 가정이나 직장에서 전화기로부터 멀리 떨어져 있거나, 공공장소에서 공중 전화기로부터 멀리 떨어져 있을 때, 서로 접촉이 가능하지 않았고, 그로 인해 사람들은 통치의 틈새에 거주했었다고 할 수 있다.

통신과 통치에서 가장 중대한 전환 중 하나는 20세기 후반 20년 동안 이동성 문제를 처리한 것이다. 군대나 배, 경찰 혹은 응급 서비스에서 처음 사용된 무선 전화에서 이동 통신의 등장을 추적할 수 있다. 1970년대와 1980년대에 시민 라디오the citizens' band(CB)가 유명해졌다(영화 「스모키 앤 밴디트」Smokey and the Bandit에 나타났다). 한때 장거리 트럭운전 기사들이 주로 이용했던 CB라디오는 이후에 일반 운전자들에게까지 퍼졌다. 1980년대에 소지가 용이한 이동전화가 여러 나라에서 상업적으로 소개되었고, 당시 사용자들은 장난으로 '벽돌'이라고 불렀다(심지어 당시 이동전화는 장애인들이 손에 쥐거나 사용하기도 어려웠다). 이 시스템은 아날로그 테크놀로지(AMPS)에 기반을 두고 있으며, 지금은 '1세대' 모바일 테크놀로지라고 한다. 1990년대에 디지털 이동전화 시스템이 전 세계적으로 소개되었고, 향상된 통화 품질과 데이터 전송률 개선, 부족한 주파수 대역의 효율적 사용과 통화 방해로부터의 안전을 약속했다. 당시 시행된 두 가지 지배적인 시스템은 이동 통신 세계화 시스템global system for mobiles(GSM)(유럽과 일부 아시아 지역, 호주) 그리고 코드 분할 다중 접속code division multiple access(CDMA) 시스템(미국과 다른 나라들)이다.

20세기까지 디지털 이동전화는 눈부신 성공을 거두어 여러 나라에서 유선 전화 사용자 수를 압도했다. 이동전화의 성공은 다양한 요인 덕분일 것이다. 첫번째 요인은 이동성이다. 수신자가 유선 전화와 가까운 곳에 갈 때까지 발신자가 기다리는 대신에 사람들은 장소에 상관없이 접촉할 수 있다. 두번째는 개별화이다. 집이나 사무실 등 다른 장소에 있는 전화를 이용할 필요 없이 개인이 전화기를 소유한다. 세번째는 유행이다. 이동전화가 주체성을 형성하는 기호 시스템의 일부가 되었기 때문이다. 이를테면 전화 벨소리를 설정하고(따라서 음악 취향도 공개되고), 이동전화의 색상과 디자인을 선택하고 바꿀 수 있다(미적 감각이나 문화적인 가치, 경제적인 부가 드러난다). 마지막 요인은 데이터의 이동성이다. 이를 통해 음성과 문자 커뮤니케이션이 결합된다.

통치성의 관점에서 보면, 통신이 **모바일**로 빠르게 탈바꿈하면서 권력이 다른 평면과 표면, 그리고 (질 들뢰즈와 펠릭스 가타리의 용어로 말하면) 탈주선lines of flight을 따라 작동할 수 있게 된다. 현재 사람들은 어느 때건, 민족 국가 내부의 어느 곳이든, 글로벌 로밍 서비스와 위성 전화, 여행 비용을 지불할 수 있다면 세계 어디서나 감시나 마케팅(혹은 둘 다)을 위해 잠재적으로 아주 쉽게 식별 가능하다. 이동전화의 개발과 더불어 중요한 것은 위성 위치 확인 시스템(GPS) 기술의 도입이다. GPS를 이용해 주어진 개인의 위치를 정확하게 찾을 수 있다. 최근 생산된 자동차에서 이동전화와 GPS 기술이 결합한 사례를 찾아볼 수 있다. 이 자동차는 에어백이 팽창할 시 제조사의 고객 센터에서 고객의 지원 요구 사항을 확인하기 위해 안부 전화를 거는 안전 에어백 메커니즘을 갖추고 있다. 운전자가 응답하지 않으면, 해당 차량의 위치가 제공되고, 구급차가 그 장소로 파견된다.

다른 통신 서비스와 마찬가지로, 이동 통신도 능력ability과 장애 disability를 동시에 부여했다. 이를테면, 이동 통신은 새로운 커뮤니케이션의 공간과 용도를 창조했고, 이것이 장애인들의 삶과 주체성을 형성했다. 단문 메시지 서비스(SMS)는 예상 외로 2세대 이동전화 개발에 아주 중요한 역할을 했는데, 그 영향은 장애인들에게 특히 컸다. 가령 청각 장애인은 다른 청각 장애인이나 비청각 장애인들과 소통하기 위해서 상대적으로 저렴하고 사용이 편리하며 누구와도 대화 가능한 커뮤니케이션 기술인 SMS를 이용할 수 있다. 정부나 기업에서는 아주 느리게(특히 인터넷이 대중화되기 전에) 문자 커뮤니케이션의 유효성을 인식했지만, 1980년대 이래 청각 장애인들은 전신타자기 teletypewriters(TTYs)라고 하는 문자전화text phone나 청각 장애인용 통신장비telecommunications devices for Deaf(TDDs)를 많이 사용했다.[11] 청각 장애인들은 문자전화는 없고 모바일 폰만 가진 청인들과도 문자 메시지를 주고받을 수 있었다. 커뮤니케이션 개발의 두 가지 단점 중 첫번째는 모바일 폰의 자판이 사용하기 어렵다는 점이다. 두번째는 문자전화에 비해 자판을 더 많이 눌러야 한다는 점이다. 실제로 2세대 이동전화의 도입과 발달은 장애인들의 입장과 관련된 적지 않은 쟁점을 제기했으며, 그것은 다른 사회적 쟁점과도 연관된 것이다.

이런 논쟁 중에 가장 잘 알려진 것은 보청기 사용자와 GSM 이동통신 간의 갈등이다. 1990년대 초반, 여러 나라에서 새로운 디지털 모바일 시스템이 발달하고, 상업적으로 도입된 결과 GSM이 높은 수준의 전자파 간섭을 일으켰다. 이런 간섭은 잠재적으로 보청기에 윙윙거리는 소리를 유발할 가능성이 있을 뿐만 아니라, 보청기 사용자들의 전화 사용을 어렵게 했다. 통신사와 국가, 규제 기관에서는 대중의 격렬한 항의를 '처리'하는 데 엄청난 노력을 기울였다. 정책 입안자들이 다방면으로 지원을 했음에도 이 새롭고 비싼 기술이 소비자들에게 받아들여지지 않을 수도 있다는 우려 때문에 그렇게 한 것으로 보인다. 기술이 외면당하는 결과를 피하고, 그와 같은 신호를 방출하는 넓은 범위의 기술을 고려해서, 기업 임직원과 국가 공무원들은 높은 수준의 전자파 방출에 대처하기 위한 보청기 사용자들의 요구 창출에 관심을 기울였다. 1990년, 이동전화의 전자파 방출을 통제하는 규제로부터 보청기가 영향을 받지 않도록 유럽 표준이 도입되었다. 이 유럽 표준은 그와 유사한 호주 표준 모델을 형성했다. 또한 보청기에서 멀리 떨어진 곳에서 방출되는 전자파의 근원을 제거하기 위한 연구가 수행되었고, 결국 해결책으로 '핸즈프리hands-free 키트'가 보청기 사용자를 위해 설계되었다. 그러나 이 기기가 모든 이용자들에게 디지털 이동전화에 대한 충분한 접근성을 제공하지 않았기 때문에 장애 운동은 다른 전술을 채택했다. 이를테면 호주에서 이 문제를 성공적으로 제기하려면 인권과 차별금지법에 의지해야 했다. 인권과 기회평등위원회Human Rights and Equal Opportunity Commission(HREOC)에서 이 문제에 대해 공적 조사를 수행했고, 약 18개월 후에 조정되었다.[12] 하지만 불행히도 전자파 방출 문제는 남아 있고, 미국의 관할권 밖에서는 널리 이용이 불가능한 대안 2세대 기술 —— CDMA(Code Division Multiple Access) —— 로도 쉽게 해결되지 않는다. 이런 사례에서 실제로 일어나고 있는 일은 이동전화 제조 회사가 비용을 들여 기술 전체를 재설계하거나(이의제기를 하는 부분에 대해), 설계를 수정하도록 강요받고 있다는 것이다.

이동전화 사업자와 정부 부처, 표준화 기구와 규제 기관에서 통신기술 향상을 구상할 때 장애와 접근성을 매번 고려했다면 이렇게 커다란 실패는 면할 수 있었을 것이다. 장애인들의 요구와 열망을 더 잘 이해하고, 청력이 약해서 보청기를 사용하는 사람들이 이런 특정 상황에서 기술 설계와 정책, 시행 과정에 통합적으로 관여했다면 시작 단계에서부터 기술에 대한 접근성이 확대되고, 관련 기업에서는 재정적인 측면에서 더 밝은 전망을 맞이했을 것이다. 더욱이 국가나 규제 기관에서 마지못해 새로운 디지털 이동통신 네트워크로부터 배제되었다고 느껴 분개한 시민을 대신해 조치를 취하지 않았더라면 좋았을 것이다.

2.5G(G는 '세대'generation를 의미한다) 모바일 폰의 발전 중 하나인 무선 접속 프로토콜(WAP)이 1990년대 후반에 도입되었다. WAP

는 '상시 접속' 이동통신의 선구자였고, 초기에 서비스 이용률은 낮았지만 사용자들에게 문자와 인터넷 커뮤니케이션, 전자 상거래 서비스를 제공했다. WAP보다 훨씬 더 광고를 많이 했던 소위 3G 모바일 테크놀로지는 소비자들에게 광대역 서비스(양방향 비디오 같은)를 제공한다고 약속하며, 기반 시설이 건설되기도 전에 이미 수십억 달러의 투자를 요구했다.

푸코의 용어로, 3G 모바일은 통치성의 토템이자 기술에 새겨진 가치들의 신상神像, juggernaut이라 할 수 있다. 이런 기술을 통해 수십 년 동안 유토피아적 공상과학소설과 미래학의 문제로 치부된 비디오 커뮤니케이션의 꿈이 실현될 것이다. 하지만 사실상 3G 모바일에는 장애인들의 삶을 개선할 잠재력이 없으며, 심지어 배제적일 수 있다. 토니 시플리Tony Shipley와 존 질John Gill은 3G 모바일 통신이 '원격 목적지 안내'(서비스 센터에서 자동으로 위치를 파악하고, 문의자에게 목적지에 도달하는 방법에 대해 개인적 정보를 제공)와 "수화나 순화lip-speaking를 이용해 청각 장애인들을 위한 원격 통역(적당한 크기와 화질의 영상 화면이 가능해지는 대로)"을 촉진할 가능성이 있다고 언급했다.[13] 그럼에도 두 사람은 3G에 내재한 여러 문제들을 발견했다. 이 문제들 중 일부를 간략하게 언급하면 다음과 같다. 우선 3G와 함께 이용되는 무선 송신 기술은 보청기에 전파간섭 문제를 일으켜서, 보청기와 양립 가능하지 않다. 두번째로 크기가 계속 작아지는 이동전화의 경향은 많은 장애인들에게 도움이 되지 않는다. 세번째로 자동응답, 음성 메일, 전화 알림(네트워크 기반 서비스) 같은 서비스들은 시각 장애를 가진 사람들에게 도움이 되지 않는다. 네번째는 3G 모바일을 위해 고안된 다수의 인터넷 기반 어플리케이션들이 시각 지향적인 까닭에 시각 장애가 있는 소비자들을 배제한다는 점이다.[14] 시플리와 질은 이런 우려에 대한 대책으로 디자인과 표준화 과정(일반적으로 통신 산업)에 '포함inclusion의 문화'를 도입할 것을 요청했다. 또한 두 사람은 산업에 따른 포함과 접근성 문제를 논할 포럼을 개최할 것을 요구했는데, "장애인과 노인들이 출발 지점에서부터 3세대 모바일 커뮤니케이션 시스템이 구별된discriminated 대상이 아니라 구별하는discriminating 소비자로 참여할 수 있도록" 보장하려는 목적에서였다.[15] 우리는 이 제안이 훌륭하다고 생각하지만, 포함을 당연시하는 사회 질서를 문제시함으로써 포함이라는 개념에 내포된 기대를 비판할 것이다.

통치, 장애, 모바일

모바일 환경에서 장애의 사회적·담론적 구성과 권력관계를 자리매김하기 위해 이번 섹션에서는 푸코의 통치성 개념을 더 깊이 고려할 것이다. 앞에서 보았듯, 이동 통신은 한편에서는 가치중립적인 장치로 여겨지고, 다른 한편에서는 장애인들을 자유롭게 하는 기술로 여겨졌다. 그러나 동시에 장애인들을 배제한다는 비판을 받아 왔다. 우리가 탐구하려 하는 것은 커뮤니케이션의 이동성이 장애화된disabled 신체의 **통치**와 **훈육**에 연루되는 방식이다. 특히 네트워크화된 새로운 미디어의 중심에 있는 현재 통신 기술이 정상화의 테크놀로지로 읽힐 수 있다고 주장한다.

푸코는 생명권력 —— 혹은 삶을 다스리는 권력 —— 의 발달이 "법의 사법 체계를 약화시키면서 반대로 규범norm의 활동이 지닌 중요성이 증대하는 효과"[16]를 가져왔다고 주장한다. 푸코의 주장은 법의 중요성이 사라진다는 관점을 나타내는 것이 아니라, 법에 점점 더 규범의 성격을 부여하고, 법은 더욱더 규범으로서 기능한다는 것이다.[17] (앞서 언급했듯) 핵심 법안을 강화하고 개정할 뿐만 아니라, 법규와 법정에 의존하는 것에서 산업의 자기 규제와 공동 규제로 법의 전환이 일어나는 통신 산업에서 위와 같은 분석은 가치 있는 통찰이다. 이런 새로운 풍경의 특징 중 일부가 호주의 사례에서 드러나는데, 다른 곳에서도 유사한 일이 일어났다.

전 세계적으로 장애인의 통신 접근권이 성취된 중요한 소송과 투쟁이 많이 일어났다.[18] 이런 투쟁 중에서 대단히 흥미로운 사례는 스콧Scott과 국제장애인연맹Disabled People's International(DPI, 호주) 대 텔스트라Telstra 사건으로, 호주의 인권과 기회평등위원회(HREOC)가 전한 기념비적인 일이다. 이 사건은 호주 남부 퍼스에 사는 청각 장애인 스콧이 문자 전화 공급을 하지 않았다는 이유로 호주텔레콤Telecom Austailia(국영 사업자, 현재 텔스트라)을 상대로 소송을 걸면서 일어났다. 스콧은 그 당시 정점에 오른 장애운동단체, 국제장애인연맹과 행동을 같이했다. 스콧의 승리는 호주에서 통신 접근권을 인권으로 정의한다는 의미에서 아주 중요한 사건이었으며, 1997년 통신법 제정에 장애 차별금지법Disability discrimination Act(DDA)의 원칙을 새기는 데 기여한 판례가 되었다. 스콧과 DPI 대 텔스트라 소송 사건은 청각 장애인들이(호주에서는 대개 장애를 '가진' 것으로 식별되는 것을 피해 왔는데) 통신 시스템에 기능적으로 접근하기 위해, 장애의 개념과 그것이 지닌 규제적 권력을 이용할 수밖에 없도록 장애가 통치되는 방식을 보여 주는 예시이다. HREOC 위원장의 결정은 인권을 강하게 긍정했지만, 동시에 장애를 두 가지 결정적인 방식으로 통치하는 역할을 했다. 우선, 일탈한 신체를 포함하려는 현 상황을 바꾸기보다는 현 상태를 보완하기 위한 특별한 제도를 수립할 것을 요구했다. 두번째로, 장애의 한 형식에 집중하는 것을 촉발했는데, 이는 의료화된 장애 개념들이 서로 충돌할 때 취하곤 했던 '분할 정복'divide and conquer의 태도를 양산했다. 병리학적 신체의 증거가 판결의 중심이 되었고, 텔스트라 측에서 판결에 영향을 끼치려고 세운 책략에서 이 점이 드러났다.

스콧과 DPI 대 텔스트라 소송 사건이 보여 주듯, 폭넓은 장애 규정의 운용은 이동 통신에서 분명히 드러난다. 2세대 이동전화의 접근성 문제가 보청기 사용자들의 공분을 샀을 때, 이 사안은 준정부 기구와 정부, 기업 포럼의 범위에서 처리되었다. 그러나 이런 처리 방식은 부분적인 해결책이며 지연책에 불과하다. 적어도 호주에서는 인권 기구의 개입이 필요했다. HREOC의 심리는 규제적이며 기술적인 시스템, 즉 통치성의 요구 안에서 작동하는 시스템에 대한 비판의 중지라는 효과를 가져왔다. 결국 정상화하는 법에 대한 저항이 좌절되었다.

능동적 시민권

니컬러스 로즈Nikolas Rose의 연구를 통해 우리는 단순히 국가나 초국가적 기업의 중심부에 권력이 위치하지 않는 사회에 살고 있다는 말의 의미를 이해할 수 있다. 로즈의 통치성 관점에서 권력은 자율성과 자유가 억제된 지역을 구성하고, 치안policing에 협력하는 자기-활동적self-activating 시민들이 느슨하게 연결된 곳에 자리 잡고 있다.[19] 이런 식으로 생각하면, 권력은 능동적이고 세련된 시민들의 결합에 존재한다. 실제로 시민권이라는 개념은 경쟁하는 통신 담론에서 구성되었다. 능동적 시민은 선택하고 경쟁하고, 새로운 네트워크 기술을 가능하게 해야 한다. 즉, 이들은 인터넷에서 특별한 벨소리를 다운받고, 열정적으로 문자 메시지를 주고받고, 광대역 비디오 전화 보급을 열광적으로 기대하는 등의 다양한 방식으로 이동통신을 소비할 것으로 기대된다.

소비자-시민은 산업의 자기-규제에 따른 통치의 재작동에 참여할 뿐 아니라 그것을 자유롭게 선택하는 의미 있는 일에 개입하는 자주적인 행위자가 되어야 한다. 우리는 통신에서 '발전한 통치의 자유로운 형식'이 '시민 권력의 활성화'에 기초하는 새로운 방식에 대한 로즈의 해석에서 증거를 발견한다.

시민권은 더 이상 국가나 단일한 '공적 영역'과의 관계가 아니라 일에서부터 쇼핑까지 다양한 민간과 기업, 준공공적 실천과의 관계에서 실현된다. 소비자로서 시민은 전문성에 규제받는 능동적 행위자agent가 되어 간다. 심지어 정치에서 (…) 시민은 자신의 민주적 의무를 소비의 형태로 실천한다.[20]

장애인과 장애 운동은 다양한 방식으로 (알튀세르Louis Althusser
의 용어로 '호명된'interpellated) 능동적 소비자-시민이 될 것을 요구받
는다. 이를테면, 장애인들은 자신이 이용할 서비스와 제품을 스스로
'선택'할 것을 공식적으로 요구받는다. 다른 차원에서는 거시 영역이
나 미시 영역에서 국가나 기업의 정책과 규제 입안에 참여할 것을 공
식적으로 요구받는다. 가령, 세계적 통신 경쟁의 도입은 '고객 중시'
라는 수사를 동반하며 소비자들과의 협의를 요구했는데, 자문단이나
패널에 소비자 대의제를 도입한 것이다. 이전에 국가와 국가 기관에
서 담당하던 규제와 정책 입안의 일부를 소비자들이 맡게 되면서 이
런 협의 포럼이 더욱 중요해졌다. 더욱이 호주에서는 산업의 자기 규
제 기구(호주 통신산업 포럼the Australian Communications Industry Form)
에서 이전에 국가에서 하던 규제를 수립하고, 새로운 통치의 영역까
지 규제를 확대했다. 이 포럼은 장애 부분을 관리 및 통치('상의')함
에 있어서 최종 의결 결정위원회에서 직접 결정하는 대신 일정한 거
리를 두고 '특별 위원회'의 소관으로 하기 위해 장애자문기구Disability
Advisory Body를 설치했다. 게다가 산업의 자기 규제에서, 의사 결정
기구들은 '경쟁은 본질적으로 좋다'는 주문에 걸린 산업 담론에 지배
되어 왔다. 슬프게도 이 말은 빈번히 장애 현실은 대변되지 않는다는
것을 뜻한다.[21] 따라서 우리는 산업의 자기 규제에 이용되는 합의와 참
여의 민주적 성격뿐만 아니라 이에 따른 결과의 실체 또한 심각하게
문제시할 수 있다. 이러한 측면에서 우리는 실천과 표준의 공동 및 자
기 규제 규정의 적절성과 준수에 대해 소비자 운동과 우려를 같이한
다.[22] 장애 '문제'를 관리하기 위한 이런 통치성 체제는 장애인과 대변

인들을 주변화하고, 비장애 규범을 기반으로 한 협의 테크닉을 계속 사용한다.

장애와 통치성에는 두 가지 특성이 있다. 사회에서 일탈한 다른 신체들과 마찬가지로 장애인들은 통신의 가장자리에 위치한다. 장애는 '부가적인 것'으로 여겨진다. 즉, 장애인들은 본질적으로 '특별한 해결책'을 요구한다. 장애인들의 요구를 이해하고 수용하려는 선의의 노력은 장애를 관리하고 통치하는 실천의 복잡한 장치를 만들어 왔다. 보조기구 지원금, 장애에 맞춘 기술 개선, 장애인 복지권이나 장애인 집단, 별도 자문기구와 같은 장치들 말이다. 통신에서 장애 인식이 제한되어 있기 때문에, 장애인을 대표하는 집단(혹은 개별 소비자로서 장애인들)은 장애인들의 요구와 기대를 전달하고, 이동통신 사업자들을 교육시키는 데 주도적인 역할을 요구받는다. 우리의 주장은 로즈가 말한 통치성의 현대적 형태 중 하나인 '능동적 시민권'의 추세를 장애가 공유한다면, 장애에 대한 권력관계를 표출하는 특별한 통치성 양식이 존재한다는 것이다. 그 통치 양식은 장애를 가진 사람이 '능동적 시민'으로서 보이지 않게 되고, 통치 가능한 이들의 주변부에 남게 되는 방식으로 상징된다.[23]

통치와 그 너머

지금까지 이야기했듯 통치성 개념은 장애를 구성하는 규범이 좁아지고 있는 것을 이해하는 관점을 제공한다는 점에서, 3세대 이동통신과 그 이후 '세대' 이동통신에서도 장애가 사회적, 문화적으로 형성되는 것을 이해하는 데 유용한 도구이다. 그럼에도 우리는 장애를 만드는disabling 이동통신의 여러 중요한 측면을 설명하지 못한다는 점에서, 특히 윤리적 측면에 대해 설명하지 못한다는 점에서 통치성에 대한 푸코의 논의 구도를 비판할 것이다.

전지구적 맥락에서 장애인들로부터 비롯된 근본 개념 중 하나는 공유된 억압의 경험이다. 이런 공통성은 여러 장애 학자들, 특히 장애를 가지고 살아가는 학자들에 의해 기록되고 이론화되었다. 푸코가 재구성한 권력의 중심적 개념은 분명 복잡하고 풍부하지만, 여기에는 억압 개념을 비판하려는 근본적인 의미가 담겨 있다. 푸코의 후기 연구는 억압적일 뿐 아니라 생산적인 권력의 속성을 제기한다. 이런 통찰력은 유용하다. 그러나 장애를 가진 삶의 냉혹한 현실은 간접적이고 분산된 형식이 아니라, 직접적이고 일방적인 권력의 경험을 수반한다. 위의 사례를 보면, 이동전화가 보청기에 전파간섭을 일으킬 수 있다는 증거 자료가 있고, 보청기 사용자 스스로가 불만을 제기했음에도 불구하고 이들의 요구를 충족시키기 위한 기술상의 변화는 전혀 없었다.

더욱이 1세대와 2세대 이동통신 기술에 장애를 통합하면서 얻은 교훈은 3세대 이동통신의 설계와 출시에 거의 반영되지 않았다. 따라서 이는 장애와 관련된 이동통신(중요한 사회적 공간)에 지배적이고 중앙집중적인 권력이 남아 있음을 보여 주는 사례이다. 권력이 미시공간의 분산된 네트워크를 통해 행사된다는 것은 사실이다. 그러나 장애인들은 지배 집단과 주변 집단으로 이루어진 권력 집단power blocs의 존속을 인정하는 권력 이론으로 설명되는 억압이 남아 있음을 경험한다. 이런 억압은 획일적일 필요도 없고, 한 가지 형식이나 보편적 형태를 취할 필요도 없다. 그러나 우리는 바로 이렇게 장애를 구성하는 권력관계에 의한 억압을 수반하지 않는 장애 현실을 아직 발견하지 못했다.

통치성이라는 개념은 국가와 시장의 관계가 실질적으로 변화하고 있는 전자 통신 환경에서 법, 규제, 실천이 어떻게 작동하는지 이해하는 데 유용한 개념이다. 다르게 환기되는 수사학의 보호 아래 매우 적극적인 규제의 재구성이 일어났다. 우리 대부분은 아이러니하게도 해방적인 것으로 여겨진 통신기술의 진보로 인해 통제와 감시가 체계적으로 확산되는 데 참여해 왔다. 이 변화에는 그 이상의 차원이 있는데, 통치성의 관점으로는 장애와 관련된 그 함의를 제대로 이해할 수 없다. 이를테면, 최소 네트워크 규제"Light"-touch regulation는 한층 무능한disable 협소한 규범에 기반을 둔다. 국가는 시민권이라는 명목으로 일반적 법안을 공포해 왔다(가령 일탈한 신체를 정의하고 규제해서 장애를 영속시키는 반차별 법안). 다른 한편으로, 산업이 적절한 규제를 만들고 집행하는 데 실패한 다음에야 정부는 '궁여지책', 혹은 최소 기준이나 법안, 규정을 마련하는 방식으로 대응해 왔다. 국가와 기업, 공적 영역과 사적 영역의 역할과 책임이 재조정되는 이런 환경 변화의 주된 특징은 이런 종류의 재조정에 수반되는 복잡성이다. 이런 복잡성 때문에 새로운 권력의 장에 적극 개입하려는 장애인들이 현실적인 어려움을 겪는다. 사회 운동과 비정부 기구는 개입에 있어 국가와 기업에 비해 현저한 불이익을 감수해야 한다. 왜냐하면 수많은 위원회와 공공 협의에 참석하는 데 필요한 자료를 분석하고 안건을 준비할 시간과 자원이 부족하기 때문이다.

장애가 통치성 이론에 제기하는 도전은 복잡성이 나타내는 것보다 훨씬 더 심오하다. 통치성과 연관된 개념을 포함해 현대 시민권 개념은 전자 정부의 비전이 제시하듯 다양한 커뮤니케이션 기술에 접근하고 이용하는 능력을 상정한다. 커뮤니케이션으로부터 배제된 다수의 장애인들이 지배적 규범으로 제시된 사이버 시민의 지위를 얻으려면 무엇을 요구해야 할까? 물론 이들도 능동적인 시민이지만, 이들의 활동도 고려되는가? 어떤 사람이 복합 언어를 사용하고, 의사소통 장애가 있어 커뮤니케이션 시스템을 이용할 수 없을 때, 그는 어떻게 통치성 과정에 능동적 시민으로서 참여할 수 있을까? 실제로 언어 장애가 있는 커뮤니티에서는 문자 전화 기술의 사용률이 현저하게 낮았다. 우리는 이와 같은 '낮은 사용률'이 문자 전화가 농인 공동체의 문화적 산물이며, 협소한 비장애 규범에 의해 다수가 신체복합 장애를 가진 언어-손상 커뮤니티에 강요되어 온 것에서 비롯된 것이라고 주장한다. 이와 관련하여 미첼 딘Mitchell Dean은 이렇게 주장한다.

통치는, 어쩌면 점점 더 다중적이고, 분산되고, 촉진되고, 자율권을 주고 있다. 그러나 이상하게도 더욱 훈육적이며, 엄중하고, 처벌을 한다. 국민 국가는 덜 직접적이고 분배적인 역할을 하면서 더욱 협동적이고 자의적이며 예방적인 역할을 맡는다.[24]

딘이 강조하듯, 통치성 이론의 긴장 중 하나는 자신의 '리스크'를 관리할 수 있는 **능동적** 시민과 '리스크' 관리의 개념을 요구하는 ('위

험' 인물, 고위험군, 열악한 집단) 대상 **인구** 사이에서 새롭게 나타난 분할이다.[25]

우리는 푸코의 분석을 이용해 통신(모바일 통신과 여러 기술)을 '단순히' 테크놀로지가 아니라 권력과 통치의 시스템으로 재규정할 수 있다. 1990년대 들어와 통신에서 장애의 구성이 일부 인식되었고, 장애인들의 요구와 기대를 드러내려는 시도가 이루어졌다. 이 역사는 장애를 구성하고 일탈한 신체와 정신을 설명하는 새로운 형태의 장애 구성을 통해 권력이 행사되는 서사가 아니라, 흔히 진보의 서사로 설명되었다. 통치성 개념은 현대 통신에서의 생산적인 동시에 억압적인 권력 행사를 파악하는 데 유용한 도구이다. 그럼에도, 장애학은 통치성 이론들 사이의 극명한 간극과 결핍을 부각시키면서 통치성 이론에 의문을 제기해야 한다.

영어권 지식인들 사이에서 통치성에 대한 관심을 불러일으킨 책의 서문에서 콜린 고든Colin Gordon은 정치학의 새로운 잠재적 영역을 시사한다. "통치받는 이들이 통치의 계획과 대책에 따라 자신의 개별성에 참여함에 따라 통치는 자기 자신의 합리성을 은밀하게 자신의 활동으로 만들었다. 즉, 정치학은 새로운 의미에서 윤리학에 답할 수 있게 되었다."[26] 이 요청은 아직 답변을 받지 못했다. 그러나 우리는 여전히 답할 가치가 있다고 생각한다.

IV부
윤리학과 정치학

윤리적 프로젝트로서의 '포함'

줄리 앨런

장애 학생들을 주류 학교에 포함inclusion하려는 계획은 반대자들 사이에서 개념적 혼란을 일으킨다는 비판을 받고,[1] 포함이 이념 전쟁의 장이 되어 간다는 비난[2]에 둘러싸인 가운데 논쟁을 거듭하고 있다. 포함을 기술적 문제나 자원 배분의 문제로 환원시킴으로써 포함 교육에 필요한 환경을 조성하기 위해 교사들이 촉발시키고 학교가 요구해야 하는 급진적 변화로부터 관심이 분산되었다. 더욱이 이런 환원주의는 포함이라는 관념 자체가 너무 이상적일 수 있다는 의문을 제기하는 일반적인 관성을 야기했다.[3] 이번 장에서는 크게 주목받지 못했던 푸코의 후기 연구 중에서 그가 발전시킨 윤리학을 바탕으로 이런 관성을 깰 것이다. 또한 장애 학생을 일반 학교에 포함시키는 것은 모든 관련자들, 즉 장애 학생, 주류 학생, 교사, 연구자 모두에게 책임이 있는 윤리적 프로젝트임을 제시할 것이다. 포함 교육의 조건을 만들기 위해 요구되는 실천들과 우리 스스로에 대한 윤리적 활동은 근본적인 텔로스telos[목적인]와 "각자의 상황에서 어떤 방식으로든 자발적으로 어떻게 행동할지 말하라"는 원칙에 의해 인도된다.[4] 이런 활동은 "근거와 자명한 가정에 도전하는 것이며, 습관, 행위하고 생각하는 방식을 뒤흔드는 것이고, 진부한 믿음을 떨쳐내는 것이며, 새로운 규칙과 제도의 척도를 도입하는 것이다".[5]

주로 고고학적 시기나 계보학적 시기에 집중된 관심 때문에 푸코의 연구는 일부 비평가들로부터 비관적으로 평가받고 사회적 변화에 대한 전망을 제시하지 못한다는 비난을 받았다.[6] 특히, 계보학적인 훈육 테크닉에 대한 분석은 개인을 저항하지 못하는 존재로 묘사했다고 평가받았다.[7] 관련 당사자들이 기존에 존재하는 배제의 압력을 제거해야 할 책임을 지닌다는 점을 구체화함으로써 포함을 윤리적으로 고찰하는 행위는 푸코의 윤리학이 비관적이라는 기존의 평가가 틀렸다는 사실을 입증해 줄 것이다. 우리 각자가 해야 할 일을 시작함으로써 포함이라는 윤리적 과제는 포함이 우리 자신과 함께 출발해야 한다는 슬리Roger Slee[8]의 요청에 답한다. 우선, 나는 교육과 교사 연수, 연구자들과 관련해 이런 윤리적 과제 ─ 윤리적 실체의 결정, 주체화의 양식, 자기-실천 혹은 윤리적 활동, 텔로스 ─ 차원을 자세히 설명하고, 이후 이런 차원들을 예증할 것이다. 그런 뒤에 장애 학생들이 윤리적 과제로서 포함에 참여하는 것을 도울 수 있는 방법에 관해 몇 가지 제안을 할 것이다. 이런 제안들은 사람들이 자기-지식과 행동을 결정할 수 있는 출발점을 제시하는 것에 불과하다.

푸코의 윤리학과 포함

포함inclusion은 1990년대 초반 교육 담론에 등장해서 불만족스러운 것으로 비춰진 통합integration 개념을 대체했다.[9] 통합이 문제가 된 이유는 그것이 '특수교육 요구'를 가진 아이들이 주류 학생들과 함께 사회적 활동과 교육 활동을 하게 한다는 목표 속에서 주류 학교에 특수 학생들을 배치시키는 것에만 신경 쓰기 때문이다. 이에 비해 포함은 개인이 사회와 그 조직에 속할 권리를 가진다는 전제에서 출발하고, 다른 사람에게는 이를 가능하게 만들 의무가 있다는 것을 함축한다. 특히 포함은 개인이 어딘가에 소속되는 것을 저해하는 장벽을 제거해야 한다. 이런 장벽은 개인이 건물이나, 자료, 문화적 자원으로의 접근을 거부할 수 있고, **정말로** 소속될 수 없다는 메시지를 전달할 수도 있다. 이런 장벽을 제거한다는 것은 거대한 구조적 태도의 변화와 오랜 시간 교육 관행을 이끌었던 결손 중심 사고로부터의 근본적인 전환을 내포한다.

1990년대 후반 나는 **특수교육 요구**를 가진 것으로 규정된 학생 11명, 그리고 그들의 비장애 급우들과 함께 포함 윤리 프로젝트를 진행했다.[10] 장애 학생들이 들려준 바에 따르면 그들은 친구와 교사, 부모가 그들에게 부여한 정체성과 경험에 반하는 세밀한 위반transgression의 형식을 드러냈다.[11] 장애 학생들은 위반을 통해 자신의 삶에 대한 통제력과 타인과의 관계에 대한 통제력을 얻는다. 주류 학생들에게서 볼 수 있었던 반응은 장애에 대한 고도로 예민한 이해와 정의와 평등을 위해 필요한 조건에 대한 이해였으며, 그것은 그들이 포함의 문지기gatekeeper 역할을 하고 있음을 보여 준다. 이 문지기 역할은 통치성의 미시체제microregime 안에서 작동하는 것으로, 어떤 행위들을 하게 하거나 규제하거나 금지시키는, 보이지 않는 규칙들로 기능했다. 특히 이들의 통치성의 미시체제는 사목적pastrol이거나 교육학적인 방향의 전략들을 규제함으로써 포함을 지지하는 것처럼 보인다. 그럼에도, 주류 학생들이 보이는(이를테면, 어떤 학생들을 걱정하거나 측은해하는 태도를 보일 때는) 양가적 태도와 불확실성은 상황을 다시 장애화하기도 했다.

장애 학생과 비장애 학생에게 포함은 배치나 자원에 관해 고정적이고 확정적인 사건이 아니다. 학생들은 포함을 훨씬 더 불안정한, 흔히 재미있는 과정으로 생각한다. 연구 과정에서 한편으로는 학생들 자신의 욕망과 다른 한편으로는 학생들의 욕구에 대한 교사들의 설명 사이에서 담론의 충돌이 일어났다. 욕구와 욕망 사이의 담론적 긴장이 교실에서 자주 발생했으며, 이런 긴장은 보통 전문가적 욕구 담론으로 학생들의 욕망을 침묵하게 하는 방식으로 해결되었다. 전문가적 욕구 담론과 대립된 학생들의 반응은 유토피아적 '전망'을 고수하지 않는 낙관적인 포함 관념을 제시했다. 학생들은 포함을 '투쟁'의 장소로 보았다.[12] 투쟁에 관련된 모든 사람들이 어떤 배제적 행위에 대한 인식을 갖게 될 때 비로소 포함은 현실적으로 성취될 수 있다. 푸코가 후기에 소개한 윤리학의 개념은 포함에 관여하는 모든 사람이 이와 같은 책임을 이해하기 위해 반드시 해야 하는 작업의 틀을 짜는 방법을 제시한다. 푸코의 윤리학 틀은 "자기와 관계 맺는 형식, 그것들을 처리하는 방법과 테크닉, 자기 자신을 앎의 대상으로 만드는 훈련, 자

기 자신의 존재 방식을 변모시키는 실천들"에 초점을 맞춘다.[13]

푸코는 이런 식의 변형을 어떻게 실천해야 하는지에 대해 특별하게 조언하지 않았다.[14] 그는 상담자나 친구, 지도자, 혹은 그 자신에 대한 "진실을 말해 줄" 스승의 역할을 언급했으나, 이런 관계에 관련된 본성에 대해서는 규정하지 않았다. 버나우어James Bernauer는 푸코가 다른 이들에게 "영혼을 포기하지 않고 (…) 그러나 그 경계를 위반하고, 영혼과 자기의 관계를 재창조할 것"[15]을 제안했다고 이야기한다. 이런 제안은 개인이 스스로를 본질적인 구조적 변화나 변화를 기다리는 수동적 주체가 아니라 변형의 주역으로 보게끔 한다. 벤Paul Veyne이 말했듯, "자기는 새로운 전략적 가능성이다".[16]

푸코[17]는 기독교와 섹슈얼리티와 관련해서 윤리적 실천의 네 가지 차원에 대해 설명한다. 이 네 차원은 당연히 서로 중첩되며 서로 분리될 수 없고 서로를 지탱한다.

1. **윤리적 실체의 결정** —— 이 차원은 "자기 자신의 이런저런 부분을 [자신의] 도덕적 행위의 주된 재료로"[18] 규정하는 것을 함축한다. 개인은 자기의 어떤 측면에 노력을 기울이거나 변화시킬지 결정한다. 푸코의 기독교 사례에서, 믿음이나 목적, 욕망은 더 나은 기독교인이 되기 위해 변형시켜야 할 대상으로 명시된다.

2. **주체화의 양식** —— 주체화의 양식은 "개인이 그 혹은 그녀가 어떤 규칙과의 관계에서 어떻게 행동하는지 인식하고, 이런 규칙들을 관찰하는 다른 방식들을 발견하는 것"[19]과 관련된다. 푸코는 충실함fidelity의 사례를 들어 주체화의 양식을 설명하면서 금욕austerity과 '신실

함'the faithful을 실천하는 다양한 방식이 있다고 주장한다.[20] 특정한 심미적 기준에 따라 식이요법을 했던 그리스 귀족의 사례가 그것이다.[21]

3. 자기-실천 혹은 윤리적 활동 ─ 윤리적 실천의 이 측면은 "주어진 규칙에 따라 행동하기 위해서뿐만 아니라, 자기 행동의 윤리적 주체가 되도록 스스로를 변형하는 것"을 수반한다. 푸코의 예시에서 성적 금욕은 침묵 속의 사유 활동으로 실천되거나, 훨씬 더 명시적으로 '끈질긴 전투'에 의해 실천될 수 있다.[22] 이것은 금욕을 통해 개인이 스스로를 변형시키는 '금욕주의'[23]의 형식이다.

4. 텔로스 ─ 마지막 차원은 개인이 윤리적 활동을 통해 궁극적 목표를 성취하는 것을 말한다. 푸코의 예에서 충실함은 완전한 자기 지배self-mastery로 향하는 여정의 일부로, 이 여행에 따른 자기 변형의 도덕적 측면이 특히 부각된다. 블래커David Blacker는 이 과정을 "자기 통제적으로 이뤄지는 주체의 세계로의 적극적인 산포, 해소, (⋯) 자기로 흡수되는 게 아니라 세계로 흡수되는 것, 자기를 잃으면서 **발견하기**losing-finding이다"[24]라고 말한다.

푸코는 윤리적 실천에 숙달이 되어서 무의식적으로도 가능해야 한다고 주장한다.

너는 원칙을 아주 확고히 익혔을 것이기에, 네 안의 욕망이나 식욕, 공포가 짖어대는 개처럼 깨어날 때, 로고스가 단 한 마디로 개들을 조용히 시키는 주인과도 같은 목소리로 말할 것이다.[25]

푸코의 윤리적 실천의 예시는 성적 금욕에 관한 것이지만, 그 실천 자체는 장애 학생들의 욕구에 더해 욕망을 인식하는 '포함'을 촉진하는 수단으로 간주될 수 있다. 학생들의 욕망과 욕구를 인식하는 일은 윤리적일 뿐만 아니라 일종의 '호기심'을 통해 실천으로 옮기려는 정치적, 사회적, 철학적 시도이다.[26] 이는 다음과 같은 실천이다.

지금 있거나 앞으로 있을 수 있는 것에 대한 관심을 불러일으킨다. 전에는 고정될 수 없었던, 현실에 대한 날카로워진 감각 말이다. 즉, 익숙한 방식의 사유를 내던지고, 같은 것을 다르게 바라보는 어떤 결정 (…) 중요하고 근본적인 것의 전통적인 위계에 대한 존경의 결여.[27]

레비나스Emmanuel Levinas는 윤리적 실천이 개인에게 부여하는 이런 도전을 타자에 대한 의무를 더하는 게 아니라, 타자에게, 타자를 위해 응답하는 것으로 규정했다.[28] 푸코는 "타자와의 관계에서 용인될 수 있는 행위의 규칙"[29]을 수립할 필요를 강조하긴 했지만, 근본적으로 배려의 대상으로서의 자기, 타자에 대한 배려가 발생할 수 있는 수단으로서의 자기 배려를 강조했다. 스마트Barry Smart는 자기 결정, 자기표현, 쾌락주의로 특징지어지는 자기에 대한 배려의 현대적 형태가 사실상 타자에 대한 무관심으로 이어진다고 주장한다.[30] 그러나 반드시 이런 결과가 뒤따르는 것은 아니다. 윤리적 프로젝트로서 포함의 개발을 표방한 연구에서,[31] 주류 학생들은 포함을 그들과 장애 학생 모두에게 좋은 것으로 묘사했다. 이들은 장애를 가진 학생들이 포함됨으로써 학습 능력이 향상되고 사회성이 좋아지는 것을 보았다. 주류 학생들은 포함에서 두 가지 이익을 얻을 수 있는 것처럼 보인다. 우선 학생들은 사회 변화에 공헌할 수 있는 뭔가를 실질적으로 하고 있다는 느낌을 가졌고, 장애를 가진 학급 친구를 더욱 존중하게 되었다.

학계를 위한 윤리적 프로젝트

교원을 양성하고 장애학을 연구하는 학자로서 나는 포함의 윤리적 과제가 활동의 맥락에서뿐 아니라 교육적 차원에서도 '자기'에 대한 작업과 연결된다는 개인적 의견을 제시하고 싶다. 포함에 적용된 윤리학의 네 가지 상관적 차원은 대체로 배제에 초점을 맞추고 학생들을 주류 학교와 학급에서 배제하는 압력을 제거할 수 있는 방법을 구체화하려고 한다. 이런 맥락에서 나의 의견은 다른 사람들이 강제적으로 따라야 할 견본이 아니다. 그것은 푸코의 윤리학적 개념틀을 사용해 포함이 우리들 각각에게 요구하는 일을 정교화하려는 시도를 보여주는 것이다.

1) 특수교육 '피해'

특수교육의 관행이 장애 학생들에게 끼친 피해를 강조해 온 장애인들의 기록 덕분에 윤리적 실체(작업해야 할 우리 자신의 부분)를 규명하는 것이 쉬워졌다.[32] 장애를 가진 작가들의 저서에는 다수의 장애인들이 그들을 배제한 교육 관행과 그들의 경험을 식민화한 '꽉 막힌 교수와 연구자들'[33]에게 느끼는 분노와 배신감이 선명하게 드러난다. 올리버의 말대로, 이런 배제는 용인될 수 없으며 계속되어서도 안 된다.

펠먼Shoshona Felman은 교사들이 마주하는 가장 큰 장벽은 그들이 가진 '무지의 열정'passion for ignorance에 기인한다고 주장한다.[34]

교육은 (…) 지식의 결핍이 아니라 지식에 대한 저항을 다루어야 한다. 전통적 교육학이 지식을 향한 욕망을 상정한다면, 무지 역시 (…) 열정이다. 분석적으로 연구된 교육학은 **무지의 열정**을 무시해서는 안 된다. 다시 말해 무지는 무지하려는 욕망이며 (…) 단순한 정보의 부족이 아니라 그 정보에 자신이 연루됨을 인정하지 못하는 무능력 ── 혹은 거부 ── 이다.[35]

'무지의 열정'은 특수교육 교생들을 전문적으로 교육할 책임이 있는 교육 **전문가**들에게로 확대된다. 슬리는 현행 교사 연수에 존재하는 '보수적 점진주의',[36] 즉 학생들의 '**결손**'deficits에 대한 아주 주의 깊은 지식 생산과 학생 관리 방식을 강하게 비판했다. 슬리의 말에 따르면, 예비 교사 연수는 규정된 **전통적** 특수교육의 지식 무더기를 전달하는 것에 중점을 두며, 이는 각기 다른 학생들이 수업을 들을 때 담임 교사의 권위를 유지하고, "겁먹지 않도록"[37] 해준다.

여러 교사 연수 기관에서 포함 교육은 전통적인 특수교육자에게 "교원양성의 정언명령"[38]이 지속될 수 있도록 공적으로 용인된 기반을 제공해 왔다. 교사 연수의 재편은 포함을 위한 교육학의 급진적 개혁 없이 이뤄져 왔다. 또한 이런 형식의 연수는 계속해서 교사가 학생들을 그들의 결손으로 규정할 수 있으면서, 학생의 참여를 가로막는 장벽은 인지하지 못하는 '공식적인 장애 지정인'card carrying designator of disability[39]이 되게 만들며, 교사들 스스로가 교육을 통해 이런 장벽을 만드는 것을 도왔다.

특수교육학 이론이 생산되는 권력관계의 문제를 회피하는 연구자들의 태도는 연구자와 연구 대상 사이의 이분법을 유지했고, 장애인들이 이런 연구를 '폭력'으로, 자신과 '무관한 것'으로 여기게 만드는 결과를 낳았다.[40] 최근 몇 년 동안 장애를 가진 연구자들이 많아지고, 장애를 가진 학생들과 성인들의 경험을 설명하려는 시도가 늘어났다. 그럼에도 많은 저자들은 장애학이 장애인들의 삶을 이해하는 데 실패했다거나, 장애인의 삶에 의미 있는 차이를 만들어 내지 못했다는 견해를 내놓았다. 게다가 이론화의 실패는 포함 프로젝트에 막대한 피해를 입히고, 포함은 '기능주의를 설명하는 새로운 언어' 이상이 되지 못하게 허용했다. 슬리가 우리에게 상기시켜 주듯 이론화는 정치적인 활동이다. 반즈Colin Barnes가 밝힌 것처럼, 장애인들은 장애에 대한 이론적 분석이 "개인과 개인의 손상에서 장애를 만드는 환경과 적대적인 사회적 태도"로 이동하는 데 중요한 역할을 했다. 특수교육의 맥락에서, 그 제도적 실천의 수혜자였던 장애인들은 비장애 연구자들이 장애인에 대한 통제를 유지하고 자신들의 연구를 조건 짓는 권력관계의 객관화를 바꾸는 데 미온적인 태도 때문에 장애에 대한 지식과 연구로부터 주변화되었다.[41]

올리버는 장애 연구자로서의 "마지막 연설"에서 장애 연구가 장애인들을 실망시킨 방식에 대해 자신이 느낀 '고통과 환멸'을 피력했다. 그의 고별사는 "장애인에게 기식해 온"[42] 연구자들이 생산한 장애의 경험에 대한 연구가 해방보다 조사를 특권화하는 그런 담론의 일부를 이루었다고 지적한다. "자신의 연구 보고"[43]를 끝맺으며 그는 비장애 연구자들과 "꽉 막힌" 학자들에게 그가 "생산의 담론"[44]이라 부른 것에 기반한 연구, 즉 연구 관계 안에서 생산된 지식 자체에 대한 비판에 겸허히 따르는 수단에 관여할 것을 촉구했다.

'특수 요구'에 대한 사고의 폐쇄성이 장애화하는 방식, 그리고 통합과 포함에 대한 소위 진리들이 "제조되고 퍼지는"[45] 방식을 철저히 조사하는 것이 학계가 해야 할 중요한 일이다. 스마트는 "진실과 거짓의 구분을 통해 우리와 다른 사람들을 지배해 온 다양한 방식을 비판적으로 검토하는 것"[46]이 꼭 필요하다고 주장했다. 그리고 이런 검토에는 지식 생산 과정에 대한 면밀한 관심이 필요하다고 덧붙였다. 포함과 관련해서 윤리적 실체의 결정은 포함에 관해 글을 써온 학자들 자신이 배타적인 압력의 형성에 자신들이 연루되어 왔음을 인정할 것을 요구한다. 블래커가 주장하듯, 이런 방식하의 자기 연구에 대한 비판은 자신에 관한 진실을 찾는 것이라기보다는 "자기 자신의 행동이 권력/지식 체제에 연루되는 방식에 대한 섬세한 주의"[47]를 요구하는 것이다.

2) '문화 자경단'

학계를 지배하는 예속subjection의 양식을 찾는 일은 시설과 관행 안에 존재하는 배제를 폭로하는 일종의 '문화 자경단'[48] 활동으로 인식되어야 한다. 포함 교육의 실천과 관련해 예속의 양식을 조사하려면, 학계는 소위 지식의 과학적 기반이라고 여겨진 것을 의문시함으로써 포함에 대한 오해를 풀고, 특수교육에 관한 기존 지식을 문제화해야 한다.[49] 특수교육자들이 포함을 주장하는 이를 비난하는 무기로 사용해 온 이데올로기를 철저히 파악해야 한다. 푸코는 이데올로기 개념이 의존하는 인식론적 가정이 별다른 도움이 되지 않는다고 주장했지만, 포함에 관한 열띤 논쟁에 이데올로기가 전략적으로 동원되는 방식을 철저히 조사할 필요가 있다. 지식과 이데올로기에 대한 비판은 의심하는 태도로 수행되어야 하며, 푸코가 주장한[50] 의심의 태도는 그가 줄곧 도전한 절망과 체념보다 더 생산적이다. 우리는 의심의 태도를 통해서 상황이 왜 그렇게 존재하는지 묻고, "매일 매일 어떤 것이 주된 위험인지 정하기 위해 윤리-정치적 선택"을 하는 "초-행동주의, 혹은 비관적 행동주의"[51]를 채택한다. 문화 자경단은 그 솔직한 태도 때문에 권위적인 위치에 있는 학계와 그 밖의 사람들에게 환영받지 못하는 정치적인 동물이다. 따라서 이런 식의 비판적 활동에 개입한 결과로 학계에서 배제되거나 고립되는 등 부정적인 결과를 초래할 수 있다. 공개 발언의 대가를 치른 이들과 연대하고, 그들을 지지하는 일은 학계가 긍정적이고 창조적인 역할을 하는 하나의 방법이 될 수 있다.

3) 말할 권위의 상실

전문적 지식에 대한 검토가 필요하다든가[52] 교사들이 연구와 교육 상황에서 갖게 된 지적 이해관계나 투자를 철저히 조사해야 한다[53]는 요구는 그전에도 있어 왔다. 스크르티츠[54]는 전문화 과정이 객관적인 지식을 기반으로 고객의 최대 이익을 위해 작동한다는 믿음을 가진 개인들을 창조했다고 주장한다. 자기 실천, 혹은 윤리적 실천의 핵심 활동은 해체와 비판, 성찰로, 그것들은 '전문가주의 이데올로기'를 약화

시키거나 전복하는 데 도움이 될 것이다.[55]

라우슨Dennis Lowson[56]이 여기에 유용한 재구성 전략을 제안한다. 그는 전문가들에게 자신을 전문적 사고 장애Professional Thought Disorder(PTD)를 앓고 있는 환자로 여길 것을 권장했다. 이 장애에는 타인의 경험을 분석하고 범주화하려는 강박을 포함해 여러 특징이 있다. 그들은 경직된 믿음으로 표출되는 인지 장애와 과대망상, 자신의 소망과 충동을 자신이 돕고자 하는 사람들의 소망과 충동으로 혼동하는 부정적 전이와 투사를 앓고 있다. 전문적 언어로 전문가 자신을 묘사할 때 그 결과는 "확실히 불길하다"(라우슨).[57] 만약 교사나 연구자들이 일종의 교원 개발 활동의 일환으로 자신의 임상적 증상을 세세히 살펴보았다면 그들은 자신의 언어와 활동에서 "경직성, 둔감함, 방어적 태도"(라우슨)[58] 등을 인식하고 제거하는 용기를 가지게 될 것이다. 이런 종류의 교원 개발 활동은 장애화의 경험을 감내하고 PTD의 병인을 이해하고 인식하도록 강요받은 장애 학생들(과 다른 이들)에게 도움을 줄 것이다.

교사 교육에 사용되는 핵심 정책 텍스트들의 해체가 이런 텍스트들이 "곤란을 겪고, 혼란에 빠지고, 자기모순을 낳는" 방식을 폭로하는 데 도움을 줄 수 있다.[59] 해체의 의도는 즐겁고 긍정적이고, 생성으로써 작동하는 것이다. 데리다는 "문제는 그런 제도들의 해체를 요구하는 것이 아니라, 우리가 이런저런 제도적 독해를 면밀히 따라갈 때 우리 앞에 마주한 것이 무엇인지 깨닫는 것이다"[60]라고 지적했다. 보드리야르Jean Baudrillard[61]를 인용하면서 올리버는 "폐허에서 생존하듯 삶에 다가가는 염세적 포스트모더니스트"라고 부르며 해체를 "무관심을 향한 사회학적 표류"[62]라고 불렀지만, 사실 '해체'는 핵심 텍스트의 '결정 가능성'decidability을 붕괴시키고,[63] 텍스트 안에 계속해서 새겨지는 배제의 압력을 폭로한다.[64] 해체는 지루Henry Giroux[65]와 맥라렌Peter McLaren[66]이 주장하듯 재구성을 위한 서곡이 아니다. 그렇게 무익한 몸짓은 구별의 관행을 되살릴 뿐이다. 해체는 "개인들로 하여금 자신들이 무엇을 하는지 알게 하고 자신들이 왜 그것을 했는지, 자신들이 한 일이 어떤 작용을 했는지 등을 알게 한다"(푸코).[67] 푸코의 말을 빌리자면, 이러한 실천은 "모든 것이 나쁘다"는 것을 지적하는 게 아니라 "모든 것이 위험하다면 우리에게는 해야 할 일이 있다"는 것을 일깨운다.[68]

"안이한 태도를 어렵게 만드는"[69] 비판적 실천은 교사 교육과 연구 양쪽의 맥락에서 이루어질 수 있다. 비판적 실천의 주요 특성은 "단지 읽히는 것이 아니라 응답할 것을 촉구하는"[70] 글, 확인하고 끝내는 게 아니라 논쟁을 개시하는 저서와 연구를 생산하는 것이다. "실험과 창조, 리스크"[71]에 참여함으로써 학계는 동료로부터의 비판에 더욱 유능하게 될 것이다. 그런 비판적 실천의 흥미로운 사례가 장애 예술에서 발견된다.[72] 대단히 유쾌하고 짓궂은 경계적인 작업을 통해, 그리고 그것의 "정상성 장르" 전복을 통해 장애 예술들은 고도로 효과적인 이데올로기 비판 기능을 할 수 있다. 대단히 안일하고 의심 많은 교육 공동체를 이런 작업에 노출시키는 것은 그 구성원들로 하여금 비판적 실천으로 인도하며, 그들 자신의 "안일한 행동거지"가 야기한 장애화의 결과를 인식할 수 있게 도와준다. 자신의 사유와 행위에 대해 면밀히 조사하는 반성 과정은 배제적 실천들을 폭로하고 제거하며

"이성을 방해하는 열정"[73]을 폭로하는 데 도움을 줄 것이다. 또한 연구자들 자신이 스스로에 대해 말하고 그것을 정당화하는 방식을 조사해야 한다. 그것은 사실 "일종의 자기에게 하는 고백"[74]을 수행하는 것이다. 랜섬John Ransom은 이런 고백 내지 반성은 주체성의 고독한 형식, 즉 "현실정치에서 자아도취적으로 도망"하는 것으로 봐서는 안 된다고 말한다.[75] 이와 반대로, 이런 반성적 성찰은 우리의 생각과 말, 행동을 전경에 내세우는 것이고, 이를 변혁의 재료로 삼는 정치적 활동이다.

포함은 아직인가?

텔로스 확인(윤리적 실천의 전반적 목표)은 네 가지 차원 중에서 가장 달성하기 어려운데, 왜냐하면 우리가 완전한 포함을 향한 과정을 신비화하는 방식이기 때문이다. 품질보증의 지표와 결과물과 관련해서 우리는 아직 거기에 이르지 못했다는 생각들이 포함 교육으로도 퍼져 나갔다. 그러나 이런 지표들은 포함 교육의 바람직한 결과에 대한 장애 청소년과 부모들의 생각을 포함하지 않는다. 의무적인 품질보증 지표들은 주류 학교에 다니는 장애 학생의 양적 증가나,[76] 공식적으로 특수교육 요구를 가진 것으로 평가된 학생들의 양적 감소를 구체화하는 것으로 제한된다.[77] 요약하면, 포함 교육에 관여하는 사람들은 다음과 같은 목적론적 질문에 대해 고심하지 않는다. 우리는 포함 교육이 무엇을 하길 바라는가? 그것이 이르고자 하는 바는 무엇인가?

장애 학생들의 위반 돕기

주류 학생들과 교사, 학교, 연구자들이 포함 교육을 윤리적 프로젝트로서 생각한다면, 장애 학생들이 학교에서 일반적으로 경험하는 여러 억압이 사라질 것이다. 윤리적 프로젝트로서 포함교육의 전망 안에서 장애 학생들은 장애를 만드는 상황을 관리하고, 그들이 마주하는 장애를 만드는 장벽과 싸우는 방법을 찾는 데 도움을 받을 것이다. 또한 비장애 학생들은 자신의 윤리적 프로젝트를 수행함으로써 "더 광범위하고, 더 능동적이며, 더 긍정적이고, 잠재성이 더 풍부한"[78] 그런 삶을 생산할 수 있다.

포함 교육을 통해 장애 학생은 위반의 선택지를 가진 능동적 주체가 되는 방법을 모색할 수 있어야 한다. 포함교육의 맥락에서 위반의 실천은 적대적antagonistic이거나, 대립하는 저항의 양식과는 다르다. 그것은 그들을 배제하려는 자들에 맞선 '아곤적'agonistic 투쟁 형식이다. 위반은 한편으로 장애인들의 참여가 제한되어 있음을 알리는 것일 수 있지만, 다른 한편으로는 승리를 향한 전쟁에 실질적으로 참여하는 기회를 암시할 수 있다. 학생들은——욕구need가 아니라 욕망으로 표현되는——자아에 대한 감각sense of self을 탐험하고, 자신에게 가능성을 부여하거나 제약하는 요소들을 분석하는 데 도움을 받을 수 있다. 이런 탐험은 어떤 제약의 제거로 귀결될 수도 있고 다른 어떤 제약에 대해서는 우회하는 전술의 언술로 귀결될 수도 있다. 교사들은 특정한 학생들이 요구하는 지원의 성격을 파악할 수 있다. 이런 지원을 받거나 받지 않을 때의 결과를 분석함으로써 말이다. 학급에서 친구들과의 교류에 방해가 되거나 이질감을 강화하지 않는 다양한 지원 방식을 학생과 협상함으로써 교사는 학생들의 욕구와 함께 욕망을 알아차리는 방법을 배우게 된다. 또한 이와 같은 대화는 학생들이 "범주의 손아귀에서 벗어날 수 있게"[79] 하고, 대안적 품행을 실천하도록 장려한다. 이 활동의 목적은 학생들의 정체성(혹은 주체성)을 파괴하는 게 아니라, 그들이 정체성을 경험하는 방식을 바꾸는 것이다.[80] 장애 학생들을 위한 윤리적 프로젝트는 장애 학생들의 욕구에 대한 전문적 지식이 아니라 학생들 자신의 욕망을 강조하는 것이다. 이는 또한 장애 학생들의 **특수 욕구**special needs에 대한 지식이 장애 학생들을 속박하고 무능력disables하게 만든 권력의 수단임을 인식한다. 이런 제약과 싸우기 위해 해야 할 일들이 많이 있지만(가령, 장애 학생들이 선호하는 대우를 주류 학생들에게 이해시키는 것), 다른 한계가 더 까다로울 수 있다. 장애를 만드는 사회가 한계를 구성하는 방식에 대한 지식이 늘어날수록 그것은 장애 학생들을 개인적 위반이 아니라 집단적 위반으로 추동할 수 있다. 그럼에도, 이런 선택은 그들에게 유익할 수 있다. 장애 학생들이 그들과 구체적으로 관련이 있는 위반적 실천을 하도록 돕는 것은 그들을 다른 존재, **필요에 처한**in need 존재로 재구성할 수 있다. 그러나 모두가 스스로에 대한, "깨지기 쉽고 **협수룩한** 잡종의 정체성"[81]에 대한 윤리적 작업에 참여하는 것으로 인식된다면 이런 필요는 문제가 되지 않는다.

포함은 우리 자신으로부터 출발한다

포함이라는 윤리적 과제에는 세 가지 중요한 지점이 있다. 첫째, 이 윤리적 과제는 포함을 우리가 우리와 별개의 집단인 아이들을 대상으로 하는 실천이 아니라 우리 자신에 대한 실천으로 보게 한다. 또한 우리가 "우리 자신을 활기찬 존재로서 경험"[82]할 수 있게 한다. 즉 우리 자신을 예측하지 못한 방향으로 이끄는 "새로운 비밀들, 잠재적 자유들, 발명들"[83]을 발견할 수 있게 한다. 마지막으로 포함의 윤리학은 우리가 바꿀 수 있는 것에 대한 낙관적인 견해를 갖게 한다. 즉 푸코가 말한 것처럼 "우리에게 접근 불가능한 것으로 제시된 것의 최대한 많은 부분을 우리가 우리에게 행하는 작업에 달려 있게"[84] 한다. 푸코는 이런 낙관주의에서 "너의 희망 속에, 그리고 희망을 통해, 이런 희망으로 피하고 싶은 것들을 도입하는 정치적 순환"[85]을 제공하는 일종의 영성spirituality을 발견했다. 포함교육의 성공은 각자가 희망하고 책임을 받아들이고 필요한 일을 하는 데 얼마나 준비되어 있는가에 달려 있으며, 이것은 물론 자기 자신에게서 출발한다. 버틀러Judith Butler는 지금과는 다른 어떤 것에 대한 욕망을 행사함으로써 우리가 "위협받는 존재의 우세한 조건"[86]을 찾을 수 있을 것이라 제안했다. 그러나 그녀는 "삶의 지속 조건에 대한 사회적 권력의 지배력에 변혁을 도입하고 (…) 그 조직의 우연성contingency을 상상하기 시작하고, 삶의 조건들의 윤곽을 수행적으로 재구성하기 위해"[87] 이런 위험이 필요하다고 주장한다.

포함을 윤리적 과제로 재구성하는 일은 우리를 욕망의 정치로 인도한다. 욕망의 정치에서 "이 과정을 수행할 유일한 방법은 변화에 매료되는 것이고, 그것을 원하는 것, 마치 실제로 연인을 원하는 것처럼 원하는 것이다".[88] 포함교육이 욕망의 정치학을 향한 윤리적 과제로 구성될 때 **특수교육 요구**는 장애 학생들에게 '주된 위험'이자 부적절한 교육학적 기준이 된다. 분명 욕망을 유발하는 장소로서의 학교라는 이 개념은 어떤 이들에게는 비웃음과 불신을 불러일으킬 것이다. 그러나 이런 반응은 윤리적 프로젝트에서 행해져야 하는 작업 과정의 일부로, 그것은 복음주의가 아니라, "타인에게 어떻게 응답해야 하는지 (…) 그들과 실제로 어떻게 해나가야 하는지"[89]를 배우는 과정인 것이다. 요약하면, 윤리적 프로젝트로서의 포함은 욕망에 의해 추동된다. 우리는 욕망을 결코 만족시킬 수 없기 때문에 포함의 윤리적 프로젝트는 언제나 **진행 중인** 과제로 남을 것이다.

젠더 경찰

캐스린 폴리 모건

인간의 성을 남성성과 여성성으로 양극화하는 것이 필연적임을 입증하려는 뻔한 주장은 실패한다. 인간이 본질적으로 성적인 존재라고 주장하는 것은 합당하지만, 인간의 섹슈얼리티가 반드시 남성적이거나 여성적이어야 한다고 생각하는 것은 합당하지 않다.[1]

지시: '실화' 키를 누르시오

1990년대 초반, 아들이 다니던 비성차별적 어린이집에 편지가 한 통 도착했다. 토론토 대학에 있는 '중독과 정신건강센터'Centre for Addiction and Mental Health(기묘한 이름!)의 정신과 의사이자 젠더 정체성 이론가인 저명한 주커Zucker 박사가 보낸 것이었다. 박사는 부모로서 우리에게 아들을 젠더 정체성 장애로 진단을 받아 젠더 불쾌감을 느끼는 소년군과 비교해 정상대조군에 자원해서 참여시킬 것을 권했다. 발표한 연구에서 박사와 동료들은 매력적임, 아름다움, 잘

생김, 귀여움, 예쁨이라는 척도에 따라 소년을 평가한다. 이들은 또한 아이들의 실물뿐만 아니라 사진을 조사해서 자신들이 '전-여성적 소년'pre-feminine boys과 '전-남성적 소녀'pre-masculine girls를 식별할 수 있다고 주장했다.[2] 그러나 내 아들은 이미 비이성애적nonheterosexist 실천과 믿음, 가치로 사회화되어서 '오염'된 까닭에, 아들을 '정상'(짐작건대 젠더 행복감gender euphoric을 느끼는) 소년으로 참가시켜도 될지 확신이 서지 않았다. 나는 결국 제안을 거절했다. 돌이켜 보니, 열성적으로 젠더 경계의 치안을 유지하는 젠더 경찰을 언뜻 보았다는 사실을 깨달았다.

지시: '젠더 유토피아' 키를 누르시오

1) 젠더 이형 유토피아의 나라로!

젠더 이형 유토피아Gender DiMorph Utopia(GDU)에서 지배적인 사회 조직의 원리는 모든 인간을 둘로 양극화된(즉, 이형적이며 상호 배타적인) 젠더 집단으로 나누는 것이다. 개인을 이형 젠더 집단으로 나누는 것은 선천적인 젠더 정체성이 유전적으로 나타나고, 죽을 때까지 변하지 않는다는 믿음에 기반한다.[3] 따라서 GDU 문화의 젊은 구성원들은 '소년' 혹은 '소녀'로, 성인들은 '남성' 혹은 '여성'으로 명명된다. 이형 젠더는 '화성에서 온 남자, 금성에서 온 여자'라는 주문을 습관적으로 반복하는 GDU의 주민들에 의해 조직적으로 자연화된다. 게다가 GDU에서는 일상적으로 모든 이형 젠더의 차이(성격, 인식, 정서 생활, 의사소통 패턴, 섹슈얼리티, 다른 여러 개인적 차원)를 발육 중인 태아가

분만 전후에 '분홍'이나 '파랑'으로 결정되는 고정되고, 호르몬으로 유도된 경험의 탓으로 돌린다.[4]

젠더 이형 유토피아는 이성애규범heteronormative 사회이기 때문에 이 사회의 구성원들은 서로를 그 혹은 그녀가 명예로운 이성애자인 것처럼 대해야 한다.[5] 비이성애적 끌림과 관계를 말할 때에는 '같은 성별 : 남자/남자 혹은 여자/여자'라는 이항적인 범주의 언어만 사용될 것이다. 퀴어라는 단어의 사용은 금지되고, 이 단어를 실제로 사용하면 가장 고귀한 언어 예절을 깨트리는 것이 되므로 법적인 처벌을 받을 수 있다.

GDU의 모든 구성원은 어린 나이일수록 학교와 병원, 교통수단뿐 아니라 모든 민간이나 공공 사업장 같은 제도적 환경의 문화 전체에 널리 복제되는 유토피아적 젠더 경계 표식의 중요성을 학습한다. 이 상징은 모든 일상 용품과 공식 문서의 로고로 사용되어 광고에 등장하고, GDU의 인터넷 서비스 공급자를 확인하는 아이콘이다.

젠더 경계 표식과 젠더 이형 유토피아의 열 가지 원칙

GDU에서 정상 소년과 남성은 그들을 소년과 남성으로 확인해 주는 푸른색 전자 '젠더 스마트 카드'를 소지할 것을 강요받고, 정상 소녀와 여성은 분홍색 '스마트 카드'를 소지한다. 이 스마트 카드는 젠더를 확인하거나 젠더 사기(권위 있는 운동 경기에서 발생할 수 있는 젠더 범죄 같은)를 막는 데 사용될 수 있다. 감시를 위해서 젠더 장애gender-disabled가 있는 것으로 보이거나, 단순히 미래의 젠더 장애 위험이 있을 것으로 보이는 이들에게 구체적인 출생 젠더를 나타내는 마이크로

칩을 심는다.

젠더 이형 유토피아에서 모든 사람들은 젠더 이형성gender dimorphism*을 정의하는 젠더 경계를 인식하고 지킨다.[6] GDU에서 '경계'border는 사회의 질서와 안전, 예측과 피해 방지를 위한 근본적인 기초로 이해된다. 이형적으로 정의된 젠더 정체성이 정상적이고 건강한 개인들을 위한 성욕과 심리학적 통합 원리로 인정받기 때문에, 경계 보호는 개인적, 문화적, 정치적 차원에서 최우선 순위에 있는 것으로 여겨진다. 따라서 전체적으로 일상과 장기적인 꿈과 목표에 젠더 이형성을 자발적으로 되새기며 젠더 행복감을 느끼는 개인을 생산하는 일은 공동체 전체의 책임이다. 개인과 가족, 친구, 공공기관과 공동체 전반의 다른 주요한 책임은 아이들과 청소년, 성인의 젠더 장애의 방지와 식별, 재활이다. 따라서 경계태세를 갖춘 공인된 젠더 경계 경

---

* 남성과 여성이라는 두 젠더 사이에 본질적인 이분법적 차이가 있다는 주장.—옮긴이

찰과 민간의 이웃 젠더 감시자는 젠더 이형 유토피아에서의 삶의 질과 건강을 지키는 데 중요한 역할을 한다.

젠더 이형 유토피아인들은 계몽되고 근대적인 젠더 과학의 관점과, 이 시각에 따라 젠더 장애를 가진gender-disabled 개인들을 대하는 자애로운 접근법에 자부심을 가진다.[7] 이런 인식론적이고 윤리적인 태도가 젠더 이형 유토피아인들의 GDU 사회 계약의 열 가지 원칙에 대한 열성적인 지지에 흐르고 있다. 이 원칙은 다음과 같다.

1. 젠더화된 정체성은 젠더 정상인gender-abled들에게 있어, 평생을 일관되게 성별 이형적인 방식으로 자기를 표현하는 개인의 핵심적인 진실이다.
2. 일탈적 행동, 욕망, 자기-정체화의 양식을 야기하는 젠더 장애 연구와 인식에 최대의 관심을 기울여야 한다.
3. 나이와 무관하게 공동체 각 구성원 모두는 젠더 장애를 가진 아동과 청소년, 성인들이 사회가 욕망하고 자신들이 정말로 원하는, 젠더 행복감을 느끼고 생산적인 개인으로 재활될 수 있도록 이들을 감시해야 한다.
4. 어린 시절의 젠더 장애와 젠더 불쾌감gender dysphoria**은 종종 성인이 되어 더 심각한, 완전히 진행된 젠더 장애와 위험한 젠더 병리학의 전조를 알리기 때문에, 모든 부모, 형제, 친척, 아이들, 어린

** 미국정신의학회(APA)에서 발행하는 『정신질환 진단 및 통계 편람』(Diagnostic and Statistical Manual of Mental Disorders. DSM)이 4판에서 5판으로 개정되며 '젠더 정체성 장애'가 '젠더 불쾌감'으로 변경되었다.—옮긴이

이집과 유치원 교사들, 이웃, 장난감 가게 점원들(특히 대형 체인 장난감 가게 Toys "Я" Boys and Toys "Я" Girls 아울렛에서)은 아이들의 젠더 장애를 감시하는 엄청난 책임을 짊어지게 된다. 게다가 특별히 훈련받은 청소년과 성인 ——어린이 경찰Kinder Police이라고 하는—— 들이 지역사회에서 감시의 역할을 담당할 것이다.

5. 세속적 과학 조사 ——특히 유전학자와 정신내분비학자, 진화 심리학자가 수행하는 연구—— 는 정상적 이형 젠더 정체성과 가능한 젠더 장애의 형식의 생물학적 토대를 이해하는 최고의 수단을 제공한다.

6. 개인의 안녕과 사회의 안정을 극대화하기 위해서, 진단 프로그램과 개입주의적 테크놀로지가 ——출생 전과 출생 후에—— 유전적으로 그리고/또는 호르몬에 의해 젠더 장애를 가진 태아를 근절하기 위해 사용되어야 한다. 젠더가 불분명한 아기들은 모두 '일시적 간성'[8]이라는 꼬리표가 붙고, 출산 후 가능한 한 빠르게 적합한 젠더 위치에 맞도록 수술로 교정한다. 태아 내분비학, 태아 수술, 생식기 수술 분야에서 젠더와 관련된 연구를 위한 모든 요구는 전액 지원을 받아야 한다. 이런 필수 연구 분야의 혁신은 널리 대중의 인정을 받고, 영예로운 상을 받아야 한다.

7. 보통 정신병리학적 형태로 나타나는 젠더 장애는 연령에 따른 종합 치료 모델을 이용해 정신과의사들이 가장 잘 치료할 수 있다. 『정신질환 진단 및 통계 편람』 제5판은 젠더 장애인(젠더 불쾌감 환자, 젠더 일탈자, 불안정한 안드로진androgynes,* 젠더 미확정자 indeterminates 같은)의 진단과 재활에 기준서로 이용된다. 이 **지침**

서는 또한 청구 기준으로 사용되어야 한다. 치료적 개입은 반드시 '젠더 정체성 장애의 정신의학과 심리학, 내과와 외과 치료'에 관한 국제 합의를 대표하는 개정된 『젠더 정체성 장애의 치료 기준』 *Standards of Care for Gender Identity Disorders*을 준수해야 한다.[9]

8. 젠더 경계 가로지르기Gender Border crossing는 (드물게 젠더 재활이 실패하는 경우) 해당 젠더 장애인이 광범위한 '일상 젠더 이형성 검사'Real Life Gender Dimorphism Test**를 통과했을 때만 허용될 것이다.[10] 젠더 경계 횡단자crosser와 이들과 관련 있는 공동체는 공동체의 안녕에 젠더 통과gender passing와 젠더 경계 횡단의 비밀 유지가 갖는 심리적이고 사회적인 중요성을 이해해야 한다.[11] 경계 횡단자들은 모두 GDU의 온전성을 보존하기 위해 공동체에 대한 경제적인 책임을 인정하고, 생산적 구성원으로서 기여하고, 이 열 가지 원칙을 전폭적으로 지지할 것이라고 기대된다.

9. 젠더 이형성의 근본 원칙을 보호하기 위해서 경계 횡단자들은 '남자에서 여자'males to females(MTF border crossers) 아니면 '여자에서 남자'females to males(FTM border crossers)로 개념화되어야 한다. 다른 방식으로 경계 횡단자의 정체성을 정의하는 일은 이해할

---

* 안드로진은 그가 속한 사회에서 전형적인 남성적이거나 여성적인 젠더 역할에 정확히 부합하지 않는 사람을 가리킨다. 젠더 정체성이나, 성정체성, 성생활에서 성적 정체성이 모호하다. 여러 안드로진들이 스스로를 정신적으로 남성과 여성 사이에 있다고 생각하거나, 완전히 젠더가 없다고 여기기도 한다. 신체적(생물학적)으로 간성인 것을 말하기도 한다.—옮긴이

** 'Real-Life Test'는 'Real Life Experience'라고도 한다. 트랜스젠더가 자신이 사회 구성원으로 훌륭하게 기능할 수 있으며, 남은 일생 동안 수술한 젠더로 살기를 원한다는 것을 확인하기 위해 일정 기간 동안 하루 종일 선호하는 젠더 역할을 수행하며 사는 것을 말한다. 성 호르몬 처방이나 성전환 수술을 위해 이 검사 서류를 요구하는 의사들이 있다.—옮긴이

수 없거나 법적 처벌을 받는 것으로 간주되어야 한다.

10. 모든 사회 중심 기관(즉, 법이나 과학, 공공과 민간 경제 분야, 종교와 문화, 보험과 교육, 의료 서비스와 사법부, 사회복지 서비스)에서는 GDU에서 개인들이 젠더 이형 정체성을 만족스럽게 표현하고, 양극화된 젠더의 문화적이고 제도적인 통합된 여러 수단을 통해 이 정체성을 주장하고, 사회의 이상으로서 젠더 이형론을 기념하기 위해 젠더 이형 주체성을 극대화하는 방식으로 통합되어야 한다.[12]

젠더 이형 유토피아인들은 이런 열 가지 원칙에 따라 살려고 노력한다는 사실에 자부심을 가진다. 유치원 교사들은 혁신적인 젠더 이형 학급 운영으로 국가적인 인정을 받을 수 있다. 이런 모범 교사들 중 한 명이 최고의 손재주상, 똑똑한 어린이상, 창의력상, 씩씩한 어린이상, 성실한 어린이상을 만들었고, 소년들이 ─소년들만─ 이런 상을 받을 수 있다. 이 교사의 수업에서 소녀들은 ─소녀들만─ 사랑스러운 어린이상, 상냥한 어린이상, 귀여운 어린이상, 친절한 어린이상, 최고의 도우미상을 받을 자격이 있다.[13]

아이들이 받아들이고 참여하는 모든 행복한 젠더 이형적 이야기나 영화, 비디오게임, 동화, 가상의 역할 놀이에 더해, 일정한 젠더 동기를 부여하는 이야기들이 이 문화에서 상징적인 지위를 차지한다. 이를테면 아이들은 전부 '마이클 이야기'를 안다. 마이클은 보석과 목걸이, 반지와 귀걸이를 착용하고 아기 인형과 바비 인형을 가지고 놀고 싶은 욕망을 극복하고, 다트 총과 과녁, 나이프와 플라스틱 수갑, 카우보이와 남자 인디언 인형을 한결같이 욕망하게 된, 젠더 장애를 가진 소년이다. 아이들은 과학자와 정신과의사들이 반투명 거울을 통해 마이클을 지켜보고, 그의 엄마에게 마이클이 여성스러운 장난감, 행동, 역할 놀이를 선택하면 그를 무시하도록 지시했다. GDU의 모든 아이들은 마이클의 집에서 젠더 전문가들이 체벌 — 마이클의 아버지가 엉덩이를 때리는 것을 포함해 — 이 마이클의 젠더 장애 재활에 치료 효과가 가장 높은 행동임을 입증하는 체계적인 강화 계획을 세웠다는 사실을 안다.[14]

GDU에서 모든 청소년들은 젠더 정체성 장애와 반항성 장애라는 이중 장애 진단을 받은 다프네Daphne, 레슬리Leslie, 라델Ladelle의 이야기를 읽는다. 이들은 GDU에서 젠더 장애가 위험할 수 있다는 사실을 안다. 또한 왜 다프네, 레슬리, 라델과 같은 십대들이 젠더 장애를 치료하는 병원에 오랫동안 입원하는 것이 중요한지를 안다. 더욱이 '이중 장애'는 치료가 어려울 수 있기 때문에 청소년들은 다프네와 레슬리, 라델 같은 십대들이 독한 정신과 치료제를 투여받고, 전기 쇼크 요법을 경험하고, 감시를 통해 미시적으로 관리되고, 심지어는 세상에서 1~2년 동안 격리될 수도 있다는 사실을 학습한다.[15]

젠더 이형 유토피아인들은 젠더 장애를 치료하는 병원을 폭넓게 지원하는데, 과학자들이 전체의 5~10퍼센트가 젠더 장애로 고통을 받고 있다고 추정하기 때문이다. 이런 병원에 대한 정보가 담긴 소책자가 모든 십대의 부모들에게, 중고등학교 교장실, 음반 가게와 영화관의 가판대, 안내소, 십대를 위한 산아제한 클리닉으로 전달된다. 보통은 보험 회사에서 젠더 장애 치료비를 부담하기 때문에, 관심이 있는 이형적 부모들은 모두 신뢰하는 정신과 주치의의 추천에 따라 자녀들을 병원에 보낼 수 있다.

젠더 이형 유토피아에서 젠더 장애가 있는 것으로 확인된 성인 여성들은 '수전의 이야기'The story of Susan에서 영감을 얻는다. 수전은 한때 동시에 발생한 것은 아니지만 다섯 종류의 젠더 장애 진단을 받았다. 그녀는 기분저하 장애dysthymic disorder, 성적 혐오 장애, 가벼운 성피학증, 별도로 지정되지 않은 성적 장애(그녀의 여성성을 부적당하게 느끼는 감정을 수반), 그 외 경계선 장애의 특질을 보였다. 이 이야기에서 수전은 스스로를 예쁘다고 느끼지 못하고, 항상 예쁘고 여성스러운 언니와 자신을 비교했다. 게다가 그녀는 톰보이도 아니었다. 만족스럽고 완전하게 여성성을 실현하지 못한 수전은 스스로를 여성으로서 좋아할 수 없었다. 종합적인 젠더 장애 치료에 광범위한 젠더 재활 치료까지 받은 뒤에 그녀는 모든 젠더 장애에서 완전히 치료되었다. 이제 수전은 아주 여성스러운 옷을 입고, 화장을 하거나 머리를 손질하고, 자수 솜씨를 자랑하는 여성스러운 외모의 행복한 여성이다. 수전의 젠더 치료사는 그녀가 딸을 낳는 데 관심을 보인 것을 재활의 가장 중요한 신호로 간주한다.[16]

마이클과 다프네, 레슬리와 수전의 이야기는 젠더 이형 유토피아에 사는 모든 사람들에게 체현된 젠더 표현의 중요성을 상기시킨다. 이 공동체의 정상적인 구성원들은 특히 젠더화된 말하기 방식이나 외모 규범, 체모, 식습관과 선호도, 근육량, 손과 손톱, 몸의 체취와 향수, 키와 몸, 성적 자기주장성이나 수줍어하는 태도, 사용하는 단어, 인지 양식, 감정 표현의 종류와 표현 정도를 통해서 자신의 이형성을 드러낼 것이라 예상된다.[17] 또한 젠더가 명시된 공중 화장실을 선택할 때마다 각각의 이형 정체성을 재연할 것이라 기대된다. 물론 여권이나 운전 면허증, 국세 조사표뿐만 아니라 입사 원서나 재정 문서 같은 공적 양식과 법률 서류에 이형성이 강제된다.

2) 중앙 기관들의 역할

대학 ── 젠더 이형 유토피아의 중앙 기관들이 열 가지 원칙에 전념하는 동안, 대학은 젠더 이형성을 뒷받침하는 데 특별히 중심이 되는 역할을 한다. 심리학의 주요 젠더 학술지 ── 젠더 차이 저널the Journal of Gender Differences ──에는 이형적 용어로 개념화되는 젠더 차이의 실재를 입증하는 결과들만 게재된다. 젠더 동일성을 보이는 결과는 잘못된 연구 설계와 방법론의 증거로 여겨지고, 동료들에게 '게재할 가치가 없는' 것으로 평가받는다. 출산 전후의 젠더 장애 위험 요인을 발견하고, 이를 방지하는 것이 목적인 심리학과 정신의학 연구를 위해 연구비가 넉넉하게 제공된다.

　인류학과 사회학을 연구하는 사회과학자들은 어떻게 북미 원주민과 하와이의 마후mahu, 인도의 히즈라hijra,* 버마의 정상화된 크로스 드레서처럼 다른 문화권의 비이형적nondimorphic이거나 다형적mulimorphic 실천이 사회 조직의 문명화 원리로서 젠더 이형성이 우월성을 입증하는 증거로 인용될 수 있는지 설명하는 데 본질적인 역할을 한다.[18] 이를테면, 이런 사회과학자들은 문화적인 맥락 안에서 '영혼이 둘인'two-spirited, '이중-젠더화된'bi-gendered, '남성-여성

---

* 마후와 히즈라는 남성도 여성도 아닌 제3의 성을 말한다.─옮긴이

의'andro-gyn-ous*라는 개념이 사용되는 것을 보임으로써 사실상 잠재적 이형성이 이런 문화에도 존재하고 있다고 지적한다.

의료사회 역사가들 역시 젠더 이형 유토피아의 계몽사를 구성하는 중요한 역할을 한다. 초기에 사람들이 어떻게 생명의료화된 젠더 장애가 있을 수 있는지 이해하지 못할 때, 많은 이들이 젠더 장애를 가진 사람들에게 느낀 분노와 공포, 역겨움과 혐오, 패닉과 불안, 증오 때문에 그들은 기소되고, 수치심을 느끼고, 침묵하고, 혐오와 공포의 대상이자 범죄자로 취급되었다.[19] 현명한 정신과의사들은 이런 식의 동성애혐오 반응이 생의학적 젠더 장애 개념을 이해하는 데 실패한 것에서 비롯되었다는 사실을 인식했다. 오늘날 GDU 공동체의 구성원들은 젠더 장애의 개념을 이해하고, 젠더 장애를 가진 이들이 고통 속에서 살아간다는 사실을 인정한다. 이들은 또한 젠더 장애의 최종적인 생명의료화된 병인학 연구가 (이를테면) 출산 전후 뉴런의 발생과 이동의 이론으로 성공적으로 마무리되고, 시냅스 가지치기synaptic pruning**가 받아들여지는 것을 기대한다. 폭력적인 박해나 범죄와 같은 이전의 관행은 계몽되고 자애로운 치안유지 활동과 GDUPA, 즉 젠더 이형 유토피아 정신의학 협회의 치료로 대체되었다.[20]

GDU에서 재정 지원을 받는 생명과학 분야의 연구는 전부 인간에게는 정상적인 젠더 양극성이, 그 밖의 유기체에게는 근본적인 성

---

* andro는 그리스어로 남성을 뜻하고, gyn은 여성을 뜻한다.—옮긴이
** 인간의 뇌에서 시냅스의 소멸이 가장 빠른 시기는 청소년기로 알려져 있으며, 이 짧은 기간 동안 엄청난 수의 시냅스가 사라진다. 이를 시냅스 가지치기라고 하는데, 사춘기에 나타나는 정서 불안과 관련이 있을 것으로 여겨진다.—옮긴이

적 양극성이 있다는 자연화된 가정에서 출발한다.[21] 성과 건강 과학에서 이전에 당연시되었던 생의학적 남성중심주의androcentrim는 젠더가 양극화되어 있고, 의료 관행이 한쪽 성에 국한되어 있었다는 더 혁신적인 모델로 대체되었다.[22] 젠더가 정해진 상품을 시장에 내놓은 제약 회사에서는 이런 새로운 의료 관행의 모델을 지원하고, 이형적 소비자 스스로가 젠더화된 건강관리 상품을 선택해 이형성을 표현할 수 있게 한다.

3) 젠더 감시와 집행기관들

젠더 이형 유토피아에서 치밀한 가정 법원 시스템은 적절한 젠더 이형적 가정교육에 개입하거나 해를 끼칠 수 있는 부모나 친척, 친구들로부터 아이들을 보호하도록 수립되어 왔다. 가족과 혼인법은 경계 횡단자의 결혼이나 출산, 입양을 금지한다. 법적으로 사적인 가족 환경에 접근할 수 있기 때문에 사회복지사들은 유토피아를 대신해 가정에서 확장된 젠더 감시를 수행함으로써 입법자들과 사법적 권위를 지지한다.

　　젠더 폭력을 사회적으로 예방하려는 접근법이 촉진되고 있지만, 젠더 이형론자들은 젠더 장애를 가진 이들이 때론 위험할 수 있고 그들 자신과 공동체 전체에 위험을 끼칠 수 있다는 사실을 안다. 범죄학자들은 "젠더 불쾌감을 느끼는 표본의 범죄 행동을 조사한 결과 일반 인구를 상회하는 범죄 활동이 발견된다"는 점을 보였다.[23] 이런 결과를 인식해서 GDU의 입법자들은 현명하게 국토 젠더 안보부 Department of Homeland Gender Security를 이끌 책임자를 임명하기로 결정했다. 그에게는 젠더 경찰이 열 가지 원칙과 비교해 젠더 전복자로 확인된 이들과 싸우거나, 이들을 없애거나 감금하거나, 억압할 법적 권한이 있다. 국토 젠더 안보부는 테크노젠더 실험실과 긴밀하게 협력한다. 이 실험실은 지역사회와 제도권에서 넉넉한 지원을 받으며 젠더 치료 병원과 외래 젠더 재활 기관에서 사용되는 이식 가능한 젠더 정체성 마이크로칩과 뇌심부자극술과 같은 젠더 감시 테크놀로지를 발전시켜 왔다.

젠더 이형론자들은 법을 집행함으로써 리스크 사회와 감금 사회 각각의 장점이 결합된다고 믿는다.[24] 젠더 전문가들과 젠더 경찰의 협력을 통해서, 젠더 이형론자들은 젠더 장애의 완전한 진행을 막기 위해 전면적 젠더 장애의 전조적 위험 요인에 관한 지식을 사용하길 희망한다. 그러나 실패할 경우, 젠더 이형론자들은 예방과 감금, 재활을 통해 젠더 불쾌감과 이와 관련된 젠더 합병증을 완전히 근절하는 데 헌신한다.

지시: '젠더 불안정' 키를 누르시오

개인과 가족, 지역사회와 주요 기관에서 열 가지 사회 계약의 원칙을 위해 헌신하지만, 젠더 이형 유토피아는 불안정하며, 여기저기에서 충격적인 사건이 벌어지고 있다.

- 공개적으로 자신이 젠더 전복자gender subversives, 젠더 무법자 gender outlaws, 트랜스젠더 전사라고 밝히는 개인들이 있다.

- 유동적으로 젠더화된 주체, 스스로 젠더 경계에 있는 한계 주체 liminal subject임을 공개하고, 수술이나 호르몬 요법으로 비이형적이고 다중젠더화된multigendered 신체를 만드는 이들이 있다.
- 젠더 경계를 공공연하게 위반하는 젠더 노마드가 있다.
- '반항적인' 젠더 행복감을 느끼는 허마프로다이트*가 있다.

GDU 정신과의사 협회의 분류 체계에 따르면 이들은 전부 젠더 망상 상태로 고통을 받으며, 심각한 젠더-불쾌라는 진단을 받아야 한다. 협회는 이런 분류와 진단을 정식화해야 하는데, 이런 본성을 가진 개인들이(문화와 대학 안에서 이들과 결탁하는 정신 장애가 있는 전복적 이론가들과 함께)[25] 자신들에게 적용되는 젠더 장애 범주를 부인하기 때문이다.

'젠더 전복자'들에게 나타나는 더 높은 범죄 활동의 가능성과 가능한 젠더 테러리즘을 고려하여, 국토 젠더 안보부는 대중에게 임박한 위험을 알리기 위해 코드 라벤더Code Lavender(고위험)를 발령했다. 위협의 심각성을 깨달은 열성적인 젠더 이형론자들은 또다시 개인적인 자경단 활동과, 제도적으로 매개된 폭력적인 사회 통제에 의존한다. 어떤 대가를 치르더라도 젠더 이형 유토피아에서 젠더 경계는 반드시 보호되어야 한다.

---

* 허마프로다이트(hermaphrodite)는 그리스 신화에 나오는 헤르마프로디토스의 영향을 받은 용어이다. 남자로 태어난 헤르마프로디토스는 15살 때 호수의 요정 살마키스에게 유혹당한다. 살마키스는 신에게 둘이 영원히 떨어지지 않게 해 달라고 기도했고, 신이 기도를 받아들여 둘의 육체가 하나가 되었다. 이후 헤르마프로디토스는 양성을 모두 지니게 된다.―옮긴이

지시: '푸코' 키를 누르시오

이번 장은 규범적으로 젠더 이형화된 사회의 젠더 감시를 이야기한다. 나는 푸코의 이론틀을 이용해 젠더 감시를 드러내고 설명할 것이다.

젠더 이형 유토피아와 그 외 이성애 규범적 젠더 이형 사회에서 우리는 '젠더 장치'Apparatus of Gender를 볼 수 있다. 푸코는 **장치** 개념을 특권화했는데, 나 또한 같은 방식으로 논의를 전개할 것이다. 『살의 고백』*the Confession of the Flesh*[미출간된 『성의 역사』 4권]에서 푸코는 **장치의 요소들**the elements of an apparatus을 "담론과 제도, 건축 양식, 규제적인 결정, 법률, 행정 처분, 과학적 진술, 철학적이고 도덕적이며 박애주의적인 명제로 이루어진 완전히 이질적인 총체"[26]라고 기술했다. 장치를 구성하는 요소들은 동시에 기능적으로 전략적인 담론적, 비담론적 상술을 통해 물질화되고, 공명과 모순을 통해 중복결정되는 복잡하고 분산되고, 역동적으로 변화하는 연결을 수반한다. 젠더 이형 유토피아뿐만 아니라 다른 세속의 이성애규범적 젠더 이형 문화에서는 자연화된 젠더 이형성이 이런 장치의 역할을 한다.

이 장치의 심장부에 에피스테메episteme가 존재한다. 어떤 장치에서나 에피스테메는 담론의 중심으로서 합법적인 지식의 생산 양식과 한계를 정의하고, 인식 주체와 합법적 지식의 생산자로 강력하게 자리 잡을 사람들을 지정하고, 에피스테메의 정치학을 지속시킬 권력관계들의 전략을 세운다.[27] 어느 사회체에서나 권력관계가 구조적으로 분산되어 있기 때문에 지배적인 담론이나 에피스테메가 반드시 필요하다. 푸코에게는 이런 에피스테메들이 생산되고, 순환하고, 기능하는 방식을 이해하는 것이 중요한 문제였는데, 진리로 여겨지는 것이 어떻게 난해한 권력의 작동을 통해 생산되는지를 이해하는 데 결정적이었기 때문이다.

따라서 젠더 장애 담론의 정치적 구조를 이해하기 위해서는 젠더 이형성의 에피스테메를 살펴보아야 한다. 에피스테메 탐구를 통해서 생의학적 지식 패러다임의 지배, 개별화와 환원주의적 장애 담론, 젠더 이형 연구와 임상 지식의 자연화, '젠더 일탈' 주체의 지식 표방의 정신 범죄화를 분석할 수 있다.[28] 미국정신의학회에서 발행하는 『정신질환 진단 및 통계 편람』 4판(DSM-IV)은 젠더 장애 담론들이 교차하는 상징적이고 영향력 있는 지점이다. 그러나 '젠더 전문가'들이 지배하는 광범위한 기관과 실천의 국제 네트워크가 젠더 장치의 에피스테메를 지속시킨다.[29]

푸코는 메커니즘들의 정치성이 거시 영역에서부터 친밀한 미시 영역까지 망라할 수 있다고 지적했다. 따라서 그에게는 분산된 일상의 미시정치학을 이해할 수 있게 하고, 복잡하게 만드는 제도적으로 매개된 메커니즘들을 식별하고, 맥락화하고 이해하는 것이 권력관계를 이해하는 열쇠이다.[30] 푸코는 다양한 생산의 테크놀로지를 통해 실행되는 메커니즘을 사물과 개인의 조작과 변형, 생산을 위한 역동적인 교차점이라고 간주하고, 이를 훈육적 실천의 증가와 판옵티콘화된 위계적 감시 개발의 의무와 연관지었다.

젠더 이형 유토피아와 젠더 이형성을 고도로 강제하는 다른 문화에서, 젠더 장치의 거시메커니즘과 미시메커니즘은 시민, 사회, 개인, 젠더/에로틱한 삶의 사실상 모든 차원에 필수적이다. 다시 말하면, 두 메커니즘은 권력의 테크놀로지와 젠더화된 자기의 테크놀로지 양쪽에 관계되기 때문에 효과적인 젠더 통치의 실천에 중심이 된다. 권력 체제들의 전체화는 이런 체제를 체현하는 젠더화된 자기 구성적 실천에 개입하는 개별 주체의 현실actuality이다. 젠더 통치성과 관련해 목표는 훈육된, 젠더 행복감을 느끼는 유순한, 젠더 이형적인 '정상적' 자기의 공동체이다. 이성애규범적 젠더 이형성이 인식과 표현, 감정뿐만 아니라, 성과 섹슈얼리티, 욕망, 생식에 영향을 미치는 한에서 해부-정치학은 생명-권력의 훈육적 실천과 손을 잡는다.[31]

정치적 생명의료화(해부-정치학과 생명-권력의 교차에 중심이 되는)는 인구의 사회적 젠더 건강과 대상 젠더화된 개인의 보증인이자 규제자로서의 지배적인 지위를 가정한다.[32] 개인적으로나 사회적으로 위험한 젠더 정신병리학적 특성을 가진 개인을 식별하거나, 제거 혹은 사회적으로 재활하는 일이 지배 과정에서 결정적이다. 병리학적으로 분류되고, 반사회적이고 범죄의 경향을 보이는 젠더 전복적 주체들은 반드시 위계적으로 조직된 감시 활동과 사용되는 구체적 훈육 권력의 형식을 정당화하기 위해 정신 장애로 고통을 받는다는 꼬리표가 붙어야 한다.

지시: '경찰' 키를 누르시오

항구적인 젠더 이형성의 나라에는 공포가 있다. 일탈적으로 젠더화된 타자를 두려워하고, 불쾌하게 젠더화된 타자를 두려워한다. 이런 공포를 부정하기 위해 정상적으로 젠더화된 사람들은 공포를 분노, 역겨움, 혐오, 증오, 경멸로 대체한다.[33] 사회적 차원에서, 젠더화된 타자는 병리화, 악마화, 범죄화되고, '적법한' 개인을 만들고, 대상화, 침묵, 경멸, 수치, 감금, 제거, 주변화, 사회적 통제의 제도화된 표적을 만든다. 젠더 감시가 이런 역학에 중요한 역할을 한다.

상시적이어야 하는 젠더 감시는 젠더 장치 — 젠더 장애의 지배적 에피스테메에 대한 접근과 내용의 통제부터 '젠더 장애'로 분류된 개인의 감금, 이들의 신체에 행해지는 수술과 호르몬 '치료'를 수반하는 메커니즘의 도입까지 — 를 통해서 이루어진다. 또한 내면을 깊이 파고드는 (그러나 자기-구성적인) 자기 감시self-policing를 요구한다. 따라서 우리는 『임상의학의 탄생』에서 푸코가 한 말을 다음과 같이 수정할 수 있을 것이다.

이제 의학적 지식[젠더 정상]이 형성되는 자리는 신이 점지해 준 분류하기의 공간이 아니라, 보편적으로 확산되어 있는 의학적[젠더 규범적] 의식이 자리 잡는 곳이다. 따라서 이런 공간은 시간과 장소에 따라 달라지게 마련이며, 형태도 유동적일 수밖에 없다. **개인적 차원뿐만 아니라 국가의 행정적인 차원에 연계되어 집단적 형태로 등장하는** 이런 지식은 어디서 나타날지 예측할 수 없는 다양하고 광범위한 질병[젠더 불쾌감]의 모습에 끊임없이 긴장해야 했다.[34]

보통 흰 가운을 입은 공인된 정신의학 젠더 전문가들은 강력한 공공 경찰대를 구성한다. 잠재적으로 해로운 모든 정신병리학에 대해 가장 권위적인 위치에서 정신의학 젠더 전문가들은 전문적인 시민 경찰대의 역할을 하고, 사법적 테두리 안에서 더욱 공적인 권력을 행사하는 경우도 잦다. 푸코는 세속적 사회에서 정신과의사들이 공공 위생의 규범을 유지하고, '위험한 개인'을 식별하는 활동으로 사회적 위험을 방지하는 역할을 했다고 주장한다.[35] 이성애규범적 이형 문화의 맥락에서, 젠더 불쾌감은 위험한 개인으로 설명된다.

정신과의사들의 젠더 감시가 중요했기 때문에, 이들만으로는 충분하지 않았다. 정신의학 젠더 경찰대 외에도 권력의 젠더 테크놀로지와 자기의 젠더 테크놀로지를 강요하기 위해 고안된 경계를 늦추지 않고, 어디에든 존재하는 지역사회의 시민 젠더 감시가 확실히 필요하다. 따라서 정신과의사들이 수행하는 젠더 감시 활동은 산전 진단 전문의, 태아 산부인과 의사, 수술전문의, 소아과 의사, 가정 주치의, 심리학자, 사회복지사, 종교 지도자, 교사, 상담자, 어린이집과 유치원 교사들이 수행하는 젠더 경찰 활동에 의해 보완된다.

푸코는 어린아이를 가르치는 교사와 부모가 책임감 있는 경찰로서 어떻게 '훈육'되는지 보는 것이 중요하다고 언급했다. 젠더 감시의 영역에서, 교사와 부모, 친척과 형제들은 장애를 만들고, 잠재적으로 위험한 젠더 정체화와 섹스/젠더 표현의 형식을 확인하고, 이런 아이들을 젠더 감시와 치안에서 더 대중적으로 인정을 받고 제도적으로 영향력 있는 전문가들의 관심으로 이끄는 자리에 있다.[36] 최근 북미에서, 젠더 불쾌감을 느낀다고 알려진 친구를 따돌리는 아이들이 젠더 장애가 있는 아이들을 식별하는 데 최고의 인식론적 영향력을 지닌 감시 재판소를 구성했다. 세계적으로 존경받는 훌륭한 정신과의사 주커 박사는 이렇게 말한다.

최소한 두 가지 목표 —— 청소년기의 따돌림 제거와 성인기의 성전환증transsexualism 방지 —— 는 임상적으로 타당하고, 우리 시대의 의료윤리에 명백하게 부합하기 때문에 둘 다 그 자체로 치료적 개입을 충분히 정당화할 수 있다.[37]

젠더 이형 국가 내부의 안전은 젠더 경계의 안전에 달려 있다. 경계의 보호와 치안 유지가 무엇보다 중요하다.

지시: '경계' 키를 누르시오

일반적으로 지배적인 장치들이 비침투성 이형 대립에 의존하는 사회에서는 경계 횡단자, 도전자, 위반자들이 편히 살아갈 수 없다. 때로는 이들이 이형 대립을 위협하기 때문에 경계border의 중요성이 더강화되고, 보호를 받게 될 수도 있다. 규제와 억제 의례는 경계들이 파괴되거나 용해될 때 발생하는 불안과 공포를 억누르는 데 사용되는 매우 강압적인 실천들을 야기할 수 있다.[38] 실드릭[39]은 '남자'로 분류되는 신체의 자기 충족self-containment이라는 것에 특권을 주는 문화에서 '여성'으로 분류되는 신체와 관련된 누설leakages은 '여성으로 체현된'female-embodied 주체를 결함이 있고 위험한 범주 누설의 상징으로 표시한다. 이와 유사하게 정상 신체와 장애화된 타자 사이의 경계를 표시하고 강화하기 위해서 (이를테면) '결함이 있는', '기형의'deformed, '장애화된', '기괴한'으로 식별되는 신체는 다양하게 억제되거나 분리·대상화·말살된다.[40] 에르벨스가 언급하듯, 장애화된 신체의 생존 능력은 존재론적 잡종성hybridity의 다중적 가치절하의 형식을 표현하는 기계와 친연성이 있고, 기계에 의존하는 유물론자의 사이보그적 하이브리드 신체에서 장애화된 신체로의 경계 가로지르기를 수반한다.[41] 인종화된 경계와 그 밖의 이데올로기적으로 자연화된 경계 가로지르기에 대한 무자비한 사법적, 사회적 통제는 예외적이기보다 지배적이다.[42]

주체는 훈육되고, 또 저항한다. 젠더 경찰이 경계를 늦추지 않아도, 젠더 전복자들은 젠더 경계를 표적으로 삼는다. 누군가는 의도적으로 이 경계를 무시하고, 누군가는 경계를 해체하고, 누군가는 위반하기 위해 경계에 도전한다.[43] 이제 나는 푸코식 젠더 장치로 되돌아가, 최소한 세 가지 일반적인 양식에서 작동할 수 있는 권력관계의 다양한 가역성을 확인함으로써 젠더 전복의 정치학에 관여하는 권력의 분배를 설명할 것이다. 세 가지 양식은 (1) 에피스테메에 대한 도전, (2) 지배적인 제도적 메커니즘에 대한 도전, (3) 예속된 지식의 특권화이다.

지시: '트랜스젠더 정치학' 키를 누르시오

양식 1. 자연주의적 이형 에피스테메에 도전
① 성욕의 다원적 목소리
다음의 자기 기술self-description을 살펴보자(전 세계에서 본스타인Kate Bornstein에게 보낸 100개 이상의 자기 기술에서 선택되었다).

- 저는 (…) 드래그 퀸인 여성 동성애자이고, 엄마이면서 곧 성전환을 할 연인이 있는데 아니면 성전환자 그 자신일지도 몰라요.
- FTM으로 트랜스젠더 된 부치, 동성애 경향이 있는 신사적이고 차가운 레즈 (…) 아니면 여자친구 말대로 여자 몸에 갇힌 드래그 퀸.
- 저는 부치, 옴니섹슈얼, 폴리아모르, 반항적 젠더, 성적으로 특이하고, 퀴어예요. 저는 남성 트랜스젠더, 계집애 같은 남자, 바이오보이 같은 퀴어, 젠더에 엿을 먹이는 남자들에게 가장 끌려요.
- 바이젠더, 바이섹슈얼 스위치, 게이/바이 FTM 드래그 퀸(트랜스패그transfag* 드래그퀸)
- 남자 몸에 갇힌 레즈비언.[44]

이런 성욕의 생생한 자기 기술은 근대적 젠더 이형 에피스테메에서는 드러나지 않는다.[45] 이런 자기 기술을 드러내려면(살게 하려면), 다른 에피스테메(와 세계)가 존재해야 하고, 젠더를 성기 중심적으로 축약하거나, 성별을 주어진 것으로 단순하게 이해하는 환원주의적 생물학 중심주의를 거부하는 에피스테메가 존재해야 한다. 이형적 에피스테메에 대한 언어의 저항은 그 지배력을 와해시키기 위해 다양한 양식 — 모순 전략, 패러디 전략, 무정부주의적 언어 — 으로 생산될 수 있다.

---

* transgender+fag(homosexual)의 합성어이다. 동성에게 끌리는 트랜스섹슈얼을 의미한다. 즉, 트랜스젠더이면서 동성애자이다.—옮긴이

② 너덜너덜한 지배자의 망토 드러내기

자연주의적 이형 에피스테메에 도전하는 하나의 형식은 DSM-IV의 너덜너덜한 지배자의 망토를 드러내는 것이다. 다양한 수단을 활용할 수 있는 도전,[46] 이 중 하나는 흔히 새로운 진단 범주 발명에 영향을 미치는 조야한 연구와 배후의 정치를 노출한다. 다른 방법은 성인 동성애가 탈-병리화(즉, DSM에서 제거)되는 듯해 보여도 결국은 아이들과 청소년의 병리학적 젠더 불쾌감 발생률의 '믿을 만한 지표' 중 하나로 (재)도입되면서 (재)병리화되는 순간에 작동하는 이중성을 폭로하는 것이다.[47] 이성애규범적 젠더 이형 문화에서 이 연계는 너무 분명해서 마음이 심란한 호모포비아와 트랜스포비아 부모들은 성인의 동성애나 트랜스섹슈얼리티를 막기 위해 '여성스러운 아들'을 정신의학 젠더 경찰에게 보낸다.

③ 젠더 정신병리학의 불안정화 형식 설계

이 양식은 (적어도 현재) 지배적인 젠더 에피스테메 안에서 정상화된 이형적 개인을 병리화하기 위해 DSM-IV의 진단 메커니즘을 전용하는 형식이다. 이를테면 DSM-IV에 다음과 같은 정신질환의 개념을 포함하도록 제안할 수도 있다.

이형 젠더 행복장애(DGED) : 모든 인간과 행동, 성과 성적 욕망, 젠더와 생식을 포함하는 사회적 실천을 양극화하려는 강박적 도덕 판단 경향과 경직된 젠더 이형성에서 비롯된 병적 증상.

동반질환

- 가슴 확대 수술, 근육 확대 수술, 음경 확대 수술에 대한 끊임없는 이형적 요구의 방해
- 꾸민 정체성make-up-identity에 의존하고, 머리 모양에서 비롯된 광장공포증같이 자멸적인 행동
- 미용정신약물cosmetic psychopharamaceuticals[*] 중독
- 극심한, 통제 불가능한 트랜스포비아

④ 이형포비아의 정상화

이 도전은 비합리적인 호모포비아와 트랜스포비아를 이형포비아로 대체하고, 따라서 이형포비아가 유일한 공포의 이성적인 원천이 된다. 현재 지배적인 이형 젠더 장치들은, 젠더 이형적 훈육 관행과 체계적 억압의 확장된 이성애중심적 역사와 함께, 이형적으로 정의되지 않은 모든 사람들에 대한 학살이나 침묵, 굴욕, 괴롭힘, 박해, '재활 치유'를 정상화한다. 이런 장치들에 공포를 느끼는 것은 합당하다. 이성애중심적 계획의 공포는 필연적으로 억압적인 이형 감시 관행들의 중심에 있는 (이를테면) '감시의 시선'을 수반한다.[48]

⑤ 사회 구성주의자의 패러다임 전환 전용하기

젠더 이형 에피스테메에 대한 도전은 정신의학 생존자 운동과 장애

---

[*] 『우울증에 반대한다』를 펴낸 미국의 정신과 의사 피터 크레이머가 말한, 얼굴을 성형하듯 약물을 통해 정상적 성격을 빚어낼 수 있다는 미용정신약물학(cosmetic psychopharmacology)의 개념에서 나왔다.—옮긴이

인권 운동에서 영향력이 입증된 패러다임 전환과 사회 구성주의자들의 전략을 전용한다.[49] 댈러스 데니Dallas Denny는 『트랜스젠더 정체성의 현대적 개념』Current Concepts in Transgender Identity[50]에서 트랜스섹슈얼로 정체화된 사람들의 생의학적 정신병리화가 성전환을 한 아동이나 청소년, 성인들이 소외와 학대, 테러, 차별로 얼룩진 삶을 살 수 있다는 사실을 은폐한다. 이런 정치적 사실들을 고려해 데니는 다음과 같이 말한다.

> 따라서 중요한 질문은 "트랜스섹슈얼이 그렇지 않은 사람들보다 훨씬 더 정신병리학적인가?"가 아니라 "그들이 어떤 환경적 스트레스를 경험하고, 이것이 그들에게 어떤 영향을 끼치며, 우리가 그들의 더 나은 삶을 위해 무엇을 할 수 있는가?"이다. 문제의 **지점**이 달라진다. **즉, 표면화되어 있다.** (…) 문제는 트랜스섹슈얼과 트랜스섹슈얼리즘이 아니라 편협하고 폭력적인 사회이다.[51]

⑥ 권력의 담론들을 전용하기

1995년 7월에 트랜스젠더 법과 집행 정책 국제회의International Conference on Transgender Law and Employment Policy에서 채택된 젠더 권리장전은 젠더 장치의 통치성과 에피스테메 사이에 만들어진 관계의 본성에 도전한다.[52] 이 권리 장전은 개인의 권리, 성과 젠더 표현의 자유, 입양과 양육권, 정신과 진단이나 젠더 정체성이나 표현에만 근거를 둔 정신과 진단이나 치료로부터의 자유 담론의 근거가 된다. 이 권리장전이 보편적인 권리의 언어를 사용하고, 특별 이익 집단에 어떤 제한도 거부하기 때문에, 정상적이거나 병리적인 권리의 조직화를 약화시키는 대항담론counterdiscourse을 생산한다.[53]

양식 2. 지배적인 제도적 메커니즘에 도전

① 법

트랜스젠더 법과 집행 정책과 관계된 단체에서 젠더 권리 장전을 채택한 것은 우연이 아니다. 고용에서의 트랜스젠더 차별과 트랜스젠더에 대한 사법적 차별이 만연해 있다. 더욱이 비평가들은 서류로 가시화되는, 즉 젠더 정체성이 여권과 운전면허증 등에 표시되는 것에 따른 억압적인 법적·사회적 결과를 지적해 왔다. 이형적인 현 상황의 급진적인 사법적 변화를 위해 싸우고 있는 트랜스젠더 학자들과 활동가, 협력자들은 국제 트랜스젠더 권리, 트랜스젠더 법, 트랜스젠더 정의 담론을 연구한다.[54]

② 대학

학계의 지배적인 메커니즘을 전용하는 것은 이성애중심적인 이형적 이론화, 연구, 교육학, 실천을 비정상화하는 데 핵심적이다. 이형 메커니즘을 와해시키기 위해서 성적 다양성 평등 담당자와 퀴어 학자를 선임하고, 성적 다양성 연구, 트랜스젠더 연구, 퀴어 연구 프로그램을 만들고, 명망 있는 연구서적 출판사에 접근하고, 트랜스젠더의 학술적·정치적·현상학적–경험적 지식을 합법화하는 국제 트랜스젠더 회의를 개최하는 활동들을 결합한다.[55]

③ 정신의학 기관

1990년대 중반, 레즈비언이자 엄마인 필리스 버크Phyllis Burke는 『젠더 충격: 폭발하는 남성과 여성의 신화』Gender Shock: Exploding the Myths of Male and Female[56]를 출간하기 위해 아들의 양육권을 잃을 각오를 했다. 그녀는 아이들과 형제, 가족을 겨냥하는 훈육과 끔찍한 이형화의 미시정치학을 폭로하기 위해서 '부적절한 젠더'로 여겨지는 어린아이들에 대한 산더미 같은 의학의 역사에 파고들었다. 이 연구를 기반으로, 버크는 용감하게 미정신의학협회가 재정이 탄탄한 대학 기반 젠더 정체성 클리닉과 함께 일부 젠더가 장애를 일으키는 정신질환으로 이해된 것을 확인했다. 이를 통해 그녀는 젠더 장치의 억압적인 내부 조작을 대중에게 공개했다.

④ 학교

일부 공립학교 제도 안에서, 교육자들은 분홍-파랑 학교Pinking-and-Blueing public school[성 역할 고정 학교]에 다니며 젠더 이형화되길 바라지 않는 아이들과 청소년을 위해 '레인보우 학교'를 설립했다.[57] 이런 전략이 섹스/젠더 게토의 역할을 하고, 공개적으로(또 위험하게) '특수 요구'가 있는 것으로 '진단받은' 학생들을 주변화할 거대한 위험이 있지만, 그들은 또한 젠더 이형적 교육의 종합적인 교육적 완성도에 의문을 제기하는 교육 패러다임을 촉진했다. 레인보우 학교와 유치원, 어린이집의 수가 증가하고, 이곳에 다니는 아이들과 청소년이 더욱 포함적인 교육과정, 개인적 존중, 공동체 지속, 사회적 정의의 이상을 학습하고 경험하면서, 분홍-파랑 학교는 유일한 정상 학교로서 탈중심화될 것이다. 이들은 실제로 잠재적으로 위험한 것으로 여겨질 수 있는데, 정상 학교에 다니는 학생들이 이형 젠더 행복 장애 (DGED)를 겪을 가능성이 더 높을 것이기 때문이다.

⑤ 문화적 생산의 양식들

'전장에 선 트랜스젠더 전사들'[58]의 대중적인 도해와 서사를 시와 음악, 비디오, 사진과 사이버공간의 퀴어와 트랜스젠더 문화로 포함시키는 것은 트랜스젠더를 가시화하고, 이들의 안전을 보장하는 데 중요한 문제이다. 이형적 메커니즘의 분명한 자연성을 해체하는 '위험한' 책을 출판하는 것 또한 중요하다. 이런 위험한 책들 중 하나는 케이트 본스타인Kate Bornstein이 쓴 『젠더 연습장』*My Gender Workbook*[59]으로, 이 책은 의도적으로 평범한 연습장처럼 보이도록 인쇄되었다. 레슬리 파인버그Leslie Feinberg의 『트랜스젠더 전사들: 잔다르크부터 데니스 로드먼까지의 역사 만들기』*TransGender Warriors: Making History from Joan of Arc to Dennis Rodman*의 서문에서 저자는 다음과 같이 이야기한다.

> 전문가로서 우리 자신의 역사를 쓸 때가 왔다. (…) 이 책의 목표는 역사와 정치, 이론을 엄청난 억압을 받아 온 이들을 보호할 강철 같은 무기로 (…) 이론이 경험의 결정체가 아니라면, 더 이상 행위의 지침이 될 수 없다. 나는 자유를 위해 전투를 치른 실재 인물들의 경험에 뿌리를 둔, 살아 숨 쉬는 역사와 정치, 이론을 제안한다.[60]

파인버그가 섹스/젠더를 포함하고 인종차별적인 역사와 정치학, 이론을 '강철 같은 무기로' 만들었을 때, 이 무기는 강력한 젠더 장치 안에서 구축되어 온 차가운 칼날의 빛을 반사한다. 젠더 장치의 무기는 나이프와 바늘, 현미경과 컴퓨터, 총과 주먹, 페니스, 교수형 집행인의 올가미와 강철 코르셋, 검열, 진단 매뉴얼, 하얀 실험복이다. 역사와 정치, 이론을 주장함으로써 파인버그는 인종차별적 침묵과 왜곡, 젠더 변주의 억압이 더 이상 가능하지 않은 저항 담론을 만들기 위해 여러 지배적인 장치들의 메커니즘을 전용한다.[61]

양식 3. 예속된 지식 특권화하기

지배적인 에피스테메와 특권화된 에피스테메의 주체들이 부정적으로 정의하는 예속된 지식의 저항하는 주체와 파묻힌 지식은 어느 정치적 드라마에서나 중요하다.[62] 트랜스젠더에 대해 예속된 지식은 일종의 거의 상상도 할 수 없는 물질적 억압과 폭력, 개인적 희생의 상황 아래에 있는 일종의 현상학적 확실성의 젠더-**코기土**에 근거하기 때문에, 그들은 보통 그저 **예속된** 지식으로 남아 있다. 이런 지식이 모든 종류의 성기-생물학중심주의로부터의 급진적인 분리를 수반하지만, 당연히도 공적으로는 은폐되어 있다. 지배적 젠더 장치에 예속된 많은 주체들이 '싸움에 뛰어들기'보다는 지나치거나 생존하기를 택했다. 젠더 경찰은 가정에나 직장에나, 기원의 공동체, 침실, 이웃, 아이들, 믿음의 공동체, 우리의 영혼 등 어디에나 있다. 따라서 현재 젠더 장치의 매트릭스 안에 자기 존재를 분명히 드러내는 예속된 젠더 주체의 위험과 용기를 인식하는 일은 중요하다.[63]

내부자-생존자의 서사는 지배적인 에피스테메를 상대하는 데 중요한 수단이다.[64] 젠더 정체성과 표현의 범위가 성문화되고, 정치적으로는 정신병리학적 젠더 장애로써 통제되고 있는 한, '내부자'로서 예속된 지식은 충격을 주는 정치적 역할을 할 수(그리고 하고) 있다. 다프네 스콜린스키, 라델 맥워터, 레슬리 파인버그는 '젠더 치료를 위한 감금'에서 어떻게 살아남았는지를 입증하고, 의료 기록을 전용하고, 젠더 이형성의 헤게모니에 도전하는 데 경험적 지식을 사용한다. 이는 여전히 위험한 과정이다. 예속된 지식의 목소리를 드러내고, 누군가 억압된 예속의 자리에 있음을 인정하는 것은 또한 지배적 젠더 장치와 관련한 예속을 강화하는 역할을 할 수 있기 때문이다.[65]

지시: '종료' 키를 누르시오

앞에서 설명한 세 가지 양식이 각각 지배적인 젠더 장치에 도전하지만, 세 양식을 결합해도 젠더 장치를 전복하기에는 충분하지 않다. 더욱이 주어진 세 양식의 공적 성격에 따라, 젠더 감시를 더욱 간단하고 위험한 일로 만들 수 있고, '훌륭한 이형적 동화작용'의 유혹이 저항할 수 없을 정도로 강력해질 수 있다. 젠더 장치의 변화무쌍한 이질성heterogeneity을 고려하면, 더욱 혼합된 저항의 연합 정치학이 필요하다.

젠더 장치는 개별적으로 작동하지 않으며, (이를테면) 억압적이고 물질화하는 방식으로 작동하는 강력한 초국가적인 인종 장치에 비늘처럼 얽혀 있다. 맥클린톡Anne McClintock이 지적하듯 19세기에 섹스/

젠더 경계는 어떤 계급과 인종화된 가로지르기의 측면에서 위험하지만 침투 가능한 것으로 보였다. 결과적으로, 식민화하는 젠더 생식 경찰은 특히 '백인의 자손과 재산, 권력 통제'를 유지하기 위해 여성의 섹슈얼리티, 특히 특권화된 백인 여성의 섹슈얼리티에 대한 접근을 다르게 규제할 방법을 찾았다.[66] 20세기와 21세기에 섹스/젠더 경계는 전지구적 신식민 제국주의, 유전화되고 우생화된 장애인차별, 초국가적 기술과학, 폭력적인 가부장제를 정당화하는 이론의 자연화 장치들에 조직적으로 연루되어 있다.

순찰을 돌고, 치안을 유지하고, 사회 질서를 보호하면서, 경찰은 때론 여러 장치들을 위해 '은밀하게 봉사한다'. 그리고 이들이 잠들면, 우리가 스스로를 감시한다.…

후주

서문

1 Michel Foucault, *Discipline and Punish: The Birth of the Prison*, trans. Alan Sheridan, New York: Vintage Press, 1977, p. 31 참조.

2 정확히 말해서, 카네기는 사람들을 지지하기 위해 그런 말을 한 게 아니다. 그런 코멘트 — "당신과 정신박약의 차이가 요오드 한 스푼 차이라는 걸 아는가?" — 는 분명 사람들에게 어떤 영향력을 발휘할 것이긴 하지만, 친구를 얻게 하지는 않을 것이다.

3 Ladelle Mcwhorter, *Bodies and Pleasure: Foucault and the Politics of Sexual Normalization*, Bloomington: Indiana University Press, 1999.

4 Michel Foucault, preface to *Anti-Oedipus* by Gilles Deleuze and Félix Guattari, reprinted in *The Essential Works of Foucault*, vol. 3, Power, edited by James D. Faubion, New York: New Press, 2000, p. 108.

서론_푸코, 통치성, 그리고 비판적 장애 이론

1 François Ewald and Alessandro Fontana, Foreword to *"Society Must be Defended." Lectures at Collège de France, 1975-76*, by Michel Foucault, ed. Mauro Bertani and Alessandro Fontana, trans. David Macey, New York: Picador, 2003.

2 Paul Rabinow, "Introduction: The History of Systems of Thought." In *The Essential Works of Michel Foucault, 1954-84*, vol. 1, *Ethics: Subjectivity and Truth*, ed. Paul Rabinow, New York: New Press, 1997, p. xv.

3 Michel Foucault, "Two Lectures." In *Power/Knowledge: Selected Interviews and Other Writing, 1972-1977*, ed. Colin Gordon, trans. Colin Gordon, Leo Marshall, John

Mecpham, and Kate Soper, New York: Pantheon Books, 1980, p. 78. 그리고 Foucault, "Society Must Be Defended." *Lectures at the Collège de France, 1975-1976*, ed. Mauro Bertani and Alessandro Fontana, trans. David Macey, New York: Picador, 2003 참조.

4   Foucault, "Society Must Be Defended." *Lectures at the Collège de France, 1975-1976*, p. 13.

5   Michel Foucault, "The Subject and Power." In *Michel Foucault: Beyond Structuralism and Hermeneutics*, by Hubert L. Dreyfus and Paul Rainbow, Chicago: University of Chicago Press, 1982, p. 220.

6   *Ibid.*, p. 217.

7   Shelley Tremain, "On the Government of Disability." *Social Theory and Practice* 27, 2001, pp. 617~636.; Tremain, "On the Subject of Impairment." In *Disability/Postmodernity: Embodying Political Theory*, ed. Mairian Corker and Tom Shakespeare, London: Continuum, 2002.

8   Barry Allen, "Foucault and Modern Political Philosophy." In *The Later Foucault: Philosophy and Politics*, ed. Jeremy Moss, London: Sage, 1998 참조.

9   Michel Foucault, "17 March 1976." "Society Must Be Defended." *Lectures at the Collège de France, 1975-1976*, ed. Mauro Bertani and Alessandro Fontana, trans. David Macey, New York: Picador, 2003, pp. 238~263.

10 『성의 역사』 1권, 2장 '억압 가설'에서 푸코는 '인구'(population)라는 관념이 성을 통제하는 메커니즘의 중요한 요소로 출현했다고 말한다.

  "18세기에 일어난 권력기술상의 큰 혁신 중 하나는 '인구'가 경제적, 정치적 문제로 출현했다는 점이다. 즉, 부유함으로서의 인구, 인간의 힘, 혹은 노동력으로서의 인구, 그것의 증가와 그것이 요구하는 자원 사이의 균형으로 파악된 인구 말이다. 정부는 단지 신민(subject)이나 심지어 '인민'(people)이 아니라 특수한 현상과 고유한 변수들, 즉 출생률, 사망률, 기대수명, 번식력, 건강상태, 질병의 발생 빈도, 식생활과 주거형태 등을 내포한 '인구'(population)가 통치 대상이라는 것을 인식했다. (…) 이러한 경제적, 정치적 문제의 핵심에 성(sex)이 있다. 출생률, 결혼연령, 합법적 출생과 비합법적 출생, 성관계의 조숙함과 빈도, 독신과 금기의 효과들, 피임의 효과 등 대혁명 직전에 인구학자들이 지적하듯이 농촌 주민들에게는 이미 친숙한 '끔찍한 비밀들'의 영향을 철저히 분석해야 한다.

  물론 오래전부터 국가가 부유하고 강해지려면 인구가 늘어나야 한다고 주장되어 왔다. 그러나 한 사회의 미래와 운명이 시민들의 수와 미덕, 결혼과 가족의 구성 방식뿐만 아니라 각자가 자신의 성을 사용하는 방식에 달려 있다고 일관되게 주장하기는 그때가 처음이다. (…) 국가는 시민들의 성과 그들이 그것을 어떻게 사용하는지 그 상태를 알아야 했으며, 시민들도 제각기 성의 사용방법을 통제할 수 있어야 했다. 국가와 개인 사이에서 성은 하나의 쟁점, 그것도 공적인 쟁점이 되었으며, 그리하여 담론, 특수한 지식, 분석, 명령들의 전체 조직망이 그것을 둘러쌌다."(Michel Foucault, *The History of Sexuality*, Vol. 1, *An Introduction*, trans. Robert Hurley, New York: Random House, 1978, pp. 25~26)

  성의 관리와 '인구'가 맺는 연관관계를 총괄적으로 이해하려면 아동과 청소년의 섹슈얼리티에 대한 철저한 감시도 고려해야 한다. 푸코의 『성의 역사』 1권, 2장 '억압 가설' 참조.

11   Foucault, "17 March 1976." "Society Must Be Defended." *Lectures at the Collège de France, 1975-1976*, pp. 238~263.

12   Foucault, *The History of Sexuality*, Vol. 1, *An Introduction*, p. 144.

13   John Rajchman, *Truth and Eros: Foucault, Lacan, and the Question of Ethics*, New York: Routledge, 1991.

14   Foucault, "The Subject and Power." In *Michel Foucault: Beyond Structuralism and Hermeneutics*, Chicago: University of Chicago Press, 1982.

15   Foucault, "Two Lectures." *Power/Knowledge: Selected Interviews and Other Writing, 1972-1977*, p. 97.

16   Foucault, "The Subject and Power."

17   Michel Foucault, "Interview on the Prison: The Book and Its Method." *Dits et Écrits: 1954-1984*, vol. 1. Paris: Editions Gallimard, 1975.

18   Colin Gordon, Introduction to *The Essential Work of Michiel Foucault, 1954-1984*, vol. 3, *Power*, ed. James D. Faubion, New York: New Press, 2000.

19   Colin Gordon, "Governmental Rationality: An Introduction." *The Foucault Effect: Studies in Governmentality*, ed. Graham Burchell, Colin Gordon, and Peter Miller, Chicago: University of Chicago Press, 1991.

20   Ian Hacking, *The Social Construction of What?*, Cambridge: Harvard University Press, 1999.; Hacking, *Historical Ontology*, Cambridge: Harvard University Press, 2002 참조.

21   Gordon, "Governmental Rationality: An Introduction."

22   Foucault, "The Subject and Power."

23   *Ibid.*, p. 220.

24   Union of the Physically Impaired Against Segregation(UPIAS), *The Fundamental Principles of Disability*, London: UPIAS, 1976 참고.

25   Michael Oliver, *The Politics of Disablement*, London: Macmillan, 1990.

26   Union of the Physically Impaired Against Segregation(UPIAS), *The Fundamental Principles of Disability*; Michael Oliver, *Understanding Disability: From Theory to Practice*, London: Macmillan, 1996, p. 22에서 재인용.

27   Tom Shakespeare, "A Response to Liz Crow." *Coalition*, September, 1992, pp. 40~42.; Mark Priestley, *Disability: A Life Course Approach*, Cambridge: Polity Press, 2003.

28   Michael Oliver, *Understanding Disability: From Theory to Practice*.

29   Shelley Tremain, "On the Government of Disability." *Social Theory and Practice* 27.; Tremain, "On the Subject of Impairment." *Disability/Postmodernity: Embodying Political Theory*.

30   Ibid.; Ibid.

31   Tremain, "On the Government of Disability."

32   Michel Foucault, "The Birth of Biopolitics." *The Essential Works of Michel*

Foucault, 1954-1984, vol. 1, *Ethics: Subjectivity and Truth*, ed. Paul Rainbow, trans. Robert Hurley, London: Penguin Press, 1997.; Colin Gordon, "Governmental Rationality: An Introduction." *The Foucault Effect: Studies in Governmentality*, ed. Graham Burchell, Colin Gordon, and Peter Miller, Chicago: University of Chicago Press, 1991.

33 Foucault, "The Birth of Biopolitics."

34 Gordon, "Governmental Rationality: An Introduction."

35 Foucault, "The Birth of Biopolitics." p. 75.

36 Gordon, "Governmental Rationality: An Introduction."

37 *Ibid.*, p. 6.

38 Michel Foucault, "Two Lectures." *Power/Knowledge: Selected Interviews and Other Writings, 1972-1977*, ed. Colin Gordon, trans. Colin Gordon, Leo Marshall, John Mepham, and Kate Soper. New York: Pantheon, 1980.

I부 인식론과 존재론

주체화된 신체 : 마비, 재활, 그리고 운동의 정치학

1 OSU는 척수 손상 환자들을 위한 특수 재활기관이다. 하반신마비와 사지마비 환자들이 이 기관에서 재활치료를 받고 있지만 이 장에서는 하반신마비 재활만 집중해서 다룬다.

2 Michel Foucault, "The Subject and Power." *Michel Foucault: Beyond Structuralism and Hermeneutics*, by Hubert L. Dreyfus and Paul Rabinow, Chicago: University of Chicago Press, 1982, p. 219.

3 *Ibid.*, p. 208.

4 Michel Foucault, *Discipline and Punish: The Birth of the Prison*, trans. Alan Sheridan, London: Allen Lane, 1977, p. 11.

5 Michel Foucault, "The Eye of Power." *Power/Knowledge: Selected Interview and Other Writings, 1972-1977*, ed. Colin Gordon, trans. Colin Gordon, Leo Marshall, John Mepham, and Kate Soper, Brighton: Harvester, 1980, p. 155.

6 Michel Foucault, *The History of Sexuality*, Vol. 1, *An Introduction*, trans. Robert Hurley London: Allen Lane, 1979, p. 140.

7 Foucault, *Discipline and Punish: The Birth of the Prison*, p. 297.

8 *Ibid.*, p. 178.

9 *Ibid.*

10 *Ibid.*, p. 136.

11 *Ibid.*, pp. 170~192.

12 *Ibid.*, p. 194.

13 *Ibid.*, p. 305.

14 Foucault, "The Subject and Power." p. 208.

15 Ibid., p. 212.

16 Foucault, *The History tof Sexuality*, Vol. 1, *An Introduction*, p. 96.

17 Foucault, "The Subject and Power." p. 208.

18 Ibid., p. 224.

19 Honi Fern Haber, *Beyond Postmodern Politics: Lyotard, Rorty, Foucault*, New York: Routledge, 1994, p. 105.

20 많은 페미니스트들이 탈구조주의적 관점에서 복수의 주체 위치, 복수의 자기, 혹은 복수의 정체성에 대한 개념을 발전시켜 왔다. (여성문제와 장애문제의 관계에 대해서는 Caryn McTigue Musil, Foreword to *Bridges of Power: Women's Multicultural Alliance*, ed. Lisa Albrecht and Rose M. Brewer, Philadelphia: New Society Publishers.; Dorinne K. Kondo, *Crafting Selves: Power, Gender, and Discourses of Identity in a Japaness Workplace*, Chicago: University of Chicago Press, 1990.; Jana Sawicki, *Disciplining Foucault: Feminism, Power, and the Body*, New York: Routledge, 1991.; Mary Kennedy, Cathy Lubelska, and Val Walsh, *Making Connections: Women's Studies, Women's Movements, Women's Lives*, London: Taylor and Francis, 1993.; Haber, *Beyond Postmodern Politics: Lyotard, Rorty, Foucault*; Robyn Munford, "A Position of Marginalisation or Inclusion? The Experience of Women with Disabilities." *New Zealand Journal of Disability Studies* I, 1995 등 참고.) 콘도(Dorinne K. Kondo)에 의하면, 정체성은 "고정된 실체가 아니라 문화적으로 유용한 의미들과 이런 의미들이 일상생활에서 갖는 권력 기능과 협상하는 개방적이고 변화하며 결말을 알 수 없는 모호한 결과들이다"(op. cit., p. 24).

21 척추는 29개의 마디로 되어 있으며 신경 조절 부위에 따라 네 그룹으로 나눠진다. 8개의 경추(C1-8)는 횡경막과 팔, 손에 전달되는 신경을 조절하며, 12개의 흉추(T1-12)는 가슴과 복부 신경을 통제한다. 5개의 요추(L1-5)는 다리 근육을, 5개의 천골추(S1-5)는 내장과 방광을 통제한다. 하반신마비는 흉추, 요추, 천골추 부분이 손상되었기 때문에 경추가 손상된 사지마비와 달리 손과 팔의 기능에는 이상이 없다.

22 Foucault, *Discipline and Punish: The Birth of the Prison*, p. 136.

23 Michel Foucault, "The Hermeneutic of the Subject." *The Essential Works of Michel Foucault, 1954-1984*, vol. 1, *Ethics: Subjectivity and Truth*, ed. Paul Rabinow, New York: New York University Press, 1997, p. 93.

24 Michel Foucault, "The Ethics of the Concern of the Self as a practice of Freedom." *The Essential Works of Michel Foucault, 1954-1984*, vol. 1, *Ethics: Subjectivity and Truth*, ed. Paul Rabinow, London: Allen Lane, 1997, p. 292.

25 Foucault, *Discipline and Punish: The Birth of the Prison*.; Foucault, *The History of Sexuality*, Vol. 1, *An Introduction*.; Foucault, "The Eye of Power."; Foucault, "Two Lectures." In *Power/Knowledge : Selected Interviews and Other Writings, 1972-1977*, ed. Colin Gordon, trans. Colin Gordon, Leo Marshall, John Mepham, and Kate

Soper, Brighton: Harvester Press, 1980.

26 Foucault, *Power/Knowledge : Selected Interviews and Other Writings, 1972-1977*, Brighton: Harvester Press, 1980.

27 이 장의 초안을 잡는 데 도움을 준 마크 셰리(Mark Sherry), 가브리엘 로즈(Gabrielle Rose), 셸리 트레마인(Shelley Tremain)에게 감사한다. 하지만 최종적인 내용에 대한 책임은 나에게 있다.

이성의 기호들 : 리비에르, 조력 커뮤니케이션, 그리고 주체의 위기

1 Thomas Szasz, Back Cover of *I, Pierre Rivière, Having Slaughtered My Mother, My Sister, and My Brother...: A Case Study of Parricide in the Nineteenth Century*, ed. Michel Foucault, trans. Frank Jellinek, Lincoln: University of Nebraska Press, 1975.

2 Edith Kurzweil, Back Cover of *I, Pierre Rivière, Having Slaughtered My Mother, My Sister, and My Brother...*.

3 Douglas Biklen and Donald Cardinal, eds., *Contested Words, Contested Sciences: Revisiting the Facilitated Communication Controversy*, New York: Teachers College Press, 1997.

4 Howard C. Shane, *Facilitated Communication: The Clinical and Social Phenomenon*, San Diego: Singular, 1994.; Herman H. Spitz, *Nonconscious Movement: From Mystical Messages to Facilitated Communication*, Mahwah, N.J.: Lawrence Erlbaum Associates, 1997.; Diane Twachtman-Cullen, *A Passion to Believe: Autism and Facilitated Communication*, Boulder, Colo.: Westview Press, 1997을 보라.

5 Shane, *Facilitated Communication: The Clinical and Social Phenomenon*.

6 Jacques Derrida, "Différance." In *Readings in Textual Studies*, ed. Patricia A. Moody, Acton, Mass.: Copley Custom Publishing House, 1995, p. 116.

7 Michel Foucault, "The Subject and Power." In *Michel Foucault: Beyond Structuralism and Hermeneutics*, by Hubert L. Dreyfus and Paul Rabinow, Chicago: University of Chicago Press, 1983.

8 Michel Foucault, "Questions of Geography." In *Power/Knowledge: Selected Interviews and Other Writings, 1972-1977*, ed. Colin Gordon, trans. Colin Gordon, Leo Marshall, John Mepham, and Kate Soper, New York: Pantheon, 1980, pp.73~74.

9 Barry Smart, *Foucault, Marxism, and Critique*, London: Routledge and Kegan Paul, 1983, p. 59.

10 Michel Foucault, ed., *I, Pierre Rivière, Having Slaughtered My Mother, My Sister, and My Brother...: A Case Study of Parricide in the Nineteenth Century*, Lincoln: University of Nebraska Press, 1975, p. 11.

11 *Ibid.*, p. 45.

12 Michel Foucault, *Madness and Civilization: A History of Insanity in the Age of*

Reason, trans. Richard Howard, New York: Pantheon, 1965, p. ix.

13   Foucault, ed., I, Pierre Rivière, Having Slaughtered My Mother, My Sister, and My Brother..., p. 10.

14   Ibid., p. 22.

15   Ibid., p. 8.

16   Ibid., pp. 122~123.

17   Robert Castel, "The Doctors and the Judges." In I, Pierre Rivière, Having Slaughtered My Mother, My Sister, and My Brother..., p. 158.

18   Foucault ed., I, Pierre Rivière, Having Slaughtered My Mother, My Sister, and My Brother..., p. 26.

19   Ibid., pp. 272~273.

20   Jean-Pierre Peter and Jeanne Favret. "The Animal, the Madman, and Death." In I, Pierre Rivière, Having Slaughtered My Mother, My Sister, and My Brother..., p. 181.

21   Foucault, ed., I, Pierre Rivière, Having Slaughtered My Mother, My Sister, and My Brother..., pp. 102~108.

22   Ibid., p. 108.

23   Peter and Favret, "The Animal, the Madman, and Death." p. 187.

24   Alessandro Fontana, "The Intermittences of Rationality." In I, Pierre Rivière, Having Slaughtered My Mother, My Sister, and My Brother..., p. 285.

25   Douglas Biklen, Communication Unbound: How Facilitated Communication Is Changing Traditional Views of Autism and Ability-Disability, New York: Teachers College Press, p. 15.

26   Rosemary Crossley and Anne McDonald, Annies's Coming Out, New York: Preguin, 1980.

27   Biklen, Communication Unbound, p. 189.

28   Twachtman-Cullen, A Passion to Believe: Autism and Facilitated Communication, p. 3.

29   Foucault, "What Is an Author?" In Language, Counter-Memory, Practice: Selected Essays and Interviews, ed. Donald F. Bouchard, trans. Donald F. Bouchard and Sherry Simon, Ithaca, N.Y.: Cornell University Press, 1977.

30   Ibid., p. 127.

31   Ibid., p. 128.

32   Sean Burke, The Death and Return of the Author: Criticism and Subjectivity in Barthes, Foucault, and Derrida, Edinburgh: Edinburgh University Press, 1998, p 42에서 재인용.

33   Fontana, "The Intermittences of Rationality." p. 286.

34   Douglas Biklen, "Communication Unbound: Autism and Praxis." Harvard Educational Review 60(3), 1990, p. 162.

35   Twachtman-Cullen, A Passion to Believe: Autism and Facilitated Communication,

p. 167.

36 Douglas Biklen and Donald Cardinal, eds., *Contested Words, Contested Sciences: Revisiting the Facilitated Communication Controversy*, New York: Teachers College Press, 1997.

37 *Ibid.* p. 187.

38 Roland Barthes, "The Death of the Author." In *Readings in Textual Studies*, ed. Patricia A. Moody, Action, MA: Copley Custom Publishing House, 1995, p. 77.

39 Bronwyn Davies, "Agency as a Form of Discursive Practice: A Calssroom Scene Observed." *British Journal of Sociology of Education* 11(3), 1990, p. 342.

40 Barthes, "The Death of the Author." p. 78.

41 Burke, *The Death and Return of the Author*, p. 50 재인용.

42 Donna Haraway, "A Manifesto of Cyborgs: Science, Technology, and Socialist Feminism in the 1980's." In *Feminism/Postmodernism*, ed. Linda J. Nicholson, New York: Routledge, 1990, p. 191.

43 Foucault, "What Is an Author?" p. 138.

44 Frances Mascia-Lees, Patricia Sharpe, and Colleen Cohen, "The Postmodernist Turn in Anthropology: Cautions from a Feminist Perspective." *Signs* 15(3), 1989 참고.

45 Eugene Marcus and Mayer Shevin, "Sorting It Out under Fire." In *Contested Words, Contested Science: Revisiting the Facilitated Communication Controversy*, ed. Douglas Biklen and Donald Cardinal, New York: Teachers College Press,1997.

46 *Ibid.*, p. 134.

47 Nirmala Erevelles, "Educating Unruly Bodies: Critical Pedagogy, Disability Studies, and the Politics of Schooling." *Educational Theory* 50(1), 2000.

48 Ibid.

49 Ibid.; Nirmala Erevelles, "Disability and the Dialectics of Difference." *Disability and Society* 11(4), 1996.

50 Stephen Jay Gould, *The Mismeasure of Man*, New York: Norton, 1981.; Diane B. Paul, *Confronting Human Heredity: 1865-Present*, Atlantic Highlands, N.J.: Humanities Press International, 1995.; Erevelles, "Educating Unruly Bodies: Critical Pedagogy, Disability Studies, and the Politics of Schooling."

51 Michel Foucault, "Questions of Geography." In *Power/Knowledge: Selected Interviews and Other Writings, 1972-1977*, ed. Colin Gordon, trans. Colin Gordon, Leo Marshall, John Mepham, and Kate Soper, New York: Pantheon, 1980, p. 98.

52 Douglas Biklen and Janet Duchan(Judith Felson Duchan), "'I Am Intelligent': The Social Construction of Mental Retardation." *Journal of the Association for Persons with Severe Handicaps* 19(3), 1994, p. 174.

53 Ibid., p. 182.

54 Gina Green and Howard Shane, "Science, Reason, and Facilitated Communication." *Journal of Association for Persons with Severe Handicaps* 19(3), 1994.

1   Michel Foucault, "Politics, Polemics, and Problematizations." In *The Essential Works of Michel Foucault, 1954-1984*, vol. 1, *Ethics: Subjectivity and Truth*, ed. Paul Rabinow, London: Allen Lane, 1997.

2   Roy Griffiths, *Community Care: An Agenda for Action*, London: HMSO, 1988, I.

3   Department of Health, *Caring for People: Community Care in the Next Decade and Beyond*, London: HMSO, 1990.

4   Eric Emerson and Chris Hatton, *Moving Out: Relocation from Hospital to Community*, London: HMSO, 1994 참조.

5   Jan Walmsley, "Normalisation, Emancipatory Research, and Inclusive Research in Learning Disability." *Disability and Society* 16, 2001.

6   Wolf Wolfensberger, "Social Role Valorization: A Proposed New Term for the Principle of Normalization." *Mental Retardation* 21, 1983.

7   Dan Goodley, "Learning Difficulties, the Social Model of Disability, and Impairment: Challenging Epistemologies." *Disability and Society* 16, 2001.

8   Maureen Gillman, Bob Heyman, and John Swain, "What's is a Name? The Implications of Diagnosis for People with Learning Difficulties and the Family Carers." *Disability and Society* 15, 2000.

9   Julie Allan, "Foucault and Special Educational Needs: A 'Box of Tools' for Analysing Children's Experiences of Mainstreaming." *Disability and Society* 11, 1996.

10   Michel Foucault, "The Ethics of the Concern of the Self as a Practice of Freedom." In *The Essential Works of Michel Foucault, 1954-1984*, vol. 1, *Ethics: Subjectivity and Truth*, ed. Paul Rabinow, London: Allen Lane, 1997.

11   Michel Foucault, "What Our Present Is." In *Foucault Live: Interview, 1966-1984*, ed. Sylvère Lotringer, New York: Semiotext(e), 1989.

12   Michel Foucault, "On the Genealogy of Ethics: An Overview of Work in Progress." In *The Essential Works of Michel Foucault, 1954-1984*, vol. 1, *Ethics: Subjectivity and Truth*, ed. Paul Rabinow, London: Allen Lane, 1997, p. 262.

13   Michel Foucault, *The Archaeology of Knowledge*, London: Routledge, 1972, p. 41.

14   *Ibid.*, p. 49.

15   Michel Foucault, *Discipline and Punish: The Birth of the Prison*, London: Penguin, 1979.

16   Michel Foucault, "An Aesthetics of Existence." In *Politics, Philosophy, Culture: Interviews and Other Writings, 1977-1984*, ed. Lawrence Kritzman, London: Routledge, 1988.

17   Michel Foucault, "The Subject and Power." In *Michel Foucault: Beyond Structuralism and Hermeneutics*, by Hubert L. Dreyfus and Paul Rabinow, London: Harvester Wheatsheaf, 1982.

18　Michel Foucault, "Technologies of the Self." In *The Essential Works of Michel Foucault, 1954-1984*, vol. 1, *Ethics: Subjectivity and Truth*, ed. Paul Rabinow, London: Allen Lane, 1997.

19　Michel Foucault, *History of Sexuality*, vol. 2, *The Use of Pleasure*, trans. Robert Hurley, London: Penguin, 1987.

20　Michel Foucault, *Remarks on Marx: Conversations with Duccio Trombadori*, trans. R. James Goldstein and James Cascaito, New York: Semiotext(e), 1991.

21　Lois McNay, *Foucault: A Critical Introduction*, Cambridge: Polity Press, 1994.

22　Julie Allan, "Foucault and Special Educational Needs: A 'Box of Tools' for Analysing Children's Experiences of Mainstreaming."

23　Foucault, *Remarks on Marx: Conversations with Duccio Trombadori*.

24　가령 Ian Parker, "Discursive Complexes in Material Culture." In *Psychological Research: Innovative Mathods and Strategies*, ed. John Trevor Haworth, London: Routledge, 1996 참조.

25　Foucault, *The Archaeology of Knowledge*, p. 80.

26　Foucault, *The History of Sexuality*, vol. 1, *An Introduction*, trans. Robert Hurley, New York: Random House, 1978, pp. 100~101.

27　Foucault, "Governmentality." In *The Foucault Effect: Studies in Governmentality*, ed. Graham Burchell, Colin Gordon, and Peter Miller, London: Harvester Wheatsheaf, 1991 참조.

푸코적 분석은 장애 이론에 어떤 기여를 할 수 있나?

1　Michael Oliver, *The Politics of Disablement*, London: Macmillan, 1990.

2　Bill Hughes and Kevin Paterson, "The Social Model of Disability and the Disappearing Body: Towards a Sociology of Impairment." *Disability and Society* 12, 1991 참고.

3　Bryan S. Turner, *The Body and Society*, 2d ed, London: Sage, 1996.

4　Chris Shilling, *The Body and Social Theory*, London: Sage, 1993.; Scott Lash, "Genealogy of the Body: Foucault/Deleuze/Nietzche." In *The Body: Social Process and Cultural Theory*, ed. Mike Featherstone, Mike Hepworth, and Brian S. Turner, London: Sage, 1991.

5　Michel Foucault, *The Order of Things: An Archaeology of the Human Sciences*, New York: Random House, 1970.

6　Didier Eribon, *Michel Foucault(1926-1984)*. Lodon: Faber, 1991, p. 161에서 재인용.

7　Paterson and Hughes, "Disability Studies and Phenomenology: The Carnal Politics of Everyday Life."

8　Bill Hughes, "The Constitution of Impairment: Modernity and the Aesthetic of Oppression." *Disability and Society* 14, 1999.

9 Nick Crossley, *The Social Body: Habit, Identity, and Desire*, London: Sage, 2001.

10 Thomas Csordas, ed., *Embodiment and Experience: The Existential Ground of Culture and Self*, Cambridge: Cambridge University Press, 1994.

11 Michel Foucault, "Truth and Power." In *Power/Knowledge: Selected Interviews and Other Writings, 1972-1977*, ed. Colin Gordon, trans. Colin Gordon, Leo Marshall, John Mepham, and Kate Soper, Brighton: Harvester, 1980.

12 Oliver, *The Politics of Disablement*.; Colin Barnes, Geoff Mercer, and Tom Shakespeare, *Exploring Disability: A Sociological Introduction*, Cambridge: Polity Press, 1999 참고.

13 Foucault, "Truth and Power."

14 Martin Jay, *Downcast Eyes: The Denigration of Vision in Twentieth Century French Thought*, Berkeley and Los Angeles: University of California Press, 1994.; Foucault, "The Eye of Power." In *Power/Knowledge: Selected Interview and Other Writings, 1972-1977*, ed. Colin Gordon, trans. Colin Gordon, Leo Marshall, John Mepham, and Kate Soper, Brighton: Harvester, 1980.

15 Hughes, "The Constitution of Impairment."

16 Sarah Nettleton, *Power, Pain and Dentistry*, Buckingham: Open University Press, 1992.

17 Deborah Lupton, *The Imperative of Health: Public Health and the Regulated Body*, London: Sage, 1995.; Alan Peterson and Deborah Lupton, *The New Public Health: Health and Self in the Age of Risk*, London: Sage, 1996.

18 Jeff Hearn and David Morgan, *Men, Masculinities, and Social Theory*, London: Unwin Hyman, 1990.

19 Nikolas Rose, *Governing the Soul*, London: Routledge, 1989.

20 Paterson and Hughes, "Disability Studies and Phenomenology."; Hughes, "The Constitution of Impairment."

21 Michel Foucault, "The Subject and Power." In *Michel Foucault: Beyond Structuralism and Hermeneutics*, by Hubert L. Dreyfus and Paul Rainbow, Chicago: University of Chicago Press, 1982.

22 Michel Foucault, *The Birth of the Clinic: An Archaeology of Medical Perception*, trans. A. M. Sheridan Smith, London: Routledge, 1973, pp. xi~xii.

23 Georges Canguilhem, *The Normal and the Pathological*, New York: Zone Books, 1991, p. 240.

24 Foucault, *The Birth of the Clinic*, p. xiii.

25 *Ibid.*, p. 208.

26 Margrit Shildrick, *Leaky Bodies and Boundaries: Feminism, Postmodernism, and (Bio)Ethics*, London: Routledge, 1997, p. 51.

27 *Ibid.*, p. 53.

28 Deborah Marks, *Disability: Controversial Debates and Psychosocial Perspective*,

London: Routledge, 1999, p. 142.

29 Susan Wendell, *The Rejected Body: Feminist Philosophical Reflections on Disability*, London: Routledge, 1996.

30 Foucault, "The Subject and Power."

31 John Lechte, *Fifty Key Contemporary Thinkers: From Structualism to Postmodernity*, London: Routledge, 1994.

32 Terry Eagleton, *The Illusions of Postmodernism*, Oxford: Blackwell, 1996, p. 69.

33 Chris Shilling, *The Body and Social Theory*, London: Sage, 1993, p. 80.

34 Giacomo Vattimo, *The Transparent Society*, trans. David Webb, Cambridge: Polity Press, 1992, p. 7.

35 Shilling, *The Body and Social Theory*.

36 Michel Foucault, "Nietzsche, Genealogy, History." In *Language, Counter-Memory, Practice: Selected Essays and Interviews by Michel Foucault*, ed. Donald F. Bouchard, trans. Donald F. Bouchard and Sherry Simon, Ithaca, N.Y.: Cornell University Press; Oxford: Blackwell, 1977, p. 153.

37 Foucault, "The Eye of Power." p. 39.

38 Foucault, "The Subject and Power." p. 208.

39 Ibid., p. 10.

40 Nick Crossley, "Merleau-Ponty, the Elusive Body, and Carnal Sociology." *Body and Society* 1(1), 1995.; "Body-Subject/Body-Power." *Body and Society* 2(2), 1996.; *The Social Body: Habit, Identity, and Desire*, 2001.; Simon Williams and Gillian Bendelow, *The Lived Body: Sociological Themes, Embodied Issues*, London: Routledge, 1998.

41 Marks, *Disability: Controversial Debates and Psychosocial Perspective.*; Hughes and Paterson, "The Social Model of Disability and the Disappearing Body."; Paterson and Hughes, "Disability Studies and Phenomenology."; Hughes, "The Constitution of Impairment."

42 Maurice Merleau-Ponty, *Phenomenology of Perception*, trans. Colin Smith, London: Routledge and Kegan Paul, 1962.

43 Crossley, *The Social Body: Habit, Identity, and Desire*.

44 Crossley, "Merleau-Ponty, the Elusive Body, and Carnal Sociology."

45 Marks, *Disability: Controversial Debates and Psychosocial Perspective*, p. 129.

46 Williams and Bendelow, *The Lived Body: Sociological Themes, Embodied Issues*.

47 Turner, *The Body and Society*, p. 26.

48 Shilling, *The Body and Social Theory*, p. 79.

49 *Ibid.*, p. 80.

50 Jürgen Habermas, *The Philosophical Discourse of Modernity*, trans. Frederick Lawrence, Cambridge: Polity Press, 1987.

51 Lois McNay, *Foucault: A Critical Introduction*, Cambridge: Polity Press, 1994, p. 106.

52 Charles Taylor, "Foucault on Freedom and Truth." In *Foucault: A Critical Reader*, ed. David Couzens Hoy, Oxford: Blackwell, 1986, p. 93.

53 Nancy Fraser, *Unruly Practice*, Cambridge: Polity Press, 1989, p. 29.

푸코의 유명론

1 Michel Foucault, *The History of Sexuality*, Vol. 1, *Introduction*. trans. Robert Hurley, New York: Vintage, 1978, pp. 36~49.

2 Jean Laplanche and J.-B. Pontalis, *The Language of Psychoanalysis*, trans. Donald Nicholson-Smith, New York: Norton, 1973, pp. 306~307.

3 Richard von Krafft-Ebing, *Psychopathia Sexualis*, trans. Henry E. Wedeck, New York: G. P. Putnam's Sons, 1965, p. 86.

4 Shelley Tremain, "On the Government of Disability." *Social Theory and Practice* 27(4), 2001.

5 World Health Organization, *International Classification of Impairments, Disability, and Handicaps*, Geneva: World Health Organization, 1980.

6 Disabled People's International, *Proceedings of the First World Congress*, Singapore: Disabled People's International, 1982.

7 Barbara M. Altman, "Disability, Definitions, Models, Classification Schemes, and Applications." In *Handbook of Disability Studies*, ed. Gary L. Albrecht, Katherine D. Seelman, and Michael Bury, Thousand Oaks, Calif.: Sage, 2000.

8 Tremain, "On the Government of Disability."

9 David L. Braddock and Susan L. Parish, "An Institutional History of Disability." In *Handbook of Disability Studies*, ed. Gary L. Albrecht, Katherine D. Seelman, and Michael Bury, Thousand Oaks, Calif.: Sage, 2000, p. 11. 또한 Michael Oliver, *Understanding Disability*, London: Macmillan, 1996.; Colin Barnes, Geoff Mercer, and Tom Shakespeare, *Exploring Disability: A Sociological Introduction*, Cambridge: Polity Press, 1999, pp. 2~3.

10 Barry Allen, "Disabling Knowledge." In *The Ethics of Postmodernity*, ed. Gary B. Madison and Martin Fairbairn. Evanston, Ill.: Northwestern University Press, 1999.

11 Barry Allen, "Power/Knowledge." In *Critical Essays on Michel Foucault*, ed. Karlis Racevskis. New York: G. K. Hall, 1999.

12 Barry Allen, "Demonology, Styles of Reasoning, and Truth." *International Journal of Moral and Social Studies* 8, 1993.; *Truth in Philosophy*, Cambridge: Harvard University Press, 1993.

13 Georges Canguilhem, *The Normal and the Pathological*, trans. Carolyn R. Fawcett, Cambridge: MIT Press, 1989, p. 93. 우리의 신체 자체 — 우리의 감각과 신체 건강 — 가 점점 병원에 의해, 의사에 의해 생성되고 있다. 의원성 임신에 대한 묘사는 Barbara Duden,

Disembodying Women: Perspectives on Pregnancy and the Unborn, trans. Lee Hoinacki, Cambridge: Harvard University Press, 1993 참조.

14 Michel Foucault, "What Is Enlightenment?" In *The Foucault Reader*, ed. Paul Rabinow, New York: Pantheon, 1984.

15 어셈블리 라인의 원래 동기는 훈육이지 경제적, 기술적 효율성이 아니다. "수공업적 생산은 해체되고 분업화되어 더 이상 개별 노동자의 손에 좌우되지 않게 되었다. 새로운 재료와 기술과 기계들이 도입된 것은 노동자에 의해 통제되던 노동과정을 해체하여 노동과정 자체가 관리받고 통제되는 과정으로 재조직하기 위해서였다."(Arnold Pacey, *The Culture of Technology*, Cambridge: MIT Press, 1983, pp. 23, 20)

16 Ivan Illich, *Toward a History of Needs*, Berkeley: Heyday, 1978.; Edward Tenner, *Why Things Bite Back: Technology and the Revenge of Unintended Consequences*, New York: Vintage, 1997.

17 Harlan Lane, *The Mask of Benevolence: Disabling the Deaf Community*, New York: Knopf, 1992, pp. 216~230.; Allen, "Disabling Knowledge."

18 Nancy Fraser, "Foucault on Modern Power: Empirical Insights and Normative Confusions." *Praxis International* 1, 1981.; Jürgen Habermas, *The Philosophical Discourse of Modernity*, trans. Frederick Lawrence, Cambridge: MIT Press, 1987.; Walter Privitera, *Problems of Style: Michel Foucault's Epistemology*, trans. Jean Keller, Albany: State University of New York Press, 1995.

19 Allen, "Foucault and Modern Political Philosophy." In *The Later Foucault: Philosophy and Politics*, ed. Jeremy Moss, London: Sage, 1998.; Jon Simons, *Foucault and the Political*, London: Routledge, 1995, pp. 116~118.

20 Foucault, *The History of Sexuality*, Vol. 2, *The Use of Pleasure*, trans. Robert Hurley, New York: Pantheon, 1985.; Vol. 3, *The Care of the Self*, trans. Robert Hurley, New York: Pantheon, 1986. 또한 "The Ethics of Care for the Self as a Practice of Freedom." In *The Final Foucault*, ed. James Bernauer and David Rasmussen, Cambridge: MIT Press, 1988.

21 Michael Oakeshott, *Morality and Politics in Modern Europe*, ed. Shirley Robin Letwin, New Haven: Yale University Press, 1993.

22 Ian Hacking, *The Social Construction of What?*, Cambridge: Harvard University Press, 1999, p. 82.

23 Calvin Normore, "The Medieval Tradition of Nominalism." In *Studies in Medieval Philosophy*, ed. John F. Wippel, Washington. D.C.: Catholic University of America Press, 1988.

24 Hans Blumenberg, *The Legitimacy of the Modern Age*, trans. Robert Wallace, Cambridge, Mass.: MIT Press, 1983, p. 189.

25 Hacking, *The Social Construction of What?*

26 Michel Foucault, "Questions of Method." In *The Foucault Effect: Studies in Governmentality*, ed. Graham Burchell, Colin Gordon, and Peter Miller, Chicago: University of

Chicago Press, 1991 p. 86.; Preface to *The History of Sexuality*, Vol. 1, *Introduction*, In *The Foucault Reader*, ed. Paul Rabinow, New York: Pantheon, 1984, p. 334.; *The History of Sexuality*, p. 93.

27 Allen, *Truth in Philosophy*.

28 Michel Foucault, *The Archaeology of Knowledge*, trans. Alan M. Sheridan Smith, New York: Vintage, 1972, pp. 47~48.

29 Allen, "What Was Epistemology?" In *Rorty and His Critics*, ed. Robert Brandom, Oxford: Blackwell, 2000.

30 Foucault, *The Archaeology of Knowledge*, pp. 182~183.

31 *Ibid.*, p. 72.

32 Michel Foucault, *The Essential Works of Michel Foucault, 1954-1984*, Vol. 1, *Ethics: Subjectivity and Truth*, ed. Paul Rabinow, New York: New Press, 1997, p. 7.

33 Foucault, *The Archaeology of Knowledge*, pp. 72, 76.

34 Allen, "The Soul of Knowledge." *History and Theory* 36, 1997.; Allen, "What Was Epistemology?"

35 Foucault, "Two Lectures." In *Power/Knowledge: Selected Interviews and Other Writings, 1972-1977*, ed. Colin Gordon, trans. Colin Gordon, Leo Marshall, John Mepham, and Kate Soper, New York: Pantheon, 1980, p. 81.

36 Ibid., p. 81.

37 Ibid., p. 82.

38 Ibid., p. 82.

39 Ibid., p. 85.

40 Michel Foucault, *Madness and Civilization*, trans. Richard Howard, New York: Random House, 1965.

41 Michel Foucault, *The Birth of the Clinic: An Archaeology of Medical Perception*, trans. Alan M. Sheridan Smith, New York: Vintage, 1975.

42 Peter Burke, *A Social History of Knowledge*, Cambridge: Polity, 2000.

43 Foucault, "Two Lectures." p. 82.

44 Susan Reynolds Whyte, "Disability between Discourse and Experience." In *Disability and Culture*, ed. Benedicte Ingstad and Susan Reynolds Whyte, Berkeley and Los Angeles: University of California Press, 1995.

45 Foucault, Preface to *The History of Sexuality*, Vol. 1, *Introduction*, In *The Foucault Reader*.; "On the Genealogy of Ethics." In *The Foucault Reader*, ed. Paul Rabinow, New York: Pantheon, 1984.

46 Bryan S. Turner, "Disability and the Sociology of the Body." In *Handbook of Disability Studies*, ed. Gray L. Albrecht, Katherine D. Seelman, and Michael Bury, Thousand Oaks, Calif.: Sage, 2000, p. 255.

47 Foucault, *The History of Sexuality*, Vol. 1, *Introduction*, p. 151.; *Discipline and Punish: The Birth of the Prison*, trans. Alan Sheridan, New York: Pantheon, 1979, p.

25.

48 Foucault, *Discipline and Punish*, p. 155.

49 Allen, "Forbidding Knowledge." *Monist* 79, 1996.

50 Stephen Jay Gould, *Wonderful Life: The Burgess Shale and the Nature of History*. New York: Norton, 1989, pp. 288~290.

장애 입법 : 부정적 존재론과 법적 정체성의 통치

1 기표로서의 '장애'는 '비유의 남용'(catachresis)이라는 견지에서 이해될 수 있다. 즉, 장애라는 개념에는 어떤 축자적인 지시체도 없다. 담론적 차원에서 '장애'를 검토할 때 그것의 의미는 고정성과 일반성을 상실하고 결국은 붕괴되어 버린다. 이런 견지에서 나는 '장애'라는 단어가 문화적으로 규정된 정상적, 유능한(표준적인) 신체를 기준으로 신체적 차이, 특이함, 이해불가능성을 내포한다고 생각한다.

2 Michael Oliver, *Understanding Disability: From Theory to Practice*, Basingstoke: Macmillan, 1996, p. 32.

3 나는 '비장애중심주의'(ableism)를 완전성, 종적 전형성, 결국 본질적으로 온전한 인간으로 귀결되는 특정한 종류의 자아와 신체(육체적 표준)를 생산하는 신념, 절차, 실천들의 조직망으로 정의한다.

4 Michel Foucault, *The Order of Things: An Archaeology of the Human Sciences*, New York: Vintage, 1994, p. 326.

5 Wendy Brown, *States of Injury: Power and Freedom in Late Modernity*, Princeton: Princeton University Press, 1995, p. 7.

6 Michel Foucault, "What Is Enlightenment?" In *The Essential Works of Michel Foucault, 1954-1984*, vol. 1, *Ethics: Subjectivity and Truth*, ed. Paul Rabinow, London: Allen Lane/Penguin Press, 1997.

7 Crawford Brough Macpherson, *The Political Theory of Possessive Individualism*, Oxford: Oxford University Press, 1964, p. 3. 강조는 인용자.

8 Margaret Thornton, *Dissonance and Distrust: Women in the Legal Profession*, Melbourne: Oxford University Press, 1996, p. 2.

9 Michel Foucault, "Truth and Power." In *Power/Knowledge: Selected Interviews and Other Writing, 1972-1977*, ed. Colin Gordon, trans. Colin Gordon, Leo Marshall, John Mepham, and Kate Soper, New York: Pantheon Press, 1980, p. 117 참조.

10 Peng Cheah, David Fraser, and Judith Grbich, eds., *Thinking through the Body of the Law*, st. Leonard's: Allen and Unwin, 1996.; Judith Grbich, "The Body in Legal Theory." *University of Tasmania Law Review* 1, 1992.; Adrian Howe, *Punish and Critique: Towards a Feminist Analysis of Penalty*, New York: Routledge, 1994; Kathryn O'Donovan, "With Sense, Consent, or Just a Con? Legal Subjects in the Discourse of Autonomy." In *Sexing the Subject of Law*, ed. Ngaire Naffine and

Rosemary Owen, Sydney: LBC Information Services, 1997.

11 Susan Wendell, *The Rejected Body: Feminist Philosophical Reflections on Disability*, New York: Routledge, 1996.; Margrit Shildrick, *Leaky Bodies and Boundaries: Feminism, Postmodernism, and (Bio)Ethics*, London: Routledge, 1997 참조.

12 가령, '지적 장애인을 위한 서비스 법'(호주 빅토리아, 1986) 8조(1)b항은 "하나, 혹은 그 이상의 표준화된 지능 측정도구"를 통해 자격 심사를 해야 한다고 명시하고 있다.

13 일찍이 쉬렌버거는 IQ검사가 '경증 정신지체와 정상성' 간의 구별법으로 사용될 때 제기되는 몇 가지 문제점을 지적했다. 정신연령 기준치의 변경에 의해 미국 백인 인구의 50퍼센트가 '지적으로 장애가 있는' 것으로 분류된 것이다. 쉬렌버거는 "가장 강력한 지능검사 옹호자조차 정신지체자의 비율이 2, 3퍼센트를 훌쩍 넘어서는 것을 원치 않는다"고 했다. Richard Charles Scheerenberger, *A History of Mental Retardation*, Baltimore: Paul H. Brookes, 1983, p. 21.

14 Simi Linton, *Claiming Disability: Knowledge and Identity*, New York: New York University Press, 1998, p. 10.

15 Barry Hindess, "The Liberal Government of Unfreedom." Paper presented to the symposium "The Ethos of Welfare", University of Helsinki, 2000, p. 11.

16 Fiona Campbell, "Eugenics in Different Key: New Technologies and the Conundrum of Disability." Paper presented to "'A Race for a Place': Eugenics, Darwinism, and Social Thought and Practice in Australia", History and Sociology Conference, Customs House, New South Wales, Australia, April 27-28, 2000.; "Eugenics in Disguise? Law, Technologies, and Negotiating the 'Problem' of 'Disability.'" *Australian Feminist Law Journal* 14, 2000.

17 Michel Foucault, "The Subject and Power." In *Michel Foucault: Beyond Structuralism and Hermeneutics*, by Hubert L. Dreyfus and Paul Rabinow, Chicago: University of Chicago Press, 1983, p. 208.

18 Michel Foucault, *The History of Sexuality*, Vol. 1. *An Introduction*, trans. Robert Hurley, Middlesex: Penguin, 특히 pp. 135~159.; *The Order of Things: An Archaeology of the Human Sciences*, New York: Vintage, 1994.

19 Equity Section, Queensland University of Technology, "Everybody Counts Equity Staff Data Collection Survey." Brisbane: Queensland University of Technology, 2000.

20 Adrian Howe, "The Problem of Privatised Injuries: Feminist Strategies for Litigation." *Studies in Law, Politics and Society* 10, 1990.; Wendy Brown, *States of Injury: Power and Freedom in Late Modernity*, Princeton: Princeton University Press, 1995.; Howe, "Fiduciary Law Meets the Civil Incest Suit: Re-framing the Injury of Incestuous Assault—a Question of Visibility." *Australian Feminist Law Journal* 8, 1997.; Margaret Thornton, "Neo-liberalism, Discrimination, and the Politics of Ressentiment." *Law in Context* 17(2), 2000.

21 Friedrich Nietzche, *On the Genealogy of Morals*, trans. Walter Kaufman and R. J.

Hollingdale, New York: Vintage, 1969, pp. 20, 36, 그 외 여기저기.

22 Brown, *States of Injury: Power and Freedom in Late Modernity*, p. 6.

23 *Ibid.*, p. 27.

24 하지만 이런 발견이 손쉽게 무시되어서는 안 되고, 다양한 운동 캠페인에 도움이 되어야 한다고 생각한다.

25 가령 호주의 정책 입안자들과 법률 개혁가들 중에는 장애인 혐오나 증오범죄가 합법적으로 조장되는 것을 인정하는 데 주저하는 이들이 있다.

26 *Ibid.*, p. 66.

27 Thornton, "Neo-liberalism, Discrimination, and the Politics of Ressentiment."

28 Ibid., p. 19.

29 Ibid., p. 20.

30 멀럴리는 동화주의적 자극이 내면화된 가치폄하를 의미할 뿐만 아니라 개인적인 참여 행위 자체가 자기 자신과는 다른 정체성을 수락하고, 다른 사람들과 자기 자신에 의해 각자의 (실제) 은폐된 정체성을 상기시킨다는 것을 의미한다고 지적한다. Robert Mullaly, *Structural Social Work: Ideology, Theory, and Practice*, 2d ed., Oxford: Oxford University Press, 1997.

31 호주에서는 원주민 집단의 '거주권' 보호나 지원 프로그램이 원주민들에게 '특혜'를 주고 대다수(앵글로-호주) 인구를 차별한다는 우파들의 주장이 있었다. 유사하게, 다양한 분야의 게이와 레즈비언들이 고용과 재산 관련하여 법적 보호를 위해 입법 활동을 벌일 때 우파들은 '특혜' 논란을 일으킨다(가령, 1992년 미국 오리건 주 '투표 법안 9'를 참조).

32 Thornton, "Neo-liberalism, Discrimination, and the Politics of Ressentiment." p. 22.

33 Jeremy Bentham, *A Fragment of Government*, ed. James Henderson Burns and Herbert Lionel Adolphus Hart, Cambridge: Cambridge University Press, 1990, p. 118. 강조는 인용자.

34 *Ibid.*, p. 18. 강조는 인용자.

35 Melinda Jones and Lee Ann Basser Marks, "Approaching Law and Disability." *Law in Context* 17(2), 2000, p. 2. 강조는 인용자.

36 Foucault, "Two Lectures." In *Power/Knowledge: Selected Interviews and Other Writings 1972-1977*, ed. Colin Gordon, trans. Colin Gordon, Leo Marshall, John Mepham, and Kate Soper, New York: Pantheon Press, 1980, p. 98 참조.

37 복지 수혜의 핵심 기준으로 '상호 의무'를 제기하는 움직임이 그런 예이다. Patrick McClure, *Participation Support for a More Equitable Society—Final Report*, Canberra: Department of Family and Community Services(Cth), 2000 참조.

38 신체변형(morphing)의 역학은 장애 신체를 신체 재구성과 주체성 재형성을 통해 '정상적' 신체로 개조할 수 있다는 환영(외관)을 창조한다. 이런 변형은 보통 '건강한 몸'이나 '정상성'으로 이해되는 것을 모방하는 기술적 실천을 통해 발생한다. 변형이란 보통 완전한 신체의 외관을 제공하는 기술적 실천이나 지원의 요소를 가리킨다. 가령, 보철과 재건 수술 등에 의해 손이 없는 것은 결핍과 등치되고 손이 있는 몸은 정상과 등치된다.

39 Robert Carver, "Cochlear Implants in Pre-lingual Deaf Children: A Deaf Perspective."

Deaf World Web(www.deafworldweb.org), 1990.

40 Foucault, "The Political Technology of Individuals [Omnes et Singulatim]." In *Technologies of the Self: A Seminar with Michel Foucault*, ed. Luther Martin, Huck Gutman, and Patrick Hutton, London: Tavistock, 1988.; Foucault, "What Is Enlightenment?" 참조.

41 Elizabeth Key, "Voluntary Disabilities and the ADA: A Reasonable Interpretation of 'Reasonable Accommodation.'" *Hastings Law Journal* 48(1), 1996.

42 Ibid., p. 84.

43 Ibid., p. 96.

44 Bonnie Tucker, "Deaf Culture, Cochlear Implants, and Elective Disability." *Hastings Center Report* 28(4), 1998, p. 10.

45 최근에 다리 이식수술을 받은 클린트 할람(Clint Hallam)의 사례는 정상성 추구의 폭력성을 극적으로 보여 준다. Fiona Kumari Campbell, "The Case of Clint Hallam's Wayward Hand: Print Media Representations of the 'Unco-operative' Patient." *Journal of Media & Cultural Studies* 9, no. 3, 2004 참조. 한 논평자에 따르면 "할람은 이전에는 (다리가 절단된) 건강한 사람이었다. 그런데 지금은 ('새로운' 다리의 생육을 위한) 면역 억제 약물의 영향으로 병든 사람이 되었다"(Justine Ferrari, "Hands-on Experience." *Weekend Australian*, October, 1998, p. 17). 마찬가지로 인공 달팽이관 이식 역시 정기적인 수리를 요구하며 때로는 나머지 청각 기관마저 제거함으로써 항구적인 손상을 초래한다는 점에서 폭력적이다. Owen Wrigley, *The Politics of Deafness*, Washington, D. C.: Gallaudet University Press, 1996 참조.

46 브래그던 대 애벗 사건(*Bragdon v. Abbott*). 524 U.S. 624(1998); 118 S.Ct. 2196; 141 L.Ed. 2d 540.

47 완화(mitigation)란 개념에 대해 자세히 설명할 지면은 없고, 다만 그것의 상대성을 강조하려 한다. *The New Shorter Oxford English Dictionary* 제15판에 따르면 '완화'란 "태도나 자세를 좀더 부드럽게(milder) 만드는 것, 덜 악화시키거나 누그러뜨리는 것"을 의미한다.

48 *Sutton v. United Airline Inc.*, 527 U.S. 471(1999); 119 S.Ct. 2139; *Murphy v. United Parcel Service*, 527 U.S. 516(1999); 119 S.Ct. 2133; *Albertson's Inc. v. Kirkingburg*, 527 U.S. 555(1999); 119 S.Ct. 2162.

49 다른 두 사례는 뚜렷이 서턴(*Sutton*)의 판결논리를 따르고 있다.

50 '불구'의 수를 세는 과학은 사람들을 '대상'으로, 그 다음엔 '숫자'로 취급하는 환경 속에서 벌어지는 '장애' 묘사의 전쟁을 단적으로 보여 준다. 행정 목적을 위해 (실제) 장애인은 통계적 수치를 통해서만, 그렇게 통치 가능한 대상으로서만 가시화되어야 했다. '가짜 장애인'에 대한 강박은 "누가 진짜 장애인이며 얼마나 많은 수가 존재하는가?" 같은 질문을 야기한다. Ian Hacking, "Biopower and the Avalanche of Printed Numbers." *Humanities in Social Science* 5, 1982.; "How Should We Do the History of Statistics?" In *The Foucault Effect: Studies in Governmentality*, ed. Graham Burchell, Colin Gordon, and Peter Miller, London: Wheatsheaf, 1991 참조.

51 Jerome Bickenbach, *Physical Disability and Social Policy*, Toronto: University of Toronto Press, 1993, p. 93.

52 '장애'(disabled)와 '비장애'(abled)의 이분법 안에서 작업하는 것의 문제 중 하나는 이 두 기표의 경계가 상호 침투한다는 점이다. 새로운 정상화 기술의 출현은 '장애'를 다시 쓸 뿐만 아니라 '정상성'까지 다시 쓰게 만든다.

53 No. 00-1089, U.S. Supreme Court(January 8, 2002).

54 이런 종류의 우생학 속에서 '시장의 힘'이 소비주의의 외관 속에서 예측 가능한 선택과 결과를 지배한다. '부적합한' 존재를 제거하는 부정적이고 '낡은' 우생학을 대신하여 '긍정적'인 우생학은 내가 '정상주의적'(ableist) 표준이라 부른 인간성에 대한 강박적 추구로 나타난다. Campbell, "Eugenics in Different Key."; Campbell, "Eugenics in Disguise? Law, Technologies, and Negotiating the 'Problem' of 'Disability'." 참조.

II부 역사들

유순한 신체, 유순한 정신: 정신지체에 관한 푸코적 성찰

1 나는 '정신지체'(mental retardation)라는 용어에 반발하는 운동을 지지하지만, 일단 그 용어를 조심스럽게 사용하려 한다. 이 글이 정신지체라는 범주의 역사와 지속성에 대해 비판적인 분석인 한에서, 그리고 이 용어가 특정한 맥락에서(가령, 정신의학이나 법적 담론에서) 여전히 사용되고 있기 때문에 나는 역사적으로 구성된 범주로서의 '정신지체'에 초점을 맞추려 한다.

2 Michel Foucault, "Questions of Method." In *The Essential Works of Michel Foucault, 1954-1984*, vol. 3, *Power*, ed. James D. Faubion, New York: New Press, 2000, p. 225.

3 Michel Foucault, *Archaeology of Knowledge*, trans. A. M. Sheridan Smith, New York: Pantheon Books, 1972, p. 155.

4 많은 역사학자들이 정신지체의 제도사를 세 시기로 구분한다. 첫번째 시기는 1850~80년의 낙관적인 제도 건설 시기, 두번째는 1880~1900년 '비정상적' 사람은 사회로부터 보호받아야 한다는 전문가들의 의견을 반영하여 교육에서 보호주의로 전환이 이뤄지는 시기, 마지막으로 1900~1920년, 정신박약의 위험성으로부터 사회를 보호하기 위해 제도적 구속과 사회 프로그램을 마련하는 시기. Wolf Wolfensberger, "The Origin and Nature of Our Institutional Models." In *Changing Patterns in Residential Services for the Mentally Retarded*, ed. Robert Kugel and Ann Shearer, Washington, D.C.: President's Committe on Mental Retardation, 1976.; Duane Stroman, *Mental Retardation in Social Context*, Lanham, Md.: University Press of America, 1989.; James W. Trent Jr., *Inventing the Feeble Mind: A History of Mental Retardation in the United States*, Berkeley and Los Angeles: University of California Press, 1994 참조. 푸코의 『지식의 고고학』에서 제시된 연속성과 불연속성의 개념을 활용하여 나는 정신지체의 역사에서 일어난 두 번의 단절

(기관들의 설립과 IQ 검사)과 그 속에서 이어져 온 일련의 긴장에 초점을 맞추려 한다.

5 Ian Hacking, *Historical Ontology*, Cambridge: Harvard University Press, 2002 참고.

6 Michel Foucault, "Polemics, Politics, Problematizations." In *The Essential Works of Michel Foucault, 1954-1984*, vol. 1, *Ethics: Subjectivity and Truth*, ed. Paul Rabinow, New York: New Press, 1997, p. 118.

7 Michel Foucault, *The Birth of the Clinic: An Archeology of Medical Perception*, trans. A. M. Sheridan Smith, New York: Vintage Books, 1994, p. xix.

8 William Sloan and Harvey A. Stevens, *A Century of Concern: A History of the American Association on Mental Deficiency, 1876-1976*, Washington, D.C.: American Association on Mental Deficiency, 1976, pp. 1~2.

9 Foucault, *The Birth of the Clinic*, p. xviii.

10 Trent, *Inventing the Feeble Mind*, pp.155~168 참조. 또한 Stephen Jay Gould, *The Mismeasure of Man*, New York: Norton, 1981, ch. 5~6 참조.

11 Foucault, *Discipline and Punish: The Birth of the Prison*, trans. Alan Sheridan: New York: Vintage Books, 1979, p. 255.

12 Georges Canguilhem, *The Normal and the Pathological*, trans. Carolyn R. Fawcett, New York: Zone Books, 1989, pp. 41~42.

13 Edouard Seguin, *Idiocy and Its Treatment by the Physiological Method*, Albany, N.Y.: Press of Brandow Printing, 1910.

14 단치거는 새로운 생리학이 새로운 학문분야로 출현한 것에 대해 논의한다. Kurt Danziger, *Constructing the Subject: Historical Origins of Psychological Research*, Cambridge: Cambridge University Press, 1990.

15 Seguin, *Idiocy and Its Treatment by the Physiological Method*, p. 5.

16 *Ibid.*, p. 48.

17 인종 분류와 정신지체의 관련성은 너무나 복잡해서 여기서 다루기는 힘들다. Steven Noll, *The Feeble-Minded in Our Midst: Institutions for the Mentally Retarded in the South, 1900-1940*, Chapel Hill: University of North Carolina Press, 1995.; Chris Borthwick, "Racism, I.Q., and Down's Syndrome." *Disability and Society* 11(3), 1990 참조.

18 Samuel Gridley Howe, "On the Causes of Idiocy." In *The History of Mental Retardation: Collected Papers*, vol. 1, ed. Marvin Rosen, Gerald Clark, and Marvin Kivitz, Baltimore: University Park Press, 1976, p. 37.

19 *Ibid.*, pp. 38~39.

20 Peter Singer, *Animal Liberation*, London: Pimlico, 1995.

21 Licia Carlson, "Mindful Subjects: Classification and Cognitive Disability." Ph.D.diss., University of Toronto, 1998 참조.

22 Jeffrie Murphy, "Do the Retarded Have a Right Not to Be Eaten? A Rejoinder to Joseph Margolis." In *Ethics and Mental Retardation*, ed. Loretta Kopelman and John C. Moskop, Dordrecht: D. Reidel, 1984.

23 Isaac N. Kerlin, "Our Household Pets." In *The History of Mental Retardation: Collected Papers*, vol. 1, ed. Marvin Rosen, Gerald Clark, and Marvin Kivitz, Baltimore: University Park Press, 1976, p. 285.

24 Foucault, *Madness and Civilization: A History of Insanity in the Age of Reason*, trans. Richard Howard, New York: Pantheon Books, 1988.

25 Philip M. Ferguson, *Abandoned to Their Fate: Social Policy and Practice toward Severly Retarded People in America, 1820-1920*, Philadelphia: Temple University Press, 1994, p. 24.

26 Dorothea Dix, "Memorial to the Legislature of Massachusetts, 1843." In *The History of Mental Retardation: Collected Papers*, vol. 1, ed. Marvin Rosen, Gerald Clark, and Marvin Kivitz, Baltimore: University Park Press, 1976, pp. 3~30.

27 Marvin Rosen, Gerald Clark, and Marvin Kivitz, eds., *The History of Mental Retardation: Collected Papers*, 2 vols, Baltimore: University Park Press, 1975, p. xviii.

28 Sloan and Stevens, *A Century of Concern*, p. 26에서 재인용.

29 Isaac N. Kerlin, "Moral Imbecility." In *The History of Mental Retardation: Collected Papers*, vol. 1, ed. Marvin Rosen, Gerald Clark, and Marvin Kivitz, Baltimore: University Park Press, 1976, p. 307.

30 Ferguson, *Abandoned to Their Fate*, pp. 2~3.

31 Walter E. Fernald, "Description of American Institutions." In *The History of Mental Retardation: Collected Papers*, vol. 1, ed. Marvin Rosen, Gerald Clark, and Marvin Kivitz, Baltimore: University Park Press, 1976, p. 323.

32 *Ibid.*, p. 325.

33 Carlson, "Cognitive Ableism and Disability Studies: Feminist Reflections on the History of Mental Retardation." *Hypatia* 16(4), 2001 참조.

34 Foucault, *Discipline and Punish*, p. 215.

35 *Ibid.*, pp. 235~236.

36 *Ibid.*, p. 137.

37 Fernald, "Description of American Institutions." p. 323.

38 Foucault, *Discipline and Punish*, p. 227.

39 *Ibid.*, p. 170.

40 Trent, Jr., *Inventing the Feeble Mind*, p. 84.

41 Foucault, *Discipline and Punish*, p. 266.

42 Trent, *Inventing the Feeble Mind*, pp.155~168.; Gould, *The Mismeasure of Man*, ch. 5~6 참조.

43 Sloan and Stevens, *A Century of Concern*, p. 116.

44 Foucault, *The Birth of the Clinic*.

45 Trent, *Inventing the Feeble Mind* 참조.

46 Henry Herbert Goddard, *The Kallikak Family*, New York: Macmillan, 1939, pp. 101~102.

47 Goddard, "Four Hundred Children Classified by the Binet Method." In *The History of Mental Retardation: Collected Papers*, vol. 1, ed. Marvin Rosen, Gerald Clark, and Marvin Kivitz, Baltimore: University Park Press, 1976, p. 364.

48 Goddard, *The Kallikak Family*, p. 56.

49 Alfred Binet and Theodore Simon, *The Development of Intelligence in Children*, trans. Elizabeth Kite, Nashville: Williams, 1980, p. 37.

50 Sloan and Stevens, *A Century of Concern*, p. 108. 강조는 인용자.

51 Gould, *The Mismeasure of Man*, p. 163.

52 Foucault, *Discipline and Punish: The Birth of the Prison*, p. 235.

53 Foucault, "On the Genealogy of Ethics: An Overview of Work in Progress." In *The Essential Works of Michel Foucault, 1954-1984*, vol. 1, *Ethics: Subjectivity and Truth*, ed. Paul Rabinow, New York: New Press, 1997, p. 262.

비범한 학교: 19세기 초반 미국, 농의 제도화

1 Barbara Kannapell, "The Celebration of the Deaf Culture." *Voice*, April-May, 32, 1991.

2 Edward A. Fay, ed., *Histories of American Schools for the Deaf, 1817-1893*, 2 vols., Washington, D.C.: Volta Bureau, 1893.

3 이 원고 초안에 대해 조언을 해준 브루스 로리(Bruce Laurie), 스티븐 니센바움(Stephen Nissenbaum), 이브 오이시(Eve Oishi), 셸리 트레마인(Shelley Tremain)에게 감사 인사를 전한다. 19세기 농인 커뮤니티에 대해 자세히 알고 싶으면 Jack Gannon, *Deaf Heritage: A Narrative History of Deaf America*, Silver Spring, Md.: National Association of the Deaf, 1981.; Katherine A. Jankowski, *Deaf Empowerment: Emergence, Struggle, and Rhetoric*, Washington, D.C.: Gallaudet University Press, 1997.; John V. Van Cleve and Barry A. Crouch, *A Place of Their Own: Creating the Deaf Community in America*, Washington, D.C.: Gallaudet University Press, 1989 참고.

4 Douglas C. Baynton, *Forbidden Sign: American Culture and the Campaign against Sign Language*, Chicago: University of Chicago Press, 1996.; Robert M. Buchanan, "The *Silent Worker* Newspaper and the Building of a Deaf Community." In *Deaf History Unveiled: Interpretations from the New Scholarship*, ed. John V. Van Cleve, Washington, D.C.: Gallaudet University Press, 1993.; Harlan Lane, *When the Mind Hears: A History of the Deaf*, New York: Vintage, 1989.; Van Cleve and Crouch, *A Place of Their Own*.

5 Owen Wrigley, *The Politics of Deafness*, Washington, D.C.: Gallaudet University Press, 1996.

6 Phyllis Valentine, "Thomas Hopkins Gallaudet: Benevolent Paternalism and the Origins of the American Asylum." In *Deaf History Unveiled: Interpretations from the New Scholarship*, ed. John V. Van Cleve, Washington, D.C.: Gallaudet University Press, 1993.

7　Henry B. Camp, "Life at the Asylum." *American Annals of the Deaf and Dumb* 2, p. 78.

8　Fay, *Histories of American Schools for the Deaf, 1817-1893*.

9　Margaret A. Winzer, *The History of Special Education: From Isolation to Integration*, Washington, D.C.: Gallaudet University Press, 1993.

10　Dona Brown, *Investing New England: Regional Tourism in the Nineteenth Century*, Washington, D.C.: Smithsonian Institution Press, 1995.

11　*Ibid.*

12　Wrigley, *The Politics of Deafness*.

13　Michel Foucault, *The Birth of the Clinic: An Archaeology of Medical Perception*, trans. A. M. Sheridan Smith, New York: Vintage, 1973.; Foucault, *The History of Sexuality*, Vol. I, *An Introduction*, trans. Robert Hurley, New York: Vintage, 1978.

14　"Virginia Institution." *American Annals of the Deaf and Dumb* 6, 1854.

15　S. B. Cheek, "Some Suggestions in Reference to the Enterprise of Deaf-Mute Instruction in the United States." *American Annals of the Deaf and Dumb* 7, 1853, p. 174.

16　Thomas H. Gallaudet, *Sermon on the Duties and Advantages of affording Instruction to the Deaf and Dumb*, Portland: Maine Mirror Office, 1824, p. 8.

17　Laurent Clerc, "First Speech in America." In *A Mighty Change: An Anthology of Deaf American Writing, 1816-1864*, ed. Christopher Krentz, Washington, D.C.: Gallaudet University Press, 2000, p. 10.

18　Collins Stone, "Ohio Institution for Deaf and Dumb." *American Annals of the Deaf and Dumb* 5, 1853, p. 239.

19　*Ibid.*, p. 239 재인용.

20　Philip Gillett, "History of the Illinois Institutions for the Education of the Deaf and Dumb." *Histories fo American Schools for the Deaf, 1817-1893*, Vol. 1, Washington, D.C.: Volta Bureau, 1893.

21　Susan Burch, "Biding the Time: American Deaf Cultural History, 1900 to World War II." Ph.D. diss., Georgetown University, 1999.

22　Wrigley, *The Politics of Deafness*.

23　이런 일반화에 대한 중요한 예외는 마서스비니어드(Martha's Vineyard) 섬의 농인 거주인들에 대한 노라 엘렌 그로스의 연구(Nora Ellen Groce, *Everyone Here Spoke Sign Language: Hereditary Deafness on Martha's Vineyard*, Cambridge: Harvard University Press, 1985) 참조.

24　가령 미국 농인학교(American Asylum)의 졸업생 에드워드 부스(Edward Booth)는 집에서 농장 일 돕기를 더 원하는 가족 구성원들의 반대를 무릅쓰고 학교를 다니게 되었다고 설명했다.

25　William White, *An Account of the Origins and Progress of the Pennsylvania Institution for the Deaf and Dumb*, Philladelphia: William Fry, 1821, p. 4.; Circular of the President and Directors, *Circular of the Resident and Directors of the Institution for the Instruction of the Deaf and Dumb*, New York: E. Conrad, 1818.

26 주립 학교를 창립한 펜실베이니아 법령은 이 학교가 "농인들에게 인간 종에 걸맞는 지위를 회복시켜" 줄 거라고 천명했다(인용은 White, *An Account of the Origins and Progress of the Pennsylvania Institution for the Deaf and Dumb*, p. 16).

27 Silvanus Miller, *An Address Delivered on Behalf of the New York Institutions*, New York: E. Conrad, 1819.

28 John Burnet, "What the Deaf and Dumb Are Before Instruction." In *A Mighty Change: An Anthology of Deaf American Writing, 1816-1864*, ed. Christopher Krentz, Washington, D.C.: Gallaudet University Press, 2000, p. 41.

29 Michael B. Katz, *The Undeserving Poor: From the War on Poverty to the War on Welfare*, New York: Pantheon, 1989.

30 E. Porter Belden, *New York: Past, Present, and Future*, New York: Prall, Lewis, 1851, p. 122.

31 Edmund M. Blunt, *The Stranger's Guide to the City of New York*, London: W. Clotves, 1818.

32 Anne Royall, *Sketches of History, Life, and Manners, in the United States*, New Haven: Printed for the Author, 1826, p. 224.

33 *Ibid.*, p. 224.

34 H. S. Tanner, *Tanner's Picture of Philadelphia and its Environs or the Stranger's Guide*, New York: Map and Geographical Establishment, [1847].

35 *Ibid.*, p. 76.

36 Michel Foucault, *Discipline and Punish: The Birth of the Prison*, trans. Alan Sheridan, New York: Random House, 1977.

37 Robert M. Buchanan, *Illusions of Equality: Deaf Americans in School and Factory, 1850-1950*, Washington, D.C.: Gallaudet University Press, 1999. 남북전쟁 전 시기에는 직업 교육에 대한 교육자들의 강조가 증가하다가 1876년부터 몇몇 교육자들에 의해 그에 관련된 논쟁이 벌어졌다. 1876년 미국 농인학교 창시자의 아들 에드워드 갤로 데트는 『연감』의 논문에서 "학생들의 지적 교육과 도덕 교육"이 농인 교육의 기본 요소가 되어야 한다고 주장할 필요를 느꼈다. 같은 해 미국 농인학교 교장단 회의에서 그는 학생들이 학문 교육을 받을 수 있는 최소 시간을 의무적으로 정하자고 제안했다. 이에 대한 논쟁 끝에 하루에 5시간, 일주일에 5일, 1년에 9개월을 최저 학문 교육 시간으로 정하자는 갤로데트의 제안이 통과되었다. 그렇게 결정되긴 했지만 일리노이 농인학교의 교장 필립 질레트(Phillip Gillett)는 "농인의 경우 기술 교육과 지적 훈련의 가치를 명확히 구분하는 것 자체가 어렵다"고 논평했다("Proceedings of the Third Conference of Principals of American Institutions for the Instruction and Education of the Deaf and Dumb." *American Annals of the Deaf and Dumb* 21, 1876, p. 237).

38 Tricia A. Leakey, "Vocational Education in the Deaf American and African American Communities." In *Deaf History Unveiled: Interpretations from the New Scholarship*,

ed. John V. Van Cleve, Washington, D.C.: Gallaudet University Press, 1993, p. 85.

39   Thomas Brown, "Thomas Brown's Remarks." In *A Mighty Change: An Anthology of Deaf American Writing, 1816-1864*, ed. Christopher Krentz, Washington, D.C.: Gallaudet University Press, 2000.; Fisher Ames Spofford, "Fisher Ames Spofford's Address." In *A Mighty Change: An Anthology of Deaf American Writing, 1816-1864*. ; George H. Loring, "George H. Loring's Address to Gallaudet." In *A Mighty Change: An Anthology of Deaf American Writing, 1816-1864*.

40   Michel Foucault, "Truth and Power." In *Power/Knowledge: Selected Interviews and Other Writings, 1972-1977*, ed. Colin Gordon, trans. Colin Gordon, Leo Marshall, John Mepham, and Kate Soper, New York: Pantheon, 1980, p. 119.

41   Camp, "Life at the Asylum." p. 79.

42   John Carlin, "Carlin's Comments. In Ceremonies at the Completion of the Gallaudet Monument." *American Annals of the Deaf and Dumb* 7, 1854, p. 31.

43   Christopher Krentz, *A Mighty Change: An Anthology of Deaf American Writings, 1816-1864*, Washington, D.C.: Gallaudet Universtiy Press, 2000.; Van Cleve and Crouch. *A Place of Their Own: Greating the Deaf Community in America*.

44   *Ibid.*

45   Alexander G. Bell, *Memoir upon the Formation of a Deaf Variety of the Human Race*, N.p.: Alexander Graham Bell Association for the Deaf, 1969.; Edward A. Fay, *Marriages of the Deaf in America*, Washington, D.C.: Volta Bureau, 1898. 벨은 1854년까지 오하이오, 뉴욕, 인디애나 농인학교 졸업생 중 각각 69.6%, 74.3%, 80.8%가 농인과 결혼했다고 말했다(op. cit., p. 16).

46   Van Cleve and Crouch, *A Place of Their Own: Greating the Deaf Community in America*.

47   John Carlin, "Advantages and Disadvantages of the Use of Signs." *American Annals of the Deaf and Dumb* 4, 1851, p. 49.

48   John Carlin, "The National College for Mutes." *American Annals of the Deaf and Dumb* 6, 1854, p. 175.

49   갤로데트 대학 창립과 관련해서는 Van Cleve and Crouch, *A Place of Their Own*과 Edward M. Gallaudet, *History of the College for the Deaf, 1857-1907*. ed. Lance Fischer and David de Lorenzo, Washington, D.C.: Gallaudet University Press, 1983 참조.

기형의 딜레마 : 19세기에서 20세기 초반 파리에서의 비정상 인간에 대한 경찰통제와 기형학

1   Clément Vautel, "Propos d'un Parisien." *Le Matin*, July I, 1909, p. 1.; 「법정 풍경」 (Chronique judiciaire: ...La Femme aux pinces de homard est frappé de 30 contraventions), *Le Petit Parisiene*, July 28, 1909, p. 4.; 「절뚝거리는 악마」(Le Diable Boîteux), "Echos: ...La femme-homard." *Gil Blas*, July 28, 1909, p. 1.

2　프랑스어 '페노멘느'는 거칠게 영어 freak(기형)에 해당한다. 내가 이 장에서 다루는 동안 페노멘느는 단순히 선천적 기형을 가진 사람이나 동물만이 아니라 범상치 않은 신체적 능력이나 특별한 재능을 가진 사람이나 동물을 가리킨다. 여기서 나는 단지 신체적 기형을 (실제나 거짓으로) 가진 사람만을 다루기 때문에 그런 의미로 이 단어를 사용한다.

3　나는 deformity, monstrosity, dwarf, giant 등과 같은 단어를 19세기의 용어법과 개념적 구분을 유지하기 위해 사용한다.

4　Vautel, "Propos d'un Parisien." p. 1.

5　maternal imagination(임신 중 상상) 이론에 따르면 임신한 여자의 상상은 신체적으로 '변형된'(defored) 사람이나 동물을 봄으로써 나쁜 영향을 받으며, 그로 인해 태아의 발달에 영향을 줘 '괴물' 같은 아이를 낳게 될 수 있다.

6　기형학과 의학 문헌에 사용된 이 단어는 꽤 최근까지 내부 손상뿐 아니라 외적으로 드러난 심각한 선천적 '변형'을 가진 사람들을 가리킨다.

7　Dr. Ernst Martin, *Histoire des monstres depuis l'antiquité jusqu'à nos jours*, Paris: c. Reinwald et Cie, 1880, p. 178. 로테르는 그의 1836년 「프랑스 범죄자 판결」(*Traité du criminal français*)에서 이렇게 결론지었다. "살인은 시체에게도, 괴물에게도 자행될 수 없다."

8　푸코에 따르면, 법은 훈육을 위한 가면이다. 즉 권력/지식의 근대적 양태에서, 법은 겉으로 드러나고 일반적으로 알려진 사회 지배 '규칙'이며, 이에 반해 훈육은 은밀하지만 실제적인 '통제'의 양식이다. 훈육은 인간과학, 전문가 등 궁극적으로 과학으로부터 권위를 얻는 분과학문에 의해 은밀한 형태로 사회에 작용한다.

9　Guyot-Daubès, "N.-W. Kobelkoff, ou l'Homme-tronc." *La Nature*, January 23, 1886, pp. 113~115.; Saltarino(Hermann-Waldemar Otto), *Fahrend Volk: Abnormitäten, Kuriositäten, und interessante Vertreter der wandernden Küstlerwelt*, Leipzig: J. J. Weber, 1895, pp. viii, 108~110.; "Affichettes." N.d. Archives et Muséum des Arts et Traditions populaire, Fonds Soury, Posters advertising Kobelkoff's *cinématographe*.; Nicolai Kobelkoff and Fix de Falers, Memoires de l'Hommes-Tronc, N. W. Kobelkoff, Vienna: Broschürt, 1912; Jacques Garnier, Forains d'hier et d'aujourd'hui: Un siècle d'histoire des forains, des fêtes et de la vie foraine. Orléans: J. Garnier, 1968, pp. 47, 332~335; Hans Scheugl, *Show Freaks and Monsters: Sammlung Felix Adanos*, Cologne: DuMont Schauberg,1974, p. 20.

10　「법정 풍경」(Chronique judiciaire), p. 4.; 「절뚝거리는 악마」(Le Diable Boîteux), p. 1.

11　Michel Foucault, *Discipline and Punish: The Birth of the Prison*, trans. Alan Sheridan, New York: Vintage, 1979.

12　그 기원이 의심스러운 '비자연적' 존재로서, 그리고 그 외양이 태아의 신체적 기형의 원인이 될 수 있는 그런 존재들에 대해 파리 당국은 1829년 10월 하순경 파리 출입을 금지했다(Irving Wallace and Amy Wallace, *The Two*, New York: Simon and Schuster, 1978, pp. 97, 145, 148.; Martin, *Histoire des monstres depuis l'antiquité jusqu'à nos jours*, p. 368). 에티엔 조프루아 생-틸레르의 공식적인 보고서와 간곡한 호소에도 불구하고 말이다 (Etienne Geoffroy Saint-Hilaire, "Rapport fait à l'Académie des sciences le 19 octobre, 1829

··· sur deux frères attachés ventre à ventre depuis leur naissance, présentement âgés de dix-huit ans et dont on annonce la prochaine arrivé en France." *Le Moniteur,* October 29, 1829). 동일한 동기가 1829년 10월 말에 파리로 온 리타-크리스티나에 대한 거부의 이유로 작용했다("Mostruosités humaines: Nouvelles communications sur Christina-Rita et Chang-Eng." *Le Temps,* November 4, 1829, cols. 236~238.; "Nouvelles de Paris." *Le Temps,* November 22, 1829, col. 453.; "Histoire naturelle. Monstruosité humane bicéphale: Ouverture du corps de Christina-Ritta." *Le Temps,* November 25, 1829, cols. 481~487.; R. Castel, *Explication physiologique des phénomènes observés chez Ritta-Christina,* Paris: Gabon, 1830.; Isidore Geoffroy Saint-Hilaire, *Histoire générale et particulière des anomalies de l'organisation chez les animaux, comprenant des recherche sur les caractères, la classification, l'influence physiologique et pathologique, les rapports généraux, les lois et les causes des monstruosités, des variétés et vices de conformation, ou Traité de tératologie,* 3 vols. and atlas., Paris: Ballière, 1832-37, vol. 3, pp. 166~169. "Monstre." In *Dictionnaire pittoresque d'histoire naturelle et des phénomènes de la nature,* vol. 5, ed. Felix-Edouard Guerin-Meneville, 1837, p. 415). 파리 경찰 당국이 리타-크리스티나의 전시를 금지한 공식적인 이유는 아동 건강 때문이지만, 행정 당국의 실질적인 걱정은 그 쌍둥이의 '비자연적' 기원과 '인간'의 본성에 관한 대중들의 위험한 관람 가능성 때문이다(Ibid., pp. 415~416). 하지만 리타-크리스티나의 부모는 참을 수 없는 가난에 몰려 결국 머리 둘 달린 괴물(monstre bicéphale)을 은밀히 자기 숙소에서 전시했고, 그것은 리타-크리스티나의 죽음을 초래한 원인이 되고 말았다(1829년 11월 23일). 파리 당국은 24시간 내에 그 아이의 시신을 매장하거나 화장할 것을 명령했다. 그 쌍둥이의 시신에 대한 검시는 힘든 작업 끝에서야 완료될 수 있었다("Monstre", p. 416; George Milbry Gould and Walter L. Pyle, *Anomalies and Curiosities of Medicine*···, Philadelphia: W. B. Saunders, 1897, p. 185).

13　파리의 일간지 『일상생활』(*La Quotidienne*)의 논평자는 그들에 대해 이렇게 썼다. "이 괴물들, 아니, 우리는 그들의 이름을 불러야 한다. 그들은 전혀 괴물 같지 않다. 우리는 그들 쌍둥이가 중국과 갠지스 강 사이 시암왕국이 있던 인도 지방에서 태어났음을 기억한다. 이 자유의 나라로부터 많은 사람들이 파리로 오고 있다. 그들 쌍둥이가 파리에서 사탄의 괴물이라고 혐오를 받은 지 5, 6년이 지났다. 조프루아 생-틸레르의 모든 지지자들도 경찰을 움직일 수 없었다."(Wallace and Wallace, *The Two,* pp. 148~149)

14　"Exhibition d'un enfant phénomène." Archives de la Préfecture de police, series DA, carton 127, 1883.

15　Pierre Véron, "Courrier de Paris." *Le monde illustré,* May 12, 1883.

16　가령, 뷔퐁(Georges-Louis Buffon)은 '괴물'(monsters, 어떤 종류든 선천적 기형을 가진 사람)을 신체 기관의 '과잉'으로 인한 괴물, '결손'으로 인한 괴물, 신체 기관의 부적절한 위치에 의한 괴물, 이렇게 세 등급으로 나눴다. 블루멘바흐(Johann Friedrich Blumenbach)와 보네(Charles Bonnet)는 '괴물'을 네 부류로 나눴다. 신체 기관의 형태가 비정상적인 부류, 신체 기관의 분포가 비정상적인 부류, 신체 기관이 상실된 부류, 보통보다 신체 기관이 더 많은 부류. 메켈(Johann Friedrich Meckel)은 뷔퐁의 분류를 받아들이면서 '자웅동체'를 추가

했다. 이런 것들은 1820년대 이전 시기에 번성했던 더 단순한 분류들 가운데 일부일 뿐이다(Isidore Geoffroy Saint-Hilaire, *op. cit.*, 1832-37, vol. 1, pp. 72~77.; Casimir Davaine, "Monstres." In *Dictionnaire encyclopédique des sciences médicales*, 2d ser., vol. 9, 1875, pp. 205~207).

17　Isidore Geoffroy Saint-Hilaire, *op. cit.*, 1832-37, vol. 1, pp. 30~33.

18　Bénédict Auguste Morel, *Traité des dégénérescences physiques, intellectuelles, et morales de l'espèce humane et des causes qui produisent ces variétés maladives*, Paris: J. B. Baillière, 1857.

19　Davaine, "Monstres."; Daniel Pick, *Faces of Degeneration: A European Disorder, c. 1848-c. 1918*, Cambridge: Cambridge University Press, 1989.

20　Davaine, "Monstres." p. 218.

21　abnormal, anomal, anormal 같은 용어들이 1820년대부터 괴물과 괴물성을 정의하는 데 사용되기 시작했다. Patrick Tort, "'La Logique du deviant': Isidore Geoffroy Saint-Hilaire et la classification des monstres." *Revue des sciences humaines* 188, 1982.; Jean-Louis Fischer, "Des mots et des monstres: Réflexion sur le vocabulaire de la tératologie." *Documents pour l'histoire du vocabulaire scientifique*, no. 8, 1986.

22　"La Naine du Tyrol, surnommé la marquise de Lilliput." *L'Illustration*, February 14, 1846.; "La Marquise de Lilliput." *Le Voleur*, February 28, 1846.; "Causeries." *L'Entr'acte*, February 17, 1850.; Ph. B. "Courrier de Paris." *L'Illustration*, March 2, 1850.; "Paris: spectacles de curiosités: Exhibition de deux nains." Archives Nationales, series F21, carton 1160, February 26, 1850.; Ph. B. "Courrier de Paris." *L'Illustration*, March 16, 1850.; "Revue parisienne." *Le Voleur*, May 10, 1850.; "Causeries." *L'Entr'acte*, May 20, 1850.; "Théâtre de la Porte-Saint-Martin." Bibliothèque de l'Opéra, Af.Cirque.x. Color poster, 1850.; "Les Nain chinois du passage Jouffroy." *L'Illustration*, May 9, 1857.; "L'Equipage des nains chinois du passage Jouffroy." *L'Illustration*, May 30, 1857.; Philippe Busoni, "Courrier de Paris." *L'Illustration*, June 13, 1857. 파리에서 톰푸스(미국인 찰스 스트래턴Charles Stratton)는 보드빌 극장에서 열린 "엄지 동자』(Le Petit Poucet. 명확히 그를 위해 쓰여진 동명의 동화 이후에 생긴 무대공연) 야간 공연에 등장한다(F. Dumanoir and Clairville, *Le Petit Poucet*, Paris: Beck, 1845). 또한 그는 비비엔에 있는 극장 뮈자르(비비엔가 49번지)에 2시부터 4시까지 솔로로, 혹은 거인 요아킴 엘리세귀(Joachim Eleiceigui)와 함께 출연했다. 또한 그는 네 차례 귀족과 왕가에 보여졌으며, 롱샹 경마장에 나타나기도 했다. 또한 그는 샹젤리제와 불로뉴 숲에서 날마다 그를 위해 만든 미니어처 객차를 타고 산책을 했다. 그에 대한 미니어처는 더 많이 생겨 "설탕, 초콜릿, 생강빵, 도자기, 접시, 판지 따위에 등장했으며"(A. D'Albanès and George Fath, *Les Nains célèbres depuis l'antiquité jusques et y comprise Tom-Pouce*, Paris: G. Havard, 1845, p. 158) 음반과 같은 다른 상품에도 등장했다.

23　"Paris: spectacle divers, An VI-1886: P. L'Henry." Archives Nationales, series F21, carton 1158, February 1 and 24, respectively, 1846.

24　Ibid.

25 "Courrier de Paris." *L'Illustration*, January 9, 1847.

26 Darthenay, "Salle Bonne-Nouvelle." *L'Entr'acte*, November 7, 1851.; "Jurisdiction commerciale. Tribunal de commerce de la Seine. Présidence de M. Houette. Audience 5 janvier. Le géant Murphy.— Le Café du Géant." *Le Droit*, January 28-29, 1856.; Karl, "Les Cafés chantans." *L'Entr'acte*, November 5, 1858.; "Homme grand et grand homme." *La Petite Presse*, January 19, 1886.; Arthur Pougin, "Café-Concert." In *La Grande Encyclopédie, inventaire raisonné des sciences, des lettres et des arts*, vol. 8, Paris: H. Lamirault et cie, 1888, pp. 131~132.; Charles Simond, *La Vie parisienne à travers le XIXe siècle*, 3 vols., Paris: E. Pion, 1900, vol. 2, pp. 517~519, 607.; Romi, *Petite Histoire des cafés-concerts parisiens*, Paris: J. Chitry, 1950, p. 10.; Dominique Jando, *Histoire mondiale du music-hall*. Paris: Jean-Pierre Delarge, 1979, p. 18.; André Sallée and Philippe Chauveau, *Music-hall et Café-concert*, Paris: Bordas, 1985, p. 122.

27 가령, 올림픽 서커스단이 「거인, 혹은 골리앗과 다윗」(*Le Géant, ou David et Goliath*, 1838) 같은 작품을 무대에 올렸는데, 벨기에 출신의 거인 비힌(Bihin)이 유명했다 (Frédéric Thomas, "Les Emprunts au théâtre.— M. Goliath.— Les glories trimestrielles." *La Presse*, September 29, 1838.; "Le Géant du Cirque-Olympique." *L'Entr'acte*, October 13, 1838.; "Cirque-Olympique." *Journal de Paris*, October 14, 1838.; "Spectacles: Cirque-Olympique.— *Le Géant, ou David et Goliath*." *Le Moniteur universel*, October 15, 1838.; "Nouvelles des théâtre." *Journal de Paris*, October 28, 1838.; Théophile Gautier, "Cirque Olympique: *David et Goliath*, par MM. Philastre et Cambon." *La Presse*, October 15, 1838.; Eugène Guinot, "Les Malheurs d'un géant heureux." *Le Voleur*, November 15, 1838). 팔이 없는 독일 기형인 운탄(Unthan)은 1870년 파리에서 처음으로 나폴레옹 서커스단에서 공연을 했는데, 1870년 2월부터 4월까지 그는 난쟁이 왕자 펠리시에(Felicie)와 함께 그 서커스단의 트레이드마크였다(J. D. F., "Cirque-Napoléon." *L'Entr'acte*, February 21, 1870). 접합 쌍둥이 밀리에-크리스틴(Millie-Christine)은 샹젤리제 서커스단에서 1873년에서 1874년까지 전시 되었다(C. D'Hennebaut, "Courrier des théâtre, des lettres, et des arts." *La Presse*, November 15, 1873.; "Nouvelles." *L'Entr'acte*, November 15, 1873.; "Chronique." *Le Temps*, November 15, 1873.; Gérôme, "Courrier de lundi." *L'Entr'acte*, November 24, 1873.; Touchatout, "Millie et Christine, negresses jumelles." *Le Trombinoscope*, no. 117, November, 1873.; "Nouvelles." *L'Entr'acte*, August 26, 1874.; Ambroise Tardieu and Maurice Laugier, "Contributions à l'histoire des monstruosités, considérées au point de vue de la médecine légale à l'occasion de l'exhibition publique du monster pygopage Millie-Christine." *Annales d'hygiène publique et de médecine légale*, ser. 2, 41, 1874). 장터 볼거리, 흥미로운 볼거리, 신기한 존재의 공연, 기괴한 볼거리나 판토마임으로 특징지어지는 카페나 작은 극장 역시 이 상업 지구에 풍부하게 존재했다. 가령, 라플란드 사람으로 묘사된 두 명의 이탈리아 쌍둥이가 탕플 가의 줄광대 마담 사퀴(Mme Saqui)가 설립한 곡예 극장에 전시되었고("Revue des tribunaux: Madame Saqui et ses deux Lapons…." *Le Voleur*, August 31, 1832.; Paul Ginisty, *Mémoires d'une danseuse de corde: Madame Saqui, 1786-1866*, Paris: Fasquelle, 1907, pp.

53~54) 난쟁이 마티아스 굴리아(Mathias Gullia)는 본-누벨 가의 테라스 카페에서 전시되었다("Causeries." *L'Entr'acte*, October 26, 1838). 그리고 여러 거인들, 특히 1845년 톰푸스 옆에서 톰푸스를 돋보이게 했던 바스커의 거인 엘리시귀(Eleiceigui)는 뮬하우스 카페(이탈리아 가 2번지)에서 1870년대 간간이 전시되었다("Inconvénients de la grandeur." *L'Illustration*, November 3, 1849.; "Revue parisienne." 1850; "Stop." "Les Boulevards macadamisés…." *L'Illustration*, June 22, 1850.; Véron, "Courrier de Paris." *Le monde illustré*, August 16, 1879.; Anon, "Nouvelles." *L'Entr'acte* 26, August 3, 1879).

28 예를 들어, 아즈텍 종족의 마지막 생존자로 전시된 소두증 혼혈인 막시모(Maximo)와 바르톨로(Bartolo)는 시간당 300프랑을 받고 전시할 수 있으며 오전 10시부터 자정까지 파리에 전시될 때 천 프랑을 내면 된다고 광고했다("Nouvelles." *L'Entr'acte* 26, July 21, 1855).

29 Ernest Nusse and Jules Périn, *De l'emploi des enfants dans les professions ambulantes de saltimbanques, acrobates, etc.*, Paris: Marchal, Billard et Cie, 1878, p. 22.

30 Gisquet and Malleval, *Ordonnance concernant les saltimbanques, chanteurs, avec ou sans instrumens, les bateleurs, escamoteurs, paladins, joueurs d'orgues, musicians ambulant, et faiseurs de tour sur la voie publique*, Paris, December 14, 1831.

31 Ibid.

32 F. de Persigne and H. Colles Meygres, "Instructions concernant la police des saltimbanques, bateleurs, escamoteurs, jokers d'orguers, musicians ambulant, et chanteurs." December 13, 1853, Archives Nationales, series F7, carton 12238.

33 어릿광대, 곡예사, 오르간 연주자, 유랑 악단과 가수들에 대한 허가 절차와 문서를 개정할 필요에 관련된 파리 경찰국장에게 보내는 공식 서한, 1863년 1월 6일, 경찰국장 아카이브(Archives de la Préfecture de police), series DB, carton 200.

34 Ibid.

35 Pierre Véron, *Les Phénomènes vivants*, Paris: Arnaud de Vresse, 1868, p. i.

36 장 데르브누아(Jean d'Herbenoire, "Les Cafés-Chantants des Champs-Élysées." *Comoedia*, August 23, 1923)에 따르면, 이런 방식으로 막간공연, 즉 기형인간에 의한 곡예, 체조 등의 공연이 카페 콘서트와 뮤직 홀 무대에 도입되었다. 하지만 극장 감독 카미유 두세(Camille Doucet)의 1867년 규정은 카페-콘서트 소유주가 드라마, 보드빌(vaudeville), 코미디와 같은 무대 공연을 위해 출연자들이 분장을 할 수 있도록 허용했는데, 곡예, 무용, 그외 다른 비언어 공연으로 이뤄진 그 막간극은 전체 프로그램의 일부분으로 통합되어야 한다고 전제했다. 두세의 규정 이전에는 카페 콘서트 가수는 분장을 할 수도 없고, 음악 반주도 제한적이었고, 무용과 연기도 금지되었다.

37 François Caradec and Jean Nohain, *La Vie exemplaire de la femme à barbe: Clémentine Delait, 1865-1939*, Paris: La Jeune Parque, 1969.; Marcel Albert Maffeis, *La femme à barbe: Une femme de chez nous, ou Histoire de Clementine Clattaux, épouse Delait*, Thaon les Vosges: M. A. Maffeis, 1986.

38 Romi, *Petite Histoire des café-concerts parisiens*, pp. 20~21.

39 Victor Fournel, "Tableaux de Paris: La Foire au pain d'épice." *Les Annales politiques et littéraires*, April 1, 1888, p. 212.

40 Rosemarie Garland Thomson, *Extraordinary Bodies: Figuring Physical Disability in American Culture and Literature*, New York: Columbia University Press, 1997, p. 35.

41 G. Wathmann, "Pages étrangères. Un Prodigy de la volonté humane.– Histoire d'Unthan.– L'artiste sans bras." *Les Annales politiques et littéraires*, June 15, 1890, p. 379.

42 Guyot-Daubès, "N.-W. Kobelkoff, ou l'Homme-tronc." p. 115.

43 André Beaunier, "Comment ils sont venues à L'Exposition." *Lectures pour tous*, September, 1901, p. 1102.

44 Paul Darzac, "Les Ateliers départementaux d'estropieés." *Le Magasin pittorestque*, October 1, 1900.; Maurice Oberic, "Les Ateliers de mutilés." *Le Monde illustré*, November 9, 1901.

45 Darzac, "Les Ateliers départementaux d'estropieés." p. 582.

46 "Le Match des jambes de bois, à Nogent-sur-marne." *L'Illustration*, March 16, 1895.; "La Course des jambes de bois." *Petit Journal: supplément illustré*, March 24, 1895.; X, "Au Club des Unijambistes." *Lectures pour tous*, January, 1908.; Charles Doury, "La Croisade des unijambistes." *La Vie Illustrée*, October 4, 1907.

III부 통치성

누가 정상인가? 누가 일탈자인가? : 유전 진단과 유전 상담에서의 '정상성'과 '리스크'

1 이를 테면, Anne Waldschmidt, "Flexible Normalisierung oder stabile Ausgrenzung: Veränderungen im Verhältnis Behinderung und Normalität." *Soziale Probleme* 9 (1-2), 1998 참조.

2 Jürgen Link, *Versuch über den Normalismus. Wie Normalität Produziet wird*. Opladen: Westdeutscher Verlag, 1996.

3 Michel Foucault, *Sexualität und Wahrheit*, Vol. 1, *Der Wille zum Wissen*, trans. Ulrich Raulff and Walter Seitter, Frankfurt am Main: Suhrkamp, 1983.; Foucault, "Governmentality." In *The Foucault Effect: Studies in Governmentality*, ed. Graham Burchell, Colin Gordon, and Peter Miller, London: Harvester Wheatsheaf, 1991.; Foucault, *In Verteidigung der Gesellschaft. Vorlesungen am Collège de France (1975-76)*, Frankfurt am Main: Suhrkamp, 1999.

4 Foucault, "Governmentality." p. 102.

5 Georges Canguilhem, *Das Normale und das Pathologische*, trans. Monika Noll and

Rolf Schubert, Munich: Hanser, 1974.

6 Foucault, *Sexualität und Wahrheit*, Vol. 1, *Der Wille zum Wissen.*; Foucault, "Governmentality."; Foucault, *In Verteidigung der Gesellschaft. Vorlesungen am Collège de France (1975-76)*.

7 Graham Burchell, Colin Gordon, and Peter Miller, eds., *The Foucault Effect: Studies in Governmentality*, London: Harvester Wheatsheaf, 1991 참조.; 그리고 Ulrich Bröckling, Susanne Krasmann, and Thomas Lemke, eds., Gouvernementalität de Gegenwart. Studien zur Oekonomisierung des Sozialen. Frankfurt am Main: Suhrkamp, 2000 참조.

8 Link, *Versuch über den Normalismus*.

9 *Ibid.*, p. 185.

10 *Ibid.*, pp. 77ff.

11 *Ibid.*, pp. 348ff.

12 *Ibid.*, pp. 339ff.

13 Anne Waldschmidt, "Normalistische Landschaften in der genetischen Beratung und Diagnostik." In *Infografiken, Medien, Normalisierung. Zur Kartografie politisch-sozialer Landschaften*, ed. Ute Gerhard, Jürgen Link, and Ernst Schulte-Holtey, Heidelberg: Synchron Wissenschaftsverlag der Autoren, 2001.

14 François Ewald, "Insurance and Risk." In *The Foucault Effect: Studies in Governmentality*, ed. Graham Burchell, Colin Gordon, and Peter Miller, London: Harvester Wheatsheaf, 1991.; Ewald, *Der Vorsorgestaat*. Frankfurt am Main: Suhrkamp, 1993.

15 Foucault, "Governmentality."

16 Mitchell Dean, "Risk, Calculable and Incalculable." *Soziale Welt* 49, 1998, p. 25.

17 Robert Castel, "From Dangerousness to Risk." In *The Foucault Effect: Studies in Governmentality*, ed. Graham Burchell, Colin Gordon, and Peter Miller, London: Harvester Wheatsheaf, 1991.; Lorna Weir, "Recent Developments in the Government of Pregnancy." *Economy and Society* 25, 1996.; Dean, "Risk, Calculable and Incalculable."

18 Ewald, *Der Vorsorgestaat*, p. 210.

19 독일에서는 1970년대 중반부터 인간 유전자 상담과 산전 진단은 사회 안전 시스템(즉, 건강 보험 시스템)으로 통합되어 왔다.

20 Weir, "Recent Developments in the Government of Pregnancy."

21 Dean, "Risk, Calculable and Incalculable." p. 25.

22 Ibid., p. 37.

23 Weir, "Recent Developments in the Government of Pregnancy." p. 382.

24 Anne Waldschmidt, *Das Subjekt in der Humangenetik: Expertendiskurse zu Programmatik und Konzeption der genetischen Beratung 1945-1990*, Münster: Westfälisches Dampfboot, 1996, pp. 107ff.

25 Jörg Schmidtke, *Vererbung und Ererbtes: ein humangenetischer Ratgeber*, Reinbek: Rowohlt, 1997, p. 57.

26 *Ibid.*, p. 58.

27 *Ibid.*, p. 70.

28 Urte Sperling, "Lückenlose Erfassung. Schwangerenvorsorge im Focus der Forschung." *Forum Wissenschaft* 10(1), 1993, p. 26.

29 Schmidtke, *Vererbung und Ererbtes: ein humangenetischer Ratgeber*, p. 131.

30 *Ibid.*, p. 131.

31 Christine Scholz, "Humangenetische Risikokonzepte und deren praktische Handhabung." Hamburger Institut für Sozialforschung, April 29, 1993.

32 Schmidtke, *Vererbung und Ererbtes: ein humangenetischer Ratgeber*, p. 120.

33 *Ibid.*, p. 121.

34 Jennifer Hartog, Das genetische Beratungsgespräch. Institutionalisierte Kommunikation zwischen Experten und Nicht-Experten. Tübingen: Gunter Narr, 1996, pp. 166ff.

35 *Ibid.*, pp. 177ff.

36 이 점에 대한 요약은 Silvia Wiedebusch, "Die Entscheidung über die Inanspruchnahme pränataler Diagnostik." In *Perspektiven der Humangenetik. Medizinische, psychologische und ethische Aspekte*, ed. Franz Petermann, Silvia Wiedebusch, and Michael Quante. Paderborn: Schöningh, 1997, p. 140 참조.

37 또한 Christine Scholz and Manfred Endres, "Amniozentese, Chorionzottenbiopsie oder keine Untersuchung? Ergebnisse einer empirischen Untersuchung zur Inanspruchnahme pränataler Diagnostik." *Medizinische Genetik* 2(4), 1990, pp. 25~26 참조.

38 Schmidtke, *Vererbung und Ererbtes: ein humangenetischer Ratgeber*, p. 122 참조.

39 이 점에 대해서는 Irmgard Nippert and Jürgen Horst, "Die Anwendungsproblematik der Pränatalen Diagnose aus der Sicht von Beratenen und Beratern." TAB-Hintergrundpapier no. 2, Gutachten im Auftrag des Büros für Technikfolgen-Abschätzung beim Deutschen Bundestag, Bonn, 1994의 인터뷰를 참조.

40 Castel, "From Dangerousness to Risk."

배제된 학생을 위한 포함 교육 : 예외적인 자들의 통치에 대한 비판적 분석

1 Stephen J. Ball, ed., *Foucault and Education: Disciplines and Knowledge*, London: Routledge, 1990.; James Marshall, *Michel Foucault: Personal Autonomy and Education*. Dordrecht: Kluwer Academic, 1996.; Thomas S. Popkewitz and Marie Brennan, *Foucault's Challenge: Discourse, Knowledge, and Power in Education*. New York: Teachers College Press, 1998 참조.

2 Thomas Skrtic, *Disability and Democracy: Reconstructing (Special) Education for Postmodernity*, New York: Teachers College Press, 1995.

3 Foucault, "The Subject and Power." In *Michel Foucault: Beyond Structuralism and*

Hermeneutics, by Hubert L. Dreyfus and Paul Rainbow, Chicago: University of Chicago Press, 1982, p. 211; Skrtic, *op. cit.*, p. xi 재인용.

4 Michel Foucault, *The History of Sexuality*, Vol. 2, *The Use of Pleasure.* trans. Robert Hurley, New York: Pantheon, 1985.; Vol. 3, *The Care of the Self.* trans. Robert Hurley, New York: Pantheon, 1986.

5 Foucault, "The Subject and Power."

6 이번 장의 범위 안에서 이런 주제와 문제를 세부적으로 다루기는 어렵다. 우리의 주된 목적은 푸코의 통치성 개념으로 어떻게 '포함'에 대한 실질적 주장을 이해하고, '배제와 포함'의 측면에서 어느 정도까지 생각할 수 있는지 탐구할 수 있는가를 보이는 것이다. 이런 탐험은 교육 사회에 대한 실질적 담론과 교육의 품질 보증을 연구하는 더 폭넓은 프로젝트의 일부이다. Jan Masschelein, "The Discourse of the Learning Society and the Loss of Childhood." *Journal of Philosophy of Education* 35(1), 2001.; Maarten Simons, "Kwaliteitszorg in het onderwijs: De 'wil tot kwaliteit' in een gewijzigd veld van bestuurlijkheid." *Pedagogiek* 21(2), 2001.

7 Foucault, "The Subject and Power." p. 214.

8 Foucault, "Omnes et Singluatim: Towards a Criticism of Political Reason." In *The Tanner Lectures on Human Values*, vol. 2, ed. Sterling M. McMurrin, Salt Lake City: University of Utah Press, 1981.; Foucault, "The Subject and Power." 참조.

9 Foucault, "The Birth of Biopolitics." In *The Essential Works of Michel Foucault, 1954-1984*, vol. 1, *Ethics: Subjectivity and Truth*, ed. Paul Rainbow, trans. Robert Hurley, London: Penguin Press, 1997.

10 Nikolas Rose, *The Power of Freedom: Reframing Political Thought*, Cambridge: Cambridge University Press, 1999, p. 68.

11 Thomas Lemke, *Eine Kritik der politischen Vernunft Foucault's Analyse der modernen Gouvernementalität*, Berlin: Argument, 1997, pp. 172ff 참조.

12 Rose, *The Power of Freedom: Reframing Political Thought*, p. 33.

13 Ian Hunter, "Assembling the School." In *Foucault and Political Reason: Liberalism, Neoliberalism, and Rationalities of Government*, ed. Andrew Barry, Thomas Osborne, and Nikolas Rose, London: University College London Press, 1996.

14 Foucault, *Discipline and Punish: The Birth of the Prison*, trans. Alan Sheridan London: Allen Lane, 1997 참조.

15 Rose, *The Power of Freedom: Reframing Political Thought*, p. 72.

16 Lynn Fendler, "What Is It Impossible to Think? A Genealogy of the Educated Subject." In *Foucault's Challenge: Discourses, Knowledge, and Power in Education*, ed. Thomas S. Popkewtiz and Marie Brennan, New York: Teachers College Press, 1998, pp. 39ff.

17 Thomas Lemke, *Eine Kritik der politischen Vernunft: Foucault's Analyse der modernen Gouvernementalität*, Berlin: Argument, pp. 239ff 참조.

18 Rose, *The Power of Freedom: Reframing Political Thought*, p. 133.

19 Josephine Jenkinson, *Mainstream of Special? Educating Students with disabilities*, London: Routledge, 1997, p. 12에서 재인용.

20 Wolf Wolfensberger, "Social Role Valorization: A Proposed New Term for the Principle of Normalization." *Mental Retardation* 21(6), p. 234.

21 Lloyd M. Dunn, "Special Education for Mildly Retarded:—Is Much of It Justifiable?" *Exceptional Children* 35, 1968, p. 20.

22 Jenkinson, *Mainstream of Special? Educating Students with disabilities*, pp. 16~17.; Alan Gartner and Dorothy K. Lipsky, "Beyond Special Education: Toward a Quality System for All Student." *Harvard Educational Review* 57, 1987.

23 Sally Tomlinson, *A Sociology of Special Education*, London: Routledge and Kegan Paul, 1982.; Gartner and Lipsky, "Beyond Special Education."; Jenkinson, *Mainstream of Special? Educating Students with disabilities* 참조.

24 Foucault, "The Birth of Biopolitics."; Lemke, *Eine Kritik der politischen Vernunft Foucault's Analyse der modernen Gouvernementalität*, pp. 239ff.

25 Nikolas Rose, "Governing 'Advanced' Liberal Democracies." In *Foucault and Political Reason: Liberalism, Neo-liberalism, and Rationalities of Government*, ed. Andrew Barry, Thomas Osborne, and Nikolas Rose, London: University College London Press, 1996.; Rose, "The Death of the Social? Re-figuring the Territory of Government." *Economy and Society* 25, 1996.; Peter Miller and Nikolas Rose, "Mobilizing the Consumer: Assembling the Subject of Consumption." *Theory, Culture, and Society* 14(1), 1997 참조.

26 Gary Stanley Becker, *Human Capital: A Theoretical and Empirical Analysis with Special Reference to Education*, Chicago: University of Chicago, 1993, p. 25.

27 물론 '포함 학교 운동' 내부에 여러 입장이 있다. 그러나 우리의 목적은 포함에 대한 관심의 증가가 통치 관계에서 일어나는 변형과 연관되어 있음을 주장하는 것이기 때문에, 이런 차이들을 자세히 논하지 않는다.

28 Douglas Fuchs and Lynn S. Fuchs, "Inclusive Schools Movement and the Radicalization of Special Education Reform." *Exceptional Children* 60, 1994, pp. 299ff 참조.

29 Gary Thomas, "Inclusive Schools for an Inclusive Society." *British Journal of Special Education* 24(3), 1997, pp. 104~105.

30 Gartner and Lipsky, "Beyond Special Education." p. 387.

31 Ibid., p. 388.

32 Thomas Kuhn, *The Structure of Scientific Revolution*, Chicago: University of Chicago Press, 1996.

33 Gartner and Lipsky, "Beyond Special Education." p. 386.

34 William Stainback and Susan Stainback, "A Rationale for the Merger of Special and Regular Education." *Exceptional Children* 51, 1984, p. 103.

35 Klaus Wedell, "Making Inclusive Education Ordinary." *British Journal of Special*

Education 22 (3), 1995, p. 101.

36 Gartner and Lipsky, "Beyond Special Education." p. 388.

37 Ibid., p. 388.

38 Wedell, "Making Inclusive Education Ordinary." p. 101.

39 Robert Glaser, *Adaptive Education: Individual Diversity and Learning*, New York: Holt, Rinehart and Winston, 1977, p. 5.

40 Simons, "Kwaliteitszorg in het onderwijs." 참조.

41 여기에서 이 논의를 더 발전시킬 수는 없다. 그러나 '국제 연합'(United Nation)이나 심지어 '유럽 공동체'(European Community)와 '글로벌 사회'에 대한 언급과 관계없이 분명 '민족'(nation)이라는 관념은 소멸하지 않고 있다. 위태로운 것은 다음 섹션에서 비판하는 공동체에 대한 어떤 사고이다.

42 Jacques Rancière, *Aux Bords du politique*, Paris: La fabrique éditions, 1998, pp. 83ff 참조.

43 Robert Esposito, *Communitas. Origine et destin de la communatué*, Paris: Presses Universitaires de France, 2000, p. 16.

44 *Ibid.*, p. 20.

45 Bill Readings, *The University in Ruins*, Cambridge: Harvard University Press, 1996, p. 186.

46 Foucault, "Omnes et Singluatim." 1981.

47 Readings, *The University in Ruins*, p. 187.

48 Skrtic, *Disability and Democracy*, p. 259.

49 *Ibid.*, p. 259.

50 이번 장을 번역하는 데 도움을 준 셸리 트레마인에게 감사한다.

지원받는 삶과 개인의 생산

1 '학습 장애를 가진 사람'(people with learning disabilities)은 영국에서 공식적으로 발달 장애를 가진 사람, 지적 장애인, 인지 손상을 가진 사람을 가리키는 데 사용되는 말이다. 이렇게 지정된 사람들이 포함적 명칭에 대한 집합적 선호를 표현했을 때, '학습 장애를 가진 사람'을 선택했다.

2 Department of Health(영국 보건부), *Valuing People: A New Strategy for Learning Disability for the Twenty-first Century*, London: HMSO, 2001, p. 6.

3 나는 서비스 에이전시에 고용된 생활보조인의 입장에서 쓰고 있다. 글을 쓰면서 나는 내 활동과 위치를 비판적으로 이해하기 위해 노력하는 중이다. 더 일반적으로 이번 장에서 '우리'라는 용어는 일종의 이상적인 사회적 주체, 사회의 각 구성원이 순응하도록 유도되는 것을 말한다. 나는 정상화의 프로세스가 어떻게 여러 종류의 골치 아픈 '우리'를 구성하는가에 관심이 있다.

4 Michel Foucault, "The Political Technology of Individuals." In *Technologies of the*

Self, ed. Luther H. Martin, Huck Gutman, and Patrick H. Hutton, London: Tavistock, 1988, p. 146.

5   Michel Foucault, *History of Sexuality*, Vol. 1 *An Introduction*, trans. Robert Hurley, London: Allen Lane, 1979, p. 136.

6   *Ibid.*, pp. 138~140.

7   *Ibid.*, p. 143.

8   Foucault, "The Political Technology of Individuals." p. 153.

9   Michel Foucault, "The Subject and Power." In *Michel Foucault: Beyond Structuralism and Hermeneutics*, by Hubert L. Dreyfus and Paul Rabinow, London: Wheatsheaf, 1982, p. 220.

10 Ibid., p. 221. 콜린 고든은 통치(governing)를 생명정치, "사는 것과 살아 있는 것의 인도"라고 기술한다. Colin Gordon, "Governmental Rationality: An Introduction." In *The Foucault Effect: Studies in Governmentality*, ed. Graham Burchell, Colin Gordon, and Peter Miller, Chicago: University of Chicago Press, 1991, p. 8.

11 Foucault, "The Political Technology of Individuals." p. 154.

12 Ibid., p. 159.

13 Foucault, "The Subject and Power." p. 211.

14 Ibid., p. 222.

15 Wolf Wolfensberger, *A Brief Introduction to social Role Valorization as a High-Order Concept for Structuring Human Services*, New York: Syracuse University Training Institute, 1991.; Robert J. Flynn and Raymond A. LeMay, eds., *A Quarter Century of Normalization and Social Role Valorization: Evolution and Impact*, Toronto: University of Toronto Press, 1999.

16 Mike Oliver, "Capitalism, Disability, and Ideology: A Materialist Critique of the Normalization Principle." Centre for Disability Studies, University of Leeds(www.leeds.ac.uk/disability-studies/)., 1994, n.p.

17 암묵적 가정은 "생각할 수 있는 것과 그럴 수 없는 것 사이에 무의식적 경계를 부여"한다 (Barbara McClintock; Evelyn Fox Keller, *A Feeling for the Organism: The Life and Work of Barbara McClintock*, New York: W. H. Freeman, 1983, p. 178에서 인용).

18 Department of Health, *Valuing People*, p. 84.

19 Foucault, "The Subject and Power." p. 212.

20 존 로(John Law)의 「정치 철학과 장애화된 특수성들」(Political Philosophy and Disabled Specificities, 1999)을 참조하라. 행위자 네트워크 이론에 대한 로의 해석은 푸코와 다른 연구자들에게 빚을 지고 있는 정상화에 대한 관점을 제공한다. "많은, 아마 대부분의 장애인들이 자유민주주의 사회에서 실질적으로 참정권을 박탈당했고, (…) 장애인에 대한 인식을 확대하기 위한 현행, 그러나 일부 허구적인 입헌적 수단이 작동하는 범위 안에서, 그들은 아주 특정한 방식으로 참정권 확대에 개입한다. 이는 그들이 유능한 인간의 특성을 동일하게 가정하고 있기 때문이다. 이런 가정은 능력 있는(abled) 사람이 중심에 있고, 인식적으로나 (더 구체적으로는) 문자로/음성으로 지향되고, 환경에 대해 자율적이고, 다른 사람들과 대

체로 동등한 기회를 이용할 수 있다거나 그래야 한다는 점을 당연시한다. 여기에 부합하거나, 부합하는 인간이 될 수 있다면 그는 유능해진다. 그럴 수 없다면 그는 실패한다. 이 모든 것들은, 부드럽게 말해 극단적인 분할이라 할 수 있다. 분할은 인간에 대한 자유주의적 관심으로 가득 차 있으며, 그 어두운 측면이 작동한다."(p. 7)

21 Foucault, "The Subject and Power." p. 223.

22 지원 주거 환경에서 직원들이 가정의 각 구성원과 관련된 일기를 유지하는 것은 흔한 일이다. 일기는 생활보조인들 사이의 의사소통에 중요한 수단이며, 각 서비스 이용자들의 활동과 이 활동들의 규범적 중요성과 관련이 있다.

23 Ibid., p. 220.

24 Lyndsey Williams and Melanie Nind, "Insiders or Outsiders: Normalisation and Women with Learning Difficulties." *Disability and Society* 14, 1999, p. 668.

25 Ibid., p. 669.

26 Foucault, *History of Sexuality*, Vol. 1 *An Introduction*, p. 140.

27 *Ibid.*, p. 152.

28 Michel Foucault, *Discipline and Punish: The Birth of the Prison*, trans. Robert Hurley, Harmondsworth, Middlesex: Penguin, 1977.

29 Foucault, "The Subject and Power." p. 212.

30 John O'Brien and Connie Lyle O'Brien, *Framework for Accomplishments*, Lithonia, Ga.: Responsive Systems Associates, 1990.

31 Foucault, "The Subject and Power." p. 218.

32 경험은 주어지는 것이 아니라 구성되는 것이라는 사실은 푸코에게서 반복적으로 등장하는 주제이다. 이를테면 Foucault, *History of Sexuality*, Vol. 2. *The Use of Pleasure*를 참조하라.

33 Law, "Political Philosophy and Disabled Specificities." p. 9.

34 Foucault, "The Subject and Power." p. 222.

35 Foucault, "The Political Technology of Individuals." p. 162.

36 불완전한 봉합에서 비롯된 민주주의의 가능성들에 대한 설명은 Ernesto Laclau and Chantal Mouffe, *Hegemony and Socialist Strategy: Towards a Radical Democratic Politics*, trans. Winston Moore and Paul Cammack, London: Verso, 1985를 참조하라.

37 Foucault, "The Political Technology of Individuals." p. 162.

38 Foucault, "Two Lecture." In *Power/Knowledge: Selected Interviews and Other Writings, 1972-1977*, ed. Colin Gordon, trans. Conlin Gordon, Leo Marshall, John Mepham, and Kate Soper, London: Harvester, 1980, p. 92.

39 Ibid., p. 83.

40 Foucault, "What Is Enlightenment?" In *The Foucault Reader*, ed. Paul Rabinow, Harmondsworth, Middlesex: Penguin, 1984, p. 43.

41 앞의 각주 3을 참조하라.

42 Foucault, "What Is Enlightenment?" p. 45.

43 Ibid., p. 47. 강조는 인용자.

44 Foucault, *History of Sexuality*, Vol. 2. *The Use of Pleasure*, p. 9.

45 가령 PASSING(Program Analysis of Service Systems' Implementatioin of Normali-zation Goals)이 있다. Wolf Wolfensberger and Susan Thomas, *PASSING: Program Analysis of Service Systems' Implementation of Normalization Goals: A Method of Evaluating the Quality of Human Services according to the Principle of Normalization, Normalization Criteria and Ratings Manual*, Downsview, Ontario: National Institute on Mental Retardation, 1983을 보라.

미국 스포츠 경기장에서 장애의 현실적 공간과 이상적 공간

1 예를 들어 F. Driver, "Power, Space, and the Body: A Critical Assessment of Foucault's *Discipline and Punish*." *Environment and Planning D: Society and Space* 3, 1985.; Edward Soja, *Postmodern Geographies: The Reassertion of Space in Critical Society*, New York: Verso, 1989.; Chiris Phlio, "Foucault's Geography." *Environment and Planning D: Society and Space* 10, 1992 참조.

2 *United States of America v. Ellerbe Becket, Inc.* 1998. United States District Court, District of Minnesota Fourth Division, Civil Action No. 4-96-995; 1-5.

3 *Ellerbe Becket*, sec. B-5.

4 Robert Dvorchak, "New Pro Stadiums Designed, Older Venues Adjusted for the Disabled." *Online Post-Gazette*, October 19, 1999.

5 Mark Conrad, "Stadium Grappling with Disablities Act." *New York Law Journal Online*, May 23, 1997.

6 Mark Conrad, "Disabled-Seat Pact May Unify Standard for New Stadiums." *New York Law Journal Online*, May 8, 1998.

7 Ibid.

8 Richard Carelli, "Stadium Loses Case in High Court." Associated Press, March 2, 1998, p. 1.

9 Ibid.

10 Ashbel S. Green, "Wheelchair, Arena Views Suit Settled" *Oregonian Online*, April 28, 1998, p. 6.

11 Ashbel S. Green, "Rose Garden Ruling Raises Stakes." *Oregonian Online*, December 29, 1997, p. 7.

12 Ibid., p. 7.

13 Ibid., p. 7.

14 Simi Linton, *Claiming Disability: Knowledge and Identity*, New York: New York University Press, 1998을 보라. 또한 Lennard Davis, *Enforcing Normalcy: Disability, Deafness, and the Body*, New York: Verso, 1995.; Rosemarie Garland Thomson, *Extraordinary Bodies: Figuring Physical Disability In American Culture and*

Literature, New York: Columbia University Press, 1997을 보라.

15 Michel Foucault, *Madness and Civilization: A History of Insanity in the Age of Reason*, trans. Richard Howard, New York: Random House, 1965, p. 198.

16 Mike Oliver, *The Politics of Disablement*, Basingstoke: Macmillan, 1990, p. 28.

17 *Ibid.*, p. 29.

18 Brad Byron, "A Pupil and a Patient: Hospital Schools in Progressive America." In *The New Disability History: American Perspectives*, ed. Paul Longmore and Laurie Umansky, New York: New York University Press, 2001, p.133.

19 *Ibid.*, p.133.

20 K. Walter Hickel, "Medicine, Bureaucracy, and Social Welfare: The Politics of Disability Compensation for American Veterans of World War I." In *The New Disability History: American Perspectives*, ed. Paul Longmore and Laurie Umansky, New York: New York University Press, 2001, p. 246.

21 Department of Justice, "Justice Department to Develop New Pamphlet on the ADA." January 22, 1998.; "Justice Department Reaches Settlement with Architect of New Sport Arenas." April 27, 1998.

22 Michel Foucault, *Discipline and Punish: The Birth of the Prison*, trans. Alan Sheridan, New York: Random House, 1977, p. 141.

23 Michel Foucault, "Nietzsche, Genealogy, History." In *The Foucault Reader*, ed. Paul Rabinow, New York: Pantheon, 1984, p. 83.

대학원 세미나와 열정적인 가르침으로 이번 장을 쓰는 데 도움을 준 마빈 워터스톤(Marvin Waterstone) 교수와 미란다 조지프(Miranda Joseph) 교수, 마크 닉터(Mark Nichter) 교수에게 감사의 인사를 전하고 싶다. 또한 날카로운 조언을 해준 조 스테파니(Joe Steffani), 마이크 돈(Mike Dorn), 롭 키친(Rob Kitchin), 이본 라이네케(Yvonne Reineke), 칼 앤더슨(Carl Anderson)에게도 감사를 표한다.

푸코와의 통화 : 장애와 통치의 이동성

1 '장애'는 복잡하고 치열한 사회정치적 공간을 뜻한다. 펄처가 제시하듯(Gillian Fulcher, *Disabling Policies?* London: Falmer Press, 1989), 장애는 담론적으로 구성되었다. 이번 장에서는 장애인들의 권리를 강조하기 위해 사회적 장애 모형을 이용한다. 우리는 "장애는 우리가 경험하지만 이해할 필요는 없는 수수께끼이다"라고 말한 알브레히트, 실먼, 베리가 옳다고 생각한다(Gary L. Albrecht, Katherine D. Seelman, and Michael Bury, "The Formation of Disability Studies." In *Handbook of Disability Studies*, Thousand Oaks, Calif.: Sage, 2000, p. 1). '장애'로 언급되는 흔히 당연시되는 논쟁의 공간을 더 충분히 이해하려고 함에 따라서, 이번 장에서는 중요한 지적이고 개인적인 영역을 다룬다.

2 이를테면 Manuel Castells, *The Information Age*, 3 vols., Oxford: Blackwell, 1996-98.

3 John Braithwaite and Peter Drahos, *Global Business Regulation*, Cambridge:

Cambridge University Press, 2000.

4 신고전 경제학적 접근에 대한 비판은 다음을 참조. Jill Hills, *Deregulating Telecoms: Competition and Control in the United States, Japan, and Britain*, Westport, Conn.: Quorum Books, 1986.; Robert Babe, *Communication and the Transformation of Economics: Essays in Information, Public Policy, and Political Economy*, Boulder, Colo.: Westview Press, 1995.; Patricia Aufderheide, *Communications Policy and the Public Interest: The Telecommunications Act of 1996*, New York: Guildford Press, 1999.; Trevor Barr, *New Media.com: The Changing Face of Australia's Media and Telecommunications*, Sydney: Allen and Unwin, 2000.; Kevin J. Wilson, *Deregulating Telecommunications: U.S. and Canadian Telecommunications, 1840-1997*, Lanham, Md.: Rowman and Littlefield, 2000.

5 Michel Foucault, "Governmentality." In *The Essential Works of Michel Foucault, 1954-84*, Vol. 3, *Power*, ed. James D. Faubian, London: Allen Lane, Penguin Press, 2001, p. 221.

6 Fulcher, *Disabling Policies?.*; Mairian Corker, "Disability Discourse in a Postmodern World." In *The Disability Reader: Social Science Perspectives*, ed. Tom Shakespeare, London: Cassell, 1998.; Mairian Corker and Sally French, eds., *Disability Discourse*, Buckingham: Open University Press, 1999 참조.

7 벨의 도덕주의적 역할 또한 마찬가지이다. Douglas Baynton, *Forbidden signs: American culture and the campaign against sign language*, Chicago: University of Chicago Press, 1996을 보라.

8 Benedict Anderson, *Imagined Communities*, London: Verso, 1983.

9 Gerald W. Brock, *Telecommunications Policy for the Information Age: From Monopoly to Competition*, Cambridge: Harvard University Press, 1994.; Wilson, *Deregulating Telecommunications*.

10 Rohan Samarajiva, "Interactivity as though Privacy Mattered." In *Technology and Privacy: The New Landscape*, ed. Philip E. Agre and Marc Rotenberg, Cambridge: MIT Press, 1997.

11 문자 전화는 원래 텔렉스에 사용된 보도(Baudot) 기준을 기반으로 했으나, 지금은 상당수가 컴퓨터 네트워크에 사용되는 미국 정보 교환 표준(American Standard Communications Information Interchage, ASCII)을 사용한다.

12 Human Rights and Equal Opportunity Commission of Australia(HREOC), "Inquiry on Mobile Phone Access for Hearing Aid Users." 2000(www.hreoc.gov.au/disability_rights/communications/communications.html).

13 Tony Shipley and John Gill, *Call Barred? Inclusive Design of Wireless Systems*, London: Royal National Institute of Blind, 2000.

14 *Ibid.*, pp. 8~10.

15 *Ibid.*, p. 28.

16 Michel Foucault, *History of Sexuality*, Vol. 1, *An Introduction*, trans. Robert Hurley,

London: Allen Lane, 1979, p. 144.

17 Mitchell Dean, *Governmentality: Power and Rule in Modern Society*, London: Sage, 1999, pp. 188ff.

18 World Institute on Disability, *Report Card on Telecommunications Accessibility*, Oakland, Calif.: WID, 1998.

19 Nikolas Rose, *Powers of Freedom: Reframing Political Thought*, Cambridge: Cambridge University Press, 1999.

20 *Ibid.*, p. 166.

21 Christoper Newell, "Disabling Consultation? A Report Card from the Disability Sector." *Communications Update* 145, 1998.

22 Helen Campbell, "Choosing Telecommunications? Consumers in a Liberalised, Privatised Telecommunications Sector." *Media International Australia* 96, 2000의 사례 참조.

23 신체적 '결손'(deficit)이 도덕적 가치의 결여로 번역되기 때문에 장애인들은 일상적으로 온전한 시민으로 여겨지지 않는다는 사실을 인식해야 한다. 이런 도덕 기준의 원인을 가장 잘 설명하는 사례는 일반적으로는 서구 사회에서, 구체적으로는 호주에서 국가가 공화국이 되어야 한다는 제안에 대해 최근 열린 헌법 제정 회의에서 주류 정치적인 이슈로서 장애에 대한 논의가 부족하다는 것이다.

24 Dean, *Governmentality: Power and Rule in Modern Society*, p. 171.

25 *Ibid.*, p. 167.

26 Colin Gordon, "Governmental Rationality: An Introduction." In *The Foucault Effect: Studies in Governmentality*, ed. Graham Burchell, Colin Gordon, and Peter Miller, Chicago: University of Chicago Press, 1991, p. 48.

IV부 윤리학과 정치학

윤리적 프로젝트로서의 '포함'

1 Deborah Gallagher, "Neutrality as a Moral Standpoint, Conceptual Confusion, and the Full Inclusion Debate." *Disability and Society* 16, 2001.

2 Ellen Brantlinger, "Using Ideology: Cases of Nonrecognition of the Politics of Research and Practice in Special Education." *Review of Educational Research* 67, 1997.

3 Roger Slee, "Disability, Class, and Poverty: School Structures and Policing Identities." In *Disability and the Dilemmas of Education and Justice*, ed. Carol Christensen and Fazal Rizvi, Buckingham: Open University Press, 1996.; "The Politics of Theorizing Special Education." In *Theorising Special Education*, ed. Catherine Clark, Alan

Dyson, and Alan Millward, London: Routledge, 1998.; Len Barton, "Inclusive Education: Romantic, Subversive, or Realistic?" *International Journal of Inclusive Education* 1(3), 1997.; Roger Slee and Julie Allan, "Excluding the Included: A Reconsideration of Inclusive Education." *International Studies in the Sociology of Education* 11(2), 2001.

4 Michel Foucault, "The Ethic of Care for the Self as a Practice of Freedom." *Philosophy and Social Criticism* 12, 1987, p. 117.

5 Michel Foucault, *Remarks on Marx: Conversations with Duccio Trombadori*, New York: Semiotext(e), 1991, pp. 11~12.

6 David Shumway, *Michel Foucault*, Charlottesville: University Press of Virginia, 1989.; Richard Rorty, "Foucault, Dewey, Nietzsche." *Raritan* 9, 1990.

7 Slavoj Žižek, *The Ticklish Subject: The Absent Centre of Political Ontology*, London: Verso, 1999.

8 Roger Slee, "Social Justice and the Changing Directions in Educational Research: The Case of Inclusive Education." *International Journal of Inclusive Education* 5(2-3), 2001.

9 Roger Slee, "The Politics of Integration — New Sites for Old Practices?" *Disability, Handicap, and Society* 8, 1993.

10 Julie Allan, *Actively Seeking Inclusion: Pupils with Special Needs in Mainstream Schools*, London: Falmer, 1999.

11 Michel Foucault, "A Preface to Transgression." In *Language, Countermemory, Practice: Selected Essays and Interviews*, ed. Donald F. Bouchard, trans. Donald F. Bouchard and Sherry Simon, Oxford: Basil Blackwell, 1977 참조.

12 Barton, "Inclusive Education: Romantic, Subversive, or Realistic?" p. 239.

13 Michel Foucault, *History of Sexuality*, Vol. 2, *The Use of Pleasure*, trans. Robert Hurley, Harmondsworth: Penguin, 1987, p. 30.

14 Barry Smart, "Foucault, Levinas and the Subject of Responsibility." In *The Later Foucault*, ed. Jeremy Moss, London: Sage, 1998.

15 James Bernauer, "Cry of Spirit." Foreword to *Religion and Culture, by Michel Foucault*, ed. Jeremy Carrette, Manchester: Manchester University Press, 1999, p. xiv.

16 Paul Veyne, "The Final Foucault and His Critics." In *Foucault and His Interlocutors*, ed. Arnold Davidson, Chicago: University of Chicago Press, 1997, p. 231.

17 Foucault, *History of Sexuality*, Vol. 2, *The Use of Pleasure*.

18 *Ibid.*, p. 26.

19 *Ibid.*, p. 26.

20 *Ibid.*, p. 26.

21 David Blacker, "Intellectuals at Work and in Power: Toward a Foucaultian Research Ethic." In *Foucault's Challenge: Discourse, Knowledge, and Power in Education*, ed. Thomas Popkewitz and Marie Brennan, New York: Teachers College Press, 1998 참조.

22   Foucault, *History of Sexuality*, Vol. 2, *The Use of Pleasure*, p. 26.

23   Blacker, "Intellectuals at Work and in Power: Toward a Foucaultian Research Ethic." p. 362.

24   Ibid., pp. 362~363.

25   Foucault, "The Ethic of Care for the Self as a Practice of Freedom." p. 117.

26   Foucault, "Practicing Criticism." In *Michel Foucault: Politics, Philosophy, Culture*, ed. Lawrence Kritzman, New York: Routledge, 1988, p. 321.

27   Ibid., p. 321.

28   Emmanuel Levinas, *Time and the Other*, Pittsburgh: Duquesne University Press, 1987.

29   Foucault, "Technologies of the Self." In *Technologies of the Self*, ed. Luther Martin, Huck Gutman, and Patrick Hutton, Amherst: University of Massachusetts Press, 1988, p. 22.

30   Smart, "Foucault, Levinas and the Subject of Responsibility."

31   Allan, *Actively Seeking Inclusion: Pupils with Special Needs in Mainstream Schools*.

32   Colin Barnes, "Theories of Disability and the Origins of the Oppression of Disabled People in Western Society." *Disability and Society: Emerging Issues and Insights*, ed. Len Barton, London: Longman, 1996.; Michael Oliver, "Changing the Social Relations of Research Production?" *Disability, Handicap, and Society* 7, 1992.; Oliver, "Final Accounts and the Parasite People." In *Disability Discourse*, ed. Mairian Corker and Sally French, Buckingham: Open University Press, 1999.

33   Oliver, "Final Accounts and the Parasite People." p. 191.

34   Shoshona Felman, "Psychoanalysis and Teacher Education: Teaching Terminable and Interminable." *Yale French Studies* 63, 1982, p. 30.

35   Ibid., p. 30.

36   Slee, "Social Justice and the Changing Directions in Educational Research." p. 173.

37   Ibid., p. 173.

38   Ibid., p. 173.

39   Ibid., p. 171.

40   Oliver, "Changing the Social Relations of Research Production?" p. 105.

41   Barnes, "Theories of Disability and the Origins of the Oppression of Disabled People in Western Society." p. 43.

42   Ibid., p. 184.

43   Ibid., p. 195.

44   Ibid., p. 189.

45   Blacker, "Intellectuals at Work and in Power." p. 357.

46   Smart, "The Politics of Truth and the Problem of Hegemony." p. 171.

47   Blacker, "Intellectuals at Work and in Power: Toward a Foucaultian Research Ethic." p.

360.

48 Jenny Corbett and Roger Slee, "An International Conversation on Inclusive Education." In *Inclusive Education: Policy, Contexts, and Comparative Perspectives*, ed. Felicity Armstrong, Derrick Armstrong, and Len Barton, London: David Fulton, 2000.

49 Deborah Gallagher, "The Scientific Knowledge Base of Special Education: Do We Know What We Think We Know?" *Exceptional Children* 64, 1998.

50 Michel Foucault, Discussion between Foucault and Berkeley scholars, April 21, Document D250 (7), Foucault Archive, Paris, 1983.

51 Michel Foucault, "On the Genealogy of Ethics: An Overview of Work in Progress." In *The Foucault Reader*, ed. Paul Rabinow, Harmondsworth: Penguin,1984, p. 343.

52 이를테면, Thomas Skrtic, *Disability and Democracy: Reconstructing Special Education for Postmodernity*, New York: Teachers College Press, 1995.; Sally Tomlinson, "Conflicts and Dilemmas for Professionals in Special Education." In *Disability and the Dilemmas of Education and Justice*, ed. Carol Christensen and Fazal Rizvi, Buckingham: Open University Press, 1996 참조.

53 Mimi Orner, "School Marks: Education, Domination, and Female Subjectivity." In *Foucault's Challenge: Discourse, Knowledge, and Power in Education*, ed. Thomas Popkewitz and Marie Brennan, New York: Teachers College Press, 1998.

54 Skrtic, *Disability and Democracy: Reconstructing Special Education for Postmodernity*, New York: Teachers College Press, 1995.

55 Barry Troyna and Carol Vincent, "The Ideology of Expertise: The Framing of Special Education and Racial Equality Policies in the Local State." In *Disability and the Dilemmas of Education and Justice*, ed. Carol Christensen and Fazal Rizvi, Buckingham: Open University Press, 1996, p. 12.

56 Dennis Lowson, "Understanding Professional Thought Disorder: A Guide for Service Users and a Challenge for Professionals." *Asylum* 8(2), 1994.

57 Jenny Corbett, *Bad Mouthing: The Language of Special Needs*, Bristol: Falmer Press, 1996, p. 40에서 재인용.

58 *Ibid.*, p. 40에서 재인용.

59 Terry Eagleton, *Literary Theory: An Introduction*, Oxford: Basil Blackwell, 1983, p.134.

60 Jacques Derrida, "Deconstruction and The Other." *Dialogues and Contemporary Continental Thinkers: Phenomenological Heritage*, ed. Richard Kearney. Manchester: Manchester University Press, 1984, p. 125.

61 Jean Baudrillard, "On Nihilism." *On the Beach* 6, 1984.

62 Oliver, "Final Accounts and the Parasite People." p. 190.

63 Morag Patrick, "Assuming Responsibility: Or Derrida's Disclaimer." In *Applying: To Derrida*, ed. John Brannigan, Ruth Robbins, and Julian Wolfreys, Basingstoke: Macmillan, 1996, p. 141.

64 Slee and Allan, "Excluding the Included: A Reconsideration of Inclusive Education."

65 Henry Giroux, *Teachers as Intellectuals: A Critical Pedagogy for Practical Learning*, South Hadley, Mass.: Bergin and Garvey, 1988.

66 Peter McLaren, *Critical Pedagogy and Predatory Culture*, London: Routledge, 1995.

67 Hubert L. Dreyfus and Paul Rabinow, eds., *Michel Foucault: Beyond Structuralism and Hermeneutics*, Brighton: Harvester, 1982, p. 198에서 재인용.

68 Foucault, "On the Genealogy of Ethics." p. 343.

69 John Ransom, *Foucault's Discipline*, Durham, N.C.: Duke University Press, 1997, p. 100.

70 Ian Stronach and Maggie Maclure, *Educational Research Undone: The Postmodern Embrace*, Buckingham: Open University Press, 1997, p. 158.

71 *Ibid.*, p. 152.

72 Julie Allan, "Disability Arts and the Performance of Ideology." In *Disability Studies in Education*, ed. Susan Gabel, New York: Allan Lang, 2004.

73 Paul Darke, "Understanding Cinematic Representations of Disability." In *The Disability Reader: Social Science Perspectives*, ed. Tom Shakespeare, London: Cassell, 1998, p. 135.

74 Foucault, "About the Beginning of the Hermeneutics of the Self." In *Religion and Culture by Michel Foucault*, ed. Jeremy Carrette, Manchester: Manchester University Press, 1999, p. 166.

75 Ransom, *Foucault's Discipline*, p. 156.

76 Department for Education and Employment (DfEE), *Excellence for All Children: Meeting Special Educational Needs*, London: DfEE, 1997.

77 Scottish Executive, *New Community Schools Prospectus*, Edinburgh: Scottish Office, 1999.

78 Gilles Deleuze, *Foucault*, trans. S. Hand, Minneapolis: University of Minneapolis Press, 1988, p. 92.

79 Foucault, "Theatrum philosophicum." *Language, Countermemory, Practice: Selected Essays and Interviews*, ed. Donald F. Bouchard, trans. Donald F. Bouchard and Sherry Simon, Oxford: Basil Blackwell, 1977, p. 190.

80 Jon Simons, *Foucault and the Political*, London: Routledge, 1995.

81 Angela McRobbie, *Postmodernism and Popular Culture*, New York: Routledge, 1994, p.192.

82 Bernauer, "Cry of Spirit." p. xiii.

83 Ransom, *Foucault's Discipline*, p. 178.

84 Foucault, "Practicing Criticism.", p. 156.

85 Foucault, Discussion between Foucault and Berkeley scholars, p. 11.

86 Judith Butler, *The Psychic Life of Power*, Stanford, Calif.: Stanford University Press,

1997, p. 29.

87 *Ibid.*, p. 29.

88 Rosi Braidotti, "Meta(l)morphoses." *Theory, Culture, and Society* 14(2), 1997, p. 70.

89 John Shotter, "Dialogical Realities: The Ordinary, the Everyday, and Other Strange New Worlds." *Journal for the Theory of Social Behaviour*, 27, 1997, p. 353.

젠더 경찰

1 1979년 섹스/젠더 이형론의 필요성을 입증하기 위해 그 당시 제기된 이론적, 실험적 주장을 종합적으로 분석한 뒤에 나는 이런 결론에 도달했다(Kathryn Pauly Morgan, "Sexuality as a Metaphysical Dimension." In *Philosophy and Women*, ed. Sharon Bishop and Marjorie Weinzweig, Belmont, Calif.: Wadsworth, 1979). 그 이후, (이를테면) 진화 정신생물학자들이 부상하면서 실험과 이론의 영역이 변화했다. 더욱이 가상적이고 사이보그적인 양태의 성적 체현의 결과로 섹슈얼리티에 대한 이론적 이해는 존재론적으로 훨씬 미묘해졌다(Donna J. Haraway, "A Cyborg Manifesto: Science, Technology, and Socialist-Feminism in the Late Twentieth Century." In *Simians, Cyborgs, and Women: The Reinvention of Nature*, New York: Routledge.; Sandy Stone, "The Empire Strikes Back: A Posttranssexual Manifesto." In *Body Guards: The Cultural Politics of Gender Ambiguity*, ed. Julie Epstein and Kristina Straub, New York: Routledge, 1991 참조). 그럼에도 나는 동일한 주장을 밀고 나갈 것이다(Suzanne Kessler and Wendy McKenna, "Who Put the 'Trans' in Transgender? Gender Theory and Everyday Life." In *Constructing Sexualities: Readings in Sexuality, Gender, and Culture*, ed. Suzanne LaFont, Upper Saddle River, N.J.: Prentice Hall, 2003.; Judith Shapiro, "Transsexualism: Reflections on the Persistence of Gender and the Mutability of Sex." In *Body Guards: The Cultural Politics of Gender Ambiguity*, ed. Julia Epstein and Kristina Straub, New York: Routledge, 1991.; Bonnie B. Spanier, "'Lessons' from 'Nature': Gender Ideology and Sexual Ambiguity in Biology." In *Body Guards: The Cultural Politics of Gender Ambiguity*, ed. Julie Epstein and Kristina Straub, New York: Routledge, 1991). 이것이 이 장의 첫 부분에 두려움의 색채가 스며들어 있는 이유이다.

2 Phyllis Burke, *Gender Shock: Exploding the Myths of Male and Female*, New York: Doubleday, 1996, pp. 171~174.

3 Suzanne Kessler and Wendy McKenna, *Gender: An Ethnomethodological Approach*, New York: Wiley, 1978.; Jacquelyn N. Zita, *Body Talk: Philosophical Reflections on Sex and Gender*, New York: Columbia University Press, 1998을 보라.

4 나오미 셔먼(Naomi Scheman)이 「퀴어의 중심화로 중심을 퀴어화하기: 트랜스섹슈얼과 세속적 유대인에 대한 반성」(Queering the Center by Centering the Quee: Reflections on Transsexuals and Secular Jews, 1999)이라는 제목의 놀라운 논문에서 '출산 전후에 분홍화, 파랑화'라는 개념을 이야기했다.

5 라델 맥워터가 '명예 이성애자'라는 개념을 소개했다(Ladelle McWhorter, *Bodies and*

Pleasures: Foucault and the Politics of Sexual Normalization, Bloomington: Indiana University Press, 1999). 나는 이 개념을 '명예 이형주의자'로 확장한다. 즉, 젠더 이형 유토피아에 거주하며 '경계를 존중'하는 방식으로 스스로를 자리매김한다. 이런 맥락에서 일부 레즈비언과 게이, 바이섹슈얼, 트랜스섹슈얼은 이형적 정체성 동화와 섹스/젠더 실천의 항상성을 통해서 이형적 경계를 보존하는 데 기여하는 한 '명예 이형론자'이다. Judith Halberstam, *Female Masculinity*, Durham, N.C.: Duke University Press, 1998을 참조하라.

6 나는 소크라테스 이전 철학자들부터 오늘날 인종적 색채를 띤 군사 갈등까지 서양의 이론적, 정치적 허상에서 형식, 경계, 한계, 항상성이 기이할 정도로 강력한 역할을 한 것을 강조하기 위해 '젠더 경계'의 개념을 특권적으로 사용한다. '경계 보호'는 정치전략가들과 젠더 이형론자들뿐만 아니라 면역학자와 민족-인종 순수주의자에게도 상시적인 의무이다. 이번 장의 논의는 경계, 디아스포라, 한계(margins), 경계인(liminality), 위반, 예측할 수 없는 (따라서 위험한) 무정형성의 표시에 대한 최근 포스트모던과 포스트식민주의 이론화를 기반으로 한다. 예컨대 다음을 참조하라. Rosi Braidotti, *Nomadic Subjects: Embodiment and Sexual Difference in Contemporary Feminist Theory*, New York: Columbia University Press, 1994.; Mary Douglas, *Purity and Danger*, London: Ark, 1966.; Julia Kristeva, *Powers of Horror: An Essay on Abjection*, trans. Leon S. Roudiez, New York: Columbia University Press, 1982; Anne McClintock, *Imperial Leather: Race, Gender, and Sexuality in the Colonial Context*, New York: Routledge, 1995.; Margrit Shildrick, *Embodying the Monster: Encounters with the Vulnerable Self*. London: Sage, 2002.

7 Ira B. Pauly, "Terminology and Classification of Gender Identity Disorders." In *Gender Dysphoria: Interdisciplinary Approaches in Clinical Management*, ed. Walter O. Bockting and Eli Coleman, Binghamton, N.Y.: Haworth Press, 1992.; Betty W. Steiner, "The Management of Patients with Gender Disorders." In *Gender Dysphoria: Development, Research, Management*, ed. Betty W. Steiner, New York: Plenum Press, 1985.; Lana Stermac, "Clinical Management of Nontranssexual Patients." In *Clinical Management of Gender Identity Disorders in Children and Adults*, ed. Ray Blanchard and Betty W. Steiner, Whshington, D.C.: American Psychiatric Press, 1990.

8 섹스/젠더의 '비정상성'을 '교정'하기 위해 최근 출산 전 태아 수술 발전이 이용되는 정도를 축소해서는 안 된다. Monica Casper, "Fetal Cyborgs and Technomoms on the Reproductive Frontier: or, Which Way to the Carnival?" In *The Cyborg Handbook*, ed. Chris Hables Gray with Heidi J. Figueroa-Sarriera and Steven Menttor, New York: Routledge, 1995.; Alice Domurat Dreger, *Hermaphrodites and the Medical Invention of Sex*, Cambridge: Harvard University Press, 1998.; Kathryn Pauly Morgan, "Schönes Neues Baby—Schöne neue Mutter—Schöne Neue Welt." *Die Philosophin. Feministische Theorie, Bioethik und Biopolitik* 25, 2002를 보라. 출산 후 태아의 간성에 대한 외과 수술을 다룬 가장 최근의 연구는 다음을 참조하라. Suzanne Kessler, *Lessons from the Intersexed*, New Brunswick, N.J.: Rutgers University Press, 1998.; Anne Fausto-Sterling, *Sexing the Body: Gender Politics and the Construction*

of Sexuality, New York: Basic Books, 2000.; Morgan Holmes, "Queer Cut Bodies." In *Queer Frontiers: Millennial Geographies, Genders, and Generations*, ed. Joseph A. Boone, Martin Dupuis, Martin Meeker, Karin Quimby, Cindy Sarver, Debra Silverman, and Rosemary Weatherston, Madison: University of Wisconsin Press.; "Rethinking the Meaning and Management of Intersexuality Sexualities." *Sexualities* 5(2), 2002.; *The Doctor Will Fix Everything*, Kitchener: Wilfrid Laurier Press, 2005. 현재 생의학적 사고의 근본주의에 대한 사례는 Randi Ettner, *Gender Loving Care: A Guide to Counseling Gender-Variant Clients*, New York: W. W. Norton, 1999의 「젠더 불쾌감의 병인」(Etiology of Gender Dysphoria)을 참고하라. 그는 "정상적인 젠더 정체성 발달의 원인이 되는 **유일한** (the) 과정"(p. 55. 강조 추가)으로서 임신 후기에 출산 전 '성' 호르몬과 함께 능동적 뉴런의 가지치기와 뉴런 이동의 상호작용에 대한 화이트(White)의 이론에 동의하며 그를 인용한다. 실험 결과는 '성적으로 비정상적인' 개인들의 두개골 부검에서 수집한 데이터와 관계되어 있다. GDU에서 이런 연구는 폭넓은 대중의 지지를 받을 것이다.

9 Harry Benjamin, *Standards of Care for Gender Identity Disorders*. 6th version, Available from the Harry Benjamin International Gender Dysphoria Association, 1300 South 2nd Street, Suite 180, Minneapolis, MN 55454, 2001.; Jason Cromwell, *Transmen and FTMs: Identities, Bodies, Genders, and Sexualities*, Urbana: University of Illinois Press, 1999.; Ettner, *Gender Loving Care*.

10 Leonard Clemmensen, "The 'Real-life Test' for Surgical Candidates." In *Clinical Management of Gender Identity Disorders in Children and Adults*, ed. Ray Blanchard and Betty W. Steiner, Washington, D.C.: American Psychiatric Press, 1990을 보라.

11 Kessler and McKenna, *Gender: An Ethnomethodological Approach.*; Shapiro, "Transsexulaism: Reflections on the Persistence of Gender and the Mutability of Sex."

12 Stephen J. Hucker, "Medical-Legal Issues." In *Gender Dysphoria: Development, Research, Management*, ed. Betty W. Steiner, New York: Plenum Press, 1985 참조.

13 로버트 크라우치(Robert Crouch)가 보고하고 기록한 '실제 생활' 사례이다("Betwixt and between: The Past and Future of Intersexuality." In *Intersex in the Age of Ethics*, ed. Alice Domurat Dreger, Hagerstown, Pa.: University Publishing Group, 1999, p. 46).

14 Burke, *Gender Shock: Exploding the Myths of Male and Female*, pp. 39ff를 보라.

15 *Ibid.*; Leslie Feinberg, *Stone Butch Blues*, Ithaca, N.Y.: Firebrand, 1993.; Daphne Scholinski, *The Last Time I Wore a Dress*, New York: Riverhead Press, 1997.; Ladelle McWhorter, *Bodies and Pleasures: Foucault and the Politics of Sexual Normalization*, Bloomington: Indiana University Press, 1999.

16 수전 이야기의 자세한 내용은 Baumauch와 Turner가 보고한(그리고 기념하는) 사례 연구에서 직접적으로 얻어졌다(Jeremy Baumbach and Louisa A. Turner, "Female Gender Disorder: A New Model and Clinical Applications." In *Gender Dysphoria: Interdisciplinary Approaches in Clinical Management*, ed. Walter O. Bockting and Eli Coleman, Binghamton, N.Y.: Haworth Press, 1992). 다프네, 레슬리, 라델의 이야기는 각각 다프네 스

콜린스키(Daphne Scholinski, *The Last Time I Wore a Dress*, New York: Riverhead Press, 1997), 레슬리 파인버그(Leslie Feinberg, *Stone Butch Blues*, Ithaca, N. Y.: Firebrand, 1993), 라델 맥워터(McWhorter, *Bodies and Pleasures: Foucault and the Politics of Sexual Normalization*)의 삶의 경험을 가리킨다. 끔찍한 '종합적' '치료' 모델은 Walter O. Bockting and Eli Coleman, "A Comprehensive Approach to the Treatment of Gender Dysphoria." In *Gender Dysphoria: Interdisciplinary Approaches in Clinical Management*, Binghamton, N.Y.: Haworth Press, 1992를 참조하라.

17　이런 진단 감시를 터무니없다고 생각하는 독자들을 위해, 현대 정신의학 젠더 정체성 이론과 실천에서 레커(Reker)의 진단 행동주의(diagnostic behaviorsm)가 끼치는 지속적인 영향력을 생각해 보자. 레커는 아동과 청소년들의 젠더 정신 장애(disturbance)를 확인하기 위해 특권화된 검사로서 확정적인 젠더 규범적 제스처 목록을 만들었다. 북미 지역에서 이 제스처의 목록이 꾸준히 동성애를 혐오하는 문화적 생산물의 자리에서 널리 인식되고, 퀴어 진영에서 다양하게 전용되는 정도가 현재 작동하는 규범적인 젠더 이형론의 증거이다. 레커의 작업과 영향력에 대한 논의는 Burke, *Gender Shock: Exploding the Myths of Male and Female*을 참조하라.

18　Gilbert Herdt, "Introduction: Third Sexes and Third Genders." In *Third Sex, Third Gender: Beyond Sexual Dimorphism in Culture and History*, ed. Gilbert Herdt, New York: Zone, 1994.; Kessler and McKenna, *Gender: An Ethnomethodological Approach*.; Serena Nanda, *Gender Diversity: Crosscultural Variations*, Prospect Heights, Ill.: Waveland Press, 2000.; Shapiro, "Transsexulaism: Reflections on the Persistence of Gender and the Mutability of Sex." 참조.

19　Paul Abberley, "The Concept of Oppression and the Development of a Social Theory of Disability." *Disability, Handicap, and Society* 2(1), 1987.; Zita, *Body Talk: Philosophical Reflections on Sex and Gender*.; Shelley Tremain, "We're Here. We're Disabled and Queer. Get Used to It." In *Pushing the Limits: Disabled Dykes Produce Culture*, ed. Shelley Tremain, Toronto: Women's Press, 1996.

20　Morgan, "Contested Bodies, Contested Knowledges: Women, Health, and the Politics of Medicalization." In *The Politics of Women's Health: Exploring Agency and Autonomy*, by Feminist Health Care Ethics Research Network et al. Philadelphia: Temple University Press, 1998.; "Sexualized Doctor-Patient Relationships: 'Therapeutic' Erections of (Acts of) Eroto-Terrorism?" In *Interpersonal Violence*, ed. S. French, Toronto: McGraw-Hill-Ryerson, 1998 참조.

21　Bonnie B. Spanier, *Im/partial Science: Gender Ideology in Molecular Biology*, Bloomington: Indiana University Press, 1995.

22　Foucault, *The History of Sexuality*, Vol. 1, *An Introduction*, trans. Robert Hurley, New York: Random House, 1978.; Foucault, Introduction to *Herculine Barbin: Being the Recently Discovered Memoirs of a Nineteenth-Century Hermaphrodite*, trans. Richard McDougall, New York: Pantheon, 1980.; Thomas Laqueur, *Making Sex: Body and Gender from the Greek to Freud*, Cambridge: Harvard University Press, 1990.;

Londa Schiebinger, *The Mind Has No Sex? Women in the Origins of Modern Science*, Cambridge: Harvard University Press, 1989.

23   Robert Dickey, "Gender Dysphoria and Antisocial Behavior." In *Clinical Management of Gender Identity Disorders*, ed. Ray Blanchard and Betty Steiner, Washington, D.C.: American Psychiatric Press, 1990, p. 193.

24   나는 푸코가 주로 감금 사회, 즉 "복잡한 자기-복종의 망을 통해 작동하는 규율과 미시 규제의 체제를 수반하는" 사회에 집중했다고 주장하는 브라이언 터너(Bryan S. Turner) 같은 학자들의 의견에 동의하지 않는다. 나는 장치, 생명권력, 통치성이라는 푸코의 개념이 감금 사회뿐만 아니라 리스크 사회를 분석할 수 있을 만큼 충분히 섬세하고 복잡하다고 생각한다. 나는 젠더가 감금 사회와 리스크 사회의 역학이 변증법적으로 어떻게 관여하는지 밝히는 물질적 영역과 담론적 영역 사이의 접점을 제공한다고 주장할 것이다. 현재 '장애화된 주체'의 본성에 관심을 가지는 장애학 연구는 감금 사회와 리스크 사회가 왜 상호 배타적인 것으로 다루어져서는 안 되는지를 입증한다. Nirmala Erevelles, "In Search of the Disabled Subject." In *Embodied Rhetorics: Disability in Language and Culture*, ed. James C. Wilson and Cynthia Lewiecki-Wilson, Carbondale: Southern Illinois University Press, 2001.; Anita Ghai, "Disability in the Indian Context: Post-colonial Perspectives." In *Disability/Postmodernity: Embodying Disability Theory*, ed. Mairian Corker and Tom Shakespeare, London: Continuum, 2002.; Janet Price and Margrit Shildrick, "Uncertain Thoughts on the Dis/abled Body." In *Vital Signs: Feminist Reconfigurations of the Bio/logical Body*, Edinburgh: Edinburgh University Press, 1998.; Shildrick, *Embodying the Monster.*; Rosemarie Garland Thomson, ed., *Freakery: Cultural Spectacles of the Extraordinary Body*, New York: Columbia University Press, 1996.; "Integrating Disability, Transforming Feminist Theory." *National Women's Studies Association Journal* 14(3), 2002.; "The Politics of Staring: Visual Rhetorics of Disability in Popular Photography." In *Disability Studies: Enabling the Humanities*, ed. Sharon L. Snyder, Brenda Jo Brueggemann, and Rosemarie Garland-Thomson, New York: Modern Language Association of America, 2002.; Shelley Tremain, "On the Government of Disability." *Social Theory and Practice* 27, 2001을 보라.

25   GDU에서 '전복자' 명단에 포함된 사람들은 다음과 같다. Kate Bornstein, Rosi Braidotti, Judith Butler, Pat Califa, Cheryl Chase, Jason Cromwell, Dallas Denny, Holly(지금은 Aaron) Devor, Richard Ekins, Anne Fausto-Sterling, Leslie Feinberg, Marjorie Garber, Elizabeth Grosz, Bernice Hausman, Suzanne Kessler, Wendy McKenna, Ladelle McWhorter, Nelly Oudshoorn, Daphne Scholinski, Sandy Stone, Shelley Tremain, and Jacqueline Zita.

26   Foucault, "The Confession of the Flesh." In *Power/Knowledge: Selected Interviews and Other Writings, 1972-1977*, ed. Colin Gordon, trans. Colin Gordon, Leo Marshall, John Mepham, and Kate Soper, New York: Pantheon, 1980, p. 194.

27   Ibid., p. 197.

28   Foucault, *Madness and Civilization. A History of Insanity in the Age of*

Reason, trans. Richard Howard, New York: Vintage, 1965.; *The Birth of the Clinic: An Archaeology of Medical Perception*, trans. A. M. Sheridan Smith, New York: Random House, 1973.; *The History of Sexuality*, Vol. 1, *An Introduction*.; Introduction to *Herculine Barbin*.; Julie McNamara, "Out of Order: Madness Is a Feminist and a Disability Issue." In *Encounters with Strangers: Feminism and Disability*, ed. Jenny Morris, London: Women's Press, 1996.

29 American Psychiatric Association, *Diagnostic and Statistical Manual of Mental Disorders*, 4th ed, Washington, D.C., 1994.; Foucault, *The Birth of the Clinic*, pp. 30~31.

30 Foucault, "Two Lectures." In *Power/Knowledge: Selected Interviews and Other Writings, 1972-1977*, ed. Colin Gordon, trans. Colin Gordon, Leo Marshall, John Mepham, and Kate Soper, New York: Pantheon, 1980, p. 99.

31 이런 과정의 미시정치학에 대한 자세한 분석은 Price and Shildrick, "Uncertain Thoughts on the Dis/abled Body"를 참조하라.

32 역사적인 설명은 가령 Nelly Oudshoorn, *Beyond the Natural Body: An Archeology of Sex Hormones*, New York: Routledge, 1994와 Marianne Van Den Wijngaard, *Reinventing the Sexes: The Biomedical Construction of Femininity and Masculinity*, Bloomington: Indiana University Press, 1997을 참조하라. 현대 테크노-생명의료 정치학에 대한 폭넓고 훌륭한 분석은 Adele E. Clarke, Janet Shim, Jennifer Fosket, Jennifer Fishman, and Laura Mamo, "Biomedicalization: Theorizing Technoscientific Transformations of Health, Illness, and United States Biomedicine." *American Sociological Review* 68, 2003을 보라. 구체적인 의료화와 이론적인 분석은 다음을 참조. Morgan, "Women and the Knife: Cosmetic Surgery and the Colonization of Women's Bodies." *Hypatia* 6(3), 1991.; "Rites and Rights: The Biopolitics of Beauty and Fertility." In *Philosophical Perspectives in Bioethics*, Toronto: University of Toronto Press, 1996.; "Contested Bodies, Contested Knowledges."; "Sexualized Doctor-Patient Relationships."; "Schönes Neues Baby – Schöne neue Mutter – Schöne Neue Welt."

33 Zita, *Body Talk: Philosophical Reflections on Sex and Gender*, p. 35.

34 Foucault, *The Birth of the Clinic*, p. 31. 인용문의 대괄호는 인용자. [푸코, 『임상의학의 탄생』 홍성민 옮김, 이매진, 2006, 71쪽.-옮긴이]

35 Foucault, "The Dangerous Individual." In *Politics, Philosophy, Culture: Interviews and Other Writings 1997-1984*, ed. Lawrence D. Kritzman, trans. Alan Sheridan et al., New York: Routledge, Chapman, and Hall, 1988, p. 134.

36 Foucault, *Discipline and Punish: The Birth of the Prison*, trans. Alan Sheridan, New York: Vintage, 1975, p. 215.

37 Shannon Minter, "Diagnosis and Treatment of Gender Identity Disorder in Children." In *Sissies and Tomboys: Gender Nonconformity and Homosexual Childhood*, ed. Matthew Rottnek, New York: New York University Press, 1999, p. 18에서 재인용. 강조는 추가.

38 Jason Cromwell, "Fearful Others: Medico-Psychological Constructions of Female-to-Male Transgenderism." In *Current Concepts in Transgender Identity*, ed. Dallas Denny, New York: Garland, 1998.

39 Margrit Shildrick, *Leaky Bodies and Boundaries: Feminism, Post-modernism, and (Bio)ethics*, London: Routledge, 1997.; Shildrick, *Embodying the Monster.*

40 Shildrick, *Embodying the Monster.*; Thomson, *Freakery: Cultural Spectacles of the Extraordinary Body.*; Thomson, *Extraordinary Bodies: Figuring Physical Disability in American Culture and Literature*, New York: Columbia University Press, 1997.; Thomson, "The Politics of Staring: Visual Rhetorics of Disability in Popular Photography."

41 Erevelles, "In Search of the Disabled Subject." p. 97.; Haraway, "A Cyborg Manifesto.";
Haraway, *Modest-Witness@Second_Millennium. FemaleMan_Meets_OncoMouse*, New York: Routledge, 1997.

42 McClintock, *Imperial Leather.*

43 Holly Devor, *Gender Blending: Confronting the Limits of Duality*, Bloomington: Indiana University Press, 1989.; Richard Ekins and Dave King, "Blending Genders: Contributions to the Emerging Field of Transgender Studies." In *Current Concepts in Transgender Identity*, ed. Dallas Denny, New York: Routledge, 1998.

44 Kate Bornstein, *My Gender Workbook*, New York: Routledge, 1998, pp. 8~9.

45 다음과 같은 주의사항이 있다. 지배적인 젠더 이형 지배 장치와 젠더 장애 범주의 전략적인 가역성에 참여하는 시도는 지배 장치에 의해 재전용되고, 이런 전략이 전복하려 했던 젠더 이형론적 성욕을 재각인하는 결과를 낳을 수 있다. 지배적인 젠더 장치는 탄력적이고, 회복력이 있다. 이런 역학에 대한 고전적 논의는 Judith Burter, *Gender Trouble: Feminism and the Subversion of Identity*, New York: Routledge, 1990을 참조하라. 장애의 문화적 도해에 대한 역학 분석은 Thomson, "Integrating Disability, Transforming Feminist Theory"와 "The Politics of Staring: Visual Rhetorics of Disability in Popular Photography"를 확인하라.

46 American Psychiatric Association, *Diagnostic and Statistical Manual of Mental Disorders.*; Paula Caplan, *They Say You're Crazy: How the World's Most Powerful Psychiatrists Decide Who's Normal*, Reading, Mass.: Addison-Wesley, 1995.; Catherine Prendergast, "On the Rhetorics of Mental Disability." In *Embodied Rhetorics: Disability in Language and Culture*, ed. James C. Wilson and Cynthia Lewiecki-Wilson, Carbondale: Southern Illinois University Press, 2001.

47 DSM-IV의 저자들과 브래들리(Bradley), 그린(Green), 주커(Zucker) 같은 젠더 정체성 연구자, 일부 임상 의학자들이 젠더 불쾌감을 느끼는 아이들과 청소년이 전부 성인이 되어 동성애자(일부는 트랜스섹슈얼, 나머지는 트랜스섹슈얼이 아닌 이성애자)가 되는 것은 아니라고 인정하지만, '발생'에 대한 이들의 추론은 어린 시절이나 청소년기에 어떤 젠더 장애(즉, 젠더 불쾌감 혹은 젠더 정체성 장애)를 겪는 것이 성인의 동성애에 필요 조건(충분조건은 아니지만)이라고 가정한다. 이런 주장에 대한 분석은 다음을 참조하라. Ken Corbett, "Homosexual

Boyhood: Notes on Girlyboys." In *Sissies and Tomboys: Gender Nonconformity and Homosexual Childhood*, ed. Matthew Rottnek, New York: New York University Press, 1999.; Ellen K. Feder, "Disciplining the Family: The Case of Gender Identity Disorder." *Philosophical Studies* 8, 1997.; Minter, "Diagnosis and Treatment of Gender Identity Disorder in Children."; Richard H. Pleak, "Ethical Issues in Diagnosing and Treating Gender-Dysphoric Children and Adolescents." In *Sissies and Tomboys: Gender Nonconformity and Homosexual Childhood*, ed. Matthew Rottnek, New York: New York University Press, 1999.

48 위반적인 정치적 운동이 지배적 시선과 감시의 (기술과학적) 실천의 방식을 어떻게 비판하는지 이해하기 위해서는, '저항적 시선'과 지배적 시선의 정치-시선의 현상학을 탐구해야 한다. 이런 역학은 반인종차별주의의 맥락에서는 Himani Bannerji(*Returning the Gaze: Essays on Racism, Feminism, and Politics*, 1993), bell hooks("The Oppositional Gaze." 1992), Sherene H. Razack(*Looking White People in the Eye*, 1998), 장애 정치학의 맥락에서는 Kenny Fries(*Staring Back: The Disability Experience from the Inside*, 1997)의 다양한 저자들, Thomson(*Freakery: Cultural Spectacles of the Extraordinary Body*, 1996)의 다양한 저자들, Thomson("The Politics of Staring"), Tremain(*Pushing the Limits: Disabled Dykes Produce Culture*, 1996)의 공로자들과 다른 장애 학자들이 있다. 퀴어 정치학에서는 Dennis Altman("Global Gaze/Global Gays." 2001)과 여러 사람들이 있다. '시선'에 대한 푸코 이론의 고전적인 출처는 『임상의학의 탄생』과 『감시와 처벌』이다.

49 Peter Beresford, Gloria Gifford, and Chris Harrison, "What Has Disability Got to Do with Psychiatric Survivors?" In *Speaking Our Minds: An Anthology of Personal Experiences of Mental Distress and its Consequences*, ed. Jim Read and Jill Reynolds, Basingstoke: Macmillan, 1996.; Peter Beresford and Jan Wallcraft, "Psychiatric System Survivors and Emancipatory Research: Issues, Overlaps, and Differences." In *Doing Disability Research*, ed. Colin Barnes and Geof Mercer, Leeds: Disability Press, 1997.; Mairian Corker and Tom Shakespeare, "Mapping the Terrain." In *Disability/Postmodernity*, ed. Mairian Corker and Tom Shakespeare. London: Continuum, 2002.

50 Dallas Denny, *Current Concepts in Transgender Identity*, New York: Garland, 1998.

51 *Ibid.*, p. 425. 강조는 추가.

52 Leslie Feinberg, *TransGender Warriors: Making History from Joan of Arc to Dennis Rodman*, Boston: Beacon Press, 1996.

53 *Ibid.*, appendix A, pp. 171~175.

54 barbara findlay, et al., *Finding Our Place: Transgendered Law Review Project*, Vancouver: Vancouver High Risk Project Society, 1996.; Laura Grenfell, "Disrupting Law's Categories: Transgenderism, Feminism, and Identity." Dissertation, Faculty of Law, University of Toronto, 2001.; Rosalind Petchesky, "Sexual Rights: Inventing a Concept, Mapping an International Practice." In *Sexual Identities: Queer Politics*, ed. Mark Blasius, Princeton, N.J.: Princeton University Press.; Martine Rothblatt, *The Apartheid of Sex: A Manifesto on the Freedom of Gender*, New York: Crown, 1995.; Andrew

Sharpe, *Transgender Jurisprudence: Dysphoric Bodies of Law*, London: Cavendish, 2002.

55 Tremain, "Queering Disabled Sexuality Studies." *Sexuality and Disability* 18(4), 2000.; "On the Subject of Impairment." In *Disability/Postmodernity: Embodying Political Theory*, ed. Mairian Corker and Tom Shakespeare, London: Continuum, 2002.

56 Burke, *Gender Shock: Exploding the Myths of Male and Female*.

57 Deborah P. Brizman, "Is There a Queer Pedagogy? or, Stop Reading Straight." *Educational Theory* 45(2), 1995.; May Bryson and Suzanne deCastell, "Queer Pedagogy?! Praxis Makes Im/Perfect." In *Radical In<ter>ventions*, Albany: State University of New York Press, 1997.; Feinberg, *Trans Liberation: Beyond Pink or Blue*, Boston: Beacon Press, 1998.; Eve Sedgwick, "How to Bring Your Kids Up Gay." *Social Text* 29, 1990.

58 Feinberg, *TransGender Warriors: Making History from Joan of Arc to Dennis Rodman*.

59 Kate Bornstein, *My Gender Workbook*, New York: Routledge, 1998.

60 Feinberg, *TransGender Warrior*, pp. xii~xiii.

61 인종화된 트랜스젠더 역사에 대한 파인버그의 뚜렷한 관심은 대부분의 트랜스젠더 학문에 예외적이다. 인종화된 퀴어 주체성의 이론화 결핍에 대해서는 Evelynn Hammonds, "Black (W)holes and the Geometry of Black Female Sexuality." In *Feminism Meets Queer Theory*, ed. Elizabeth Weed and Naomi Schor, Bloomington: Indiana University Press, 1997을 참조하라. 인종차별적 맥락을 이해하려면 Zita, *Body Talk*을 참조하라.

62 Foucault, "The Confession of the Flesh." p. 82.

63 Pat Califia, *Sex Changes: The Politics of Transgenderism*, San Francisco: Cleis Press, 1997.; Diana Courvant, "Strip!" In *Body Outlaws*, ed. Ophira Edut, Seattle: Seal Press, 2000.; Feinberg, *Trans Liberation: Beyond Pink or Blue*.; Morgan Homes, "Is Growing Up in Silence Better than Growing Up Different?" *Chrysalis* 13, 1997-98.; Eve Kosofsky Sedgwick, *The Epistemology of the Closet*, Berkeley and Los Angeles: University of California Press, 1990.

64 나는 '순수한 경험의 반영'이 아니라 계획된 수사적 구조라는 의미로 '**서사**'라는 단어를 사용한다. 여러 정치적 해방 운동에서 충격을 주는 역할을 해온 서사적 설명은 서사를 만들어 내는 그 능력이 문제가 되는 맥락(정신의학 생존자 정치학과 장애 인권 정치학의 맥락과 같이)에서 특히 중요하다. 예컨대 Beresford, Gifford, and Harrison, "What Has Disability Got to Do with Psychiatric Survivors?"; Beresford and Wallcraft, "Psychiatric System Survivors and Emancipatory Research."; Tremain, "We're Here. We're Disabled and Queer. Get Used to It."을 참조하라.

65 Bernice L. Hausman, *Changing Sex: Transsexualism, Technology, and the Idea of Gender*, Durham, N.C.: Duke University Press, 1995. 1994년 트랜스젠더 심리학자이자 작가, 활동가인 댈러스 데니는 커밍아웃을 하고 불안을 느꼈다. 그러나 1998년 데니는 이렇게 썼다. "나는 성전환을 한 여성이다. (…) 나는 행복하고, 살아 있는 전문가로서

나의 상황을 주장하는 것이 자랑스럽다."(*Current Concepts in Transgender Identity*, p. xvii). 젠더이분법적 사회에 사는 것은 여전히 위험하지만, 데니는 자격증, 전문적인 경험과 동료들, 공동체, 국제 젠더 권리 장전의 발표(Feinberg, *TransGender Warriors*)와 트랜스젠더 법의 제정(findlay et al., *Finding Our Place*.; Grenfell, "Disrupting Law's Categories."; Paisley Currah, *Legislating Genders: Identity in the Civil Rights Claims of Sexual Minorities*, Philadelphia: Temple University Press. 2002; Sharpe, *Transgender Jurisprudence: Dysphoric Bodies of Law*), 전지구적 섹스/젠더 권리 운동의 발흥과 같은 다양한 방식으로 보호받고, 특권을 누린다. 물론 예속된 지식이라고 해서 전부 데니처럼 존경을 받지는 않을 것이다. 보이지 않는 장애의 복잡한 정치학과 공개적으로 '장애화'되었다고 확인되었을 때 발생할 수 있는 개체성의 상실을 말함으로써, 레즈비언 시인이자 에세이스트인 엘런 새뮤얼스(Ellen Samuels)는 예속된 지식과 관련해서 특권이 중요한 역할을 할 수 있음을 강조한다. 그녀는 직설적으로 다음과 같이 이야기했다. "노숙인, 생활보호 여성, 장애인과 다른 사회적 약자들이 성소수자들처럼 벽장 바깥으로 나왔다는 것을 아는 것으로 오늘날 사회가 조금이라도 변화할 것이라 주장하기는 힘들다고 생각한다."("Bodies in Trouble." In *Lesbians on Disability*, ed. Victoria Brownworth and Susan Raffo, Seattle: Seal Press, 1999, p. 200)

66   Anne McClintock, *Imperial Leather: Race, Gender, and Sexuality in the Colonial Context*, New York: Routledge, 1995, p. 47.

참고문헌

Abberley, Paul. 1987. "The Concept of Oppression and the Development of a Social Theory of Disability." *Disability, Handicap, and Society* 2 (1): 5-21.

"Affichettes." N.d. Archives et Muséum des Arts et Traditions populaire, Fonds Soury, Posters advertising Kobelkoff's *cinématographe*.

Albrecht, Gary L., Katherine D. Seelman, and Michael Bury. 2000. "The Formation of Disability Studies." In *Handbook of Disability Studies*, edited by Gary L. Albrecht, Katherine D. Seelman, and Michael Bury. Thousand Oakes, Calif.: Sage.

Allan, Julie. 1996. "Foucault and Special Educational Needs: A 'Box of Tools' for Analysing Children's Experiences of Mainstreaming." *Disability and Society* 11: 219-33.

Allan, Julie. 1999. *Actively Seeking Inclusion: Pupils with Special Needs in Mainstream Schools.* London: Falmer.

Allan, Julie. 2004. "Disability Arts and the Performance of Ideology." In *Disability Studies in Education*, edited by Susan Gabel. New York: Allan Lang.

Allen, Barry. 1993. "Demonology, Styles of Reasoning, and Truth." *International Journal of Moral and Social Studies* 8: 95-122.

Allen, Barry. 1993. *Truth in Philosophy*, Cambridge: Harvard University Press.

Allen, Barry. 1996. "Forbidding Knowledge." *Monist* 79: 294-310.

Allen, Barry. 1997. "The Soul of Knowledge." *History and Theory* 36: 63-82.

Allen, Barry. 1998. "Foucault and Modern Political Philosophy." In *The Later Foucault: Philosophy and Politics*, edited by Jeremy Moss. London: Sage.

Allen, Barry. 1999. "Disabling Knowledge." In *The Ethics of Postmodernity*, edited by Gary B. Madison and Martin Fairbairn. Evanston, Ill.: Northwestern University Press.

Allen, Barry. 1999. "Power/Knowledge." In *Critical Essays on Michel Foucault*, edited by Karlis Racevskis. New York: G. K. Hall.

Allen, Barry. 2000. "What Was Epistemology?" In *Rorty and His Critics*, edited by Robert Brandom. Oxford: Blackwell.

Altman, Barbara M. 2000. "Disability, Definitions, Models, Classification Schemes, and Applications." In *Handbook of Disability Studies*, edited by Gary L. Albrecht, Katherine D. Seelman, and Michael Bury. Thousand Oaks, Calif.: Sage.

Altman, Dennis. 2001. "Glocal Gaze/Global Gays." In *Sexual Identities, Queer Politics*, edited by Mark Blasius. Princeton, N.J.: Princeton University Press.

American Psychiatric Association. 1994. *Diagnostic and Statistical Manual of Mental Disorders*. 4th ed. Washington, D.C.: American Psychiatric Association.

Anderson, Benedict. 1983. *Imagined Communities*. London: Verso.

Anon. 1879. "Nouvelles." *L'Entr'acte* 26, August 3.

Archives de la Préfecture de police (APP), series DB: carton 200. 1863b. Boitelle, *Ordonnance concernant les saltimbanques, joueurs d'orgue, musiciens et chanteurs ambulants*, no. 5, 28 February.

Aufderheide, Patricia. 1999. *Communications Policy and the Public Interest: The Telecommunication Act of 1996*. New York: Guildford Press.

Babe, Robert. 1995. *Communication and the Transformation of Economics: Essays in Information, Public Policy, and Political Economy*. Boulder, Colo.: Westview Press.

Ball, Stephen J., ed. 1990. *Foucault and Education: Disciplines and Knowledge*. London: Routledge.

Bannerji, Himani. 1993. *Returning the Gaze: Essays on Racism, Feminism, and Politics*. Toronto: Sister Vision Press.

Barnes, Colin. 1996. "Theories of Disability and the Origins of the Oppression of Disabled People in Western Society." In *Disability and Society: Emerging Issues and Insights*, edited by Len Barton. London: Longman.

Barnes, Colin, Geoff Mercer, and Tom Shakespeare, 1999. *Exploring Disability: A Sociological Introduction*. Cambridge: Polity Press.

Barr, Trevor. 2000. *New Media.com: The Changing Face of Australia's Media and*

Telecommunications. Sydney: Allen and Unwin.

Barthes, Roland. 1995. "The Death of the Author." In *Readings in Textual Studies*, edited by Patricia A. Moody, Action, MA: Copley Custom Publishing House.

Barton, Len. 1997. "Inclusive Education: Romantic, Subversive, or Realistic?" *International Journal of Inclusive Education* 1 (3): 231-42.

Baudrillard, Jean. 1984. "On Nihilism." *On the Beach* 6: 38-39.

Baumbach, Jeremy, and Louisa A. Turnet. 1992. "Female Gender Disorder: A New Model and Clinical Applications." In *Gender Dysphoria: Interdisciplinary Approaches in Clinical Management*, edited by Walter O. Bockting and Eli Coleman. Binghamton, N.Y.: Haworth Press.

Baynton, Douglas C. 1996. *Forbidden Sign: American Culture and the Campaign against Sign Language*. Chicago: University of Chicago Press.

Beaunier, André. 1901. "Comment ils sont venues à L'Exposition." *Lectures pour tous*, September, 1102.

Becker, Gary Stanley. 1993. *Human Capital: A Theoretical and Empirical Analysis with Special Reference to Education*. Chicago: University of Chicago.

Belden, E. Porter. 1851. *New York: Past, Present, and Future*. New York: Prall, Lewis.

Bell, Alexander G. 1969. *Memoir upon the Formation of a Deaf Variety of the Human Race*, N.p.: Alexander Graham Bell Association for the Deaf.

Bell, Daniel. 1973. *The Coming of Post-industrial Society: A Venture in Social Forecasting*. New York: Basic Books.

Benjamin, Harry. 2001. *Standards of Care for Gender Identity Disorders*. 6th version. Available from the Harry Benjamin International Gender Dysphoria Association, 1330 South 2nd Street, Suite 180, Minneapolis, MN 55454.

Bentham, Jeremy. 1990. *A Fragment of Government*, Edited by James Henderson Burns and Herbert Lionel Adolphus Hart. Cambridge University Press.

Beresford, Peter, and Jan Wallcraft. 1997. "Psychiatric System Survivors and Emancipatory Research: Issues, Overlaps, and Differences." In *Doing Disability Research*, edited by Colin Barnes and Geof Mercer, Leeds: Disability Press.

Beresford, Peter, Gloria Gifford, and Chris Harrison. 1996. "What Has Disability Got to Do with Psychiatric Survivors?" In *Speaking Our Minds: An Anthology of Personal Experiences of Mental Distress and its Consequences*, edited by Jim Read and Jill Reynolds. Basingstoke: Macmillan.

Bernauer, James. 1999. "Cry of Spirit" Foreword to *Religion and Culture*, by Michel

Foucault. Edited by Jeremy Carrette. Manchester: Manchester University Press.

Bertillon, Jacques. 1874. "Mesdemoiselles Millie et Christine, surnommées 'Rossignol à deux têtes.'" *La Nature,* January 3, 65-68.

Bickenbach, Jerome, E. 1993. *Physical Disability and Social Policy.* Toronto: University of Toronto Press.

Biklen, Douglas. 1990. "Communication Unbound: Autism and Praxis." *Harvard Educational Review* 60(3): 219-314.

Biklen, Douglas. 1993. *Communication Unbound: How Facilitated Communication Is Changing Traditional Views of Autism and Ability-Disability.* New York: Teachers College Press.

Biklen, Douglas, and Donald Cardinal, eds. 1997. *Contested Words, Contested Sciences: Revisiting the Facilitated Communication Controversy.* New York: Teachers College Press.

Biklen, Douglas, and Janet Duchan (Judith Felson Duchan). 1994. "'I Am Intelligent': The Social Construction of Mental Retardation." *Journal of the Association for Persons with Severe Handicaps* 19(3): 173-84.

Binet, Alfred, and Theodore Simon. 1980. *The Development of Intelligence in Children.* Translated by Elizabeth Kite. Nashville: Williams.

Blacker, David. 1998. "Intellectuals at Work and in Power: Toward a Foucaultian Research Ethic." In *Foucault's Challenge: Discourse, Knowledge, and Power in Education,* edited by Thomas Popkewitz and Marie Brennan. New York: Teachers College Press.

Blumenberg. Hans. 1983. *The Legitimacy of the Modern Age.* Translated by Robert Wallace. Cambridge, Mass.: MIT Press.

Blunt, Edmund M. 1818. *The Stranger's Guide to the City of New York.* London: W. Clotves.

Bornstein, Kate. 1998. *My Gender Workbook.* New York: Routledge.

Borthwich, Chris. 1990. "Racism, I.Q., and Down's Syndrome." Disability and Society Canguilhem, Georges. 1989. *The Normal and the Pathological.* Translated by Carolyn R. Fawcett. New York: Zone Books.

Bourk, Michael J. 2000. *Universal Service? Telecommunication Policy in Australia and People with Disabilities.* Edited by Tom Worthington. Belconnen: Tomw Communications Pty Ltd. Also available at http://tomw.net.au/uso

Braddock, David L., and Susan L. Parish. 2000. "An Institutional History of

Disability." In *Handbook of Disability Studies*, edited by Gary L. Albrecht, Katherine D. Seelman, and Michael Bury. Thousand Oaks, Calif.: Sage.

Braidotti, Rosi. 1994. *Nomadic Subjects: Embodiment and Sexual Difference in Contemporary Feminist Theory*. New York: Columbia University Press.

Braidotti, Rosi. 1997. "Meta(l)morphoses." *Theory, Culture, and Society* 14 (2): 67-80.

Braithwaite, John, and Peter Drahos. 2000. *Global Business Regulation*. Cambridge: Cambridge University Press.

Brand, Dionne. 1998. *No Language Is Neutral*. Toronto: McClelland and Stewart.

Brantlinger, Ellen. 1997. "Using Ideology: Cases of Nonrecognition of the Politics of Research and Practice in Special Education." *Review of Educational Research* 67: 425-59.

Brizman, Deborah P. 1995. "Is There a Queer Pedagogy? or, Stop Reading Straight." *Educational Theory*. 45 (2): 151-66.

Brock, Gerald W. 1994. *Telecommunications Policy for the Information Age: From Monopoly to Competition*. Cambridge: Harvard University Press.

Bröckling, Ulrich, Susanne Krasmann, and Thomas Lemke, eds. 2000. *Gouvernementalität de Gegenwart. Studien zur Oekonomisierung des Sozialen* (Governmentality of the present: Studies in the economization of the social). Frankfurt am Main: Suhrkamp.

Brown, Dona. 1995. *Investing New England: Regional Tourism in the Nineteenth Century*. Washington, D.C.: Smithsonian Institution Press.

Brown, Lesley, ed. 1993. *The New Shorter Oxford English Dictionary*. 5th ed.

Brown, Thomas. 2000. "Thomas Brown's Remarks." In *A Mighty Change: An Anthology of Deaf American Writing, 1816-1864*, edited by Christopher Krentz. Washington, D.C.: Gallaudet University Press.

Brown, Wendy. 1995. *States of Injury: Power and Freedom in Late Modernity*. Princeton: Princeton University Press.

Bryson, May, and Suzanne deCastell. 1997. "Queer Pedagogy?! Praxis Makes Im/Perfect." In *Radical In<ter>ventions*. Albany: State University of New York Press.

Buchanan, Robert M. 1993. "The Silent Worker Newspaper and the Building of a Deaf Community." In *Deaf History Unveiled: Interpretations from the New Scholarship*, edited by John V. Van Cleve. Washington, D.C.: Gallaudet University Press.

Buchanan, Robert M. 1999. *Illusion of Equality: Deaf Americans in School and Factory, 1850-1950.* Washington, D.C.: Gallaudet University Press.

Burch, Susan. 1999. "Biding the Time: American Deaf Cultural History, 1900 to World War II." Ph.D. diss., Georgetown University.

Burchell, Graham, Colin Gordon, and Peter Miller, eds. 1991. *The Foucault Effect: Studies in Governmentality.* London: Harvester Wheatsheaf.

Burke, Peter. 2000. *A Social History of Knowledge.* Cambridge: Polity.

Burke, Phyllis. 1996. *Gender Shock: Exploding the Myths of Male and Female.* New York: Doubleday.

Burke, Sean. 1998. *The Death and Return of the Author: Criticism and Subjectivity in Barthes, Foucault, and Derrida.* Edinburgh: Edinburgh University Press.

Burnet, John. 2000. "What the Deaf and Dumb Are Before Instruction." In *A Mighty Change: An Anthology of Deaf American Writing, 1816-1864,* edited by Christopher Krentz. Washington, D.C.: Gallaudet University Press.

Busoni, Philippe. 1857. "Courrier de Paris." *L'Illustration,* June 13, 371.

Butler, Judith. 1990. *Gender Trouble: Feminism and the Subversion of Identity.* New York: Routledge.

Butler, Judith. 1997. *The Psychic Life of Power.* Stanford, Calif.: Stanford University Press.

Butler, Ruth. 1999. "Double the Trouble or Twice the Fun? Disabled Bodies in the Gay Community." In *Mind and Body Spaces: Geometries of Illness, Impairment, and Disability,* edited by Ruth Butler and Hester Parr. Routledge: New York.

Byron, Brad. 2001. "A Pupil and a Patient: Hospital Schools in Progressive America." In *The New Disability History: American Perspectives,* edited by Paul Longmore and Laurie Umansky. New York: New York University Press.

Califia, Pat. 1997. *Sex Changes: The Politics of Transgenderism.* San Francisco: Cleis Press.

Camp, Henry B. 1849. "Life at the Asylum." *American Annals of the Deaf and Dumb* 2:77-82.

Campbell, Fiona. 2000. "Eugenics in Different Key: New Technologies and the Conundrum of Disability." Paper presented to "'A Race for a Place': Eugenics, Darwinism, and Social Thought and Practice in Australia, History and Sociology Conference." Customs House, New South Wales, Australia, April 27-28.

Campbell, Fiona. 2000. "Eugenics in Disguise? Law, Technologies, and Negotiating the 'problem' of Disability." *Australian Feminist Law Journal* 14: 55-70.

Campbell, Fiona Kumari. 2004. "The Case of Clint Hallam's Wayward Hand: Print Media Representations of the 'Unco-operative' Patient." *Journal of Media & Cultural Studies* 9, no. 3: 447-62.

Campbell, Helen. 2000. "Choosing Telecommunications? Consumers in a Liberalised, Privatised Telecommunications Sector." *Media International Australia* 96: 59-68.

Canguilhem, Georges. 1974. *Das Normale und das Pathologische*. trans. Monika Noll and Rolf Schubert. Munich: Hanser.

Canguilhem, Georges. 1989. *The Normal and the Pathological*. Translated by Carolyn R. Fawcett. Cambridge: MIT Press.

Canguilhem, Georges. 1991. *The Normal and the Pathological*. New York: Zone Books.

Caplan, Paula. 1995. *They Say You're Crazy: How the World's Most Powerful Psychiatrists Decide Who's Normal*. Reading, Mass.: Addison-Wesley.

Caradec, François, and Jean Nohain. 1969. *La Vie exemplaire de la femme à barbe: Clémentine Delait, 1865-1939*. Paris: La Jeune Parque.

Carelli, Richard. 1998. "Stadium Loses Case in High Court." Associated Press, March 2.

Carlin, John. 1851. "Advantage and Disadvantages of the Use of Signs." *American Annals of the Deaf and Dumb* 4: 49-57.

Carlin, John. 1854. "The National College for Mutes." *American Annals of the Deaf and Dumb* 6: 175-83.

Carlin, John. 1854. "Carlin's Comments. In Ceremonies at the Completion of the Gallaudet Monument." *American Annals of the Deaf and Dumb* 7: 19-54.

Carlson, Licia. 1998. "Mindful Subjects: Classification and Cognitive Disability." Ph.D. diss., University of Toronto.

Carlson, Licia. 2001. "Cognitive Ableism and Disability Studies: Feminist Reflections on the History of Mental Retardation." *Hypatia* 16(4): 12-46.

Carver, Robert. 1990. "Cochlear Implants in Pre-lingual Deaf Children: A Deaf Perspective." Deaf World Web (www.deafworldweb.org).

Casper, Monica. 1995. "Fetal Cyborgs and Technomoms on the Reproductive Frontier: or, Which Way to the Carnival?" In *The Cyborg Handbook*, edited by Chris Hables Gray with Heidi J. Figueroa-Sarriera and Steven Menttor. New York: Routledge.

Castel, R. 1830. *Explication physiologique des phénomènes observés chez Ritta-Christina*, Paris: Gabon.

Castel, Robert. 1975. "The Doctors and the Judges." In *I, Pierre Rivire, Having Slaughtered My Mother, My Sister, and My Brother...: A Case Study of Parricide in the Nineteenth Century*, edited by Michel Foucault. Lincoln: University of Nebraska Press.

Castel, Robert. 1991. "From Dangerousness to Risk." In *The Foucault Effect: Studies in Governmentality*, edited by Graham Burchell, Colin Gordon, and Peter Miller. London: Harvester Wheatsheaf.

Castells, Manuel. 1996-98. *The Information Age*. 3 vols. Oxford: Blackwell.

"Causeries." 1838. *L'Entr'acte*, October 26, 3.

"Causeries." 1850. *L'Entr'acte*, February 17, 3.

"Causeries." 1850. *L'Entr'acte*, May 20, 3.

Cheah, Peng, David Fraser, and Judith Grbich, eds. 1996. *Thinking through the Body of the Law*. st. Leonard's: Allen and Unwin.

Cheek, S. B. 1853. "Some Suggestions in Reference to the Enterprise of Deaf-Mute Instruction in the United States." *American Annals of the Deaf and Dumb* 7: 167-75.

"Chronique judiciaire: ....La Femme aux pinces de homard est frapp de 30 contraventions." 1909. *Le Petit Parisiene*, July 28, 4.

"Chronique." 1873. *Le Temps*, November 15, 2.

Circular of the President and Directors. 1818. *Circular of the Resident and Directors of the Institution for the Instruction of the Deaf and Dumb*. New York: E. Conrad.

"Cirque-Olympique." 1838. *Journal de Paris*, October 14, 3.

Clarke, Adele E., Janet Shim, Jennifer Fosket, Jennifer Fishman, and Laura Mamo. 2003. "Biomedicalization: Theorizing Technoscientific Transformations of Health, Illness, and United States Biomedicine." *American Sociological Review* 68: 161-94.

Clemmensen, Leonard. 1990. "The 'Real-life Test' for Surgical Candidates." In *Clinical Management of Gender Identity Disorders in Children and Adults*, edited by Ray Blanchard and Betty W. Steiner. Washington, D.C.: American Psychiatric Press.

Clerc, Laurent. 2000. "First Speech in America." In *A Mighty Change: An Anthology of Deaf American Writing, 1816-1864*, edited by Christopher Krentz.

Washington, D.C.: Gallaudet University Press.

Conrad, Mark. 1997. "Stadium Grappling with Disablities Act." *New York Law Journal Online*, May 23, 1-6.

Conrad, Mark. 1998. "Disabled-Seat Pact May Unify Standard for New Stadiums." *New York Law Journal Online*, May 8, 1-3.

Corbett, Jenny. 1996. *Bad Mouthing: The Language of Special Needs*. Bristol: Falmer Press.

Corbett, Jenny, and Roger Slee. 2000. "An International Conversation on Inclusive Education." In *Inclusive Education: Policy, Contexts, and Comparative Perspectives*, edited by Felicity Armstrong, Derrick Armstrong, and Len Barton. London: David Fulton.

Corbett, Ken. 1999. "Homosexual Boyhood: Notes on Girlyboys." In *Sissies and Tomboys: Gender Nonconformity and Homosexual Childhood*, edited by Matthew Rottnek. New York: New York University Press.

Corker, Mairian, 1998. "Disability Discourse in a Postmodern World." In *The Disability Reader: Social Science Perspectives*, edited by Tom Shakespeare. London: Cassell.

Corker, Mairian, and Sally French, eds. 1999. *Disability Discourse*. Buckingham: Open University Press.

Corker, Mairian, and Tom Shakespeare. 2002. "Mapping the Terrain." In *Disability/Postmodernity*, edited by Mairian Corker and Tom Shakespeare. London: Continuum.

"Courrier de Paris." 1847. *L'Illustration*, January 9, 295-96.

Courvant, Diana. 2000. "Strip!" In *Body Outlaws*. edited by Ophira Edut. Seattle: Seal Press.

Creek, Gill, Michel Moore, Mike Oliver, Vivian Salisbury, and Gerry Zarb. 1987. *Personal and Social Implications of Spinal Cord Injury: A Retrospective Study*. Thames: Polytechnic.

Cromwell, Jason. 1998. "Fearful Others: Medico-Psychological Constructions of Female-to-Male Transgenderism." In *Current Concepts in Transgender Identity*. edited by Dallas Denny. New York: Garland.

Cromwell, Jason. 1999. *Transmen and FTMs: Identities, Bodies, Genders, and Sexualities*. Urbana: University of Illinois Press.

Crossley, Nick. 1995. "Merleau-Ponty, the Elusive Body, and Carnal Sociology." *Body and Society* 1(1): 43-66.

Crossley, Nick. 1996. "Body-Subject/Body-Power." *Body and Society* 2(2): 133-50.

Crossley, Nick. 2001. *The Social Body: Habit, Identity, and Desire*. London: Sage.

Crossley, Rosemary, and Anne McDonald. 1980. *Annies's Coming Out*. New York: Preguin.

Crouch, Robert. 1999. "Betwixt and Between: The Past and Future of Intersexuality." In *Intersex in the Age of Ethics*, edited by Alie Domurat Dreger. Hagerstown, Pa.: University Publishing Group.

Csordas, Thomas, ed. 1994. *Embodiment and Experience: The Existential Ground of Culture and Self*. Cambridge: Cambridge University Press.

Currah, Paisley. 2002. *Legislating Genders: Identity in the Civil Rights Claims of Sexual Minorities*. Philadelphia: Temple University Press.

D'Albanès, A. [Jena-Alexandre de Harvard] and George Fath. 1845. *Les Nains célèbres depuis l'antiquité jusques et y comprise Tom-Pouce*. Paris: G. Havard.

D'Hennebaut, C. 1873. "Courrier de théâtres, des lettres, et des arts." *La Presse*, November 15, 3.

D'Herbenoire, Jean. 1923. "Les Cafés-Chantants, des Champs-Elysées." *Comoedia*, August 23, n.p.

Darke, Paul. 1998. "Understanding Cinematic Representations of Disability." In *The Disability Reader: Social Science Perspectives*, edited by Tom Shakespeare. London: Cassell.

Darthenay. 1851. "Salle Bonne-Nouvelle: Ouverture des spectacles-concerts.—Musique vocale et instrumentals.—Danses. Jeux gymnastiques.—Le géant Arthur Coley." *L'Entr'acte*, November 7, 2.

Darzac, Paul. 1900. "Les Ateliers départementaux d'estropieés." *Le Magasin pittoresque*, October I, 581-85.

Davaine, Casimir. 1875. "Monstres." In *Dictionnaire encyclopédique des sciences médicales*, 2d ser., vol. 9.

Davies, Bronwyn. 1990. "Agency as a Form of Discursive Practice: A Calssroom Scene Observed." *British Journal of Sociology of Education* 11(3): 341-62.

Davis, Lennard. 1995. *Enforcing Normalcy: Disability, Deafness, and the Body*. London: Verso, New York: Verso.

Daziger, Kurt. 1990. *Constructing the Subject: Historical Origins of Psychological Research*. Cambridge: Cambridge University Press.

Dean, Mitchell. 1998. "Risk, Calculable and Incalculable." *Soziale Welt* 49: 25-42.

Dean, Mitchell. 1999. *Governmentality: Power and Rule in Modern Society*. London: Sage.

Dear, Michael J., Jennifer Wolch. 1987. "Thoughts, Words, and 'Creative Locational Acts'" In *The Behavioral Environment: Essay in Reflection, Application, and Re-evaluation*, edited by Frederick W. Boal and David N. Livingstone. London: Routledge.

Deleuze, Gilles. 1988. *Foucault*, translated by S. Hand. Minneapolis: University of Minneapolis Press.

Deleuze, Gilles. 1997. "Immanece: A Life..." *Theory, Culture and Society* 14 (2): 3-7.

Deleuze, Gilles, and Félix Guattari. 1987. *A Thousand Plateaus: Capitalism and Schizophrenia*. Translated by Brian Massumi. Minneapolis: University of Minnesota Press.

Denny, Dallas. 1994. *Gender Dysphoria: A Guide to Research*. New York: Garland.

Denny, Dallas, ed. 1998. *Current Concepts in Transgender Identity*. New York: Garland.

Department for Education and Employment (DfEE). 1997. *Excellence for All Children: Meeting Special Educational Needs*. London: DfEE.

Department of Health, 1990. *Caring for People: Community Care in the Next Decade and Beyond*. London: HMSO.

Department of Health. 2001. *Valuing People: A New Strategy for Learning Disability for the Twenty-first Century*. London: HMSO.

Department of Justice. 1998. "Justice Department Reaches Settlement with Architect of New Sport Arenas." April 27. http://www.usdoj.gov/opa/pr/1998/April/200.htm.html.

Department of Justice. 1998. "Justice Department to Develop New Pamphlet on the ADA." January 22. http://www.usdoj.gov/crt/ada/statidum.txt

Derrida, Jacques. 1984. "Deconstruction and The Other." In *Dialogues and Contemporary Continental Thinkers: The Phenomenological Heritage*, edited by Richard Kearney. Manchester: Manchester University Press.

Derrida, Jacques. 1995. "Différance." In *Readings in Textual Studies*, ed. Patricia A. Moody. Acton, Mass.: Copley Custom Publishing House.

Detienne, Marcel. 1979. *Dionysos Slain*. Translated by Mireille Mueller and Leonard Mueller. Baltimore: Johns Hopkins University Press.

Devor, Holly. 1989. *Gender Blending: Confronting the Limits of Duality*. Bloomington: Indiana University Press.

Dickey, Robert. 1990. "Gender Dysphoria and Antisocial Behavior." In *Clinical Management of Gender Identity Disorders*, edited by Ray Blanchard and Betty Steiner. Washington, D.C.: American Psychiatric Press.

Disabled People's International. 1982. *Proceedings of the First World Congress*. Singapore: Disabled People's International.

Dix, Dorothea. 1976. "Memorial to the Legislature of Massachusetts, 1843." In *The History of Mental Retardation: Collected Papers*, vol. 1, edited by Marvin Rosen, Gerald Clark, and Marvin Kivitz. Baltimore: University Park Press.

Dorn, Michael. 1999. "Disability as Spatial Dissidence: A Cultural Geography of the Stigmatized Body." Master's thesis, Department of Geography, Pennsylvania State University.

Douglas, Mary. 1966. *Purity and Danger*. London: Ark.

Doury, Charles. 1907. "La Croisade des unijambistes." *La Vie Illustrée*, October 4, 816.

Dreger, Alice Domurat. 1998. *Hermaphrodites and the Medical Invention of Sex*. Cambridge: Harvard University Press.

Dreyfus, Hubert L., and Paul Rabinow, eds. 1982. *Michel Foucault: Beyond Structuralism and Hermeneutics*. Brington: Harvester.

Driver, F. 1985 "Power, Space, and the Body: A Critical Assessment of Foucault's *Discipline and Punish*." *Environment and Planning D: Society and Space* 3: 425–46.

Duckett, Paul, and Rebekah Pratt. 2001. "The Researched Opinions on Research: Visually Impaired People and Visual Impairment Research." *Disability and Society* 16: 815–35.

Duden, Barbara. 1993. *Disembodying Women: Perspectives on Pregnancy and the Unborn*. Translated by Lee Hoinacki. Cambridge: Harvard University Press.

Dumanoir, F., and Clairville. 1845. *Le Petit Poucet*. Paris: Beck. *Faerie-vaudeville* in five acts.

Dunn, Lloyd M. 1968. "Special Education for Mildly Retarded: Is Much of It Justifiable?" *Exceptional Children* 35: 5–22.

Dvorchak, Robert. 1999. "New Pro Stadiums Designed, Older Venues Adjusted for the Disabled." Online Post–Gazette, October 19. 1–2.

Eagleton, Terry. 1983. *Literary Theory: An Introduction*. Oxford: Basil Blackwell.

Eagleton, Terry. 1996. *The Illusions of Postmodernism*. Oxford: Blackwell.

Ekins, Richard, and Dave King. 1998. "Blending Genders: Contributions to the

Emerging Field of Transgender Studies." In *Current Concepts in Transgender Identity*, edited by Dallas Denny. New York: Routledge.

Emerson, Eric, and Chris Hatton. 1994. *Moving Out: Relocation from Hospital to Community*. London: HMSO.

Equity Section, Queensland University of Technology. 2000. "Everybody Counts Equity Staff Data Collection Survey." Brisbane: Queensland University of Technology.

Erevelles, Nirmala. 1996. "Disability and the Dialectics of Difference." *Disability and Society* 11 (4): 519-37.

Erevelles, Nirmala. 2000. "Educating Unruly Bodies: Critical Pedagogy, Disability Studies, and the Politics of Schooling." *Educational Theory* 50(1): 25-47.

Erevelles, Nirmala. 2001. "In Search of the Disabled Subject." In *Embodied Rhetoric: Disability in Language and Culture*, edited by James C. Wilson and Cynthia Lewiecki-Wilson. Carbondale: Southern Illinois University Press.

Eribon, Didier. 1991. *Michel Foucault (1926-1984)*. Lodon: Faber.

Esposito, Roberto. 2000. Communitas. *Origine et destin de la communatué* (Communitas: Origin and fate of the community). Paris: Presses Universitaires de France.

Ettner, Randi. 1999. *Gender Loving Care: A Guide to Counseling Gender-Variant Clients*. New York: W. W. Norton.

Evans, D. M. 1978. "Alienation, Mental Illness, and the Partitioning of Space." *Antipode* 10 (1): 13-23.

Ewald, François. 1991. "Insurance and Risk." In *The Foucault Effect: Studies in Governmentality*, edited by Graham Burchell, Colin Gordon, and Peter Miller. London: Harvester Wheatsheaf.

Ewald, François. 1993. *Der Vorsorgestaat* (The state of providence). Frankfurt am Main: Suhrkamp.

Ewald, François, and Alessandro Fontana, 2003. Foreword to *"Society Must be Defended." Lectures at Collège de France, 1975-76*, by Michel Foucault, edited by Mauro Bertani and Alessandro Fontana. Translated by David Macey. New York: Picador.

"Exhibition d'un enfant phénomène." 1883. Archives de la Préfecture de police, series DA, Carton 127.

Farrey, Tom. 1997. "Score one for the Disabled." *Business Week Online*, November 19. 1-2.

Fausto-Sterling, Anne. 2000. *Sexing the Body: Gender Politics and the Construction of Sexuality*. New York: Basic Books.

Fay, Edward A. 1898. *Marriages of the Deaf in America*. Washington, D.C.: Volta Bureau.

Fay, Edward A. ed. 1893. *Histories of American Schools for the Deaf, 1817-1893*. 2 vols. Washington, D.C.: Volta Bureau.

Feder, Ellen K. 1997. "Disciplining the Family: The Case of Gender Identity Disorder." *Philosophical Studies* 85: 195-211.

Feinberg, Leslie. 1993. *Stone Butch Blues*. Ithaca, N.Y.: Firebrand.

Feinberg, Leslie. 1996. *Transgender Warrior: Making History from Joan of Arc to Dennis Rodman*. Boston: Beacon Press.

Feinberg, Leslie. 1998. *Trans Liberation: Beyond Pink or Blue*. Boston: Beacon Press.

Felman, Shoshona. 1982. "Psychoanalysis and Teacher Education: Teaching Terminable and Interminable." *Yale French Studies* 63: 21-44.

Fendler, Lynn. 1998. "What Is It Impossible to Think? A Genealogy of the Educated Subject." In *Foucault's Challenge: Discourses, Knowledge, and Power in Education*, edited by Thomas S. Popkewitz and Marie Brennan. New York: Teachers College Press.

Ferguson, Philip M. 1994. *Abandoned to Their Fate: Social Policy and Practice toward Severly Retarded People in America, 1820-1920*. Philadelphia: Temple University Press.

Fernald, Walter E. 1976. "Description of American Institutions." In *The History of Mental Retardation: Collected Papers*, vol. 1, edited by Marvin Rosen, Gerald Clark, and Marvin Kivitz. Baltimore: University Park Press.

Ferrari, Justine. 1998. "Hands-on Experience." *Weekend Australian*, October, 17-18.

Findlay, Barbara, Sandra LaFrambroise, Deborah Brady, Christine Burnham, and Septima Skolney-Elverson. 1996. *Finding Our Place: Transgendered Law Reform Project*. Vancouver: Vancouver High Risk Project Society.

Fischer, Jean-Louis. 1986. "Des mots et des monstres: Réflexion sur le vocabulaire de la tératologie." *Documents pour l'histoire du vocabulaire scientifique*, no. 8: 33-63.

Flynn, Robert J., and Raymond A. LeMay, eds. 1999. *A Quarter Century of Normalization and Social Role Valorization: Evolution and Impact*. Toronto:

University of Toronto Press.

Fontana, Alessandro. 1975. "The Intermittences of Rationality." In *I, Pierre Rivire, Having Slaughtered My Mother, My Sister, and My Brother...: A Case Study of Parricide in the Nineteenth Century*, edited by Michel Foucault. Lincoln: University of Nebraska Press.

Foucault, Michel. 1965. *Madness and Civilization: A History of Insanity in the Age of Reason*. Translated by Richard Howard. New York: Pantheon.

Foucault, Michel. 1970. *The Order of Things: An Archaeology of the Human Sciences*. New York: Random House.

Foucault, Michel. 1972. *The Archaeology of Knowledge*. Translated by Alan M. Sheridan Smith. New York: Vintage.

Foucault, Michel. 1973. *The Birth of the Clinic: An Archaeology of Medical Perception*. Translated by A. M. Sheridan Smith. New York: Random House, London: Routledge.

Foucault, Michel. 1974. *Discipline and Punish: The Birth of the Prison*. Translated by Alan Sheridan. New York: Vintage(New York: Random House, 1977) (New York: Vintage/ London: Penguin, 1979)(Translated by Robert Hurley. Harmondsworth, Middlesex: Penguin, 1977).

Foucault, Michel. 1975. "Interview on the Prison: The Book and Its Method." In *Dits et Écrits: 1954-1984*. vol. 1. Paris: Editions Gallimard.

Foucault, Michel, ed. 1975. *I, Pierre Rivire, Having Slaughtered My Mother, My Sister, and My Brother...: A Case Study of Parricide in the Nineteenth Century*, edited by Michel Foucault. Lincoln: University of Nebraska Press.

Foucault, Michel. 1976. *The History of Sexuality*. Vol. 1. *An Introduction*. Translated by Robert Hurley. Middlesex: Penguin(New York: Random House, 1978) (London: Allen Lane, 1979).

Foucault, Michel. 1977. "Nietzsche, Genealogy, History." In *Language, Counter-Memory, Practice: Selected Essays and Interviews* by Michel Foucault, edited by Donald F. Bouchard, translated by Donald F. Bouchard and Sherry Simon. Ithaca, N.Y.: Cornell University Press / Oxford: Blackwell.

Foucault, Michel. 1977. "What Is an Author?" In *Language, Counter-Memory, Practice: Selected Essays and Interviews*, edited by Donald F. Bouchard, translated by Donald F. Bouchard and Sherry Simon. Ithaca, N.Y.: Cornell University Press.

Foucault, Michel. 1977. "A Preface to Transgression." *Language, Countermemory*,

Practice: Selected Essays and Interviews, edited by Donald F. Bouchard, translated by Donald F. Bouchard and Sherry Simon. Oxford: Basil Blackwell.

Foucault, Michel. 1977. "Theatrum philosophicum." *Language, Countermemory, Practice: Selected Essays and Interviews*, edited by Donald F. Bouchard, translated by Donald F. Bouchard and Sherry Simon. Oxford: Basil Blackwell.

Foucault, Michel. 1980. "Two Lecture." In *Power/Knowledge: Selected Interviews and Other Writings, 1972-1977*, edited by Colin Gordon, translated by Conlin Gordon, Leo Marshall, John Mepham, and Kate Soper. London: Harvester/ New York: Pantheon/ Brighton: Harvester Press.

Foucault, Michel. 1980. "Questions of Geography." In *Power/Knowledge: Selected Interviews and Other Writings, 1972-1977*, edited by Colin Gordon, translated by Colin Gordon, Leo Marshall, John Mepham, and Kate Soper. New York: Pantheon.

Foucault, Michel. 1980. "Truth and Power." In *Power/Knowledge: Selected Interviews and Other Writings, 1972-1977*, edited by Colin Gordon, translated by Colin Gordon, Leo Marshall, John Mepham, and Kate Soper. New York: Pantheon/ Brighton: Harvester.

Foucault, Michel. 1980. "The Eye of Power." In *Power/Knowledge: Selected Interviews and Other Writings, 1972-1977*, edited by Colin Gordon, translated by Colin Gordon, Leo Marshall, John Mepham, and Kate Soper. Brighton: Harvester.

Foucault, Michel. 1980. Introduction to *Herculine Barbin: Being the Recently Discovered Memoirs of a Ninteenth-Century Hermaphrodite*. Translated by Richard McDougall. New York: Pantheon.

Foucault, Michel. 1980. *Power/Knowledge : Selected Interviews and Other Writings, 1972-1977*, edited by Coin Gordon, translated by Colin Gordon, Leo Marshall, John Mepham, and Kate Soper. Brighton: Harvester Press.

Foucault, Michel. 1980. "The Confession of the Flesh." In *Power/Knowledge: Selected Interviews and Other Writings, 1972-1977*, edited by Colin Gordon, translated by Colin Gordon, Leo Marshall, John Mepham, and Kate Soper. New York: Pantheon.

Foucault, Michel. 1981. "Omnes et Singluatim: Towards a Criticism of Political Reason." In *The Tanner Lectures on Human Values*, vol. 2, edited by Sterling M. McMurrin. Salt Lake City: University of Utah Press.

Foucault, Michel. 1982. "The Subject and Power." In *Michel Foucault: Beyond*

Structuralism and Hermeneutics, by Hubert L. Dreyfus and Paul Rabinow. Chicago: University of Chicago Press / London: Harvester Wheatsheaf / Brighton: Harvester.

Foucault, Michel. 1983. Discussion between Foucault and Berkeley scholars, April 21, Document D250 (7), Foucault Archive, Paris.

Foucault, Michel. 1983. *Sexualität und Wahrheit*. Vol. 1, *Der Wille zum Wissen*, tran. Ulrich Raulff and Walter Seitter. Frankfurt am Main: Suhrkamp.

Foucault, Michel. 1984. "Nietzsche, Genealogy, History." In *The Foucault Reader*, edited by Paul Rabinow. New York: Pantheon.

Foucault, Michel. 1984. "On the Genealogy of Ethics: An Overview of Work in Progress." In *The Foucault Reader*, edited by Paul Rabinow. Harmondsworth: Penguin/ New York: Pantheon.

Foucault, Michel. 1984. "What Is Enlightenment?" In *The Foucault Reader*, edited by Paul Rabinow. Harmondsworth, Middlesex: Penguin/ New York: Pantheon.

Foucault, Michel. 1984. Preface to *The History of Sexuality*. Vol. 1. *Introduction*. In *The Foucault Reader*, edited by Paul Rabinow. New York: Pantheon.

Foucault, Michel. 1985. *The History of Sexuality*. Vol. 2, *The Use of Pleasure*. Harmondsworth, Middlesex: Penguin/ New York: Pantheon.

Foucault, Michel. 1986. *The History of Sexuality*. Vol. 3, *The Care of the Self*. Translated by Robert Hurley. New York: Pantheon.

Foucault, Michel. 1987. "The Ethic of Care for the Self as a Practice of Freedom." *Philosophy and Social Criticism* 12: 112-31.

Foucault, Michel. 1988. "An Aesthetics of Existence." In *Politics, Philosophy, Culture: Interviews and Other Writings, 1977-1984*, edited by Lawrence Kritzman. London: Routledge.

Foucault, Michel. 1988. *Madness and Civilization: A History of Insanity in the Age of Reason*. Translated by Richard Howard. New York: Pantheon Books.

Foucault, Michel. 1988. "Practicing Criticism." In *Michel Foucault: Politics, Philosophy, Culture*, edited by Lawrence Kritzman. New York: Routledge.

Foucault, Michel. 1988. "Technologies of the Self." In *Technologies of the Self*, edited by Luther Martin, Huck Gutman, and Patrick Hutton. Amherst: University of Massachusetts Press.

Foucault, Michel. 1988. "The Dangerous Individual." In *Politics, Philosophy, Culture: Interviews and Other Writings 1977-1984*, edited by Lawrence D.

Kritzman, translated by Alan Sheridan et al., New York: Routledge, Chapman, and Hall.

Foucault, Michel. 1988. "The Ethics of Care for the Self as a Practice of Freedom." In *The Final Foucault*, edited by James Bernauer and David Rasmussen. Cambridge: MIT Press.

Foucault, Michel. 1988. "The Political Technology of Individuals [Omnes et Singulatim]." In *Technologies of the Self: A Seminar with Michel Foucault*, edited by Luther Martin, Huck Gutman, and Patrick Hutton. London: Tavistock.

Foucault, Michel. 1989. "Foucault Responds to Sartre." In *Foucault Live: Interview, 1966-1984*, edited by Sylvère Lotringer. New York: Semiotext(e).

Foucault, Michel. 1989. "What Our Present Is." In *Foucault Live: Interview, 1966-1984*, edited by Sylvère Lotringer. New York: Semiotext(e)

Foucault, Michel. 1991. "Governmentality." In *The Foucault Effect: Studies in Governmentality*, edited by Graham Burchell, Colin Gordon, and Peter Miller. London: Harvester Wheatsheaf.

Foucault, Michel. 1991. "Questions of Method." In *The Foucault Effect: Studies in Governmentality*, edited by Graham Burchell, Colin Gordon, and Peter Miller. Chicago: University of Chicago Press.

Foucault, Michel. 1991. *Remarks on Marx: Conversations with Duccio Trombadori*. Translated by R. James Goldstein and James Cascaito. New York: Semiotext(e)

Foucault, Michel. 1994. *The Birth of the Clinic: An Archeology of Medical Perception*. Translated by A. M. Sheridan Smith. New York: Vintage Books.

Foucault, Michel. 1994. *The Order of Things: An Archaeology of the Human Sciences*. New York: Vintage.

Foucault, Michel. 1997. "On the Genealogy of Ethics: An Overview of Work in Progress." In *The Essential Works of Michel Foucault, 1954-1984*, vol. 1, *Ethics: Subjectivity and Truth*, edited by Paul Rabinow. New York: New Press/ London: Allen Lane.

Foucault, Michel. 1997. "Polemics, Politics, Problematizations." In *The Essential Works of Michel Foucault, 1954-1984*, vol. 1, *Ethics: Subjectivity and Truth*, edited by Paul Rabinow. New York: New Press.

Foucault, Michel. 1997. "Technologies of the Self." In *The Essential Works of Michel Foucault, 1954-1984*, vol. 1, *Ethics: Subjectivity and Truth*, edited by Paul

Rabinow. London: Allen Lane.

Foucault, Michel. 1997. "The Birth of Biopolitics." In *The Essential Works of Michel Foucault, 1954-1984*, vol. 1, *Ethics: Subjectivity and Truth*, edited by Paul Rainbow, translated by Robert Hurley. London: Penguin Press.

Foucault, Michel. 1997. *The Essential Works of Michel Foucault, 1954-1984*. Vol. 1, *Ethics: Subjectivity and Truth*. Edited by Paul Rabinow. New York: New Press.

Foucault, Michel. 1997. "The Ethics of the Concern of the Self as a practice of Freedom." In *The Essential Works of Michel Foucault, 1954-1984*, vol. 1, *Ethics: Subjectivity and Truth*, edited by Paul Rabinow. London: Allen Lane.

Foucault, Michel. 1997. "The Hermeneutic of the Subject." In *The Essential Works of Michel Foucault, 1954-1984*, vol. 1. *Ethics: Subjectivity and Truth*, editied by Paul Rabinow. New York: New York University Press.

Foucault, Michel. 1997. "What Is Enlightenment?" In *The Essential Works of Michel Foucault, 1954-1984*, vol. 1, *Ethics: Subjectivity and Truth*, edited by Paul Rabinow. London: Allen Lane/Penguin Press.

Foucault, Michel. 1999. "About the Beginning of the Hermeneutics of the Self." In *Religion and Culture by Michel Foucault*, edited by Jeremy Carrette. Manchester: Manchester University Press.

Foucault, Michel. 1999. *In Verteidigung der Gesellschaft. Vorlesungen am Collège de France (1975-76)* (In defense of society: Lectures at the Collége de France) Frankfurt am Main: Suhrkamp.

Foucault, Michel. 2000. "Questions of Method." In *The Essential Works of Michel Foucault, 1954-1984*, vol. 3, *Power*, edited by James D. Faubion. New York: New Press.

Foucault, Michel. 2001. "Governmentality." In *The Essential Works of Michel Foucault, 1954-1984*, Vol. 3, *Power*, edited by James D. Faubian. London: Allen Lane, Penguin Press.

Foucault, Michel. 2003. "17 March 1976." "Society Must Be Defended." *Lectures at the Collège de France, 1975-1976*. Edited by Mauro Bertani and Alessandro Fontana. Translated by David Macey. New York: Picador.

Foucault, Michel. 2003. "Society Must Be Defended." *Lectures at the Collège de France, 1975-1976*. Edited by Mauro Bertani and Alessandro Fontana. Translated by David Macey. New York: Picador.

Foucault, Michel, and Richard Sennett. 1982. "Sexuality and Solitude." *Humanities in Review* 1: 3-21.

Fournel, Victor. 1888. "Tableaux de Paris: La Foire au pain d'épice." *Les Annales politiques et littéraires*, April I, 212.

Fraser, Nancy. 1981. "Foucault on Modern Power: Empirical Insights and Normative Confusions." *Praxis International* 1: 272-87.

Fraser, Nancy. 1989. *Unruly Practice.* Cambridge: Polity Press.

Fries, Kenny, ed. 1997. *Starting Back: The Disability Experience from the Inside.* New York: Routledge.

Frjaville, Gustave, 1923. *Au Music-hall.* Paris: Editions du Monde Nouveau.

Fuchs, Douglas, and Lynn S. Fuchs. 1994. "Inclusive Schools Movement and the Radicalization of Special Education Reform." *Exceptional Children* 60: 294-309.

Fulcher, Gillian. 1989. *Disabling Policies?.* London: Falmer Press.

Gallagher, Deborah. 1998. "The Scientific Knowledge Base of Special Education: Do We Know What We Think We Know?" *Exceptional Children* 64: 493-502.

Gallagher, Deborah. 2001. "Neutrality as a Moral Standpoint, Conceptual Confusion, and the Full Inclusion Debate." *Disability and Society* 16: 637-54.

Gallaudet, Edward M. 1824. *Sermon on the Duties and Advantages of Affording Instruction to the Deaf and Dumb.* Portland: Maine Mirror Office.

Gannon, Jack. 1981. *Deaf Heritage: A Narrative History of Deaf America*, Silver Spring, Md.: National Association of the Deaf.

Garnier, Jacques. 1968. *Forains d'hier et d'aujourd'hui: Un siècle d'histoire des forains, des fêtes et de la vie foraine.* Orléans: J. Garnier.

Gautier, Théophile. 1838. "Cirque Olympique: *David et Goliath*, par MM. Philastre et Cambon." *La Presse*, October 15, 2.

Gartner, Alan, and Dorothy K. Lipsky. 1987. "Beyond Special Education: Toward a Quality System for All Student." *Harvard Educational Review* 57: 367-95.

Gathorne-Hardy, Flora. 1999. "Accommodating Difference: Social Justice, Disability, and the Design of Affordable Housing." In *Mind and Body Spaces: Geographies of Illness, Impairment, and Disability*, edited by Ruth Butler and Hester Parr. New York: Routledge.

Geoffroy Saint-Hilaire, Etienne. 1829. "Rapport fait à l'Académie des sciences le 19 octobre, 1829... sur deux frères attachés ventre à ventre depuis leur naissance, présentement âgés de dix-huit ans et dont on annonce la prochaine arrivé en France." *Le Moniteur*, October 29, [2].

Geoffroy Saint-Hilaire, Isidore. 1832-37. *Histoire générale et particulière des anomalies de l'organisation chez les animaux, comprenant des recherche sur les caractères, la classification, l'influence physiologique et pathologique, les rapports généraux, les lois et les causes des monstruosités, des variétés et vices de conformation, ou Traité de tératologie.* 3 vols. Paris: Baillière.

Gérôme, 1873. "Courrier de lundi." *L'Entr'acte*, November 24, 2.

Ghai, Anita. 2002. "Disability in the Indian Context: Post-colonial Perspectives." In *Disability/Postmodernity: Embodying Theory*, edited by Marian Corker and Tom Shakespeare. London: Continuum.

Gillett, Philip. 1893. "History of the Illinois Institutions for the Education of the Deaf and Dumb." *Histories fo American Schools for the Deaf, 1817-1893*. Vol. I. Washington, D.C.: Volta Bureau.

Gillman, Maureen, Bob Heyman, and John Swain. 2000. "What's is a Name? The Implications of Diagnosis for People with Learning Difficulties and the Family Carers." *Disability and Society* 15: 389-409.

Ginisty, Paul. 1907. *Mémoires d'une danseuse de corde: Madame Saqui, 1786-1866.* Paris: Fasquelle.

Giroux, Henry. 1988. *Teachers as Intellectuals: A Critical Pedagogy for Practical Learning.* South Hadley, Mass.: Bergin and Garvey.

Gisquet and Malleval. 1831. *Ordonnance concernant les saltimbanques, chanteurs, avec ou sans instrumens, les bateleurs, escamoteurs, paladins, joueurs d'orgues, musicians ambulant, et faiseurs de tour sur la voie publique.* Paris, December 14.

Glaser, Robert. 1977. *Adaptive Education: Individual Diversity and Learning.* New York: Holt, Rinehart and Winston.

Goddard, Henry Herbert. 1939. *The Kallikak Family.* New York: Macmillan.

Goddard, Henry Herbert. 1976. "Four Hundred Children Classified by the Binet Method." In *The History of Mental Retardation: Collected Papers*, vol. 1, edited by Marvin Rosen, Gerald Clark, and Marvin Kivitz. Baltimore: University Park Press.

Goodley, Dan. 2001. "Learning Difficulties, the Social Model of Disability, and Impairment: Challenging Epistemologies." *Disability and Society* 16: 207-31.

Gordon, Colin. 1991. "Governmental Rationality: An Introduction." In *The Foucault Effect: Studies in Governmentality*, edited by Graham Burchell, Colin Gordon, and Peter Miller. Chicago: University of Chicago Press.

Gordon, Colin. 2000. Introduction to *The Essential Work of Michiel Foucault, 1954-*

1984, vol. 3, Power, edited by James D. Faubion. New York: New Press.

Gould, George Milbry, and Walter L. Pyle. 1897. *Anomalies and Curiosities of Medicine...,* Philadelphia: W. B. Saunders.

Gould, Stephen Jay. 1981. *The Mismeasure of Man.* New York: Norton.

Gould, Stephen Jay. 1989. *Wonderful Life: The Burgess Shale and the Nature of History.* New York: Norton.

Grbich, Judith. 1992. "The Body in Legal Theory." *University of Tasmania Law Review* 1: 26-58.

Green, Ashbel S. 1997. "Rose Garden Ruling Raises Stakes." *Oregonian Online,* December 29. 1-8.

Green, Ashbel S. 1998. "Wheelchair, Arena Views Suit Settled." *Oregonian Online,* April 29, 1-3.

Green, Gina, and Howard C. Shane. 1994. "Science, Reason, and Facilitated Communication." *Journal of Association for Persons with Severe Handicaps* 19(3): 151-72.

Grenfell, Laura. 2001. "Disrupting Law's Categories: Transgenderism, Feminism, and Identity." *Dissertation, Faculty of Law,* University of Toronto.

Griffiths, Roy. 1988. *Community Care: An Agenda for Action.* London: HMSO.

Groce, Nora Ellen. 1985. *Everyone Here Spoke Sign Language: Hereditary Deafness on Martha's Vineyard.* Cambridge: Harvard University Press.

Guinot, Eugène. 1838. "Les Malheurs d'un géant heureux." *Le Voleur,* November 15, 439-41.

Guyot-Daubès. 1886. "N.-W. Kobelkoff, ou l'Homme-tronc." *La Nature,* January 23, 115.

Haber, Honi Fern. 1994. *Beyond Postmodern Politics: Lyotard, Rorty, Foucault.* New York: Routledge.

Habermas, Jürgen. 1987. *The Philosophical Discourse of Modernity.* Translated by Frederick Lawrence. Cambridge: Polity Press.

Hacking, Ian. 1982. "Biopower and the Avalanche of Printed Numbers." *Humanities in Social Science* 5: 279-95.

Hacking, Ian. 1991. "How Should We Do the History of Statistics?" In *The Foucault Effect: Studies in Governmentality,* edited by Graham Burchell, Colin Gordon, and Peter Miller. London: Wheatsheaf.

Hacking, Ian. 1999. *The Social Construction of What?,* Cambridge: Harvard University Press.

Hacking, Ian. 2002. *Historical Ontology*. Cambridge: Harvard University Press.

Hallberstam, Judith. 1998. *Female Masculinity*. Durham, N.C.: Duke University Press.

Hammonds, Evelynn. 1997. "Black (W)holes and the Geometry of Black Female Sexuality." In *Feminism Meets Queer Theory*, edited by Elizabeth Weed and Naomi Schor. Bloomington: Indiana University Press.

Haraway, Donna. 1990. "A Manifesto of Cyborgs: Science, Technology, and Socialist Feminism in the 1980's." In *Feminism/Postmodernism*, edited by Linda J. Nicholson. New York: Routledge.

Haraway, Donna. 1991. "A Cyborg Manifesto: Science, Technology, and Socialist Feminism in the Late Twentieth Century." In *Simians, Cyborgs, and Women: The Reinvention of Nature*. New York: Routledge.

Haraway, Donna. 1997. *Modest-Witness@Second_Millennium. FemaleMan_Meets_ OncoMouse*. New York: Routledge.

Hartog, Jennifer. 1996. *Das genetische Beratungsgespräch. Institutionalisierte Kommunikation zwischen Experten und Nicht-Experten* (The genetic counseling talk: Institutionalized communication between experts and nonexperts). Tübingen: Gunter Narr.

Hausman, Bernice. L. 1995. *Changing Sex: Transsexualism, Technology, and the Idea of Gender*. Durham, N.C.: Duke University Press.

Hearn, Jeff, and David Morgan. 1990. *Men, Masculinities, and Social Theory*. London: Unwin Hyman.

Herdt, Gilbert. 1994. "Introduction: Third Sexes and Third Genders." In *Third Sex, Third Gender: Beyond Sexual Dimorphism in Culture and History*, edited by Gilbert Herdt. New York: Zone.

Hickel, K. Walter. 2001. "Medicine, Bureaucracy, and Social Welfare: The Politics of Disability Compensation for American Veterans of World War I." In *The New Disability History: American Perspectives*, edited by Paul Longmore and Laurie Umansky. New York: New York University Press.

Hills, Jill. 1986. *Deregulating Telecoms: Competition and Control in the United States, Japan, and Britain*. Westport, Conn.: Quorum Books.

Hindess, Barry. 2000. "The Liberal Government of Unfreedom." Paper presented to the symposium "The Ethos of Welfare," University of Helsinki.

"Histoire naturelle. Monstruosit humane bicphale: Ouverture du corps de Christina Rita." 1829. *Le Temps*, November 25, cols. 481-87.

Homes, Morgan. 1997-98. "Is Growing Up in Silence Better than Growing Up Different?" *Chrysalis* 13: 7-9.

Homes, Morgan. 2000. "Queer Cut Bodies." In *Queer Frontiers: Millennial Geographies, Genders, and Generations*, edited by Joseph A. Boone, Martin Dupuis, Martin Meeker, Karin Quimby, Cindy Sarver, Debra Silverman, and Rosemary Weatherston. Madison: University of Wisconsin Press.

Homes, Morgan. 2002. "Rethinking the Meaning and Management of Intersexuality Sexualities." *Sexualities* 5(2): 159-70.

Homes, Morgan. 2005 forthcoming. *The Doctor Will Fix Everything*. Kitchener: Wilfrid Laurier Press.

"Homme grand et grand homme." 1886. *La Petite Presse*, January 19, 3.

hooks, bell. 1992. "The Oppositional Gaze." In *Black Looks: Race and Representation*. Toronto: Between the Lines Press.

Howe, Adrian. 1990. "The Problem of Privatised Injuries: Feminist Strategies for Litigation." *Studies in Law, Politics and Society* 10: 119-41.

Howe, Adrian. 1994. *Punish and Critique: Towards a Feminist Analysis of Penalty*. New York: Routledge.

Howe, Adrian. 1997. "Fiduciary Law Meets the Civil Incest Suit: Re-framing the Injury of Incestuous Assault — a Question of Visibility." *Australian Feminist Law Journal* 8: 59-79.

Howe, Samuel Gridley. 1976. "On the Causes of Idiocy." In *The History of Mental Retardation: Collected Papers*, vol. 1, edited by Marvin Rosen, Gerald Clark, and Marvin Kivitz. Baltimore: University Park Press.

Hucker, Stephen J. 1985. "Medical-Legal Issues." In *Gender Dysphoria: Development, Research, Management*, edited by Betty W. Steiner. New York: Plenum Press.

Hughes, Bill. 1999. "The Constitution of Impairment: Modernity and the Aesthetic of Oppression." *Disability and Society* 14: 155-72.

Hughes, Bill, and Kevin Paterson. 1997. "The Social Model of Disability and the Disappearing Body: Towards a Sociology of Impairment." *Disability and Society* 12: 325-40.

Human Rights and Equal Opportunity Commission of Australia (HREOC). 2000. "Inquiry on Mobile Phone Access for Hearing Aid Users." http://www.hreoc. gov.au/disability_rights/communications/communications.html.

Hunter, Ian. 1996. "Assembling the School." In *Foucault and Political Reason:*

Liberalism, Neoliberalism, and Rationalities of Government, edited by Andrew Barry, Thomas Osborne, and Nikolas Rose. London: University College London Press.

Illich, Ivan. 1978. *Toward a History of Needs*. Berkeley: Heyday.

"Inconvénients de la grandeur." 1849. *L'Illustration*, November 3, 149-50.

Jando, Dominique. 1979. *Histoire mondiale du music-hall*. Paris: Jean-Pierre Delarge.

Jankowski, Katherine A. 1997. *Deaf Empowerment: Emergence, Struggle, and Rhetoric*. Washington, D.C.: Gallaudet University Press.

Jay, Martin. 1994. *Downcast Eyes: The Denigration of Vision in Twentieth Century French Thought*. Berkeley and Los Angeles: University of California Press.

J. D. F. 1870. "Cirque-Napoléon." *L'Entra'acte*, February 21, 2.

Jenkinson, Josephine C. 1997. *Mainstream of Special? Educating Students with disabilities*. London: Routledge.

Jones, Melinda, and Lee Ann Basser Marks. 2000. "Approaching Law and Disability." *Law in Context* 17 (2): 1-7.

"Jurisdiction commerciale. Tribunal de commerce de la Seine. Présidence de M. Houette. Audience 5 javier. Le géant Murphy.— Le Café du Géant.: 1856. *Le Droit*, January 28-29, 94.

Kannapell, Barbara. 1991. "The Celebration of the Deaf Culture." *Voice*, April-May, 32.

Karl. 1858. "Les Cafés chantants." *L'Entr'acte*, November 5, 3.

Katz, Michael B. 1989. *The Undeserving Poor: From the War on Poverty to the War on Welfare*. New York: Pantheon.

Keller, Evelyn Fox. 1983. *A Feeling for the Organism: The Life and Work of Barbara McClintock*. New York: W. H. Freeman.

Kennedy, Mary, Cathy Lubelska, and Val Walsh. 1993. *Making Connections: Women's Studies, Women's Movements, Women's Lives*. London: Taylor and Francis.

Kerlin, Isaac N. 1976. "Moral Imbecility." In *The History of Mental Retardation: Collected Papers*, vol. 1, edited by Marvin Rosen, Gerald Clark, and Marvin Kivitz. Baltimore: University Park Press.

Kerlin, Isaac N. 1976. "Our Household Pets." In *The History of Mental Retardation: Collected Papers*, vol. 1, edited by Marvin Rosen, Gerald Clark, and Marvin Kivitz. Baltimore: University Park Press.

Kessler, Suzanne. 1998. *Lessons from the Intersexed*. New Brunswick, N.J.: Rutgers University Press.

Kessler, Suzanne, and Wendy McKenna. 1978. *Gender: An Ethnomethodological Approach*. New York: Wiley.

Kessler, Suzanne, and Wendy McKenna. 2003. "Who Put the 'Trans' in Transgender? Gender Theory and Everday Life." In *Constructing Sexualities: Reading in Sexuality, Gender, and Culture*, edited by Suzanne LaFont. Upper Saddle River, N.J.: Prentice Hall.

Key, Elizabeth. 1996. "Voluntary Disabilities and the ADA: A Reasonable Interpretation of 'Reasonable Accommodation.'" *Hastings Law Journal* 48 (1): 75-104.

King's Fund Centre. 1980. *An Ordinary Life: Comprehensive Locally-Based Residential Service for Mentally Handicapped People*. London: King's Fund Centre.

Kitchen, Rob. 2000. "The Researched Opinions on Research: Disabled People and Disability Research." *Disability and Society* 15 (1): 25-47.

Kobelkoff, Nicolai, and Fix de Falers. 1912. *Memoires de l'Hommes-Tronc, N. W. Kobelkoff*. Vienna: Broschürt.

Kondo, Dorinne K. 1990. *Crafting Selves: Power, Gender, and Discourse of Identity in a Japaness Workplace*. Chicago: University of Chicago Press.

Krafft-Ebing, Richard von. 1965. *Psychopathia Sexualis*. Translated by Henry E. Wedeck. New York: G.P.Putnam's Sons.

Krentz, Christopher. 2000. *A Mighty Change: An Anthology of Deaf American Writings, 1816-1864*. Washington, D.C.: Gallaudet Universtiy Press.

Kristeva, Julia. 1982. *Powers of Horror: An Essay on Abjection*. Translated by Leon S. Roudiez. New York: Columbia University Press.

Kuhn, Thomas. 1996. *The Structure of Scientific Revolution*. Chicago: University of Chicago Press.

Kurzweil, Edith. 1975. Back cover of *I, Pierre Rivière, Having Slaughtered My Mother, My Sister, and My Brother...: A Case Study of Parricide in the Nineteenth Century*, edited by Michel Foucault. Lincoln: University of Nebraska Press.

"La Course des jambes de bois." 1895. *Petit Journal: supplément illustré*, March 24, 95-96.

"La Marquise de Lilliput." 1846. *Le Voleur*, February 28, 187.

"La Naine du Tyrol, surnommé la marquise de Lilliput." 1846. *L'Illustraion*, Febuary

14, 373.

Laclau, Ernesto, and Chantal Mouffe. 1985. *Hegemony and Socialist Strategy: Towards a Radical Democratic Politics*. Translated by Winston Moore and Paul Cammack. London: Verso.

Lane, Harlan. 1989. *When the Mind Hears: A History of the Deaf*. New York: Vintage.

Lane, Harlan. 1992. *The Mask of Benevolence: Disabling the Deaf Community*. New York: Knopf.

Laplanche, Jean, and J-B. Pontalis. 1973. *The Language of Psychoanalysis*. Translated by Donald Nicholson-Smith. New York: Norton.

Laqueur, Thomas. 1990. *Making Sex: Body and Gender from the Greek to Freud*. Cambridge: Harvard University Press.

Lash, Scott. 1991. "Genealogy of the Body: Foucault/Deleuze/Nietzche." In *The Body: Social Process and Cultural Theory*, edited by Mike Featherstone, Mike Hepworth, and Brian S. Turner. London: Sage.

Law, John. 1999. "Political Philosophy and Disabled Specificities." Centre for Science Studies and the Department of Sociology, Lancaster University. http://www.comp.lancs.ac.uk/sociology/papers/Law-Political-Phylosophy-and-Disabilities.pdf

"Le Diable Boîteux." 1909. "Echos: ... La femme-homard." *Gil Blas*, July 28, I.

"Le Géant du Cirque-Olympique." 1838. *L'Entr'acte*, October 13, 2-3.

"Le Match des jambes de bois, à Nogent-sur-Marne." 1895. *L'illustration*, March 16, 220-21.

Leakey, Tricia A. 1993. "Vocational Education in the Deaf American and African American Communities." In *Deaf History Unveiled: Interpretations from the New Scholarship*, edited by John V. Van Cleve. Washington, D.C.: Gallaudet University Press.

Lechte, John. 1994. *Fifty Key Contemporary Thinkers: From Structualism to Postmodernity*. London: Routledge.

Lemke, Thomas. 1997. *Eine Kritik der politischen Vernunft — Foucault's Analyse der modernen Gouvernementalität* (A critique of political reason: Foucault's analysis of modern governmentality). Berlin: Argument.

"L'Equipage des nains chinois du passage Jouffroy." 1857. *L'Illustration*, May 30, 352.

"Les Naine chinois du passage Jouffroy." 1857. *L'Illustration*, May 9, 304.

Levinas, Emanuel. 1987. *Time and the Other*. Pittsburgh: Duquesne University

Press.

Link, Jürgen. 1996. *Versuch über den Normalismus. Wie Normalität Produziet wird* (Essay on normalism: How normality is produced). Opladen: Westdeutscher Verlag.

Linton, Simi. 1998. *Claiming Disability: Knowledge and Identity*. New York: New York University Press.

Loring, George H. 2000. "George H. Loring's Address to Gallaudet." In *A Mighty Change: An Anthology of Deaf American Writing, 1816-1864*, edited by Christopher Krentz. Washington, D.C.: Gallaudet University Press.

Lowson, Dennis. 1994. "Understanding Professional Thought Disorder: A Guide for Service Users and a Challenge for Professionals." *Asylum* 8 (2): 29-30.

Lupton, Deborah. 1995. *The Imperative of Health: Public Health and the Regulated Body*. London: Sage.

Macpherson, Crawford Brough. 1964. *The Political Theory of Possessive Individualism*. Oxford: Oxford University Press.

Maffeis, Marcel Albert. 1986. *La femme à barbe: Une femme de chez nous, ou Histoire de Clementine Clattaux, épouse Delait*. Thaon les Vosges: M. A. Maffeis.

Marcus, Eugene, and Mayer Shevin. 1997. "Sorting It Out under Fire." In *Contested Words, Contested Science: Revisiting the Facilitated Communication Controversy*, edited by Douglas Biklen and Donald Cardinal. New York: Teachers College Press.

Marks, Deborah. 1999. *Disability: Controversial Debates and Psychosocial Perspective*. London: Routledge.

Marshall, James. 1996. *Michel Foucault: Personal Autonomy and Education*. Dordrecht: Kluwer Academic.

Martin, Ernst. 1880. *Histoire des monstres depuis l'antiquité jusqu'à nos jours*. Paris: C. Reinwald et Cie.

Mascia-Lees, Frances, Patricia Sharpe, and Colleen Cohen. 1989. "The Postmodernist Turn in Anthropology: Cautions from a Feminist Perspective." *Signs* 15 (3): 7-33.

Masschelein, Jan. 2001. "The Discourse of the Learning Society and the Loss of Childhood." *Journal of Philosophy of Education* 35 (1): 1-20.

McClintock, Anne. 1995. *Imperial Leather: Race, Gender, and Sexuality in the Colonial Context*. New York: Routledge.

McClure, Patrick. 2000. *Participation Support for a More Equitable Society — Final*

Report. Canberra: Department of Family and Community Services (Cth).

McLaren, Peter. 1995. *Critical Pedagogy and Predatory Culture*. London: Routledge.

McNamara, Julie. 1996. "Out of Order: Madness Is a Feminist and a Disability Issue." In *Encounters with Strangers: Feminism and Disability*, edited by Jenny Morris. London: Women's Press.

McNay, Lois. 1994. *Foucault: A Critical Introduction*. Cambridge: Polity Press.

McRobbie, Angela. 1994. *Postmodernism and Popular Culture*. New York: Routledge.

McTigue Musil, Caryn. 1990. *Foreword to Bridges of Power: Women's Multicultural Alliance*. Edited by Lisa Albrecht and Rose M. Brewer. Philadelphia: New Society Publishers.

McWhorter, Ladelle. 1999. *Bodies and Pleasures: Foucault and the Politics of Sexual Normalization*. Bloomington: Indiana University Press.

Merleau-Ponty, Maurice. 1962. *Phenomenology of Perception*. Translated by Colin Smith. London: Routledge and Kegan Paul.

Miller, Peter, and Nikolas Rose. 1997. "Mobilizing the Consumer: Assembling the Subject of Consumption." *Theory, Culture, and Society* 14(1): 1-36.

Miller, Silvanus. 1819. *An Address Delivered on Behalf of the New York Institutions*. New York: E. Conrad.

Minter, Shannon. 1999. "Diagnosis and Treatment of Gender Identity Disorder in Children." In *Sissies and Tomboys: Gender Nonconformity and Homosexual Childhood*, edited by Matthew Rottnek. New York: New York University Press.

"Monstre." 1837. In *Dictionnaire pittoresque d'histoire naturelle et des phénomènes de la nature*, vol. 5, edited by Félix-Edouard Guérin-Méneville.

Morel, Bénédict Auguste. 1857. *Traité des dégénérescences physiques, intellectuelles, et morales de l'espèce humane et des causes qui produisent ces variétés maladives*. Paris: J. B. Baillière.

Morgan, Kathryn Pauly. 1979. "Sexuality as a Metaphysical Dimension." In *Philosophy and Women*, edited by Sharon Bishop and Marjorie Weinzweig. Belmont, Calif.: Wadsworth.

Morgan, Kathryn Pauly. 1982. "Androgyny: A Conceptual Critique." *Social Theory and Practice* 8: 245-85.

Morgan, Kathryn Pauly. 1991. "Women and the Knife: Cosmetic Surgery and the

Colonization of Women's Bodies." *Hypatia* 6(3): 25-53.

Morgan, Kathryn Pauly. 1996. "Rites and Rights: The Biopolitics of Beauty and Fertility." In *Philosophical Perspectives in Bioethics*, edited by L. Wayne Summer and Joseph Boype. Toronto: University of Toronto Press.

Morgan, Kathryn Pauly. 1998. "Contested Bodies, Contested Knowledges: Women, Health, and the Politics of Medicalization." In *The Politics of Women's Health: Exploring Agency and Autonomy*, by Feminist Health Care Ethics Research Network et al. Philadelphia: Temple University Press.

Morgan, Kathryn Pauly. 1998. "Sexualized Doctor-Patient Relationships: 'Therapeutic' Erections of (Acts of) Eroto-Terrorism?" In *Interpersonal Violence*, edited by S. French. Toronto: McGraw-Hill-Ryerson.

Morgan, Kathryn Pauly. 2002. "Schönes Neues Baby—Schönes Neues Mutter— Schönes Neues Welt" (Brave new babies, brave new mothers, brave new world). *Die Philosophin. Feministische Theorie, Bioethik und Biopolitik* 25: 11-35.

Moser, Ingunn. 2000. "Against Normalization: Subverting Norms of Ability and Disability." *Science as Culture* 9(2): 201-40.

Mullaly, Robert. 1997. *Structural Social Work: Ideology, Theory, and Practice*. 2d ed. Oxford: Oxford University Press.

Munford, Robyn: 1995. "A Position of Marginalisation or Inclusion? The Experience of Women with Disabilities." *New Zealand Journal of Disability Studies* 1: 59-89.

Murphy, Jeffrie. 1984. "Do the Retarded Have a Right Not to Be Eaten? A Rejoinder to Joseph Margolis." In *Ethics and Mental Retardation*, edited by Loretta Kopelman and John C. Moskop. Dordrecht: D. Reidel.

Nanda, Serena. 2000. *Gender Diversity: Crosscultural Variations*. Prospect Heights, Ill.: Waveland Press.

Nettleton, Sarah. 1992. *Power, Pain and Dentistry*. Buckingham: Open University Press.

Newell, Christoper. 1998. "Debates Regarding Governance: A Disability Perspective." *Disability and Society* 13: 295-97.

Newell, Christoper, 1998. "Disabling Consultation? A Report Card from the Disability Sector." *Communications Update* 145: 13-14.

Nietzche, Friedrich. 1969. *On the Genealogy of Morals*. Translated by Walter Kaufman and R. J. Hollingdale. New York: Vintage.

Nippert, Irmgard, and Jürgen Horst. 1994. "Die Anwendungsproblematik der Pränatalen Diagnose aus der Sicht von Beratenen und Beratern" (Problems in the application of prenatal diagnotics from the point of view of counselees and counselors). TAB-Hintergrundpapier no. 2, Gutachten im Auftrag des Büros für Technikfolgen-Abschätzung beim Deutschen Bundestag, Bonn.

Noll, Steven. 1995. *The Feeble-Minded in Our Midst: Institutions for the Mentally Retarded in the South, 1900-1940.* Chapel Hill: University of North Carolina Press.

Normore, Calvin. 1988. "The Medieval Tradition of Nominalism." In *Studies in Medieval Philosophy*, edited by John F. Wippel. Washington. D.C.: Catholic University of America Press.

"Nouvelles." 1855. *L'Entr'acte,* July 21, 3.

"Nouvelles." 1873. *L'Entr'acte,* Nouvember 15, 2.

"Nouvelles." 1874. *L'Entr'acte,* August 26, 3.

"Nouvelles de Paris." 1829. *Le Temps,* November 22, co. 453.

"Nouvelles des théâtres." 1838. *Journal de Paris,* October 28, 3.

Nusse, Ernest, and Jules Périn. 1878. *De l'emploi des enfants dans les professions ambulantes de saltimbanques, acrobates, etc. Commentaire de la loi des 7-20 décembre 1874. (Législation protectrice de l'enfance ouvrière).* Paris: Marchal, Billard et Cie.

O'Brien, John, and Connie Lyle O'Brien. 1990. *Framework for Accomplishments.* Lithonia, Ga.: Responsive Systems Associates.

O'Donovan, Kathryn. 1997. "With Sense, Consent, or Just a Con? Legal Subjects in the Discourse of Autonomy." In *Sexing the Subject of Law,* edited by Ngaire Naffine and Rosemary Owen. Sydney: LBC Information Services.

Oakeshott, Michael. 1993. *Morality and Politics in Modern Europe.* Edited by Shirley Robin Letwin. New Haven: Yale University Press.

Oberic, Maurice. 1901. "Les Ateliers de murilés." *Le Monde Illustré,* November 9, 355-56.

Oliver, Michael. 1990. *The Politics of Disablement.* London: Macmillan.

Oliver, Michael. 1992. "Changing the Social Relations of Research Production?" *Disability, Handicap, and Society* 7: 101-14.

Oliver, Michael. 1996. *Understanding Disability: From Theory to Practice.* London: Macmillan. Basingstoke: Macmillan.

Oliver, Michael. 1999. "Final Accounts and the Parasite People." In *Disability*

Discourse, edited by Mairian Corker and Sally French. Buckingham: Open University Press.

Oliver, Mike. 1994. "Capitalism, Disability, and Ideology: A Materialist Critique of the Normalization Principle." Centre for Disability Studies, University of Leeds. http://www.leeds.ac.uk/disability-studies/

Orner, Mimi. 1998. "School Marks: Education, Domination, and Female Subjectivity." In *Foucault's Challenge: Discourse, Knowledge, and Power in Education*, edited by Thomas Popkewitz and Marie Brennan. New York: Teachers College Press.

Oudshoorn, Nelly. 1994. *Beyond the Natural Body: An Archeology of Sex Hormones*. New York: Routledge.

Pacey, Arnold. 1983. *The Culture of Technology*. Cambridge: MIT Press.

Padden, Carol, and Tom Humphries. 1988. *Deaf in America: Voicies from a Culture*. Cambridge: Harvard University Press.

"Paris: spectacle divers, An VI-1886: P. L'Henry." 1846. Archives Nationales, series F21, carton 1158. Initial request and subsequent letter of inquiry to the prefect of police to authorize the spectacles-concerts de Bonne Nouvelle, February I and 24, respectively.

"Paris: spectacles de curiosités: Exhibition de deux nains." 1850. Archives Nationales, series F21, carton 1160. Request from Smith and Doucher to the minister of interior for permission for dwarfs Prince and Princess Colibri to perform a dance accompanied by piano music, February 26.

Parker, Ian. 1996. "Discursive Complexes in Material Culture." In *Psychological Research: Innovative Mathods and Strategies*, edited by John Trevor Haworth. London: Routledge.

Paterson, Kevin, and Bill Hughes. 1999. "Disability Studies and Phenomenology: The Carnal Politics of Everyday Life." *Disability and Society* 14: 597-610.

Patrick, Morag. 1996. "Assuming Responsibility: Or Derrida's Disclaimer." In *Applying: To Derrida*, edited by John Brannigan, Ruth Robbins, and Julian Wolfreys. Basingstoke: Macmillan.

Paul, Diane B. 1995. *Confronting Human Heredity: 1865—Present*. Atlantic Highlands, N.J.: Humanities Press International.

Pauly, Ira. B. 1992. "Terminology and Classification of Gender Identity Disorders." In *Gender Dysphoria: Interdisciplinary Approaches in Clinical Management*, edited by Walter O. Bockting and Eli Coleman. Binghamton, N.Y.: Haworth

Press.

Persigne, F. de, and H. Colles Meygres. 1853. "Instructions concernant la police des saltimbanques, bateleurs, escamoteurs, jokers d'orguers, musicians ambulant, et chanteurs." December 13. Archives Nationales, series F7, carton 12238.

Pertchesky, Rosalind Pollack. 2001. "Sexual Rights: Inventing a Concept, Mapping an International Practice." In *Sexual Identities: Queer Politics*, edited by Mark Plasius. Princeton, N.J.: Princeton University Press.

Peter, Jean-Pierre, and Jeanne Favret. 1975. "The Animal, the Madman, and Death." In *I, Pierre Rivière, Having Slaughtered My Mother, My Sister, and My Brother…: A Case Study of Parricide in the Nineteenth Century*, edited by Michel Foucault. translated by Frank Jellinek. Lincoln: University of Nebraska Press.

Peterson, Alan, and Deborah Lupton. 1996. *The New Public Health: Health and Self in the Age of Risk*. London: Sage.

Ph. B. 1850. "Courrier de Paris." *L'Illustration*, March 2, 132.

Ph. B. 1850. "Courrier de Paris." *L'Illustration*, March 16, 165.

Phlio, Chiris. 1989. "Thoughts, Words, and 'Creative Locational Acts.'" In *The Behavioral Environment: Essays in Reflection, Application, and Re-evaluation*, edited by Frederick W. Boal and David N. Livingstone. London: Routledge.

Phlio, Chiris. 1992. "Foucault's Geography." *Environment and Planning D: Society and Space* 10: 137-61.

Phlio, Chiris. 2000. "The Birth of the Clinic: An Unknown Work of Medical Geography." *Area* 32 (10): 11-19.

Pick, Daniel. 1989. *Faces of Degeneration: A European Disorder, c. 1848-c. 1918*. Cambridge: Cambridge University Press.

Pleak, Richard R. 1999. "Ethical Issues in Diagnosing and Treating Gender-Dysphoric Children and Adolescents." In *Sissies and Tomboys: Gender Nonconformity and Homosexual Childhood*, edited by Matthew Rottnek. New York: New York University Press.

Popkewitz, Thomas S., and Marie Brennan. 1998. *Foucault's Challenge: Discourse, Knowledge, and Power in Education*. New York: Teachers College Press.

Pougin, Arthur. 1888. "Café-Concert." In *La Grande Encyclopédie, inventaire raisonné des sciences, des lettres et des arts*, vol. 8. Paris: H. Lamirault et cie.

Prendergast, Catherine. 2001. "On the Rhetorics of Mental Disability." In *Embodied Rhetorics: Disability in Language and Culture*, edited by James C. Wilson and

Cynthia Lewiecki-Wilson. Carbondale: Southern Illinois University Press.

Price, Janet, and Margrit Shildrick. 1998. "Uncertain Thoughts on the Dis/abled Body." In *Vital Signs: Feminist Reconfigurations of the Biological Body*, edited by Margrit Shildrick and Janet Price. Edinburgh: Edinburgh University Press.

Priestley, Mark. 2003. *Disability: A Life Course Approach*. Cambridge: Polity Press.

Privitera, Walter. 1995. *Problems of Style: Michel Foucault's Epistemology*. Translated by Jean Keller. Albany: State University of New York Press.

"Proceedings of the Third Conference of Principals of American Institutions for the Instruction and Education of the Deaf and Dumb." 1876. *American Annals of the Deaf and Dumb* 21: 201-53.

Rabinow, Paul. 1997. "Introduction: The History of Systems of Thought." In *The Essential Works of Michel Foucault, 1954-84*, vol. 1, *Ethics: Subjectivity and Truth*, edited by Paul Rabinow. New York: New Press.

Rajchman, John. 1991. *Truth and Eros: Foucault, Lacan, and the Question of Ethics*. New York: Routledge.

Rancière, Jacques. 1998. *Aux bords du politique* (The limits of politics). Paris: La fabrique éditions.

Ransom, John. 1997. *Foucault's Discipline*. Durham, N.C.: Duke University Press.

Razack, Sherene H. 1998. *Looking White People in the Eye*. Toronto: University of Toronto Press.

Readings, Bill. 1996. *The University in Ruins*. Cambridge: Harvard University Press.

"Revue des tribunaux: Madame Saqui et ses deux Lapons...." 1832. *Les Voleur*, August 31, 765.

"Revue parisienne." 1850. *Le Voleur*, May 10, 413.

Romi. 1950. *Petite Histoire des cafés-concerts parisiens*. Paris: J. Chitry.

Rorty, Richard. 1990. "Foucault, Dewey, Nietzsche." *Raritan* 9: 1-8.

Rose, Nikolas. 1989. *Governing the Soul*. London: Routledge.

Rose, Nikolas. 1996. "Governing 'Advanced' Liberal Democracies." In *Foucault and Political Reason: Liberalism, Neo-liberalism, and Rationalities of Government*, edited by Andrew Barry, Thomas Osborne, and Nikolas Rose. London: University College London Press.

Rose, Nikolas. 1996. "The Death of the Social? Re-figuring the Territory of Government." *Economy and Society* 25: 327-56.

Rose, Nikolas. 1999. *Powers of Freedom: Reframing Political Thought*. Cambridge: Cambridge University Press.

Rosen, Marvin, Gerald Clark, and Marvin Kivitz, eds. 1975. *The History of Mental Retardation: Collected Papers*. 2 vols. Baltimore: University Park Press.

Rothblatt, Martine. 1995. *The Apartheid of Sex: A Manifesto on the Freedom of Gender*. New York: Crown.

Royall, Anne. 1826. *Sketches of History, Life, and Manners, in the United States*. New Haven: Printed for the Author.

Sallée, André, and Philippe Chauveau. 1985. *Music-hall et Café-concert*. Paris: Bordas.

Saltarino [Hermann–Waldemar Otto]. 1895. *Fahrend Volk: Abnormitäten, Kuriositäten, und interessante Vertreter der wandernden Küstlerwelt*. Leipzig: J. J. Weber.

Samarajiva, Rohan. 1997. "Interactivity as though Privacy Mattered." In *Technology and Privacy: The New Landscape*, edited by Philip E. Agre and Marc Rotenberg, Cambridge: MIT Press.

Samuels, Ellen. 1999. "Bodies in Trouble." In *Lesbians on Disability*, edited by Victoria Brownworth and Susan Raffo. Seattle: Seal Press.

Sawicki, Jana. 1991. *Disciplining Foucault: Feminism, Power, and the Body*. New York: Routledge.

Scheerenberger, Richard C. 1983. *A History of Mental Retardation*. Baltimore: Paul H. Brookes.

Scheman, Naomi. 1999. "Queering the Center by Centering the Queer: Reflections on Transsexuals and Secular Jews." In *Sissies and Tomboys: Gender Nonconformity and Homosexual Childhood*, edited by Matthew Rottnek. New York: New York University Press.

Scheugl, Hans. 1974. *Show Freaks and Monsters: Sammlung Felix Adanos*. Cologne: DuMont Schauberg.

Schiebinger, Londa. 1989. *The Mind Has No Sex? Women in the Origins of Modern Science*. Cambridge: Harvard University Press.

Schmidtke, Jörg. 1997. *Vererbung und Ererbtes—ein humangenetischer Ratgeber* (Heredity and heritage—a human genetic counseling book). Reinbek: Rowohlt.

Scholinski, Daphne. 1997. *The Last Time I Wore a Dress*. New York: Riverhead Press.

Scholz, Christine. 1993. "Humangenetische Risikokonzepte und deren praktische Handhabung" (Human genetic risk concepts and their practical use). Handout accompanying lecture during the series "Biomedizin und das rationalisierte

Subjekt der Moderne," Hamburger Institut für Sozialforschung, April 29, 1993.

Scholz, Christine, and Manfred Endres. 1990. "Amniozentese, Chorionzottenbiopsie oder keine Untersuchung? Ergebnisse einer empirischen Untersuchung zur Inanspruchnahme pränataler Diagnostik." (Amniocentesis, Chorionic villus sampling or no diagnosis? Findings of an empirical study in the use of prenatal diagnostics). *Medizinische Genetik* 2 (4): 25-27

Scottish Executive, 1999. *New Community Schools Prospectus*. Edinburgh: Scottish Office.

Sedgwick, Eve Kosofsky. 1990. "How to Bring Your Kids Up Gay." *Social Text* 29: 18-27.

Sedgwick, Eve Kosofsky. 1990. *The Epistemology of the Closet*. Berkeley and Los Angeles: University of California Press.

Seguin, Edouard. 1910. *Idiocy and Its Treatment by the Physiological Method*. Albany, N.Y.: Press of Brandow Printing.

Serres, Etienne Reynaud Augustin. 1832. *Recherches d'anatomie transcendante et pathologique: Théorie des deformations organiques applique à l'anatomie de Ritta-Christina, et de la duplicité monstrueuse*. Paris: J. B. Baillière.

Shakespeare, Tom. 1992. "A Response to Liz Crow." *Coalition*, September, 40-42.

Shane, Howard C. 1994. *Facilitated Communication: The Clinical and Social Phenomenon*. San Diego: Singular.

Shapiro, Judith. 1991. "Transsexualism: Reflections on the Persistence of Gender and the Mutability of Sex." In *Body Guards: The Cultural Politics of Gender Ambiguity*, edited by Julia Epstein and Kristina Straub. New York: Routledge.

Sharpe, Andrew. 2002. *Transgender Jurisprudence: Dysphoric Bodies of Law*. London: Cavendish.

Shildrick, Margrit. 1997. *Leaky Bodies and Boundaries: Feminism, Postmodernism, and (Bio)Ethics*. London: Routledge.

Shildrick, Margrit. 2002. *Embodying the Monster: Encounters with the Vulnerable Self*. London: Sage.

Shilling, Chris. 1993. *The Body and Social Theory*. London: Sage.

Shipley, Tony, and John Gill. 2000. *Call Barred? Inclusive Design of Wireless Systems*. London: Royal National Institute of Blind. Also available at http://www.tiresias.org/phoneability/wireless.htm.

Shotter, John. 1997. "Dialogical Realities: The Ordinary, the Everyday, and Other Strange New Worlds." *Journal for the Theory of Social Behaviour*, 27.

Shumway, David. 1989. *Michel Foucault*. Charlottesville: University Press of Virginia.

Simond, Charles [Paul Adolphe van Cleemputte]. 1900. *La Vie parisienne à travers le XIXe siècle. Paris de 1800 à 1900 d'après des estampes et les mémoires du temps.* 3 vols. Paris: E. Plon, Nourrit et cie.

Simons, Jon. 1995. *Foucault and the Political.* London: Routledge.

Simons, Maarten. 2001. "Kwaliteitszorg in het onderwijs: De 'wil tot kwaliteit' in een gewijzigd veld van bestuurlijkheid" (Qualitt assurance in education: A "will to quality" and governmentality). *Pedagogiek* 21 (2): 106-23.

Singer, Peter. 1995. *Animal Liberation.* London: Pimlico.

Skrtic, Thomas. 1995. *Disability and Democracy: Reconstructing (Special) Education for Postmodernity.* New York: Teachers College Press.

Slee, Roger. 1993. "The Politics of Integration New Sites for Old Practices?" *Disability, Handicap, and Society* 8: 351-60.

Slee, Roger. 1996. "Disability, Class, and Poverty: School Structures and Policing Identities" In *Disability and the Dilemmas of Education and Justice,* edited by Carol Christensen and Fazal Rizvi. Buckingham: Open University Press.

Slee, Roger. 1998. "The Politics of Theorizing Special Education." In *Theorising Special Education,* edited by Catherine Clark, Alan Dyson, and Alan Millward. London: Routledge.

Slee, Roger. 2001. "Social Justice and the Changing Directions in Educational Research: The Case of Inclusive Education." *International Journal of Inclusive Education* 5 (2-3): 167-78.

Slee, Roger, and Julie Allan. 2001. "Excluding the Included: A Reconsideration of Inclusive Education." *International Studies in the Sociology of Education* 11 (2): 173-91.

Sloan, William, and Harvey A. Stevens. 1976. *A Century of Concern: A History of the American Association on Mental Deficiency, 1876-1976.* Washington, D.C.: American Association on Mental Deficiency.

Smart, Barry. 1983. *Foucault, Marxism, and Critique.* London: Routledge and Kegan Paul.

Smart, Barry. 1986. "The Politics of Truth and the Problem of Hegemony." In *Foucault: A Critical Reader,* edited by David Couzens Hoy. Oxford: Basil Blackwell.

Smart, Barry. 1998. "Foucault, Levinas and the Subject of Responsibility." In *The*

Later Foucault, edited by Jeremy Moss. London: Sage.

Soja, Edward. 1989. *Postmodern Geographies: The Reassertion of Space in Critical Society*. New York: Verso.

Spanier, Bonnie B. 1991. "'Lessons' from 'Nature': Gender Ideology and Sexual Ambiguity in Biology." In *Body Guards: The Cultural Politics of Gender Ambiguity*, edited Julie Epstein and Kristina Straub. New York: Routledge.

Spanier, Bonnie B. 1995. *Impartial Science: Gender Ideology in Molecular Biology*. Bloomington: Indiana University Press.

"Spectacles: Cirque-Olympique.— *Le Géant, ou David et Goliath*." 1838. *Le Moniteur universel*, October 15, 23-24.

Sperling, Urte. 1993. "Lückenlose Erfassung. Schwangerenvorsorge im Focus der Forschung" (Complete recording: Prenatal care in the focus of research). *Forum Wissenschaft* 10 (1): 24-28.

Spitz, Herman H. 1997. *Nonconscious Movement: From Mystical Messages to Facilitated Communication*. Mahwah, N.J.: Lawrence Erlbaum Associates.

Spofford, Fisher Ames. 2000. "Fisher Ames Spofford's Address." In *A Mighty Change: An Anthology of Deaf American Writing, 1816-1864*, edited by Christopher Krentz. Washington, D.C.: Gallaudet University Press.

Stainback, William, and Susan Stainback. 1984. "A Rationale for the Merger of Special and Regular Education." *Exceptional Children* 51: 102-11.

Steiner, Betty W. 1985. "The Management of Patients with Gender Disorders." In *Gender Dysphoria: Development, Research, Management*, edited by Betty W. Steiner. New York: Plenum Press.

Stermac, Lana. 1990. "Clinical Management of Nontranssexual Patients." In *Clinical Management of Gender Identity Disorders in Children and Adults*, edited by Ray Blanchard and Betty W. Steiner. Whshington, D.C.: American Psychiatric Press.

Stone, Collins. 1853. "Ohio Institution for Deaf and Dumb." *American Annals of the Deaf and Dumb* 5: 221-39.

Stone, Sandy. 1991. "The Empire Strikes Back: A Posttranssexual Manifesto." In *Body Guards: The Cultural Politics of Gender Ambiguity*, edited Julie Epstein and Kristina Straub. New York: Routledge.

"Stop." 1850. "Les Boulevards macadamisés...." *L'Illustration*, June 22, 389.

Stroman, Duane. 1989. *Mental Retardation in Social Context*. Lanham, Md.: University Press of America.

Stronach, Ian, and Maggie Maclure. 1997. *Educational Research Undone: The Postmodern Embrace.* Buckingham: Open University Press.

Sulivan, Martin. 1996. "Paraplegic Bodies: Self and Society." Ph.D. diss, University of Auckland, New Zealand.

Szasz, Thomas. 1975. Back Cover of *I, Pierre Rivière, Having Slaughtered My Mother, My Sister, and My Brother...: A Case Study of Parricide in the Nineteenth Century,* edited by Michel Foucault, translated by Frank Jellinek. Lincoln: University of Nebraska Press.

Tanner, H. S. [1847.] *Tanner's Picture of Philadelphia and its Environs or the Stranger's Guide.* New York: Map and Geographical Establishment.

Tardieu, Ambroise, and Maurice Laugier. 1874. "Contributions à l'histoire des monstruosités, considérées au point de vue de la médecine légale à l'occasion de l'exhibition publique du monster pygopage Millie-Christine." *Annales d'hygiène publique et de médecine légale,* ser. 2, 41: 34071.

Taylor, Charles. 1986. "Foucault on Freedom and Truth." In *Foucault: A Critical Reader,* edited by David Couzens Hoy. Oxford: Blackwell.

Tenner, Edward. 1997. *Why Things Bite Back: Technology and the Revenge of Unintended Consequences.* New York: Vintage.

Terry, Jennifer. 1995. "Anxious Slippages between 'Us' and 'Them': A Brief History of the Scientific Search for Homosexual Bodies." In *Deviant Bodies,* edited by Jennifer Terry and Jacqueline Urla. Bloomington: Indiana University Press.

"Théâtre de la Porte-Saint-Martin: Grand bal d'enfants... Tombola comique dont les lots seront distribués par le Prince et la Princesse Colibri — Polka nationale de Bohème dansé par le Prince et la Princesse Colibri, les plus petits nains qui aient parus jusqu'a ce jour." 1850. Bibliothèque de l'Oépra, Af. Cirque.x. Color poster.

Thomas, Frédéric. 1838. "Les Emprunts au théâtre.—M. Goliath.—Les glories trimestrielles." *La Presse,* September 29, 2.

Thomas, Gary. 1997. "Inclusive Schools for an Inclusive Society." *British Journal of Special Education* 24(3): 103-7.

Thomson, Rosemarie Garland, ed. 1996. *Freakery: Cultural Spectacles of the Extraordinary Body.* New York: Columbia University Press.

Thomson, Rosemarie Garland. 1997. *Extraordinary Bodies: Figuring Physical Disability in American Culture and Literature.* New York: Columbia University Press.

Thomson, Rosemarie Garland. 2002. "Integrating Disability, Transforming Feminist Theory." *National Women's Studies Association Journal* 14(3): 1-32.

Thomson, Rosemarie Garland. 2002. "The Politics of Staring: Visual Rhetorics of Disability in Popular Photography." In *Disability Studies: Enabling the Humanities*, edited by Sharon L. Snyder, Brenda Jo Brueggemann, and Rosemarie Garland-Thomson. New York: Modern Language Association of America.

Thornton, Margrit. 1996. *Dissonance and Distrust: Women in the Legal Profession.* Melbourne: Oxford University Press.

Thornton, Margrit. 2000. "Neo-liberalism, Discrimination, and the Politics of Ressentiment." *Law in Context* 17(2): 8-27.

Tomlinson, Sally. 1982. *A Sociology of Special Education.* London: Routledge and Kegan Paul.

Tomlinson, Sally. 1996. "Conflicts and Dilemmas for Professionals in Special Education." In *Disability and the Dilemmas of Education and Justice*, edited by Carol Christensen and Fazal Rizvi. Buckingham: Open University Press.

Tort, Patrick. 1982. "'La Logique du deviant': Isidore Geoffroy Saint-Hilaire et la classification des monstres." *Revue des sciences humaines* 188: 7-25.

Touchatout. 1873. "Millie et Christine, negresses jumelles." *Le Trombinoscope*, no. 117, November.

Tremain, Shelley, ed. 1996. *Pushing the Limits: Disabled Dykes Produces Culture.* Toronto: Women's Press.

Tremain, Shelley. 1996. "We're Here. We're Disabled and Queer. Get Used to It." In *Pushing the Limits: Disabled Dykes Produces Culture*, edited by Shelley Tremain. Toronto: Women's Press.

Tremain, Shelley. 2000. "Queering Disabled Sexuality Studies." *Sexuality and Disability* 18(4): 291-99.

Tremain, Shelley. 2001. "On the Government of Disability." *Social Theory and Practice* 27: 617-36.

Tremain, Shelley. 2002. "On the Subject of Impairment." *Disability/Postmodernity: Embodying Political Theory*, edited by Mairian Corker and Tom Shakespeare. London: Continuum.

Trent, James W., Jr. 1994. *Inventing the Feeble Mind: A History of Mental Retardation in the United States.* Berkeley and Los Angeles: University of California Press.

Troyna, Barry, and Carol Vincent. 1996. "The Ideology of Expertise: The Framing of

Special Education and Racial Equality Policies in the Local State." In *Disability and the Dilemmas of Education and Justice*, edited by Carol Christensen and Fazal Rizvi. Buckingham: Open University Press.

Tucker, Bonnie. 1998. "Deaf Culture, Cochlear Implants, and Elective Disability." *Hastings Center Report* 28(4): 6-14.

Turner, Bryan S. 1996. *The Body and Society*. 2d ed. London: Sage.

Turner, Bryan S. 1997. "Foreword: From Governmentality to Risk: Some Reflections on Foucault's Contribution to Medical Sociology." In *Foucault: Health and Medicine*, edited Alan Petersen and Robin Bunton. New York: Routledge.

Turner, Bryan S. 2000. "Disability and the Sociology of the Body." In *Handbook of Disability Studies*, edited by Gray L. Albrecht, Katherine D. Seelman, and Michael Bury. Thousand Oaks, Calif.: Sage.

Twachtman-Cullen, Diane, 1997. *A Passion to Believe: Autism and Facilitated Communication*. Boulder, Colo.: Westview Press.

Union of the Physically Impaired Against Segregation (UPIAS). 1976. *The Fundamental Principles of Disability*. London: UPIAS.

Valentine, Phyllis. 1993. "Thomas Hopkins Gallaudet: Benevolent Paternalism and the Origins of the American Asylum." In *Deaf History Unveiled: Interpretations from the New Scholarship*, edited by John V. Van Cleve. Washington, D.C.: Gallaudet University Press.

Van Cleve, John V., and Barry A. Crouch. 1989. *A Place of Their Own: Creating the Deaf Community in America*. Washington, D.C.: Gallaudet University Press.

Van Den Wijngaard, Marianne. 1997. *Reinventing the Sexes: The Biomedical Construction of Femininity and Masculinity*. Bloomington: Indiana University Press.

Vattimo, Giacomo. 1992. *The Transparent Society*. Translated by David Webb. Cambridge: Polity Press.

Vautel, Clément. 1909. "Propos d'un Parisien." *Le Matin*, July I, I.

Véron, Pierre. 1868. *Les Phénomènes vivants*. Paris: Arnaud de Vresse.

Véron, Pierre. 1879. "Courrier de Paris." *Le monde illustré*, August 16, 99.

Véron, Pierre. 1883. "Courrier de Paris." *Le monde illustré*, May 12, 290-91.

Veyne, Paul. 1997. "The Final Foucault and His Critics." In *Foucault and His Interlocutors*, edited by Arnold Davidson. Chicago: University of Chicago Press.

"Virginia Institution." 1854. *American Annals of the Deaf and Dumb* 6: 246-48.

Waldschmidt, Anne. 1996. *Das Subjekt in der Humangenetik: Expertendiskurse zu Programmatik und Konzeption der genetischen Beratung 1945-1990* (The subject in human genetics: Expert discourses on program and conception of genetic counseling, 1945-1990). Münster: Westfälisches Dampfboot.

Waldschmidt, Anne. 1998. "Flexible Normalisierung oder stabile Ausgrenzung: Veränderungen im Verhältnis Behinderung und Normalität" (Flexible normalization or steady segregation: Changes in the relationship between disability and normality). *Soziale Probleme* 9 (1-2): 3-25.

Waldschmidt, Anne. 1999. "Genetic Screening and German—based Eugenics— Old and New." In *Encyclopedia of Reproductive Technologies*, edited by Annette Burfoot. Boulder, Colo.: Westview Press.

Waldschmidt, Anne. 2001. "Normalistische Landschaften in der genetischen Beratung und Diagnostik" (Normalistic landscapes in genetic counseling and diagnostics). In *Infografiken, Medien, Normalisierung. Zur Kartografie politisch-sozialer Landschaften*, edited by Ute Gerhard, Jürgen Link, and Ernst Schulte-Holtey. Heidelberg: Synchron Wissenschaftsverlag der Autoren.

Wallace, Irvin, and Amy Wallace. 1978. *The Two*. New York: Simon and Schuster.

Walmsley, Jan. 2001. "Normalisation, Emancipatory Research, and Inclusive Research in Learning Disability." *Disability and Society* 16: 187-205.

Wathmann, G. 1890. "Pages étrangères. Un Prodigy de la volonté humane.— Histoire d'Unthan.—L'artiste sans bras." *Les Annales politiques et littéraires*, June 15, 379.

Wedell, Klaus. 1995. "Making Inclusive Education Ordinary." *British Journal of Special Education* 22 (3): 100-108.

Weir, Lorna. 1996. "Recent Developments in the Government of Pregnancy." *Economy and Society* 25: 372-92.

Wendell, Susan. 1996. *The Rejected Body: Feminist Philosophical Reflections on Disability*. New York/London: Routledge.

White, William. 1821. *An Account of the Origins and Progress of the Pennsylvania Institution for the Deaf and Dumb*. Philladelphia: William Fry.

Whyte, Susan Reynolds. 1995. "Disability between Discourse and Experience." In *Disability and Culture*, edited by Benedicte Ingstad and Susan Reynolds Whyte. Berkeley and Los Angeles: University of California Press.

Wiedebusch, Silvia. 1997. "Die Entscheidung über die Inanspruchnahme

pränataler Diagnostik" (The decision about the use of prenatal diagnostics). In
*Perspektiven der Humangenetik. Medizinische, psychologische und ethische
Aspekte,* edited by Franz Petermann, Silvia Wiedebusch, and Michael Quante.
Paderborn: Schöningh.

Wild, Nicole, ed. 1976. *Les Arts du spectacle en France, Affiches illustrées(1850-1950).*
Paris: Bibliothèque nationale.

Williams, Lyndsey, and Melanie Nind. 1999. "Insiders or Outsiders: Normalisation
and Women with Learning Difficulties." *Disability and Society* 14: 659-72.

Williams, Simon, and Gillian Bendelow. 1998. *The Lived Body: Sociological Themes,
Embodied Issues.* London: Routledge.

Wilson, Kevin J. 2000. *Deregulating Telecommunications: U.S. and Canadian
Telecomunications, 1840-1997.* Lanham, Md.: Rowman and Littlefield.

Winzer, Margaret A. 1993. *The History of Special Education: From Isolation to
Integration.* Washington, D.C.: Gallaudet University Press.

Wolfensberger, Wolf. 1976. "The Origin and Nature of Our Institutional Models."
In *Changing Patterns in Residential Services for the Mentally Retarded,* edited
by Robert Kugel and Ann Shearer. Washington, DC: President's Committe on
Mental Retardation.

Wolfensberger, Wolf. 1983. "Social Role Valorization: A Proposed New Term for
the Principle of Normalization." *Mental Retardation* 21 (6): 234-39.

Wolfensberger, Wolf. 1991. *A Brief Introduction to social Role Valorization as a
High-Order Concept for Structuring Human Services.* New York: Syracuse
University Training Institute.

Wolfensberger, Wolf, and Linda Glenn. 1978. *Program Analysis of Service Systems
(PASS): A Method for the Qualitative Evaluation of Human Services.* 3d ed.
Handbook and field manual. Toronto: National Institute on Retardation.

Wolfensberger, Wolf, and Susan Thomas. 1983. *PASSING: Program Analysis
of Service Systems' Implementation of Normalization Goals: A Method of
Evaluating the Quality of Human Services according to the Principle of
Normalization, Normalization Criteria and Ratings Manual.* Downsview,
Ontario: National Institute on Mental Retardation.

World Health Organization. 1980. *International Classification of Impairments,
Disability, and Handicaps.* Geneva: World Health Organization.

World Institute on Disability. 1998. *Report Card on Telecommunications
Accessibility.* Oakland, Calif.: WID.

Wrigley, Owen. 1996. *The Politics of Deafness*. Washington, D.C.: Gallaudet
    University Press.

X. 1908. "Au Club des Unijambistes." *Lectures pour tous*, January, 353-56.

Zita, Jacquelyn N. 1998. *Body Talk: Philosophical Reflections on Sex and Gender*.
    New York: Columbia University Press.

Žižek, Slavoj. 1999. *The Ticklish Subject: The Absent Centre of Political Ontology*.
    London: Verso.

글쓴이 소개

줄리 앨런(Julie Allan)은 스털링 대학(스코틀랜드) 교육연구대학원(Institute of Education) 의 교육학 교수이며 참여와 포함·평등 연구 네트워크(Participation, Inclusion and Equity Research Network)의 책임자이다. 그녀는 교원 연수를 담당하고 있으며, 최근 특수교육 요구에 대한 국회 조사 고문으로 활동했다. 팔머(Falmer)에서 『능동적 포함 운동』(*Actively seeking inclusion*)이라는 책을 출간했고, 현재 클루워(Kluwer)에서 출간될 참여와 포함, 민주주의에 관한 책을 손보고 있다.

베리 앨런(Barry Allen)은 캐나다 온타리오주의 맥마스터 대학에서 철학을 가르친다. 그는 프린스턴 대학에서 박사학위를 받았고, 시카고 대학과 이스라엘의 히브리 대학에서 가르쳤다. 그는 학제간 저널 『공통 지식』(*Common Knowledge*)의 부편집장이며, 『철 학에서의 진실』(*Truth in Philosophy*, Harvard University Press, 1993), 『지식과 문명』 (*Knowledge and Civilization*, Westview Press, 2003)의 저자이다.

캐럴린 앤 앤더슨(Carolyn Anne Anderson)은 애리조나 대학에서 지리학 석사학위를 받 았다. 그녀는 작가이자 예술가이며 투손에 거주하고 있다. 온라인 장애학 매거진 (Disability Studies Online Magazine)을 운영하고 있으며 홈페이지 주소는 www. disabilitystudies.com이다.

제인 버거(Jane Berger)는 오하이오 주립대학에서 역사학 박사학위를 준비하고 있다. 매사 추세츠 주립대학과 갤로데트 대학에서 석사학위를 받았다. 연구 분야는 청각 장애, 장 애, 도시의 역사이다. 공부를 하면서 미국의 수화 통역사로 활동하고 있다.

피오나 쿠마리 캠벨(Fiona Kumari Campbell)은 호주 브리즈번에 있는 그리피스 대학의 사 회복지대학에서 가르친다. 그녀는 퀸즐랜드 공과대학에서 사회학으로 박사학위를 받았다. 『호주 여성주의 법』(*Australian Feminist Law Journal*)과 『그리피스 법 리뷰』 (*Griffith Law Review*)에 연구 결과를 발표했다. 현재 트랜스휴머니즘 철학과 장애, 복지국가에서 '장애화된' 정체성의 탄생과 계산의 개념을 연구하고 있다.

리시아 칼슨(Licia Carlson)은 시애틀 대학의 조교수이다. 여성주의 철학과 현대 프랑스철학, 생명윤리학과 장애 철학에 관심을 가지고 연구하고 있다. 『산전 검사와 선택적 낙태의 도덕성: 반대 표현주의 해명』(*The Morality of Prenatal Testing and Selective Abortion: Clarifying the Expressivist Objection*)과 『인지적 장애인 차별과 장애학: 정신지체의 역사에 대한 여성주의적 반성』(*Cognitive Ableism and Disability Studies: Feminist Reflections on the History of Mental Retardation*)을 저술했다. 현재 철학과 인지 장애에 관한 책을 마무리짓고 있으며, 미셸 푸코의 이론에 관한 연구를 계속하고 있다.

크리스 드링크워터(Chris Drinkwater)는 영국의 로치데일과 샐퍼드에서 17년 동안 지역사회 개발 사업을 한 뒤에 대학에 다시 들어가서 「생태학과 포스터모더니티」라는 논문으로 문화연구 박사학위를 받았다. 논문 주제와 현재 주요 연구 관심사는 윤리학과 문화이론, 환경 철학이 교차하는 지점이다. 학습 장애가 있는 사람들을 위한 비상근 생활 보조인으로 일하고 있다.

니르말라 에르벨스(Nirmala Erevelles)는 앨라배마 대학 터스컬루사 캠퍼스에서 교육의 사회적 기초의 부교수로 있다. 관심 분야는 장애학, 페미니즘, 포스트식민주의, 질적 연구방법론이다. 현재 포스트식민성과 몸의 정치, 장애에 관한 책을 쓰고 있다.

제라드 고긴(Gerard Goggin)은 퀸즐랜드 대학의 비판과 문화 연구소(Centre for Critical and Cultural Studies)의 연구원이다. 『가상의 국가: 호주의 인터넷』(*Virtual Nation: The Internet in Australia*, Sydney: University of New South Wales Press, 2004)의 발행인이며, 크리스토퍼 뉴얼(Christopher Newell)과 『디지털 장애: 뉴미디어에서의 사회적 장애 구성』(*Digital Disability: The Social Construction of Disability in New Media*, Rowman and Littlefield, 2003), 『장애와 호주: 사회적 차별의 노출』(*Disability and Austrailia: Exposing a Social Apartheid*, Sydney: University of New South Wales Press, 2004)을 함께 저술했다.

빌 휴스(Bill Hughes)는 영국의 글래스고 칼레도니언 대학의 사회과학대 학과장이며, 사회학을 가르치고 있다. 1986년에 애버딘 대학에서 사회철학 박사학위를 받았다. 『신체 문화와 사회』(*The Body Culture and Society: An Introduction*, Open University

Press, 2000)의 공저자이고, 정기적으로 『장애와 사회』(Disability and Society)에 글을 쓴다. 장애와 신체에 주로 관심을 가지고 연구하고 있다.

얀 마스켈라인(Jan Masschelein)은 벨기에 루벤 가톨릭 대학의 과학교육학과에서 교육철학을 가르치고, 1994~1995년에 함부르크 대학에서 폰 훔볼트 재단의 장학금을 받았다. 그는 다양한 글을 쓰고, 교육철학 분야에 기여했으며, 『교육 행위와 의사소통 행위』(Pädagogicsches Handeln und Kommukikatives Handeln, Deutscher Studien Verlag, 1991)와 『타자, 복수, 정의: 교육의 가장자리 전환』(Alterität, Pluralität, Gerechtigkeit. Randgänge der Pädagogik, Leuven University Press, 1996)을 썼다. 지금은 경험과 '면역'(immunitas)을 주제로 책을 쓰고 있다.

라델 맥워터(Ladelle McWhorter)는 『신체와 쾌락: 푸코 그리고 성적 정상화의 정치학』(Indiana University Press, 1999), 『하이데거와 지구: 환경 철학 에세이』(Heideger and the Earth: Essays in Environmental Philosophy, Thomas Jefferson, 1992)를 발행한다. 푸코와 하이데거, 이리가레와 바타유를 연구해 왔다. 지금은 푸코와 인종을 주제로 책을 쓰고 있다. 버지니아주의 리치몬드 대학의 여성학과 철학 교수이다.

캐스린 폴리 모건(Kathryn Pauly Morgan)은 존스홉킨스 대학에서 박사학위를 받았다. 토론토 대학의 철학과 교수이며 여성과 젠더 연구소(Institute for Women's Studies and Gender Studies)와 토론토 대학의 생명윤리 협동연구소(Joint Centre for Bioethics) 일을 겸하고 있다. 여성주의 윤리학과 생명윤리(성형수술, 섹슈얼리티, 재생산 테크놀로지와 같은 주제), 신체의 철학, 여성주의 기술과학, 의료화 정치학, 여성주의 교육학 영역에서 광범위한 연구를 했다. 『젠더 문제: 이론, 교육학, 정치학』(The Gender Question: Theory, Pedagogy, and Politics)의 공저자이다.

크리스토퍼 뉴얼(Chiristopher Newell)은 태즈메이니아 대학의 의과대학 부교수이다. 장애를 가지고 있으며, 통신을 포함해 장애에 관한 다양한 분야에 관심이 있다. 통신과 다른 위원회에서 장애인들을 대변한다. 제라드 고긴과 『디지털 장애: 뉴미디어에서의 사회적 장애 구성』(Digital Disability: The Social Construction of Disability in New Media, Rowman and Littlefield, 2003), 『장애와 호주: 사회적 차별의 노출』(Disability and Austrailia: Exposing a Social Apartheid, Sydney: University of New South Wales Press, 2004)을 함께 저술했다.

마틴 시몬스(Maarten Simons)는 벨기에 루벤 가톨릭 대학 과학교육학과의 연구원이다. 현재 교육철학 연구소에서 박사학위를 준비하고 있다. 생명정치와 통치성(푸코)에 특별히 관심을 가지고 교육과 정치학을 집중적으로 연구한다.

다이애나 스니구로비치(Diana Snigurowicz)는 국회 도서관에서 사서로 일하고 있다. 시카고 대학에서 유럽사로 박사학위를 받았으며(2000), 그곳에서 '비정상성'(기형학), 다윈의 진화론, 19세기 프랑스에서의 신체 장애/'기형'(deformity)의 사회적 양상에 대해 연구하고 발표했다. 현재 '자수성가'(self-made)형 인간을 해체하는 연구, 즉 진정한 노동이라는 관념과 시장 문화, 신체 장애/'기형', 기형학이 어떻게 교차하는지를 연구한다.

마틴 설리번(Martin Sullivan)은 사회학, 사회정책, 사회복지 대학에서 사회정책과 장애학을 가르친다. 오클랜드 대학에서 1997년 사회학 박사학위를 받았고 뉴질랜드의 국가 윤리 자문위원회(National Ethics Advisory Committee)에 위원으로 임명되었다. 그는 현재 척수 손상과 노화, 하지마비 환자들에 대한 신체와 자기, 사회 간의 관계에 대한 종단적 연구를 수행하고 있다.

셸리 트레마인(Shelley Tremain)은 토론토 대학 미시소거 캠퍼스 철학과 교수이다. 요크 대학에서 철학 박사학위를 받았다. 1997~1998년, 캘리포니아 대학 버클리 캠퍼스와 세계장애협회(World Institute on Disability)에서 애드 로버츠 박사 후 과정 연구 장학금을 받았다. 산전 검사와 선별 검사에서 손상의 구조, 줄기세포 연구의 생명정치학, 성윤리에 관심을 가지고 연구하고 있다.

아네 발트슈미트(Anne Waldschmidt)는 독일의 쾰른 대학의 장애 사회학과 사회정책 대학 교수이다. 브레멘 대학에서 사회과학 박사학위를 받았고, 저서는 『인간 유전학에서의 주체: 유전 상담 프로그램과 개념에 대한 전문가 담론 1945-1990』(*The subject in Human Genetics: Expert Discourses on Programme and Conception of Human Genetic Counseling, 1945-1990*, Münster, 1996), 『구성으로서의 자기 결정: 장애 여성과 남성의 주체 이론』(*Self-Determination as a Construction : Subjective Theories of Women and Men with Disabilities*, Opladen, 1999)이다. 80편이 넘는 논문을 발표했으며, 『장애학에서의 문화적 관점』(*Cultural Perspectives in Disability Studies*, Kassel 2003)을 발행했다.

스콧 예이츠(Scott Yates)는 드몽포르 대학의 보건과 응용 사회과학대학 연구원이다. 드몽포르 대학에서 2002년에 심리학으로 박사학위를 받았다. 새로운 유전학의 개인과 사회적 영향의 이해에 대한 푸코주의적 관념의 잠재적 영향을 공동으로 연구하고 있다.

옮긴이 후기_ 장애인 운동의 연장통, 푸코 담론을 혁신하라

박정수(노들장애학 궁리소 연구원)

미셸 푸코는 한국에 1990년대에 소개되어 일반대중에게도 꽤 알려진 프랑스 철학자다. 그러나 푸코의 철학이 '장애' 문제를 다루고 있다는 사실은 거의 알려지지 않았다. 푸코의 저서가 번역되고, 푸코에 대한 개론서가 쓰이고, 푸코에 대한 강의와 논쟁이 펼쳐지는 그동안 '푸코'와 '장애'가 연결되어 논의된 책이나 담론이 없었던 것은 푸코의 저서가 지닌 장애 연관성에 비추어 볼 때 매우 의아한 일이다.

『광기의 역사』는 (한국에서는 '갱생원'이라 불린) '구빈원'이라는 수용시설에 관한 책인 동시에 『정신의학의 권력』과 함께 명백히 '정신장애인'에 대한 지식과 권력을 다룬 책이다. 『말과 사물』은 '인간학의 고고학'이라는 부제가 말해 주듯이 인간학의 출현 과정을 다룬 책으로, 이 역시 장애인과 관련 있다. 지식의 역사에서 '인간'이 노동 가치를 생산하고, 분절된 언어로 의사소통을 하며, 완벽한 유기체로 진화한 생명체로 정의되는 과정은 곧 노동하지 못하고, 의사소통이 안 되며, 생물학적으로 비정상적인 신체를 가진 인간으로 '장애인'이 범주화된 과정이기 때문이다. 『비정상인들』은 본능 충동에 사로잡힌 인간괴물로서 '발달장애인'이 근대 형벌체계에서 포착되는 방식을 다룬 책이며, 『성의 역사』 1권 이후 푸코의 후반기 연구 주제인 생명정치와 『사회를 보호해야 한다』에서 논의된 우생학적 인종주의는 장애인의 삶에서 적나라하게 증명된다. 한국사회에서 장애인은 우생학적 인종주의에 의해 열등한 존재로 산전 검사되고 산후 분류된다. 시설에 수용된 장애인은 단지 먹고 자고, 관리 받는 동물적 삶을 강요받으며 시설 바깥에서도 동물복지에 준한 장애인복지, 생명관리정치의 대상자로 취급된다.

　　푸코의 삶 역시 장애와 관련 있다. 푸코의 스승이었던 루이 알튀세르는 자서전 『미래는 오래 지속된다』에서 학창시절 넋이 나간 표정으로 복도를 방황하는 푸코의 모습을 기록했다. 알튀세르 자신도 스무 살 무렵 발병한 정신질환에 평생 시달렸으며, 1980년 급기야 정신착란 상태에서 아내를 살해했다. 알튀세르는 자서전에서 자신은 광기에 잠식되었지만 푸코는 광기에 근접했다가 빠져나왔다고 썼다. 젊은 시절 푸코의 광기는 동성애 성향에 대한 자기인식의 괴로움에서 비롯된 것일 가능성이 크다. 푸코의 『성의 역사』 1권은 근대 생명권력의 탄생과정에서 어떻게 도착증, 특히 동성애가 '질병'으로 범주화되었는지 분석한다. 『성의 역사』 연작을 푸코의 동성애와 떼어놓고 이해하기란 쉽지 않다. 또한, 오늘날 성소수자 운동과 무관한 것으로 독해하기도 어렵다. 『성의 역사』 1권에서 당시 동성애 운동세력이 기대고 있던 '억압 가설'을 비판하면서 성을 (주권에 의해 사법적으로 억압되는 것으로, 즉 주권-사법-억압 모델에 따라 이해하는 것이 아니라) 생명-통치-주체형성 모델로 이해할 필요를 제기한 것은 오늘날 성소수자 운동에도 유효한 충고다.

이처럼, 미셸 푸코의 삶과 사유는 장애인의 삶과 밀접하게 연결되어 있다. 그럼에도 지금까지 '푸코'와 '장애'가 함께 논의되지 않은 이유는 뭘까? 우선, 푸코에 대한 주석, 해설, 비평 담론을 생산하는 지식인들이 장애인에 대해 관심이 없었기 때문이다. 그런 무관심은 궁극적으로 '장애'를 지적 담론의 대상으로 간주하지 않는 차별의식에서 비롯된 것이지만, 장애인 운동이 발달하지 못해서 '장애' 문제를 사회적 의제로 부각시키지 못한 이유도 있다.

하지만 2001년 장애인 이동권 투쟁으로 '장애' 이슈가 꽤 확산된 후에도 푸코와 장애를 연결 짓지 못한 것은 무관심이나 무지 때문이 아니다. 그것은 푸코 담론을 생산하는 지식인, 특히 진보적 지식인들이 변혁 운동을 바라보는 관점의 특성 때문이다. 장애인 운동이 변혁 운동의 최전선으로 치고 나온 이후에도 그들은 장애인 운동을 변혁 운동의 주변부로, 논외로 밀쳐놓는 태도를 보였다. 이것은 사회변혁 운동에 대한 지식 담론이 주로 마르크스주의에 의존해 있는 것과 연관된다. 그에 따라 노동자 계급을 변혁 운동의 중심에 놓는 인식 틀이 붕괴되지 않는 이상 노동 불가능한 몸, 가치생산에 적합하지 않다고 간주된 장애인이 아무리 '억압받고' '처절한 투쟁'을 한들 변혁 운동의 주체로 간주하기란 어려운 것이다. 마르크스주의자이자 푸코의 스승인 루이 알튀세르를 매개로 푸코와 마르크스주의를 화해시키려는 시도가 없지 않았으나 장애인이나 성소수자를 사회변혁 운동의 중심세력으로 끌어들일 정도는 아니다.

마르크스주의에 의존한 진보 담론은 푸코를 바라볼 때도 편견으로 작용해 왔다. 1970년대 중반을 기점으로 전기 푸코와 후기 푸코를 '단절'된 것처럼 나누고 후기 푸코, 특히 1980년 이후 푸코의 작업을 자유주의로의 '전향'으로 비난하는 태도가 그것이다. 마르크스주의의 입장에서 전반기 푸코의 근대 지식-권력 비판은 마르크스의 부르주아 이데올로기 비판의 외연을 확장하는 차원에서 얼마든지 수용할 수 있다. 그러나 『성의 역사』 1권에서 권력의 본질을 주권-사법적 '억압'으로 보는 '억압가설'을 비판하고 『안전, 영토, 인구』부터 본격적으로 '통치성'에서 권력의 본질을 찾고 『생명관리정치의 탄생』에서 신자유주의를 징검다리 삼아 1980년 이후 '자유'를 포함하는 '통치', 자율-통치의 역사를 복원할 뿐 아니라 반복하려는 자유주의적 기획은 마르크스주의 안에서 용납하기 힘든 것이다. 왜냐하면 그런 자유주의, 혹은 자율주의 모델은 더 이상 부르주아 국가권력의 탈취를 1차 목표로 삼고, 국가권력(프롤레타리아 독재)을 이용해 사회를 변혁하는 마르크스주의 혁명 모델을 따르지 않기 때문이다.

사실, 마르크스주의와 푸코 사이의 괴리는 처음부터 있었던 것이지, 푸코의 '전향'으로 새로 생긴 게 아니다. 『말과 사물』에서부터 푸코는 노동가치론에 대한 마르크스의 사유가 리카르도와 동일한 인식 지층에 머물러 있다고 보았으며, 『광기의 역사』가 광기에 대한 근대적 인식 틀을 비판하는 방식은 마르크스주의에서 '이데올로기'를 비판하는 방식, 즉 경제적 토대에 의해 결정되고 계급적 이해관계를 반영하는 '허구적' 관념으로 비판하는 것과는 전혀 다르다.

1971년 푸코는 좌파 수감자들의 단식투쟁에서 시작한 감옥 내 저항 운동으로 방향을 틀어 감옥이란 무엇인가? 어떤 사람들이 감옥에 수감되며 어떤 권력이 감옥에서 작동하는가? 라는 물음을 조직하는 '감옥정보그룹'을 결성하고 왕성하게 활동했다. 그로 인해 전국에서 수감자 봉기가 일어났을 때 공산당 신문은 이 '불한당 노조'의 소요를 종식시킬 것을 공권력에 요구했다. 마오주의자 빅토르와의 민중적 사법에 대한 논쟁에서도 푸코는 '재판'이라는 사법 형식 자체가 부르주아적이라고 비판하면서 '재판'이나 '경찰' 등 국가권력의 억압 장치를 프롤레타리아 계급이 탈취하여 사회를 변혁해야 한다는 마르크스주의에 정면으로 대립했다.

마르크스주의 권력론과의 차이가 뚜렷이 드러난 저서가 『감시와 처벌』이다. 이 책이 말하는 것은 '감옥'이 사법적 '억압' 장치가 아니라, 주체 형성적 규율-훈육 장치라는 것이다. 감옥은 범죄 소인을 가진 개인을 통제된 환경에서 엄격한 규율을 부과하여 유용하고 순종적인 '정상인'으로 만들기 위한 장치이다. 1978년부터 푸코는 이 규율장치를 '통치' 권력에 포함시키고 1980년대에는 고대 그리스와 초기 로마제국의 '자기-통치' 문화에서 자신의 역능을 강화하는 '훈육' 테크놀로지 차원에서 다시 고찰한다. 즉, 『감시와 처벌』부터 본격화된 푸코의 권력 분석은 처음부터 주권-사법-억압 모델에 따른 마르크스주의 권력론과 차별화하면서 개인과 집단적 통계 차원에서 삶life을 특정한 방향으로 양성하는 '통치성'에서 근대 권력의 속성을 파악하고자 했다. 푸코에게 사회를 변혁한다는 것은 바로 이 통치성, 통치 테크놀로지를 변화시킨다는 것이다. 그 변화의 시작은 개인들이 자기 삶에 가하는 자기-통치, 자기-훈육, 자기-계발의 테크놀로지와 장치들에서 일어난다. 자기 삶을 '다르게' 통치하는 기술과 장치들의 발명, 시도, 실험이 지배적인 통치체제에 맞선 대항-통치의 집단적 흐름을 낳고, 봉기를 일으키면서 사회는 변화한다는 것이 푸코의 생각이다.

따라서 푸코에게는 정상적인 신체, 정상적인 품행, 정상적인 삶의 기준을 뒤흔드는 사람들이 변혁의 잠재적 주체이고, 그들의 신체와 라이프 스타일이 지배적 통치체제와 갈등하는 지점들이 저항의 지점들이다. 비정상인으로 취급받은 사람들, 광인들, 비행자들, 장애인들, 성소수자들, 그리고 결혼, 출산, 양육, 식생활, 환경, 교육, 죽음 등 생명권력의 작동 지점들에서 저항하는 페미니스트들, 생태주의자들, 채식주의자들이 잠재적 반체제자들이다. 생산수단의 소유 여부가 아니라 정상적인(지배적인) 라이프 스타일과의 거리가 반체제성을 결정하는 것이다.

푸코의 사유를 맑스주의적 관점에서 평가하는 태도는 비장애인 진보 지식인들만의 것은 아니다. 1965년 『광기의 역사』가 영국에서 『광기와 문명』이라는 제목으로 축약 번역되었을 때 그 책은 당시 반정신의학 운동의 교재처럼 활용되었다. 마르크스주의 전통이 강했던 영국의 반정신의학 운동세력은 『광기와 문명』의 내용을 마르크스가 이데올로기를 비판하는 식으로, 즉 '정신병' 개념은 자본주의 생산관계의 필요에 의해 국가권력이 임의적으로 만들어 낸 '허구'라는 식으로 이해했다. 1970년대 중반 영국에서 '장애학'이 출현했을 때도 푸코보다 마르크스의 사유가 인식 틀로 기능했다. 1976년 '분리에 저항하는 신체장애인 연합'은 의료적 손상impairment과 '장애'disability를 날카롭게 구분하면서 장애는 손상을 가진 사람들에 대한 사회적 차별과 배제, 한마디로 '억압'의 산물이라고 정의했다. 이런 인식 틀을 '사회적 장애 모델'이라고 부른다. 이 사회적 장애 모델에 입각하여 장애인들은 개인적으로 손상된 몸을 가진 비극의 주인공이 아니라 사회적으로 억압받는 계급 중 하나로서, 억압적인 사회 제도와 법을 바꾸는 변혁의 주체로 거듭날 수 있었다.

『푸코와 장애의 통치』는 영국과 그에 영향받은 영어권 장애학 연구자들이 쓴 글을 모아 편집한 책이다. 그 중 영국의 장애학자 빌 휴스 Bill Hughes의 글은 마르크스주의 전통에서 푸코의 이론이 장애학과 장애운동에 도움이 될 수 있을지 '비판적'으로 검토한다. 한마디로 요약하면, 푸코가 장애의 신체성에 대해 말해 줄 수 있는 건 현상학을 통해서도 얼마든지 얻을 수 있으며, 규율 권력의 판옵티콘적 영향력을 강조하는 푸코의 이론은 권력에 포섭되지 않고 저항하는 '행위주체'에 대해서는 아무 말도 할 수 없으므로 운동에도 도움이 안 된다는 것이다. 푸코의 저서를 꼼꼼하게 끝까지 읽지 않고 '소문'과 '편견'에 따라 독해했을 때 흔히 일어나는 이런 '오해'야 그렇다 치고, 베리 앨런 Barry Allen의 글은 휴스의 오해를 불식시킬 만큼 성실하게 푸코의 이론을 '유명론'적 관점에서 검토한 후 푸코의 담론 분석이 지식인의 학술적이고 고급한 담론에 치중되어 있음을 날카롭게 지적한다.

푸코에 대해 비판적인 두 글을 제외하고, 『푸코와 장애의 통치』는 전반적으로 푸코가 마르크스주의의 한계를 넘어서고자 한 지점에서 오늘날 '사회적 장애 모델'의 한계를 넘어설 필요와 전망을 담고 있다. 사회적 장애 모델에 입각한 장애인 운동은 장애인에 대한 억압과 차별을 금지한 법 제정을 이끌어 냈으며, 장애인도 지역사회의 일원으로 살 수 있게끔 여러 복지 프로그램들을 따냈다. 문제는 장애인을 사회에 통합시키는 그 '정상화' 프로그램에 내재하는 또 다른 권력과 담론이다. 정상화 권력과 정상성 담론에 대한 푸코의 비판적 분석이 요청되는 이유가 여기 있다. '억압'이나 '차별', '배제'라는 단어만으로는 포착할 수 없는, 장애인의 신체와 품행conduct에 미시적으로 작동하는 권력의 시선과 담론에 대한 분석이 필요한 까닭이다.

『푸코와 장애의 통치』가 지닌 '미덕'은 후반기 푸코의 연구주제인 '통치성'과 '자기-돌봄'을 충실히 검토하고 있으며, 푸코의 논의를 구체적인 장애 현실을 분석하는 연장통으로 활용하고 있다는 점이다. 그래서 이 책은 전반기 푸코에 갇혀 있는 한국의 지식 사회에 후기 푸코의 시야를 공급할 수 있다. 그리고 푸코가 자신의 책은 아카데믹하고 총체적인 지적 사유의 수단이 아니라 전략, 정찰 등의 명분으로 오로지 투쟁의 현실과 결합되기를 원한 것처럼, 장애인 운동의 전략 수립을 위한 연장통으로 푸코의 사유가 활용되는 방법을 보는 것은 푸코 연구자들에게 신선한 충격을 줄 것이다. 푸코의 사유는 강단이 아니라 이렇게 운동 현장의 연장통으로 활용되는 방식으로 배워야 한다.

무엇보다 이 책은 한국의 장애인 운동에 큰 도움이 될 것이다. 그동안 한국의 장애인 운동은 목숨을 건 이동권 투쟁을 통해 저상버스, 지하철 역사 엘리베이터, 특수교통 수단을 만들었으며, 탈시설 투쟁으로 장애인 자립생활 센터와 활동지원사 제도, 발달장애인 특수학교와 주간돌봄 센터 등 지역사회 통합 시스템들을 따냈다. 사회적 장애 모델에 따라 그들은 장애를 손상이 아니라 사회적 억압의 산물로 재정의하고, 억압의 사슬을 철폐하고 시설에서 나와 지역사회의 시민으로 살 수 있는 자립 기반을 만드는 데 전력을 다했다.『푸코와 장애의 통치』는 대략 20년 일찍 그 과정을 밟아 온 영미권 장애인 운동에서 새롭게 제기된 과제가 무엇인지 가르쳐 줄 것이다. 정상화 프로그램으로 지역 사회에 형식적으로 통합된 이후 새롭게 제기되는 문제는 무엇인지, 정상화 권력과 정상 담론을 넘어서는 싸움이 갖는 의미와 전략은 무엇인지 배울 수 있다. 무엇보다 세상을 바꾸는 싸움은 자기를 변화시키는 싸움이라는 것, 그래서 지배적 통치체제와의 싸움은 그와 다른 새로운 자기-통치 방법과 집합적 주체 형성을 발명하고 실험하는 과정이어야 함을 배울 것이다.

찾아보기